LIÇÕES DE METAFÍSICA

Dados Internacionais de Catalogação na Publicação (CIP)
(Câmara Brasileira do Livro, SP, Brasil)

Kant, Immanuel, 1724-1804
 Lições de metafísica / Immanuel Kant ; tradução e notas por Bruno Cunha. - Petrópolis, RJ : Vozes ; Bragança Paulista, SP : Editora Universitária São Francisco, 2022. -
(Coleção Pensamento Humano)

 Título original: Vorlesungen über die Metaphysik
 ISBN 978-65-5713-214-2

 1. Metafísica I. Cunha, Bruno. II. Título.

21-72976   CDD-110

Índices para catálogo sistemático:
1. Metafísica : Filosofia   110

Cibele Maria Dias – Bibliotecária – CRB-8/9427

Immanuel Kant

LIÇÕES DE METAFÍSICA

Tradução e notas por Bruno Cunha - UFSJ

Petrópolis

Bragança Paulista

Tradução realizada a partir do original em alemão intitulado
Vorlesungen über die Metaphysik

© desta tradução:
2021, Editora Vozes Ltda.
Rua Frei Luís, 100
25689-900 Petrópolis, RJ
www.vozes.com.br
Brasil

Editora Universitária São Francisco – Edusf
Avenida São Francisco de Assis, 218
Jardim São José
12916-900 Bragança Paulista, SP
www.saofrancisco.edu.br/edusf
edusf@saofrancisco.edu.br
Brasil

Todos os direitos reservados. Nenhuma parte desta obra poderá ser reproduzida ou transmitida por qualquer forma e/ou quaisquer meios (eletrônico ou mecânico, incluindo fotocópia e gravação) ou arquivada em qualquer sistema ou banco de dados sem permissão escrita da editora.

CONSELHO EDITORIAL

Diretor
Gilberto Gonçalves Garcia

Editores
Aline dos Santos Carneiro
Edrian Josué Pasini
Marilac Loraine Oleniki
Welder Lancieri Marchini

Conselheiros
Francisco Morás
Ludovico Garmus
Teobaldo Heidemann
Volney J. Berkenbrock

Secretário executivo
Leonardo A.R.T. dos Santos

Diagramação: Sheilandre Desenv. Gráfico
Revisão gráfica: Lorena Delduca Herédias
Capa: Editora Vozes

ISBN 978-65-5713-214-2

Editado conforme o novo acordo ortográfico.

Este livro foi composto e impresso pela Editora Vozes Ltda.

SUMÁRIO

Estudo Introdutório, 7

Introdução, 83

1) Da Metafísica em geral, 83

2) História da Filosofia, 88

Metafísica, 101

Prolegômenos, 101

1) Ontologia, 104

    Do possível e do impossível, 104

    Dos juízos sintéticos e analíticos, 107

    Do fundamento, 113

    Do princípio de razão suficiente, 117

    O conceito de essência, 121

    Da existência, 122

    Da unidade, da verdade e da perfeição, 126

    Do necessário e do contingente, 127

    Do mutável e do imutável, 129

    Do real e do negativo, 131

    O singular e o universal, 133

    Do todo e da parte, 133

    Das grandezas, 135

    Do grau da possibilidade, 136

    Da substância e do acidente, 137

    Da força, 139

    Do estado, 140

    O que quer dizer agir?, 140

    Do simples e do composto, 142

    Do espaço e do tempo, 144

    Do finito e infinito, 146

    Da identidade e da diferença, 148

    Da causa e do efeito, 150

    Da matéria e da forma, 157

    A filosofia transcendental, 158

    Da ideia e do ideal, 160

2) Cosmologia, 161
   Conceito de mundo, 161
   Da progressão e regressão ao infinito, 165
   Do destino e do acaso, 167
   Do salto e da lei da continuidade, 169
   Das partes do universo, 177
   Da gênese dos corpos, 181
   Da natureza dos corpos, 184
   Da perfeição do mundo, 185
   Da interação das substâncias, 186
   Do natural e do sobrenatural, 191
   Dos milagres, 193

3) Psicologia, 199
   Conceitos introdutórios, 199
   [*a) Psicologia empírica*], 208
   Da classificação geral das faculdades espirituais, 208
   Da faculdade sensível de conhecimento em detalhes, 211
   Das representações dos sentidos mesmos, 213
   Da faculdade superior de conhecimento, 224
   Da faculdade de prazer e desprazer, 234
   Da faculdade de apetição, 246
   Da interação da alma com o corpo, 255

   b) A psicologia racional, 260
   Visão geral dela, 260
   Primeira seção da psicologia racional, 262
   Segunda seção da psicologia racional, 272
   Terceira seção da psicologia racional, 283
   Sobre o estado da alma depois da morte, 290

4) A teologia racional, 313
   Conceitos introdutórios, 313
   Classificação da teologia, 317
      A) A teologia racional *pura*, 322
         a) A teologia transcendental, 322
         b) A teologia natural (ou físicoteologia), 346
         c) A teologia moral, 360
      B) Teologia racional *aplicada*, 364
         a) Da Criação, 364
         b) Da conservação e do governo do mundo, 374
         c) Do fim último do mundo, 378

──── ESTUDO INTRODUTÓRIO[1] ────

1. A HISTÓRIA E A NATUREZA DAS *LIÇÕES DE METAFÍSICA*

1.1 As Lições e os cursos kantianos de metafísica

De um modo geral, os leitores de filosofia reconhecem, sobretudo a partir do célebre discurso apresentado no prefácio da segunda edição da *Crítica da Razão Pura*, a faceta popular de Kant como o grande reformador da metafísica. O que geralmente não se reconhece com tanta facilidade é que a reforma da metafísica que adquiriu status revolucionário com o projeto crítico de Kant foi, no entanto, resultado de uma apaixonada, embora intrincada e controversa, relação com essa disciplina. Da complexidade dessa relação surgiram os motivos e os caracteres que, desde o início e pouco a pouco, moldaram os contornos e as feições mais particulares de seu pensamento. Portanto entender o sistema crítico de Kant em toda a sua amplitude requer perceber todas as nuanças, marcadas por expectativas, anseios, dúvidas e frustrações, que moldaram essa relação em todos os seus níveis, seja no âmbito particular da pesquisa acadêmica[2] ou mesmo no contexto informal de sala de aula.

---

1. Por Bruno Cunha, Professor da Universidade Federal de São João Del Rei, Departamento de Filosofia e Métodos (DFIME) e Programa de Pós Graduação em Filosofia da Universidade Federal de São João Del Rei (PPGFIL). Contato: brunocunha@ufsj.edu.br

2. Como sabemos, o engajamento de Kant com a metafísica é tão antigo quanto os seus primeiros esforços de pesquisa na filosofia inaugurados ainda na década de 1740. Em seu primeiro trabalho, publicado em 1749, *Pensamentos sobre a Verdadeira Estimação das Forças Vivas*, Kant já se mostra de algum modo disposto, mesmo assumindo o risco de criticar famosos autores como Newton e Leibniz, a não simplesmente aceitar os dogmas tradicionais do pensamento metafísico e, portanto, a não "obedecer nenhuma outra autoridade do que a do entendimento". Neste ponto, ele já se mostra consciente de que "nossa ciência, como muitas outras, alcançou decerto apenas o limiar de uma ciência genuinamente completa" e que "não é difícil discernir a fraqueza em muitas coisas que ela empreende" (AA I: 30). Esse diagnóstico vai se manifestar como a tônica de um esforço investigativo vigoroso, na década seguinte, na busca de uma revisão dos pressupostos da doutrina escolástica

Assim, ao lado de seus escritos publicados, mostra-se como especialmente importante para a investigação genética e para a compreensão geral do pensamento de Kant o conjunto de *Lições* que passou a ser publicado desde os últimos anos da vida de Kant e depois postumamente. Estas *Lições* são, em sua natureza, um conjunto diverso de anotações manuscritas de estudantes tomadas diretamente da sala de aula ou apenas copiadas de outros cadernos. O caráter especial de tais *Lições* encontra-se no fato de que elas retratam a atividade docente de Kant em sua totalidade. Em oitenta semestres, entre 1755-1796, Kant ministrou, na Universidade de Königsberg, cursos sobre temas diversos como lógica, matemática, física, geografia, ética, direito natural, teologia racional, enciclopédia filosófica e metafísica. Neste contexto informal, somos capazes de testemunhar, a partir da atitude crítica de Kant em relação à filosofia escolástica ensinada nas universidades alemãs, o lento desenvolvimento da reflexão filosófica que se tornaria célebre em clássicos atemporais tais como *a Crítica da Razão Pura* e a *Fundamentação da Metafísica dos Costumes*.

Entre todos os cursos ministrados por Kant em sua carreira docente, os de metafísica tiveram um lugar especial. Como Gehard Lehmann (AA XXVIII: 1338) sugere, as lições de metafísica são

---

por meio do estabelecimento de "novos princípios do conhecimento metafísico" (ND AA I: 387), bem como na aplicação positiva desse conhecimento, junto à geometria, no âmbito das ciências naturais (MF AA I: 473): "a metafísica que muitos pensam poder estar propriamente ausente nas ciências naturais é, de fato, seu único suporte e o que nos proporciona iluminação" (AA I: 475). A magnitude de tal empreendimento, não obstante, também acabou por tornar Kant gradativamente consciente da dificuldade do desafio. A década de 1760 é marcada por um profundo realismo a respeito dos progressos alcançados e da viabilidade da própria tarefa. Nesse contexto, Kant fala da metafísica como "um abismo sem fundo", "um oceano escuro e sem margens, marcado por nenhum farol" no qual se deve proceder como "um marinheiro procede em um mar não navegado" (AA II: 266) com muito cuidado para não se desviar do caminho. A metafísica é concebida aqui como "o mais difícil entre os saberes humanos" (AA II: 283) e é suscetível de certeza apenas se conduzida a uma completa mudança de método. A busca pelo método demandou muito tempo de reflexão e grandes esforços diante de obstáculos aparentemente intransponíveis. Como Kant assevera, a metafísica "despende um grande trabalho para dissipar as névoas de confusão que ofuscam o entendimento comum" (AA II: 395). Por conseguinte, "não é de admirar que os que têm se dedicado a essa investigação pareçam, rolando eternamente a sua pedra de Sísifo, não ter feito até o momento quase nenhum progresso" (AA II: 411). Não obstante, mesmo quando os resultados da pesquisa não se mostravam favoráveis, Kant nunca deixou de expressar seus verdadeiros sentimentos por aquela disciplina "pela qual é meu destino estar apaixonado, apesar de raramente poder me vangloriar de alguma demonstração de favor, [...]" (AA II: 367) disciplina essa que deveria assumir sua posição especial de "acompanhante da sabedoria" (AA: II: 369).

as mais importantes entre as *Lições* de Kant, uma vez que elas apresentam a filosofia crítico-transcendental, sobre a qual Kant não chegou a ministrar cursos, em sua origem e desenvolvimento. Kant ministrou estes cursos por cinquenta e três vezes ao longo de quarenta anos e, particularmente, em quase todos os anos do semestre inverno de 1755/1756 até o de 1795/1796, frequência superada apenas pela dos cursos de lógica que foram ministrados por cinquenta e seis vezes. Em seu período de *privat Dozent*[3] entre 1755 e 1770, Kant lecionou metafísica em "todos os semestres" com uma possível exceção para 1763, 1765 e 1769. Depois de assumir a Cátedra de Metafísica e Lógica na Universidade de Königsberg em 1770, ensinou metafísica em todos os "semestres de inverno" de sua carreira, a partir de 1770/1771, com exceção de 1793/1794, semestre no qual ministrou um curso de metafísica da moral. Embora Kant tenha relatado a Marcus Herz em 1778 que, "a partir de 1770, ensinou lógica e metafísica somente publicamente" (AA X: 246), sabe-se, através dos registros da faculdade[4], que ele ainda chegou a ministrar por mais duas vezes, depois de 1770, o curso em modalidade privada[5], nos semestres de verão de 1770 e de inverno de 1771/1772.

1.2 Os manuais de referência para o curso de metafísica

Neste contexto, os cursos eram geralmente ministrados tendo como referência um manual universitário[6]. Desde seu segun-

---

3. Para saber mais sobre as *Lições* e a carreira docente de Kant, ver Cunha e Feldhaus, Estudo Introdutório. Em Immanuel Kant. *Lições de Ética* (Unesp, 2018).

4. Os registros mostram que Kant ministrou dois cursos de metafísica no semestre de inverno de 1771/1772, um público e outro privado, e um curso privado no semestre de verão de 1771.

5. Depois de assumir a cátedra em 1770, os cursos kantianos passaram a ser públicos, ou seja, eram ministrados gratuitamente para os estudantes da Universidade. Embora se possa supor que não havia demanda privada para um curso que já fosse oferecido publicamente, este poderia não ser o caso, uma vez que os estudantes mais abastados poderiam preferir uma lição privada a uma pública pelo fato de que as últimas eram geralmente frequentadas por um público mais numeroso e carente.

6. Uma recomendação que passou a ser uma obrigação institucional a partir de 1778. Como nos relata Erich Adickes (AA XVI, p. xxi), "Naquele tempo, o uso de manuais deste tipo era reconhecidamente comuns nas universidades alemãs e foram incutidos, de modo especial, aos professores de Königsberg por meio de um édito do ministro V. Zedlitz de 16 de outubro de 1776".

do semestre de docência, como se confirma no *Anúncio* de suas preleções para o semestre de verão de 1756, é clara a intenção de Kant de utilizar o "mais útil e fundamental entre todos os compêndios de seu tipo" para os seus cursos de metafísica, a saber, a *Metaphysica* de Baumgarten. Mas esta escolha não aconteceu sem restrições. No *Anúncio*, observamos Kant ponderando sobre "as dificuldades em relação à obscuridade que parece envolver" este manual de referência, dificuldades estas que, segundo ele, "serão superadas [...] por meio do cuidado da apresentação e de explicações manuscritas detalhadas". A despeito das dificuldades, contudo, a utilidade do manual de Baumgarten é sempre enaltecida: "[p]arece-me mais do que certo que não é a facilidade, mas a utilidade que deve determinar o valor de uma coisa e que, como coloca um engenhoso escritor, os restolhos são encontrados sem esforço algum na superfície, mas quem quer procurar pérolas deve mergulhas nas profundezas" (AA I: 503).

Porém, a primeira experiência com o manual "mais difícil" de Baumgarten em 1756 parece não ter sido positiva, levando Kant a voltar ao seu primeiro manual de referência, o manual de Baumeister, no semestre de verão de 1757. Como ele declara no *Anúncio* do semestre de verão de 1757, "[a] lógica será ministrada segundo a curta introdução de Meier e a metafísica segundo a instrução de Baumeister. A pedido de alguns senhores, fiz no semestre passado esta troca com o certamente mais fundamental, mas também mais difícil Baumgarten" (AA II: 10). Sobre isso, um biógrafo anônimo nos revela, mais detalhadamente, que Kant estava "ministrando um curso [las] sobre a metafísica de Baumeister quando a [Metaphysica] de Baumgarten, sobre a qual ele preferia ministrar, apareceu"[7]. Entretanto, "ele achou necessário perguntar antes de tudo ao seu público. Na folha de papel que ele deixou circular por esta razão, um de seus ouvintes daquela época (agora um estimado homem em um cargo público) declarou particularmente sua total preferência por Baumgarten"[8]. Borowski (1804,

---

7. Se o relato se refere, como parece, ao contexto anterior a 1757, não poderia se tratar do aparecimento da nova edição da *Metaphysica* de Baumgarten, uma vez que a 4ª edição foi publicada em 1757.

8. Arnoldt (1908-9, p. 274-75).

p. 33) também nos revela, em seu relato biográfico a respeito do primeiro semestre docente de Kant, que Kant teria ministrado o curso de metafísica, "primeiramente seguindo Baumeister" e depois seguindo "o mais completo, mas também mais difícil Baumgarten". Porém, como os registros nos mostram, depois de um primeiro experimento mal-sucedido com Baumgarten em 1756, Kant acabou por voltar momentaneamente a Baumeister em 1757 e também em 1758 de acordo com o *Anúncio* do semestre de verão desse último ano: "[o] plano [Entwurf] de minhas lições no atual semestre é o seguinte: apresentarei a doutrina da razão segundo o *Extrato* de Meier. Pretendo explicar agora a metafísica segundo o manual de Baumeister" (AA II: 25). Porém, a despeito desse momentâneo recuo, a partir do semestre de inverno de 1759/1760, Baumgarten vai se estabelecer como a referência definitiva segundo a qual Kant ministrará seus cursos de metafísica até o fim de sua carreira: "[n]o próximo semestre, ministrarei, como de costume, a lógica segundo Meier; a metafísica segundo Baumgarten e também a ética" (AA II: 35).

Embora o manual de Baumgarten tenha se estabelecido como a referência definitiva dos cursos de metafísica depois de 1759, consta curiosamente no catálogo das lições kantianas para o semestre de inverno 1770/1771 o manual de Feder, o que, contudo, parece ser um erro na listagem. Na verdade, parece que o professor catedrático daquela época, Friedrich Johann Buck[9], foi quem utilizou a *Logik und Metaphysik im Grundriß* (1769) de Feder para um curso privado naquele semestre. Tempos à frente, Kant também teria revelado planos de utilizar, segundo Jachmann (1804, p. 28), a *Erläuterung über des Herrn Professor Kant Critik der reinen Vernunft* (1784) de Johann Schultz, algo que também nunca se concretizou. E, por fim, depois da publicação da *Crítica da Razão Pura*, Kant chegou até mesmo a cogitar escrever seu próprio manual de metafísica, como nos comprova as cartas enviadas a Moses Mendelssohn em Agosto de 1783 (AA X: 346) e a Johann Bering em abril de 1796 (AA X: 441). Na carta a

---

9. Buck foi professor catedrático de Lógica e Metafísica na Universidade de Königsberg de 1759 a 1769. Deixou o cargo para assumir a cadeira de matemática em 1770, dando oportunidade para o egresso de Kant.

Mendelssohn, lemos: "[...] estou, contudo, pensando em preparar pouco a pouco um manual de metafísica segundo os fundamentos críticos acima expostos e, decerto, com toda brevidade de um manual para fins de lições acadêmicas" (AA X: 346). Não obstante, como a história ulteriormente nos mostrou, Kant não levou adiante suas intenções de escrever um manual universitário e nem mesmo buscou uma alternativa ao compêndio de Baumgarten. No fim, mesmo depois da emergência dos primeiros insights *críticos*, a apreciação da mencionada "utilidade" de seu manual prevaleceu, muito embora Kant tenha se tornado consciente, a partir de então, da necessidade de direcionar "criticamente" o seu autor. É bem neste sentido que se configuram as palavras de Kant no anúncio do semestre de inverno de 1765/1766: "posso muito bem guiar pelo mesmo caminho[10], através de um pequeno desvio, o autor, A.G. Baumgarten, cujo manual eu escolhi principalmente devido à riqueza e à precisão de sua maneira de ensinar" (AA II: 307).

Portanto, pelas evidências coletadas nos *Anúncios*, parece correto dizer que Kant começou sua carreira docente utilizando, no semestre de inverno de 1755-1756, as *Institutiones metaphysicae* (1736) de Friedrich Baumeister para o curso de metafísica. No semestre de verão de 1756, optou experimentalmente pela *Metaphysica* de Baumgarten. Mas, devido à perplexidade dos estudantes, acabou por retornar a Baumeister nos semestres de verão de 1757 e 1758. Não obstante, pouco tempo depois, no semestre de inverno de 1759/1760, passou a lecionar "definitivamente" com um exemplar da 4ª edição da *Metaphysica* (1757) de Baumgarten.

É digno de nota o fato de que o exemplar kantiano da 4ª edição, depois de ter estado em posse de G. B. Jäsche[11] e ter sido

---

10. No *Anúncio* de seus cursos do semestre de inverno de 1765/1764, Kant está referindo, neste ponto (AA II: 308), ao novo método que foi proposto para a metafísica, qual seja o método analítico, em seu escrito de 1764, *Investigação sobre a Evidência dos Princípios da Teologia Natural e da Moral*.

11. Gottlob Benjamin Jäsche (1762-1842), o editor das *Lições de Lógica* de Kant (1800), levou este exemplar em sua mudança para a Universidade de Dorpat ao assumir uma cátedra em filosofia lá em 1802. O exemplar ficou na biblioteca da universidade até 1895 quando, para fins editoriais, foi doado para a Academia de Ciências de Berlim. Lehmann (1966a, p. 546) levantou a hipótese de que os manuscritos utilizados por Pölitz para a edição das *Lições de Metafísica* de 1821, assim como aqueles de teologia usados para as *Lições sobre a Doutrina Filosófica da Religião*, teriam vindo da biblioteca de Jäsche, algo que parece equivocado.

doado à Academia de Ciências de Berlim, foi utilizado para a extração das notas redigidas por Kant na marginália e no corpo de texto. Estas notas foram incluídas por Erich Adickes, entre os anos de 1911 e 1928, nos volumes XV, XVII e XVIII da *Akademie Ausgabe*, o que veio a constituir as chamadas *Reflexões de Antropologia* e *Metafísica* de Kant. Mais recentemente, no ano 2000, Werner Stark descobriu o exemplar de Kant da 3ª edição da *Metaphysica* (1750) na Biblioteca da Academia Polonesa em Gdansk. É bastante provável que o exemplar tenha sido trazido a Gdansk/Danzig por outro aluno e amigo de Kant, F. T. Rink[12], que, assim como Jäsche, trabalhou na edição das primeiras *Lições* de Kant. Mas, diferentemente do exemplar da 4ª edição, parece que este não foi utilizado como manual de referência em sala de aula. Apesar de haver marginálias, as notas são menos numerosas e com o teor mais crítico. Elas parecem ter sido redigidas antes do começo da carreira docente de Kant em 1755, embora algumas anotações pareçam se remeter à década de 1760. Esta edição não preenche a lacuna que havia sido identificada por Adickes, em seu tratamento das *Reflexões*, nas anotações de metafísica no período de 1753-1763. Naquela época, esta lacuna tinha levado Adickes a supor que houvesse uma edição anterior com a qual Kant tivesse lecionado, embora, ao que tudo indica, não seja esta. Como vimos nos *Anúncios*, considerando o fato de que Kant ministrou um curso de metafísica tendo como referência Baumgarten antes do aparecimento da 4ª edição em 1757, é provável que exista ou tenha existido um outro exemplar da 3ª edição que tenha sido usado como referência para seu primeiro curso.

1.3 As Lições de Metafísica de Pölitz

As *Lições de Metafísica* apareceram pela primeira vez em 1821 sob a responsabilidade de Karl Heinrich Ludwig Pölitz, que

---

12. Theodor Friedrich Rink (1770-1811), o editor das *Lições sobre Geografia Física* (1802) e *das Lições sobre Pedagogia* (1803), deixou Königsberg em 1801 com destino à cidade báltica de Danzig, levando consigo uma biblioteca pessoal extensa. Depois da sua morte em 1811, parte dessa biblioteca foi adquirida pela *Stadtbibliothek* de Danzig. Nesse acervo se encontrava o exemplar da terceira edição de Baumgarten. A outra parte do acervo foi adquirida por Pölitz, que encontrou lá o manuscrito de teologia e o publicou em 1817 na forma das *Lições sobre a Doutrina Filosófica da Religião*.

as publicou anonimamente em Erfurt[13]. No prefácio dessas *Lições*, Pölitz explicita o motivo pelo qual as editou e publicou. Ele observa que a "aprovação" alcançada pelas *Lições sobre a Doutrina Filosófica da Religião*, que foram publicadas anonimamente por ele em 1817, mostrava que os verdadeiros pensadores alemães "ainda não tinham se esquecido do grande pesquisador que abriu de fato um novo caminho nas investigações sobre os primeiros e mais importantes assuntos do gênero humano" (1821, p. iv). Explicitadas suas intenções de resguardar a memória da filosofia kantiana, Pölitz advoga sobre a autenticidade de tais *Lições*, algo que, em suas palavras, pode ser confirmado por qualquer um "que tenha até certo ponto conhecimento dos sistemas de Kant e de sua forma de apresentação". Por último, Pölitz ainda presta alguns esclarecimentos sobre algumas de suas decisões editoriais, sublinhando primeiramente o fato de que o texto publicado é composto pela junção de dois manuscritos. Segundo ele, o primeiro manuscrito, que inclui a cosmologia, a psicologia e a teologia, é mais detalhado e rico do que o primeiro e, embora não apresente informação sobre data, seria um manuscrito mais antigo. O segundo manuscrito, que contém a introdução, os prolegômenos e a ontologia, seria um manuscrito mais recente, tendo sido redigido em sala de aula em 1788, embora corrigido e ampliado com notas marginais por uma segunda mão em 1789 ou 1790, revisão resultante de um curso mais tardio. Pölitz supõe, então, que o texto como um todo seria derivado de três semestres diferentes dos cursos kantianos de metafísica (o primeiro manuscrito de um semestre e o segundo de outros dois). Em relação ao tratamento editorial, Pölitz ressalta ainda que nenhuma correção foi acrescentada ao texto além daquelas relacionadas à pontuação e à omissão ocasional de palavras supérfluas. Os termos latinos germanizados, tais como "necessitiren" e "bönitat", foram mantidos e apenas algumas frases foram retiradas do texto final, nos estritos casos no

---

13. O esforço de Pölitz representa um segundo momento na história de editoração das *Lições*, uma vez que a primeira iniciativa aconteceu ainda durante o tempo de vida de Kant com a publicação, sob a responsabilidade do próprio filósofo, da *Antropologia do Ponto de Vista Pragmático* em 1798 e com a publicação, deixada a cargo de Gottlob Benjamin Jäsche e Friederich Theodor Rink (mas com a supervisão de Kant), das *Lições de Lógica*, de *Geografia Física* e *Pedagogia* respectivamente em 1800, 1802 e 1803.

quais claramente se constatou que elas não foram compreendidas por aquele que tomou as notas em sala de aula de modo que, ao fim e ao cabo, "o leitor tem em cada linha impressa o verdadeiro Kant" (1821, p.vi).

1.4 As controvérsias de datação e editoração em relação à Metaphysik L1 (An-Pölitz 1) e à Metaphysik L2 (An-Pölitz 3.2)[14]

A avaliação geral de Pölitz sobre os manuscritos e, especialmente, sobre a datação mostrou-se, porém, contestável e tornou-se objeto de polêmica ainda no século XIX. Benno Erdmann foi o primeiro a se dedicar a uma análise crítica do *status* das *Lições de Metafísica* de Kant. Este empreendimento foi apresentado em dois artigos publicados nos *Philosophische Monatsheften* em 1883 e 1884[15]. Sem ter acesso aos cadernos utilizados por Pölitz[16], Erdmann utilizou de um manuscrito que se encontrava na biblioteca de Königsberg[17] para fazer comparações e buscar uma estimativa temporal do manuscrito não datado de Póliz. Este manuscrito encontrado em Königsberg, que mais tarde seria chamado *Metaphysik K1* ou *An-Korff* (devido à inscrição C. C. v. Korff), também não

---

14. Os manuscritos foram designados de maneiras diferentes pelos diversos pesquisadores. Heinze designou os manuscritos pela primeira letra da cidade na qual eles foram encontrados, denominando assim *L1* e *L2* os manuscritos de Leipzig (os manuscritos de Pölitz), *H* o manuscrito de Hamburgo e *K1* e *K2* os de Königsberg. Lehmann aceitou as designações de Heinze para estes manuscritos, acrescentado-lhes o título *Metaphysik*. Mais recentemente, Reinhard Brandt e Werner Stark sugeriram, no Arquivo de Kant em Marburgo, uma nova nomenclatura para os manuscritos. Os manuscritos são designados pelos nomes dos proprietários ou por "An" quando o proprietário é anônimo. Empregaremos a nomenclatura hoje utilizada, mas manteremos sempre que possível a nomenclatura de Lehmann baseada em Heinze.

15. Erdmann, B. Eine unbeachtet gebliebene Quelle zur Entwicklungsgeschichte Kants. *Philosophische Monatshefte* 19. 1883. p. 129-44. _____. Mittheilungen über Kant's metaphysischen Standpunkt in der Zeit um 1774. *Philosophische Monatshefte* 20, 1804. p. 65-97.

16. Como Erdmann relata em 1883, nenhum dos dois manuscritos utilizados por Pölitz foram encontrados na *Stadtbibliotek* de Leipzig, que adquiriu o acervo pessoal de Pölitz (conhecido como *Biblioteca Politiana*). Em sua pesquisa, Erdmann teve acesso aos textos já publicados e editados por Pölitz e ao manuscrito que fora chamado por ele de manuscrito de Königsberg (*An-Korff*).

17. O manuscrito chegou em Königsberg adquirido a partir da Biblioteca de Göttinger.

apresentava nenhuma informação sobre a data. Como Erdmann observa, em essência, este manuscrito concorda verbalmente com o manuscrito mais antigo de Pölitz que contém a cosmologia, a psicologia e a teologia e que mais tarde seria chamado de *Metaphysik L1* ou *An-Pölitz 1*[18]. Da comparação, Erdmann conclui, baseando-se essencialmente no conteúdo interno, que os manuscritos equivalentes teriam sua origem não "nos últimos anos de 1770", mas que não foram redigidos "antes do semestre de inverno de 1773/1774", embora "dificilmente muito mais tarde" (1884, p. 71). Ele chega a esta conclusão baseado, sobretudo, no fato de que, neste ponto, o problema da "dedução transcendental" não estava resolvido em toda a sua generalidade e que "as determinações racionalistas da essência da coisa em si e a limitação crítica das categorias ainda se encontram intimamente relacionadas, tão intimamente que é necessária uma investigação especial para entender como ambas podem formar juntas um todo" (1883, p. 141). Erdmann chama a atenção para a forte presença de formulações racionalistas tiradas de Baumgarten e, de modo geral, para a posição dogmática dessas *Lições* que se mostra mais próxima da *Dissertação* de 1770[19] do que da *Crítica da Razão Pura* de 1781.

Nesse contexto, Emil Arnoldt[20] mostrou-se bastante crítico em relação à posição de Erdmann, argumentando que o erro de sua interpretação se encontrava principalmente no fato de suas conclusões se basearem em seu pretenso "conhecimento" da "história do desenvolvimento do pensamento de Kant", por meio do qual ele acreditava ser capaz de determinar a origem temporal das *Li-*

---

18. O objetivo do primeiro artigo de Erdmann foi, sobretudo, mostrar a concordância entre o manuscrito de Königsberg (*An-Korff*) e *An-Pölitz 1/Metaphysik L1*.

19. Para confirmar sua hipótese, Erdmann apoia-se, sobretudo, na definição kantiana do conceito de mundo como "um todo de substâncias", constituído de matéria e forma, e em suas consequências. Mas, como Arnoldt (1908, p. 435) destaca, existem observações semelhantes em um curso do semestre de 1794/1795 (Dohna, AA XXVIII: 657.1-2).

20. A pesquisa de Arnoldt baseou-se em 4 conjuntos de notas, a saber, no texto publicado por Pölitz (sem ter acesso aos próprios manuscritos), no manuscrito *An-Korff* (chamado por Erdmann de manuscrito de Königsberg), no manuscrito conhecido como *An-Königsberg 5* (datado de 1794 ou de 1793/1794) e em uma cópia do manuscrito conhecido como *Vigilantius 3* (cujo original remonta ao semestre de 1794/93) (1908-9, p. 71). *Kritische Exkurse im Gebiete der Kant-Forschung*, 2 partes, reimpresso como vols. 4 (1908; viii) vol. 5 (1909) em *Gesammelte Schriften*, editado por Otto Schöndörffer, 10 vols. (Berlim: Bruno Cassirer, 1906-11).

ções a partir do conteúdo interno. Como Arnoldt argumenta, em um trabalho deste tipo, apenas o conteúdo interno que concorda com as doutrinas de Kant a partir de 1781 pode ser assumido sem restrições. Em manuscritos anteriores a 1781, perspectivas que não concordam com as posições oficiais podem ser consideradas como testemunho do fato de que ainda não foram desenvolvidas, mas também como acomodações da palestra ao nível didático dos alunos, como ideias livres ou mesmo como distorção de determinado ponto de vista. No caso de manuscritos não datados, este conteúdo só pode ser usado "para datação em casos raramente favoráveis e de modo algum no caso de ocorrerem novamente em transcrições do período posterior a 1781. Erdmann ignorou completamente este caso em sua datação". Portanto, em vez de considerar as doutrinas ou o conteúdo interno, para Arnoldt (1908-9, p. 56), parece mais confiável se basear nas informações externas encontradas no texto tais como, por exemplo, a referência apresentada "no tempo passado" a Johann Georg Sulzer na seção sobre teologia natural (AA XXVIII: 314), que sugere que a *Lição* teria ocorrido depois da morte de Sulzer em fevereiro de 1779. Ou ainda a referência à água como elemento que não pode ser decomposto "em diversas matérias de diversas espécies" (AA XXVIII: 209), o que mostra que essa sentença advém de antes de Kant tomar conhecimento da composição da água por volta de 1784/1785 ou, talvez antes, em 1783 ou 1784. Ambas as referências sugerem, para Arnoldt, que estas *Lições* estariam muito provavelmente compreendidas no período entre os semestres de 1778/1779 e 1784/1785.

Em 1984, Max Heinze vai se posicionar contra estas estimativas iniciais em um importante trabalho intitulado *Vorlesungen Kant`s über Metaphysik aus drei Semestern*. Segundo Lehmann (1972, p. 1343), o trabalho de Heinze foi determinante para se alcançar a "confiabilidade" necessária para motivar a decisão de W. Dilthey de incluir as *Lições* em seu projeto de uma edição crítica das obras de Kant (Akademie-Ausgabe). A pesquisa de Heinze não se caracteriza como uma apresentação extensiva de material textual das *Lições*, mas como uma minuciosa pesquisa filológica, considerada "exemplar" devido ao seu "procedimento sistemático" (1972, p. 1343). Heinze (1894, p. 486-87) comparou[21] o texto impresso de Pölitz, o manuscrito de Königsberg (*An-Korff*) analisado antes por Erdmann e um manuscrito encontrado em Hamburgo (*Rosenhagen*)[22], concluindo que estes três manuscritos, ao contrário da afirmação de Pölitz de que a *Lição* teria sido tomada diretamente em sala de aula, são na verdade cópias[23] [*Abschriften*] que teriam como base um mesmo manuscrito original[24] [*Urtext*] da segunda metade dos anos de 1770. Com base na comparação de tais manuscritos, Heinze (1894, p. 563) também concluiu que a *Lição* foi "copiada decerto não apenas imediatamente, depois da *Lição* ter sido ministrada, mas também muito mais tarde, depois que a *Crítica da Razão Pura* apareceu pela primeira vez [...] e até mesmo depois do aparecimento da segunda edição [...]". Com efeito, contra a suposição de Erdmann de que as *Lições* representavam um primeiro momento de elaboração do pensamento crítico e que as formulações kantianas derivadas de Baumgarten deveriam naturalmente desaparecer das *Lições* depois de 1780, Heinze mostrou, a partir de manuscritos de lições mais tardias[25], que Kant elaborou seus ensinamentos tendo o "dogmatismo" de Baumgarten como referência por toda a sua carreira docente.

---

21. Para sua pesquisa, Heinze esteve em posse dos manuscritos *An-Korff, Rosenhagen* (datado de 1788), *An-Königsberg 5* (datado de 1794 ou de 1793/1794), do texto publicado de Pölitz e dos dois manuscritos que foram utilizados por Pölitz (*L1/An-Pölitz 1 e L2/ An-Pölitz 3.2*), embora apenas das partes que não foram publicadas em 1821. As partes dos manuscritos que foram utilizadas por Pölitz para a publicação das *Lições de Metafísica* em 1821 desapareceram depois da impressão, mas Heinze foi capaz de encontrar o resto do texto na *Biblioteca Politiana*: "Um nova busca na *Biblioteca Politiana* trouxe os dois manuscritos de volta à luz, embora certamente em uma forma bastante mutilada" (1894, p. 486).

22. Manuscrito com a assinatura de Carl Gottfr. Christian Rosenhayn, de Hirschberg em Schlesien, datado de Königsberg 5 de junho de 1788.

23. Muitos aspectos do texto mostram que ele não foi redigido em sala de aula. Heinze observa que "do caderno antigo que chamarei de L1 ainda está disponível a ontologia [...]. O manuscrito é bastante claro; não são usadas abreviações [...]. O caderno não é com certeza nenhum manuscrito a partir da Lição, mas uma cópia" (1894, p. 486-487).

24. Em sua comparação, Erdmann (1883, p. 135) concluiu que *An-korff* correspondia quase que literalmente a L1 da maneira como impresso no texto de Pölitz, o que o levou a acreditar que os manuscritos eram cópias de estudantes distintos as tomando no mesmo semestre. Mas, tendo em vista as várias maneiras em que estes manuscritos concordam e se diferem, Arnoldt (1908-9, p. 62-71) e Heinze (1894, p. 489-90) acharam mais plausível supor que havia uma fonte em comum (que possivelmente poderia ter sido retirada da sala de aula).

25. Além do manuscrito de *Rosenhagen* de 1788 pode-se citar *An-Königsberg 5* de 1794 ou 1793/1794.

No que diz respeito à datação, embora Heinze tenha considerado o argumento de Arnoldt da "composição da água" convincente, ele achou mais conveniente retroceder o *terminus ante quem*[26] para 1779/80, uma vez que a lista das categorias aparece incompleta[27] nas *Lições*. Em suas palavras, "[...] nas *Lições*, como vimos, falta a limitação junto a forma correspondente do juízo" (1894, p. 513). Heinze (1894, p. 512-513) acredita ser improvável que esta tábua de categorias estivesse incompleta nas *Lições* se Kant já tivesse de fato concluído os trabalhos da *Crítica da Razão Pura*, algo que aconteceu em algum momento entre dezembro de 1779 e novembro de 1780. Como ele destaca, "[é] impensável que Kant não apresentasse as categorias completas em suas *Lições*, caso já as tivesse determinado no número de doze para seu novo trabalho" (1984, p. 513). Por outro lado, Heinze não se mostrou convencido em relação ao *terminus post quem*[28] sugerido por Arnoldt que se baseava na referência a Sulzer no "tempo passado", porque a confiabilidade dessa passagem não é confirmada pela comparação dos manuscritos *An-Korff, Rosenhagen* e o texto de Pölitz. Como Heinze destaca, a ortografia do manuscrito *K1 (Rosenhagen)* que fora usada como critério para a confirmação de Erdmann[29] "não é a mais confiável e então, de maneira geral, não

---

26. O termo latino significa "limite antes do qual". Trata-se, em outras palavras, da data final.

27. Cabe ressaltar que a categoria da limitação e a forma correspondente do juízo estão ausentes na *Ontologia* dos manuscritos K1 e H, mas não em L1 (como se verá no texto traduzido). Heinze afirma que a "limitação" não pode ser encontrada nesse contexto nem como categoria nem como juízo. Como ele observa, não há, mesmo nas *Relexionen Kants zur Kritik der reinen Vernunft* (editadas por Erdmann), uma menção à categoria da limitaçao em sentido estrito até a publicação da *Crítica*. A partir disso, ele conclui que o *terminus ante quem* se encontra no período de 1779/80, que foi quando Kant terminou os trabalhos da *Crítica da Razão Pura*. Em relação à tábua completa apresentada em L1, Heinze argumenta que se trata de uma informação acrescentada depois com base nos desenvolvimentos posteriores do criticismo.

28. Trata-se aqui do "limite a partir do qual" ou da data inicial de um evento.

29. Arnoldt destaca que, na construção gramatical da passagem em alemão em L1 e H, "falta" uma forma verbal para o sujeito impessoal "man". Arnoldt vai vincular a forma verbal "glaubte", que aparece logo depois na sentença, não a "man", mas a "Sulzer" a partir do manuscrito K1, que apresenta depois de "glaubte", na mesma passagem, o verbo "annehme". Considerando que "annehme" estaria se referindo ao sujeito impessoal "man", isso confirmaria, para Arnoldt, que "glaubte" estava se referindo realmente a Sulzer. Mas, levando em conta que o verbo "annehme" não aparece em L1 e H e o redator de K1 é o menos confiável dos três, pode-se supor que se trata de uma adição arbitrária que não estava no manuscrito original. Contudo, visto que o verbo realmente aparece no passado na sentença, referindo-se provavelmente ao sujeito impessoal "man", disso se conclui que se trata de um erro de concordância. Pode-se supor, a partir disso, que ou houve um equívoco no ditado de Kant ou, mais provavelmente, que houve uma má compreensão do ouvinte.

se extrai da passagem como um todo nenhuma prova para o fato de que Kant falou de Sulzer como um falecido na palestra em questão" (1894, p. 516). Mas, considerando que o verbo realmente aparece no passado na sentença, embora em uma concordância inadequada, então, como Heinze supõe em relação a isso, "[n]ão se deve excluir o fato de que Kant tenha dito 'acredita' e o ouvinte o tenha entendido mal".

Mas, se, a partir da comparação dos manuscritos, a referência a Sulzer "no tempo passado" se mostrou duvidosa, Heinze observa que em todos os três manuscritos se confirmam duas referências a Crusius no "tempo passado" (AA XXVIII: 233) que, de fato, se apresentam como uma melhor evidência de que estas notas não poderiam provir de uma lição anterior ao semestre de inverno de 1775-1776, uma vez que Crusius faleceu em outubro de 1775. Em suas palavras, "[a] partir das duas passagens decorre com segurança que Crusius já não estava mais vivo quando Kant ministrou as *Lições*" (p. 516). Baseado nestas evidências, Heinze supõe, por conseguinte, que o lapso temporal dentro do qual estas *Lições* se situam se encontra, levando em conta a referência a Crusius e a deficiência na tábua de categorias, entre o semestre de inverno de 1775-1776 (*terminus post quem*) e o semestre de inverno de 1779-1780 (*terminus ante quem*).

Erich Adickes (1896, p.579) concordou com a estimativa de Heinze em relação à data inicial (*terminus post quem*), mas não em relação à data final (*terminus ante quem*), uma vez que, em contrapartida a Heinze, ele acreditava que Kant já tinha desenvolvido a sua tábua de categorias em 1775-1776. Paul Menzer (1899, p. 65) aceitou, por sua vez, a premissa geral de que as *Lições* de Pölitz (*L1*) são anteriores a 1781. Mas preferiu situá-las, contudo, em um período mais próximo à publicação da *Crítica da Razão Pura*, nos semestres de 1778-1779 ou 1779-1780, apoiado sobretudo na menção que Kant faz nas *Lições* dos "limites da razão e da filosofia" como uma "descoberta a ser esperada" e que "custou muito esforço", algo que, segundo ele, indicava, por um lado, que a *Crítica* "a ser esperada" ainda não tinha sido publicada, mas, por outro, que este ponto de vista que "custou muito esforço" já estava estabelecido[30]. Embora isso faça sentido, Lehmann (1972,

---

30. Essa suposição é apresentada no artigo de Menzer intitulado *Entwicklungsgang der Kantischen Ethik in den Jahren 1760–1785* (Kantstudien III 1899).

p. 1346) observa que já em 1766 Kant escreveu que tinha superado os últimos obstáculos e reconhecido que "o ponto de vista crítico" não foi "descoberto" de uma vez, mas é uma cadeia de descobertas, cada uma das quais ligadas com expectativas e certezas subjetivas (X: 199). Resulta disso, segundo Lehmann, que a única coisa mais confiável na suposição de Menzer é que a *Crítica* ainda não tinha, de fato, sido publicada. Mais recentemente, a interpretação de Menzer também foi contestada por Wolfgang Carl (1989, p. 117-118), que defendeu que Kant teria apresentado tal apreciação muito mais cedo. Carl é simpático à estimativa do *terminus post quem* de Heinze baseada na suposição do falecimento de Crusius, mas sugere que, na verdade, esta estimativa deve ser estabelecida mais à frente no semestre de inverno de 1777-1778, levando em conta a sua hipótese de que a teoria da fundação da alma apresentada nas *Lições* é baseada nas *Philosophische Versuchen über die menschliche Natur* de Tetens que apareceu em 1777. Por outro lado, Carl baseia-se na ausência de qualquer discussão sobre os "paralogismos" nas *Lições* para sugerir que a data final se encontra, por sua vez, no semestre de inverno de 1779/80.

Em relação ao segundo manuscrito utilizado por Pölitz (*L2/ An-Pölitz 3.2*), em cuja folha de rosto encontramos a inscrição *Logik und Metaphysik / von Kant / Ein Collegium ann. 1798 / nachgeschrieben*, Heinze observa que a mencionada data de 1798 está fora de questão, uma vez que Kant não mais lecionava. Este equívoco já havia sido notado, como Heinze destaca, por um leitor posterior do caderno, que corrigiu e substituiu 1798 por 1789 com uma caneta de tinta mais escura. Para Heinze, esta correção certamente não foi realizada por Pölitz. Pode-se supor que a data de 1798 pode ter sido resultado de uma simples inversão numérica ou, como sugere Heinze, do fato de que aquele que escreveu o título do caderno notou, na última página do caderno de lógica que precedia o de metafísica, uma data escrita em dígitos muito pequenos informando o ano de 1790, que ele equivocamente entendeu por 1798. O corretor do título do caderno percebeu o equívoco e modificou a data tendo em vista o curso de lógica do semestre de inverno de 1789-1790, mas a informação na última página sugere que seria mais correta a remissão ao curso de lógica que fora anunciado no verão de 1790. O caderno de metafísica que segue o de Lógica mostra, por conseguinte, que o curso de metafísica ao qual o manuscrito se refere teria sido provavelmente ministrado no inverno seguinte (1790-1791). E, embora Heinze reconheça que esta evidência está longe de ser conclusiva, sugere a data de 1790 ou 1790/1791 para o manuscrito *L2/An-Pölitz 3.2*.

Além das questões relacionadas à datação, a análise crítico--filológica também apontou alguns problemas em relação ao tratamento editorial do texto de Pölitz. Tanto Heinze quanto Stark observaram que, a despeito da mencionada declaração de Pölitz de que "o leitor tem em cada linha impressa o verdadeiro Kant" (1821, p. vi), muitas alterações foram introduzidas nesta edição, a começar pela retirada das referências a Baumgarten em *L1* e *L2*, referências que vão contudo aparecer nas partes das notas que não foram editadas por Pölitz[31]. Segundo Heinze (1894, p.492), "na impressão de Pölitz faltam frequentemente as referências ao autor, assim como muitos exemplos". Ao omitir as referências, Pölitz parece não considerar necessário que as lições tivessem "o caráter de um comentário à *Metaphysica* de Baumgarten". Ademais, uma das alterações mais substantivas no texto de 1821 foi, certamente, a flagrante inclusão de nove páginas (*An-Pölitz 3.1*) do manuscrito de lógica, que estava anexado junto ao de metafísica *L2* (*An-Pölitz 3.2*), contendo a "Introdução" junto às subseções "Da filosofia em geral" e "História da Filosofia", fazendo com que a edição fosse constituída, em última instância, por três conjuntos distintos de notas (*L1/An-Pölitz 1, L2/An-Pölitz 3.2* e *An-Pölitz 3.1*).

Por fim, as questões que restam analisar em relação às *Lições* de Pölitz dizem respeito a sua origem, localização e descrição física. O prefácio de 1821 não nos apresenta informações pontuais a respeito disso. Em relação à origem, algumas pistas foram inicialmente levantadas a partir dos prefácios redigidos para as duas edições das *Lições sobre a Doutrina Filosófica da Religião* publicadas por Pölitz respectivamente em 1817 e 1830[32]. No prefácio da primeira edição, Pölitz afirma que o manuscrito

---

31. Ver, por exemplo, AA XXVIII: 177; 581.

32. Para comentário, ver Cunha, Estudo Introdutório em *Lições sobre a Doutrina Filosófica da Religião* (Vozes, 2019).

de teologia que serviu de base para aquelas *Lições* "pertenceu a um velho e estimado amigo de Kant de Königsberg agora falecido, cujo patrimônio o editor adquiriu legalmente por meio da compra" (1830, p. v). No prefácio da segunda edição, Pölitz acrescenta que o "manuscrito" foi adquirido "a partir do leilão de livros do falecido Rink em Danzig" (1830, p. x). Partindo de tais evidências, cogitou-se que, assim como o manuscrito de teologia racional, os manuscritos utilizados para as *Lições de Metafísica* também tinham a sua origem na biblioteca particular de Theodor F. Rink, amigo e antigo aluno de Kant. Contudo, mais recentemente, essa suposição caiu por terra depois de Werner Stark examinar o catálogo do leilão da biblioteca de Rink. Foram encontrados lá os manuscritos de teologia, mas não os de metafísica. Isso significa, com efeito, que a biblioteca de Rink não foi a verdadeira origem dos manuscritos de metafísica.

Sobre a sua localização, sabe-se que, depois da publicação das *Lições* de 1821, as partes dos manuscritos que foram selecionadas por Pölitz, a saber, a *Metaphysica Specialis* (cosmologia, psicologia e teologia) de *L1/An-Pölitz 1* e a introdução e a ontologia de *L2/An-Pölitz 3.2*, desapareceram, provavelmente, logo depois da impressão. Segundo o parecer de Heinze (1894, p. 486), os manuscritos "foram retirados de sua encadernação, enviados evidentemente até a gráfica e nunca mais voltaram de lá". Em sua busca pelos manuscritos, Erdmann relatou em 1883 (p. 135) ter recebido uma resposta de Leipzig de que os manuscritos não foram encontrados na *Biblioteca Politiana* ou na *Stadtbibliotek* de Leipzig onde este acervo se encontrava. Mas, como nos informou posteriormente Heinze, "[u]ma nova busca na *Biblioteca Politiana* trouxe os dois manuscritos de volta à luz, embora certamente em uma forma bastante mutilada. Do caderno mais antigo, que quero chamar de L1, ainda está disponível a ontologia". No que diz respeito a sua descrição física, trata-se de um volume encadernado em quarto contendo 157 páginas não numeradas. A primeira página da encadernação está em branco e não há uma folha com o título, mas na lombada encontramos a inscrição "P. Kants Metaphysik" com as mesmas decorações douradas encontradas em *An-Korff*, o que levou Heinze a supor que ambos decorreriam do trabalho de um mesmo encadernador. O manuscrito é redigido de maneira clara e sem abreviações e suas páginas apresentam margens largas. As páginas são totalmente ou parcialmente escritas, embora, segundo Heinze, não pareça faltar nada no texto (1894, p. 486). Do caderno mais novo restou, segundo a inspeção de Heinze, a cosmologia em partes, junto com a psicologia e a teologia natural. Também se trata de um volume em quarto de 55 páginas numeradas, precedido por 136 páginas numeradas referentes a um conjunto de notas de lógica (*An-Pölitz 3.1*) que foram encadernadas juntas, em cuja capa se inscreve o título *Logik und Metaphysik / von Kant / Ein Collegium ann. 1798 / nachgeschrieben*, com a correção da data para "1789" feita por uma segunda mão. A escrita das notas é ordenada e sem quase nenhuma abreviação, embora a redação seja, segundo Heinze, mais apressada do que a dos manuscritos *L1/An-Pölitz 1*, *Rosenhagen* e *An-Korff*. Há também a ocorrência de algumas marginálias que podem ter sido redigidas por uma mão diferente ou, como Heinze supõe (1894, p. 502-504), pela mesma mão que redigiu o texto principal em uma data posterior.

1.5 Os diversos manuscritos estudantis dos cursos de metafísica

Assim como os manuscritos de Pölitz, um conjunto diversificado de notas dos cursos kantianos de metafísica foram gradativamente identificados, desde o século XIX, pelos pesquisadores especializados. Em 1912, Paul Menzer, que substituiu Heinze na chefia do departamento responsável pelas *Lições* de Kant em 1909, apresentou uma lista de todos os conjuntos de notas conhecidos até então, dos quais doze eram de metafísica. Na lista de Menzer constava, inscritos com as informações de título, data, proprietário e localização (quando disponíveis), os manuscritos (conjunto de notas) *an-Königsberg 5, an-Korff, an-Pölitz 1 (L1), an-Reicke 6, Herder 4, Mrongovius 2, Nicolai 2, Rosenhagen, von Schön 2, Vigilantius 3, Volckmann 3* e *Willudovius*. Até recentemente[33], tem-se conhecimento de dezessete manuscritos

---

33. Segundo a pesquisa apresentada em 1997 por Ameriks e Naragon (p. xxi) em *Lectures on metaphysics* e por Naragon em 2006 em *Kants Classroom*.

estudantis dos cursos de metafísica, muito embora nem todos existam mais. Indetectáveis e provavelmente perdidos estão os manuscritos *Nicolai, Motherby, Hippel* e *Reicke*. Com efeito, treze dos manuscritos de metafísica encontram-se disponíveis de uma forma ou de outra (completos ou não, como original ou cópia). Sete deles existem como manuscritos completos ou quase completos, a saber, os manuscritos *an-Pölitz 3.2/L2*[34], *Dohna-Wundlacken 4*[35], *Herder 4*[36], *Mrongovius 2*[37], *von Schön 2*[38], *von Schön 3*[39], e *Volckmann 3*[40]. Outros dois existem como cópias fragmentadas, ou seja, *Vigilantius 3*[41] e *Willudovius*[42], sendo que o último é um fragmento de apenas quarenta linhas. E, por fim, partes de outros quatro manuscritos se preservaram como textos publicados, a sa-

---

34. Trata-se aqui evidentemente da segunda metade do manuscrito que foi encontrada por Heinze na *Biblioteca Politiana*.

35. Volume de 185 páginas encadernado em quarto. Inscrito na folha de rosto: "*Die Metaphysik* / nach / den Vorlesungen des HE. Professor / Kant, im Winterh: Jahre 1792/93 von 7-8.". Inscrito no canto inferior direito: "von H. L. A. Dohna / angefangen Montag d 15ten / Octbr. 1792. (Comp. v Baumgarten)". E inscrito no fim: "Ende von Kants Metaphysik d 15ten Maerz / 1793".

36. As notas de Herder são um conjunto esparso de anotações redigidas em fascículos (pequenos cadernos que são costurados junto a outros na encadernação) de diferentes tamanhos, não encadernados e relacionados entre si.

37. Volume de 264 páginas encadernado em quarto, sendo que 25 delas estão em branco. Inscrito na página de rosto: "Metaphysic / vorgetragen / vom / Prof. Imanuel Kant. / nachgeschrieben / von / C. C: Mrongovius. / 1783 d. 4. Febr.".

38. 94 páginas de notas fragmentadas, sem encadernação, folha de rosto e numeração de páginas.

39. Trata-se de três fascículos em quarto, não encadernados, de 16 páginas cada, sendo que as notas de metafísica estão só no primeiro fascículo e na primeira página do segundo, resultando em um total de 17 páginas de notas de metafísica.

40. Trata-se de 7 fascículos em quarto não encadernados totalizando 110 páginas. Inscrito na página de rosto: "Metaphysische Vorle / sungen / des Herrn Prof: Kant. / nachgeschrieben im Jahr / 1784 und 85 / von J. W. Volckmann d. G. G. Be." [= der Gottes Gelehrtheit Beflissener].

41. O manuscrito original está perdido, mas estima-se que teria 559 páginas. Dele restou uma cópia fragmentada preparada por Reicke em 1883 e redescoberta por Malter em 1977. A primeira página do texto traz a inscrição: "Bemerkungen über Metaphysic nach Baumgarten, aus dem Vortrage des HE. Prof. Kant pro 1794/95 / d. 13.t. Oktbr.". No final, encontramos: "20t. Febr.".

42. De acordo com a descrição da lista de Menzer de 1912, tratava-se de um manuscrito de 660 páginas com a inscrição na folha de rosto: "Metaphysik / vorgetragen / von / Herrn Professor Immanuel Kant / nach / Baumgartens Lehrbuch".

ber, *an-Königsberg 5*[43], *an-Korff*[44], *an-Pölitz 1/L1* e *Rosenhagen*[45]. Neste grupo ainda podemos acrescentar a primeira metade de *an-Pölitz 3.2/L2*[46].

Dos conjuntos de notas que foram preservados de uma forma ou de outra, sabe-se que três deles, a saber, *an-Pölitz 1*, *an-Korff* e *Rosenhagen*, foram, como Heinze (1894, p. 489-502) já nos havia relatado, derivados de uma mesma fonte e que *von Schön 3* é uma reprodução quase que literal de *von Schön 2*. Disso se conclui que há um total de dez conjuntos de notas distintos entre si, dentre os quais três foram preservados quase que completamente (*Herder, Mrongovius* e *Dohna*), seis como grandes fragmentos (*An-Pölitz 1, Volckmann, von Schön 2 e 3, An-Pölitz 3.2, an-Königsberg 5, Vigilantius*) e um como um fragmento menor (*Willudovius*).

1.6 A inclusão das Lições de Metafísica na Akademie Ausgabe

Prosseguindo com o projeto idealizado por Wilhelm Dilthey de inclusão das *Lições* de Kant na *Akademie-Ausgabe* (*Kant's Gesammelte Schriften*), Gehard Lehmann editou e publicou, em dois tomos, um volume dedicado às *Lições de Metafísica* entre os anos de 1968 e 1970. No primeiro tomo do volume XXVIII

---

43. Volume de 294 páginas encadernado em quarto com a inscrição "Kants Metaphysik" sobre a lombada. Inscrição na frente da última página "Immanuel Kants Vorlesungen über die Metaphysic" e mais abaixo "im Winter 1794."

44. Volume de 443 páginas encadernado em quarto com a inscrição na lombada "P. Kants Metaphysic", com as mesmas decorações douradas da lombada de L1/An-Pölitz 1. Não apresenta folha de rosto com título. Na frente da última folha abaixo e à direita encontra-se a inscrição "kostet: 3 rthl." e ainda mais abaixo "C. C. v. Korff".

45. De acordo com a descrição de Heinze (1894, p. 488-489) e da lista de Menzer, trata-se de um volume de 111 páginas, encadernado em quarto, com inscrição na folha de rosto: "Immanuel Kants / ordentl. Prof. der Logic und Metaphysic / Vorlesungen über / Baumgartens Metaphysic.". Abaixo deste título à esquerda, encontramos a inscrição "Königsberg am 5. Junii 1788" e, à direita, "Carl Gottf. Christian Rosenhayn aus Hirschberg in Schlesien".

46. Trata-se aqui da parte do manuscrito que foi publicada por Pölitz em 1821 junto com parte de *An-Pölitz 1/L1*. Naturalmente este conjunto de notas não entra na conta geral porque é parte de um manuscrito já computado.

foram incluídas, **A)** entre as páginas 5 e 166, as *Lições* datadas do início de 1760 intituladas *Metaphysik Herder* (*Herder 4*) a partir do manuscrito original e de uma cópia de Menzer. **B)** Entre as páginas 167 e 350, foram incluídas as *Lições* datadas do final de 1770 intituladas *Metaphysik L1* (*An-Pölitz 1*). Trata-se de uma reprodução do texto publicado por Pölitz em 1821 com a inclusão dos extratos comparativos de Heinze e variantes de *Rosenhagen* e *An-Korff.* **C)** Entre as páginas 355 e 459, foram incluídas as lições datadas de meados de 1780 intituladas *Metaphysik Volckmann* (*Volckmann 3*) e, **D)** fechando o primeiro tomo, entre as páginas 461-524, as *Lições* do final de 1780 e início de 1790 intituladas *Metaphysik von Schön Ontologie* (*von Schön 2*).

Na primeira parte do tomo dois do volume XXVIII publicada em 1970, encontramos, **E)** entre as páginas 525 e 610, as *Lições* do início de 1790 intituladas *Metaphysik L2* (*An-Pölitz 2.3*). Trata-se do texto publicado por Pölitz em 1821, com exceção da parte do manuscrito de lógica que havia sido incluída por ele inadvertidamente. Estão incluídas também partes da cosmologia e da psicologia transcritas a partir do manuscrito original e um suplemento de Heinze. **F)** Entre as páginas 615 e 702, foram incluídas as *Lições* da primeira metade de 1790 intituladas *Metaphysik Dohna* (*Dohna-Wundlacken 4*) transcritas a partir do manuscrito original. **G)** Entre as páginas 705 e 816, encontram-se as *Lições* do início de 1790 intituladas *Metaphysik K2* (*An-Königsberg 5*) com os extratos e suplementos de Heinze, além de um pequeno extrato de Schlapp. **H)** Entre as páginas 817 e 838, estão incluídas as *Lições* datadas de meados de 1790 intituladas *Metaphysik K3* (*Vigilantius 3*) com os extratos de Arnoldt e Schlapp. E, concluindo este tomo, **I)** entre as páginas 839 e 962, temos os suplementos de Herder (*Herder 4*).

É pertinente destacar ainda que a segunda parte do tomo 2 do volume XXVIII da *Akademia-Ausgabe*, dedicado às *Lições de Teologia Racional*, publicado em 1972, também apresenta algum material adicional referente às *Lições de Metafísica*. Está disponível nele, **J)** entre as páginas 1511 e 1514, o prefácio de Pölitz de 1821. E, por fim, algum material adicional também foi disponibilizado na segunda parte do primeiro tomo do volume XXIX (suplemento II) publicado em 1983. Nele foram incluídas, **L)** entre as páginas 747 e 940, as *Lições* do início de 1780 conhecidas como *Metaphysik Mrongovius (Mrongovius 2)* e, **M)** entre as páginas 945 e 1040, as *Lições* de meados de 1790 intituladas *Metaphysik Arnoldt/K3 (Vigilantius 3)*[47].

1.7 As traduções das Lições de Metafísica para outros idiomas

As primeiras traduções das *Lições de Metafísica* apareceram ainda no século XIX. **A)** Das traduções baseadas na edição de Pölitz de 1821, a primeira delas foi a publicada por Joseph Tissot para o francês em 1843 com o título *Leçons de Métaphysique de Kant*[48]. **B)** Baseada na tradução francesa de Tissot, Juan Uña[49] preparou em 1877 a versão espanhola intitulada *Metafísica de Kant*. **C)** A primeira tradução do século XX foi uma tradução japonesa baseada em Pölitz e publicada em 1971 por Giichi Saitô e Jitsudô Kai com o título *Kanto no keijijô-gaku kôgi*. **D)** Em 1986, apareceu uma tradução para o italiano da seção sobre psicologia, sob a responsabilidade de Gian Antonio De Toni, com o título de *Lezioni di Psicologia*[50]. Esta tradução não é baseada diretamente na edição de Pölitz, mas no texto publicado por Lehmann no volume XXVIII da Edição da Academia, que é uma reprodução do texto de Pölitz com algumas poucas modificações. **E)** Em 1993, outra tradução francesa foi publicada, desta vez sob os cuidados de Monique Castillo, com o título *Leçons de Métaphysique*[51]. Esta tradução foi baseada em Pölitz e cotejada com a edição de Lehmann de 1968-1970. **F)** Em 1997, foi a vez da primeira tradução em

---

47. Parte de *Vigilantius 3 (Metaphysik K3)* já tinha sido transcrita por Lehmann em AA XXVIII.

48. Immanuel Kant. *Leçons de métaphysique de Kant, publiées par M. Poelitz*, traduzida para o francês por J. Tissot (Paris: Lagrange, 1843).

49. Immanuel Kant. *Metafísica de Kant.* Traduzido para o espanhol por Juan Uña (Madrid: Librería de Francisco Iravedra/Antonio Novo, 1877).

50. Immanuel Kant. *Lezioni di psicologia.* Traduzido para o italiano por Gian Antonio De Toni, introduction by Luciano Mecacci (Rome/Bari: Laterza, 1986).

51. Immanuel Kant. *Leçons de métaphysique.* Tradução para o francês e notas por Monique Castillo (Paris: Librairie Générale Française, 1993).

língua inglesa aparecer sob responsabilidade de Karl Ameriks e Steve Naragon com o título *Lectures on Metaphysics* em um dos volumes de *Cambridge Edition of the Works of Immanuel Kant.* Assim como a edição francesa de 1993, a edição inglesa foi baseada em Pölitz e Lehmann. **G)** Em 1998, foi publicada, sob os cuidados de Armando Rigobello, uma nova tradução italiana das *Lições de Metafísica* intitulada *Realtà ed esistenza. Lezioni di metafisica: introduzione e ontologia.* Como o título sugere, a tradução é dedicada particularmente às seções de introdução e ontologia e é baseada em Lehmann. **H)** Dessa tradução italiana, originou-se em 2002 a tradução em língua portuguesa intitulada *Realidade e Existência: Lições de Metafísica.* **I)** Por último, resta citar ainda uma tradução mais recente, publicada em húngaro por Miklós Mesterházi em 2013, baseada na edição Pölitz, com o título *Metafizikai és teológiai elo adásai* (*Lições de Metafísica e Teologia*).

Em relação às traduções dos outros conjuntos de notas, é primeiramente digno de menção o extenso trabalho realizado por Karl Ameriks e Steve Naragorn para a língua inglesa em *Lectures on Metaphysics.* Esta edição apresenta traduções para *An-Königsberg 5* (*Metaphysik K2*), *Dohna-Wundlacken 4* (*Metaphysik Dohna*), *Herder 4* (*Metaphysik Herder*), *Mrongovius 2* (*Metaphysik Mrongovius*), *Vigilantius 3* (*Metaphysik K3*) e *Volckmann 3* (*Metaphysik Volckmann*). Para o conjunto de notas *Dohna-Wundlacken 4* (*Metaphysik Dohna*), há também uma tradução preparada em 2006 por Mario Caimi para o espanhol[52]. E, para *An-Königsberg 5* (*Metaphysik K2*), *Mrongovius 2* (*Metaphysik Mrongovius*) e *Volckmann 3* (*Metaphysik Volckmann*), existem traduçoes na edição húngara preparada por Miklós Mesterházi de 2013.

1.8 Informações sobre a tradução das Lições de Metafísica para a língua portuguesa

Assim como a maioria das traduções em língua latina, a primeira tradução completa em língua portuguesa das *Lições de Me-*

---

52. Immanuel Kant, *Metafísica Dohna*. Tradução para o espanhol, notas e índice por Mario Caimi (Salamanca: Editora Sígueme, 2006).

tafísica também foi baseada na edição de Pölitz de 1821, embora tenha sido realizado um trabalho de cotejamento com a edição de Lehmann de 1968-1970. Na maioria dos casos, optou-se por aceitar as alterações textuais sugeridas por Lehmann. Mas, quando foi o caso, estas alterações foram indicadas em nota de rodapé. Uma vez que a tradução é baseada nas duas edições mencionadas, encontrar-se-ão referenciadas no texto tanto a paginação da edição de Pölitz quanto a da edição de Lehmann (*Kant's Gesammelte Schriften*, v. 28; AA XXVIII). Como se observará, a tradução apresenta um grande aparato de notas de rodapé, que foram usadas com quatro propósitos diferentes. Em primeira instância, as notas foram utilizadas para discutir opções de tradução. Nesse sentido, em alguns momentos, elas trazem comparações de termos com outras traduções, dentre as quais cito a edição francesa de Monique Castillo, *Leçons de Métaphysique* (1993), e a versão inglesa de Karl Ameriks e Steve Naragon apresentada em *Lectures on Metaphysics* (1997), embora nesta última a seção sobre *Teologia Racional* esteja ausente. Em segunda instância, estas notas foram usadas para relacionar a posição de Kant à do manual de referência, a saber, a *Metaphysica* de Baumgarten. Com este propósito, além das referências aos parágrafos do manual, as notas apresentam, algumas vezes, traduções de trechos ou de parágrafos inteiros da *Metaphysica*. Em terceiro lugar, as notas foram empregadas para traçar um paralelo entre as *Lições* e as obras publicadas de Kant, sobretudo, a *Crítica da Razão Pura*. Com este objetivo, as notas foram preenchidas com as citações correspondentes nas obras publicadas. E, por fim, as notas foram utilizadas como comentários interpretativos, tanto na direção de explicitar as críticas de Kant a Baumgarten quanto na de demonstrar a aproximação e o distanciamento das *Lições* em relação à posição crítico-transcendental. Estes comentários, no entanto, uma vez restritos a meras notas de rodapé, devem ser assumidos mais como uma tentativa de dar uma direção interpretativa do que como um esforço de apresentar uma perspectiva fundamentada. No que diz respeito à própria tradução, mais uma vez se buscou a literalidade. Com o propósito de manter o texto o mais próximo possível do original, preservando ao máximo as características da atividade docente do professor, empregamos as adaptações apenas nos casos estritamente exigidos pela língua portuguesa.

As *Lições de Metafísica* encerram um ciclo que comecei em 2016 e que culminou também nas traduções das *Lições de Ética* (2018) e das *Lições sobre a Doutrina Filosófica da Religião* (2019). Como já fora afirmado em outras oportunidades, estes trabalhos tiveram como objetivo, ao tornar disponível esta rica fonte de pesquisa, ampliar o horizonte dos estudos kantianas em língua portuguesa, seja contribuindo para a interpretação dos escritos publicados de Kant, seja provendo ajuda para a compreensão genealógica do seu pensamento. Certamente, a tarefa não foi das mais fáceis. No percorrer deste caminho, deparei-me com contratempos, limitações e dúvidas, o que, em alguns casos, pode ter resultado em equívocos e más escolhas. Mas talvez eu possa encontrar algum indulto para isso no fato de que o trabalho de tradução, assim como o de pesquisa, é um trabalho sempre em construção. Apesar de meus esforços durante este tempo, é certo que ainda resta um longo caminho para os pesquisadores de língua portuguesa no que diz respeito ao acesso e ao tratamento do vasto material agora disponível no *Handschriftlicher Nachlass* e nas *Vorlesungen* de Kant. Os esforços em direção a isso já estão sendo certamente despendidos e, em breve, pouco a pouco, creio que mais material desse tipo estará disponível em língua portuguesa.

2. A Metafísica de Kant nas Lições

2.1 Introdução e Prolegômenos

Embora a inclusão da *Introdução* (pertencente, na verdade, ao caderno de lógica) no texto das *Lições de Metafísica* de Kant seja, como já vimos, resultado de um equívoco editorial, é interessante observar que de algum forma o texto incluído acabou por assumir uma função na estrutura do todo. Ao decidir acrescentá-lo, é possível supor que Pölitz foi levado pelas considerações que são apresentadas nele sobre a razão humana e seu aspecto arquitetônico, considerações que, de fato, parecem convir sistematicamente à perspectiva crítica da metafísica que já se mostra, em grande medida, apresentada nestas *Lições*. Muito do que é discutido neste ponto é, como podemos observar, encontrado na seção sobre a *Arquitetônica da Razão Pura* na primeira *Crítica*.

A preocupação fundamental de Kant nessa *Introdução* é esclarecer o significado da filosofia bem como o papel da razão. Depois de atribuir, em contraposição à matemática, o caráter discursivo à filosofia, Kant leva adiante o esclarecimento de sua definição a partir da distinção entre a filosofia escolástica, compreendida como "o sistema dos conhecimentos filosóficos racionais por conceito", e a filosofia em sentido cosmopolítico, entendida como "a ciência dos fins últimos da razão humana" (AA XXVIII: 532). Para Kant, esta distinção corresponde justamente àquela empreendida na filosofia prática entre habilidade e sabedoria. Enquanto o filósofo escolástico emprega os meios para alcançar certos fins arbitrários, ou seja, se dirige *meramente* pelo saber especulativo sem consciência de qual medida este saber pode contribuir para o fim último da razão, o filósofo cosmopolítico é propriamente o filósofo na medida em que é capaz de discernir os verdadeiros fins da razão humana. Como se sabe, os fins da razão para Kant, desde a revolução antropológica empreendida por Rousseau em seu pensamento, descansam na dimensão prática, nos fins universais da liberdade, que em sentido amplo revelam seu alcance cosmopolítico dentro das dimensões comunitárias da ética e do direito. Com efeito a filosofia é definida nas *Lições*, em contraposição ao conceito de filosofia das universidades, como "a ideia de uma sabedoria perfeita que me mostra os fins últimos da razão humana" (AA XXVIII: 533). Kant a considera a única ciência verdadeiramente sistemática. Este caráter sistemático e arquitetônico é justificado justamente pelo fato dela ser capaz de conectar vários conhecimentos através de uma ideia. Em outras palavras, ela é capaz de proporcionar um fim *superior* a partir do qual os outros tipos de conhecimento alcançam a unidade. Devido a esta capacidade de proporcionar a "máxima" ou o "princípio da escolha dos fins", a filosofia também pode ser definida, nas palavras de Kant, como *"uma ciência da máxima suprema do uso de nossa razão"* (AA XXVIII: 533).

Uma vez estabelecidas estas definições, Kant defende que a filosofia cosmopolítica é norteada a partir daquelas mesmas questões fundamentais que são enunciadas pelos cânones do criticismo: 1) o que posso saber? 2) o que eu devo fazer? 3) o que me é permitido esperar?. A essas três questões da razão, bem conhecidas pelos leitores da *Crítica* na *Doutrina Transcendental do Método*, Kant acrescenta uma última à qual todas as três se remetem, a saber, 4) o que é o homem? A partir dessas questões, o papel verdadeiro do filósofo, na filosofia cosmopolítica, é então o de determinar as fontes do saber humano e sua extensão, bem como os limites da razão. O que deve caracterizar a atividade do filósofo, em última instância, não é a erudição, mas a sua capacidade crítica. Por isso um "filósofo deve ser capaz de *filosofar* e, para isso, não se precisa *aprender* filosofia" (AA XXVIII: 534). As doutrinas filosóficas são, por isso, nada mais do que expressão da história do uso de nossa razão, nada mais do que um objeto a partir do qual exercitamos nossas capacidades críticas. Portanto, para Kant, mais importante do que o conhecimento doutrinal é a reflexão crítica sobre o método pelo qual fazemos um uso sadio da razão a propósito da verdadeira sabedoria.

A partir da prerrogativa de que a "reflexão crítica", exigida à filosofia, tem como objeto a história da razão, Kant apresenta, na *Introdução*, um pequeno esboço da história da filosofia. O início da história da razão é atribuído aos gregos, que, diferente de outros povos como os chineses e os indianos, já apresentavam em certo ponto, a partir do momento que abandonaram o fio condutor das figuras para refletirem por meio de conceitos, o uso da razão *in abstracto*. Em uma apresentação breve, porém perspicaz, Kant retrata a filosofia grega, especialmente representada pelas escolas de Platão e Aristóteles, como rica em reflexões e em conflitos especulativos. Os romanos e os medievais, no entanto, são concebidos, de um modo geral, simplesmente como "discípulos" da filosofia clássica. Aos modernos, Kant atribui, por sua vez, os méritos de uma mudança no modo de pensar caracterizada, sobretudo, pela aliança entre a investigação da natureza e o método matemático. Mas, apesar de todo o progresso, seja no método ou nos resultados, Kant acredita que os radicais antagonismos deste contexto, expressos nos diversos tipos de dogmatismos, tornam impossível falar propriamente de uma "filosofia moderna". É diante desse cenário que o "método da crítica" ou o *"método de investigar e julgar a razão"* é apresentado como um meio de se superar o "indiferentismo" e reabilitar a metafísica como "doutrina da razão", uma vez que ela é "propriamente a filosofia" (AA XXVIII: 540).

Nos *Prolegômenos*, a questão da metafísica é articulada junto à pergunta sobre *"como conhecimentos a priori são possíveis"*. A filosofia transcendental e a *Crítica da Razão Pura* já são apresentadas aqui como a ciência de todos os nossos conhecimentos *a priori* na medida em que tratam dos conceitos puros do entendimento e dos princípios da razão. Claramente, Kant já compreende a "ontologia" não mais no sentido de Baumgarten como "a ciência dos predicados mais gerais do ser", mas como "propedêutica" crítica das condições de possibilidade de todo nosso conhecimento. Resta agora analisar os princípios desta nova concepção de ontologia em contraposição à ontologia escolástica tradicional ensinada no manual de Baumgarten.

2.2 A ontologia

No capítulo sobre a ontologia, Kant se esforça, talvez por razões didáticas, em seguir o manual e as terminologias de Baumgarten, embora seja flagrante a ruptura perpetrada por seu novo ponto de vista. Se, por um lado, o teor crítico dos comentários de Kant a Baumgarten enuncia alguns dos pressupostos mais fundamentais de sua filosofia transcendental, por outro, em alguns momentos, Kant acaba por aceitar algumas das terminologias da metafísica escolástica, como, por exemplo, ao assumir, de maneira ambígua, o conceito da coisa em si. A despeito disso, a partir de Baumgarten, Kant vai analisar muitos dos conceitos escolásticos, proporcionando-lhes, na maioria dos casos, um encaminhamento crítico. É assim, por exemplo, com os conceitos de substância, existência e causalidade que são analisados em uma direção que já aponta para a discussão proposta na *Analítica dos Princípios* e, principalmente, nas *Analogias da Experiência*. Mas, no todo da discussão apresentada no primeiro capítulo das *Lições*, a mais notável marca da filosofia transcendental, sobre a qual vão se basear todas as demais formulações, certamente se encontra na nova definição da ontologia, apresentada em contraposição à tradicional acepção de "doutrina universal do ser", como "doutrina elementar de todos os conceitos que meu entendimento pode ter unicamente *a priori*" (AA XXVIII: 542). Mais especificamente, Kant desloca o pressuposto fundamental da ontologia antes situado no "conceito de ser" para o conceito de um "objeto em geral" (AA XXVIII: 543), o que vai culminar em uma investigação sobre as condições de possibilidade do objeto de conhecimento.

Não é, então, de se surpreender que, no início do capítulo sobre a ontologia, as críticas se dirijam particularmente às noções escolásticas de *possível e impossível*, que, fundamentadas no princípio de contradição, pretendem se estabelecer como critérios ontológicos. Embora o princípio de contradição seja um critério de verdade do pensamento e uma condição indispensável ao nosso conhecimento, Kant assevera, aludindo-nos à distinção fundamental da *Crítica* entre ser e pensar, que não devemos "considerar a possibilidade dos pensamentos como a possibilidade dos objetos" (AA XVIII: 543). Eis o ponto de afastamento em relação à metafísica escolástica e o ponto de partida para a filosofia transcendental: a possibilidade e a impossibilidade lógica, fundadas no princípio de não contradição, não são critérios de existência e não existência. Não é difícil de observar que a resposta das *Lições* converge com as posições apresentadas em *O Único Argumento Possível para uma Demonstração da Existência de Deus* (1763) e na *Crítica da Razão Pura* (1781) ao ser apresentada nos seguintes termos: ora, a "existência" é uma "posição absoluta" e depende, em seu sentido real, de uma síntese que leva em conta as intuições e os conceitos. Além disso, a limitação do princípio de não contradição, no início do primeiro capítulo, resulta ainda em outras importantes implicações críticas, tais como a distinção entre o fundamento lógico e real, a distinção entre as relações necessárias do pensamento e a causalidade efetiva do mundo e, por conseguinte, em uma nova perspectiva sobre o princípio de razão suficiente.

2.2.1 A distinção entre juízos analíticos e sintéticos

No início do capítulo sobre a *Ontologia*, uma das primeiras implicações da crítica ao princípio de não contradição é a de abrir espaço para Kant apresentar a sua famosa distinção entre *juízos analíticos e sintéticos*. O princípio de contradição rege os juízos analíticos, que são sempre juízos *a priori*, uma vez que o predicado é extraído do conceito do sujeito. Mas, enquanto os juízos analíticos são meros juízos explicativos, os sintéticos são juízos extensivos na medida em que acrescentam algo ao nosso conhecimento. Kant classifica, então, os juízos sintéticos "em juízos *a posteriori* ou juízos de experiência" e "em juízos *a priori*". Embora Kant identifique inicialmente os juízos sintéticos *a priori* apenas com os juízos da aritmética e da geometria, no decorrer de sua argumentação, torna-se progressivamente clara a premissa fundamental que demonstra que os juízos sintéticos *a priori* estão incluídos na metafísica e são as bases de nossas inferências empíricas. Ora, nesse sentido, Kant admite que a experiência só é possível através de conhecimentos *a priori*: "Se não houvesse conhecimentos *a priori*, também não aconteceria qualquer experiência [...]" (AA XXVIII: 546). Com efeito, também é preciso reconhecer que dois aspectos são fundamentais para o conhecimento, a saber, os conceitos e as intuições. Qualquer conhecimento pressupõe conceitos, que exigem, por sua vez, intuições (AA XXVIII: 547). Enquanto os conceitos têm sua origem *a priori* no entendimento, as intuições podem ser de dois tipos: elas podem ser *intuições sensíveis* na medida em que dizem respeito à impressão imediata que decorre da "representação particular de um objeto" ou podem ser ainda *intuições a priori* quando se relacionam às condições a partir das quais os objetos podem ser apreendidos. Nesse sentido, estas condições são apresentadas como o *espaço* e o *tempo*. A *Ontologia* nos mostra que, nesta hipótese, já está pressuposta uma renovada compreensão das noções de *forma* e *matéria*, sendo a *matéria* o dado propriamente dito e a *forma* a maneira como estes dados, em sua diversidade, são estabelecidos e relacionados (AA XXVIII: 575).

2.2.2 A estética e a lógica transcendental

É notável que, com isso, Kant assume, como pressupostos de sua investigação, os princípios de uma estética e de uma lógica transcendental (AA XXVIII: 576), mesmo que alguns aspectos estejam ocasionalmente misturados. No que diz respeito à estética transcendental, Kant admite, assim como na *Dissertação* de 1770 e na *Crítica*, o apriorismo da sensibilidade segundo o qual o espaço e o tempo não são propriedades objetivas, mas subjetivas, que precedem e se constituem como as condições de todas as coisas (AA XXVIII: 567). No que diz respeito à lógica transcendental, uma vez já estabelecido o apriorismo dos conceitos do entendimento, Kant empreende uma tentativa de determinar a quantidade e a origem destes conceitos *a priori*, apresentando-nos, dessa forma, a ideia geral da dedução metafísica das categorias, enquanto procedimento de legitimação "quid juris" por meio do qual se busca "a explicação da possibilidade dos conceitos puros do entendimento" (AA XXVIII: 548). Assim como na *Crítica da Razão Pura*, a dedução explicita a relação necessária entre as formas do juízo e a tábua de categorias. É interessante notar que, ao apresentar a ideia de uma lógica transcendental, levando em conta a exposição da tábua das categorias, Kant acredita estar diante dos fundamentos de "uma *gramática transcendental* que contém o fundamento da linguagem humana" (AA XXVIII: 576). Além disso, também é possível observar alguns aspectos da lógica transcendental na análise do conceito de substância (e suas implicações em relação à mudança, à continuidade, à grandeza, à ação, à composição etc.), análise que se dirige em um caminho bastante similar ao proposto pela *Analítica dos Princípios* em vista da "unidade sintética do diverso na intuição". Kant não se aprofunda em suas considerações a este respeito, mantendo-se em referência às terminologias de Baumgarten. Mas, mesmo não desenvolvendo sua hipótese, no primeiro capítulo, em direção ao esquematismo e nem explicitando o papel da imaginação, não é difícil de perceber que Kant está se remetendo às linhas mais gerais apresentadas na *Analítica dos Princípios* e, sobretudo, nas *Analogias da Experiência*.

2.2.3 A existência é posição absoluta

A necessidade do trabalho conjunto do entendimento e da sensibilidade, no que diz respeito às condições de possibilidade dos juízos sintéticos *a priori*, aparece nas *Lições* como resultado da renúncia ao ideal dedutivo do racionalismo, ao método geométrico-matemático dos wolffianos. A principal implicação disso se manifesta na convicção fundamentalmente crítica de que não há uma passagem dedutiva da possibilidade para a existência, do pensamento ao ser. "A necessidade lógica não demonstra a existência de uma coisa. [...] Se, para Baumgarten, a existência é o complemento [*complementum*] da possibilidade", para Kant, urge reconhecer que a possibilidade lógica não é a possibilidade real. Do status especial das categorias modais de existência, possibilidade, realidade e necessidade, as quais "de modo algum contêm os predicados das coisas, mas apenas modos para colocar os predicados das coisas", culmina o fato de que a "existência" é, em última instância, "posição absoluta" ou "*a posição da coisa com todos os predicados*" (AA XXVIII: 554). Por isso, segundo a perspectiva transcendental apresentada aqui, a existência não é, como queria os wolffianos, um complemento, um predicado da coisa. Em sentido lógico, ela é meramente a cópula em um juízo, isto é, o que liga o sujeito ao predicado (AA XVIII: 315). E, compreendida nestes termos, ela não é capaz de acrescentar nada ao sujeito. Portanto, ao invés da "existência" depender do ato conceitual de "determinação" completa (B 559-602), que, em vista de todos os predicados opostos, atribui, através do princípio de contradição e segundo a mera possibilidade interna, os predicados ao sujeito em pensamento, ela depende, enquanto possibilidade real, do ato transcendental que conjuga as intuições e os conceitos puros do entendimento em um processo de síntese no qual as representações se referem, por meio dos juízos, ao objeto. Mas, se, por um lado, na hipótese de Kant das *Lições*, o ato conceitual de "determinação completa" não é certamente capaz de assumir um papel "constitutivo" no processo epistemológico, ele adquire, ao menos, uma função "regulativa" na medida em que produz o que Kant chama, nos mesmos termos da *Dialética Transcendental*, de "ser de razão raciocinante" (AA XXVIII: 555). Trata-se de um ideal que nasce como uma necessidade da razão, um critério de perfeição cuja medida é o máximo e através do qual se julga ou se pensa todo o resto, algo que, em última instância, vai se materializar, mais à frente na teologia racional, na ideia de Deus como *ens realissimum*.

2.2.4 Fundamento lógico e fundamento real

O afastamento do método matemático dedutivo do racionalismo também culmina, nas *Lições*, na distinção crítica entre o fundamento lógico e o real, tal como sugerida no *Ensaio para Introduzir o Conceito de Grandezas Negativas dentro da Filosofia* de 1763. Como Kant admite, apesar dos conceitos de fundamento e consequência pertencerem à lógica, eles costumam ser assumidos na metafísica. O conceito de fundamento é um conceito de relação. Na lógica, ele diz respeito à relação de conhecimento do modo como uma coisa é seguida de outra. Na metafísica, ele concretiza-se no "conceito de causalidade" (AA XXVIII: 548). Dessa forma, todo fundamento pode ser de dois tipos, a saber, *lógico* ou *real*. Enquanto o fundamento lógico é aquele por meio do qual uma relação é posta através do princípio de identidade, o fundamento real é aquele que expressa uma relação segundo "o princípio da causalidade". Assim, diferente do fundamento lógico, que pressupõe uma relação analítica e necessária entre duas coisas por meio da identidade, na qual a consequência é idêntica e está contida no conceito do fundamento, a relação de coisas expressa no fundamento real não é, como já tinha sublinhado Hume em relação à causalidade, dedutível, mas é uma relação contingente. Por conseguinte, Kant admite que o conceito do fundamento real é, por esta razão, um "conceito sintético" (AA XXVIII: 549). Uma vez estabelecido seu caráter sintético, Kant reconhece que a compreensão do fundamento real é importante até mesmo para se esclarecer o sentido da pergunta sobre "a *possibilidade de juízos sintéticos a priori*" (AA XXVIII: 550). Os juízos sintéticos *a priori* não proporcionam conhecimento por identidade, mas operam a partir de uma relação de referência entre as representações e os objetos através do ato de julgar. A relação das representações a um objeto só é possível se unificada, por meio da consciência, através da ação das categorias e é isso que torna a experiência possível. Como Kant observa, é através da forma dos juízos que se demonstra, portanto, como "muitas representações podem ser ligadas em uma consciência". Com efeito, a "conexão do fundamento com a consequência" consiste na "representação da ligação de dois fenômenos" pensados segundo regras universais (AA XX-

VIII: 550). Portanto, a questão sobre o fundamento real mostra, por meio do *modus operandi* dos juízos sintéticos *a priori*, que a causalidade que rege as relações das coisas no mundo, mais precisamente a relação dos fenômenos, não é lógico/metafísica, mas transcendental.

2.2.5 O Princípio de Razão Suficiente

O problema introduzido em torno do fundamento real e da causalidade leva Kant, por conseguinte, a investigar aquele princípio cuja demonstração tem sido "a cruz dos filósofos", a saber, o "princípio de razão suficiente". Nos manuais de metafísica, o princípio de razão suficiente se anuncia nos seguintes termos: "nada existe sem uma razão" (AA XXVIII: 551). Leibniz restringia o princípio de razão suficiente às verdades de fato ou verdades contingentes. Por outro lado, Wolff defendia uma aplicação mais abrangente do princípio de razão suficiente, incluindo dessa forma o conjunto de todos os objetos possíveis, mesmo as verdades necessárias da razão. Do ponto de vista kantiano, a proposição de Wolff é claramente falsa, porque desconsidera por completo a distinção entre o lógico e o real. Mas Kant parece concordar com Leibniz em alguma medida em relação ao fato de que o princípio de razão suficiente, enquanto princípio regente de uma "série", é válido apenas para o *contingente*. É notável, contudo, que essa concordância é apenas parcial, porque o rompimento com Leibniz logo se torna manifesto na afirmação de que "o princípio de razão suficiente não diz respeito a conceitos em geral, mas aos sentidos". A *Crítica da Razão Pura* já nos havia denunciado que o fracasso das tentativas dogmáticas de provar o princípio de razão suficiente é conduzido, sobretudo, por uma confusão sub-reptícia envolvendo a condição lógica, que é meramente analítica, e a condição material que lida com a possibilidade da experiência. A consequência disso nas *Lições* aparece no fato de que a proposição "se algo acontece, deve haver um fundamento pelo qual acontece" não é analiticamente dedutível, mas é uma "proposição sintética". O princípio de razão suficiente é "um princípio sobre o qual se baseia a experiência possível" (AA XXVIII: 551) e, por conseguinte, deve se restringir aos objetos da experiência perceptiva. Assumida dessa forma, a questão é colocada em termos bastante similares aos da *Crítica da Razão Pura*. Kant defende, na *Crítica*, que o princípio de razão suficiente, como um correlato do princípio causal, rege a "relação dos fenômenos (como percepções possíveis) segundo a qual o subsequente (o que acontece), no que diz respeito à sua existência, é determinado no tempo pelo antecedente, de maneira necessária e de acordo com uma regra" (B 247). Portanto, ele "é o fundamento da experiência possível ou, mais especificamente, do conhecimento objetivo dos fenômenos no que diz respeito à relação dos mesmos na série sequencial do tempo" (B 246). Nas *Lições*, alguma confirmação para essa perspectiva é encontrada na ideia de que "o princípio de razão suficiente", traduzido "no princípio da necessidade empírica da conexão de todas as representações da experiência" é "um conhecimento sintético *a priori*" (AA XXVIII: 551).

2.2.6 O fundamento da realidade e a conexão efetiva

Outra importante consequência que decorre do reconhecimento do caráter sintético do fundamento real e do princípio de razão suficiente aparece nas *Lições* na distinção entre o princípio do ser [*principium essendi*] e o princípio da realidade [*principium fiendi*]. Na *Nova Dilucidatio*, Kant já havia empreendido uma distinção entre o princípio do ser e o princípio do conhecimento, mas naquela ocasião o princípio do ser permaneceu acoplado ao da realidade (AA I: 392). Agora, em direta oposição a Baumgarten, Kant insiste na necessidade de uma distinção entre o princípio do ser, compreendido como "fundamento da possibilidade", e o princípio da realidade, compreendido como "causa". A justificativa para esta distinção já foi explicitada antes e se baseia na exigência de que "[t]oda causa deve ser em si mesma algo real, pois aquilo que é o fundamento da realidade é algo positivo. [...]" (AA XXVIII: 571). Projetando-se então para além da perspectiva da *Nova Dilucidatio*, Kant compreende, tal como vimos na discussão precedente sobre o princípio de razão suficiente, que o "fundamento da realidade" se encontra, além da mera possibilidade lógica, no âmbito dos princípios sintéticos *a priori*. A discussão precedente também nos sugere que o "fundamento da realidade" deve se manifestar, enquanto causalidade eficiente, na relação dos fenômenos no espaço e no tempo, algo que se circunscreve nos âmbitos do "acontecimento", da "circunstância" e da "ocasião". Kant denomina o encadeamento de causas eficientes de "conexão efetiva" e compreende que este é o tipo de conexão que está de acordo com o "método da filosofia". Contra a conexão de finalidade de Leibniz, Wolff e Baumgarten, Kant defende, então, que "a verdadeira filosofia" é essa capacidade de discernir a "conexão efetiva". Por isso, "[n]a filosofia, deve-se, primeiramente, tentar derivar tudo a partir de causas e, portanto, segundo o princípio da conexão efetiva". E, mesmo que a tentativa segundo a "conexão efetiva" nem sempre seja bem-sucedida, ainda sim "o método e o caminho para investigar algo de *tal* maneira está em conformidade com a filosofia e com o entendimento humano". Consequentemente, de um modo análogo ao "Apêndice à dialética transcendental" (B717-719), Kant reprova o vício prejudicial decorrente do mau uso da teleologia na filosofia, denominado na *Crítica* de "razão preguiçosa". Isso vai se expressar, nas *Lições*, na ponderação de que apelar "para a conexão de finalidade é *uma almofada da filosofia preguiçosa*" (AA XXXVIII: 574).

2.3 A Cosmologia

Na seção sobre a cosmologia, Kant se propõe a tratar do primeiro objeto da metafísica especial, a saber, o conceito de mundo. Assim como na *Ontologia*, nessa seção, também é perceptível o esforço kantiano de apresentar os conceitos escolásticos do manual de Baumgarten tentando reformulá-los segundo seu próprio ponto de vista. A despeito do fato de que Kant assuma alguns aspectos da cosmologia clássica em seus comentários, nem por isso seu esforço crítico deixa de ser notável. Observa-se que, nas *Lições*, a investigação sobre o conceito de mundo ultrapassa os pressupostos da cosmologia escolástica na medida em que, assim como na ontologia, Kant assume como ponto de referência os limites a partir dos quais o conhecimento de seu objeto é possível.

Este esforço crítico transparece, por conseguinte, sobretudo, nas análises sobre a lei da continuidade, das partes do universo e da gênese dos corpos, mas também na explicação sobre os modos de interação, sendo que algumas formulações apontam para alguns pressupostos da *Analítica dos Princípios* e das *Antinomias*.

2.3.1 O conceito de mundo

A seção começa definindo a cosmologia como uma ciência puramente racional que não toma seus princípios emprestados da experiência, mas da razão pura. Ela é, por isso, chamada de *cosmologia racional ou cosmologia transcendental*. Para explicar o conceito de mundo, Kant se remete à categoria de relação para enfatizar que, na relação do todo com as partes, "aquele todo que não é parte" é o "conceito limite" que determina nosso conceito de *mundo*. Em outras palavras, nesse sentido, o mundo é um todo que não é parte de mais nada. Por conseguinte, Kant salienta, em um sentido análogo às afirmações da *Dialética da Razão Pura*, que pensar este conceito limite é uma necessidade da razão em vista da completude [*completudinem*] e da totalidade. Por ser concebido como um todo independente, o mundo pode ser chamado de todo absoluto. Mas ele precisa ser concebido também como um composto constituído pela ação recíproca ou interação entre as substâncias e, nesse sentido, ele pode ser chamado também de todo substancial. A ideia de mundo como todo substancial deve levar em conta, não obstante, não apenas a substância em si, mas a interação ou a "conexão de muitas substâncias" (AA XXVIII: 195). Isso significa que a ideia de mundo pressupõe não apenas a "matéria", ou seja, o aspecto primário de sua composição, a saber, as substâncias isoladas, mas também a "forma", ou seja, o aspecto que explica a sua relação, ou, em outras palavras, a comunidade entre as substâncias. Além disso, Kant destaca que, embora se possa certamente derivar, a partir do conceito de mundo, o conceito de sua totalidade, não se infere necessariamente o de sua unicidade. Do fato do mundo ser um todo que não pertence a outro não se infere que seja um todo único. Não é contraditório, em suas palavras, que "possa haver ainda diversos todos deste tipo, nos quais é encontrada uma interação" (AA XXVIII: 197). O recurso para superar o problema da pluralidade de mundos é encontrado no argumento, exposto antes na *Nova Dilucidatio* e na *Dissertação* de 1770, de que, uma vez que um único Deus é o fundamento de todas as coisas, bem como de suas relações, então da unidade de Deus se deriva a unicidade do mundo.

2.3.2 A lei da continuidade: a continuidade do espaço e do tempo e o problema da infinita divisibilidade

Dentre os diversos temas abordados na cosmologia, o tratamento dado à lei da continuidade é especialmente importante na medida em que explicita alguns importantes elementos da perspectiva crítico-transcendental. Kant começa nos informando que a lei da continuidade foi proposta primeiramente por *Leibniz*, mas que tem sido até então mal compreendida. O conceito de continuidade é concebido em contraposição ao de salto. Enquanto o salto é a transição para um ponto mais distante sem passar pelos componentes intermediários, a continuidade é "a absoluta indeterminabilidade da quantidade das partes em um todo". Em outras palavras, se não há nenhuma parte menor entre dois pontos, então há continuidade. Kant observa, por conseguinte, que o espaço e o tempo são *quanta* contínuos, porque "[e]ntre dois momentos existe um tempo, assim como existe um espaço entre dois pontos". Isso significa que a transição de um ponto para outro, tanto no tempo quanto no espaço, "não pode ocorrer subitamente". Por exemplo, "se um corpo passa de um ponto ao outro, ele deve atravessar infinitamente os diversos espaços intermediários" (AA XXVIII: 201). Depois de apresentar a composição do espaço e do tempo nestes termos, Kant deixa clara as suas intenções de investigar a questão da continuidade "a partir de uma outra perspectiva", que não é "nenhuma extravagância metafísica". Como se observará, esta "outra perspectiva" será desenvolvida em termos bastante similares aos apresentados na seção da *Crítica da Razão Pura* dedicada à *Segunda Analogia da Experiência*. Ao expor nas *Lições* a lei da continuidade a partir do ponto de vista crítico-transcendental, Kant vai expressar a convicção de estar apresentando a "primeira lei da natureza cuja necessidade pode ser discernida *a priori*" (AA XXVIII: 203).

O ponto de partida de sua investigação é a observação de que todo fenômeno é suscetível de exposição no ânimo por meio do tempo. Para representar algo, o ânimo precisa "passar através" de todas as partes daquilo que é representado, "onde se vai sucessivamente de uma parte à outra" e isto é, segundo Kant, a "exposição do fenômeno". Tal exposição é uma condição necessária para que possamos estar conscientes dos fenômenos. É perceptível que, ao apresentar a exposição do fenômeno no tempo nestes termos, Kant está se remetendo ao problema da síntese do diverso de acordo com a lei de continuidade, tal como apresentada na *Crítica da Razão Pura*, na segunda analogia: "A apreensão do diverso do fenômeno é sempre sucessiva [...]" (B 235-236). Na exposição do fenômeno, o ânimo se determina gradativamente no tempo. Mas como o fenômeno é representação, grandeza, e não substância, não há com efeito nada de simples no fenômeno, pois "cada parte do fenômeno está entre dois limites do tempo". Aquilo que está incluído entre dois limites sempre tem partes. Isso significa que entre dois momentos há sempre um tempo. Como Kant mostra em seguida no texto, todas as implicações disso valem da mesma forma para o espaço. Disso ele conclui, portanto, "que não há nenhum fenômeno ou parte de um dado fenômeno que não poderia ser dividido ao infinito". Em outras palavras, a infinita divisibilidade do tempo e do espaço implica, consequentemente, a infinita divisibilidade do fenômeno. Não é difícil de perceber que esta conclusão é, em essência, a mesma daquela desenvolvida no capítulo da *Crítica* sobre as antinomias da razão, na "solução" crítica "da ideia cosmológica da totalidade da divisão de um todo dado na intuição" (B 551-555).

2.3.3 O problema da natureza da substância: a distinção entre fenômeno e númeno

Os resultados obtidos a partir do problema da continuidade perpassam toda a discussão apresentada posteriormente em relação às partes do universo e à gênese dos corpos. A lei da continuidade mostrou que não podemos assumir partes absolutamente primeiras na matéria. Nossa apreensão da matéria só é possível pelo fato de que ela preenche o espaço. Impenetrabilidade e extensão constituem o conceito transcendental dos corpos. Mas, como Kant mostrou, uma vez que cada parte da matéria deve preencher um espaço, posto que está entre dois limites, disso se conclui que a matéria não consiste de partes simples e não é nenhuma substância, mas apenas um fenômeno da substância. Por não consistir de partes simples, a matéria não consiste de pontos, ou mais precisamente de pontos físicos, mas de pontos matemáticos que não são partes, mas determinações. Com isso, Kant esvazia o sentido propriamente metafísico do conceito de substância, tal como o da tradição wolff-leibniziana, realçando o fato de que usamos o termo "apenas por analogia". O termo substância é usado apenas para destacar o que é "permanente no fenômeno, aquilo que é fundamento da diversidade no corpo". Como se observa, Kant ressalta, assim como na primeira "Analogia da Experiência" (B 225), que o que retenho do conceito de substância é o "permanente" e isto me é dado por meio da intuição. Uma vez estabelecida tal perspectiva, Kant reconhece, por conseguinte, que é preciso admitir que não somos capazes de saber o que fundamenta o fenômeno. Parece claro que os fenômenos existem. Mas pelo fato de nossas intuições não serem intelectuais, mas sensíveis, não podemos conhecer com efeito *o que* fundamenta os fenômenos. Com estas considerações, reconhecemos decerto a premissa fundamental do idealismo transcendental, qual seja a dualidade fenômeno-númeno, segundo a qual "[n]*ão conhecemos das coisas nada além do que o modo como somos afetados por elas, mas não o que está nas coisas"* (AA XXVIII: 206). Partindo daí, Kant polemiza com as tendências filosóficas do egoísmo e do idealismo. Para ele, ambas até podem ser admitidas de maneira "problemática" na filosofia como uma tentativa cética para provar a confiabilidade dos sentidos, decerto o egoísmo em relação à existência de outros seres e o idealismo em relação à existência de seres corpóreos exteriores. No entanto, justamente por desconsiderarem os limites da intuição, o egoísmo e o idealismo "dogmáticos" são totalmente inaceitáveis. O primeiro é identificado com o "esponisismo" que admite "apenas um ser", e o segundo, com o "idealismo platônico" que é "místico" por assumir uma "intuição intelectual". Para Kant, ambos devem ser banidos da filosofia.

2.3.4 Os sistemas de interação: harmonia pré-estabelecida, ocasionalismo e influxo físico

Como Kant esclareceu no início da *Cosmologia*, o conceito de mundo pressupõe não apenas as substâncias, a *matéria* do mundo, mas também a comunidade ou a interação entre elas, que é a *forma* do mundo. A partir do modo como Kant vai interpretar esta interação, somos capazes de reconhecer os fundamentos críticos já anteriormente expostos, sobretudo, os relativos ao papel do espaço na conexão dos fenômenos. Considerando que o conceito de mundo pressupõe a interação entre as substâncias, levanta-se a pergunta sobre "como é possível uma interação em um todo em geral". De antemão, a ideia de uma "interação originária" entre as substâncias é descartada porque, como Kant já tinha denunciado na *Nova Dilucidatio*, isso pressupõe de maneira equivocada a simples existência da substância como fundamento suficiente da interação. Como Kant explica, uma interação originária só é pensável na relação entre Deus e o mundo, na medida em que o último é originariamente dependente do primeiro, mas não na relação das substâncias entre si, uma vez que esta influência deve ser "recíproca". Dessa forma, se é para haver a interação entre substâncias, é preciso concebê-la como uma "interação derivada" na qual se pressupõe um "terceiro fundamento". Com isso, é perceptível que as teses da *Nova Dilucidatio* e da *Dissertação* de 1770 são retomadas, na medida em que Kant afirma que, uma vez que nenhuma interação é possível exceto na medida em que todos existam através de Um", este fundamento só pode ser "um ser originário". Contudo, se é verdade que, sob a perspectiva do entendimento, Kant admite que a conexão precisa pressupor a "divindade" como fundamento, por outro lado, ao representar essa conexão sensivelmente, ele reconhece que o único fundamento possível para ela é o "espaço". "O espaço é, portanto, a condição suprema da *possibilidade* da conexão" (AA XXVIII: 214).

Ao introduzir a ideia da conexão derivada, Kant encontra espaço para analisar os sistemas de explicação da interação, que são, do mesmo modo, os sistemas clássicos de causalidade. A conexão derivada, que pressupõe um terceiro ser, pode acontecer de duas maneiras diferentes, a saber, por influxo físico ou hiperfísico. No influxo físico, a causalidade que rege a interação acontece segundo "as leis universais da natureza". Por outro lado, no influxo hiperfísico, a causalidade da interação não pressupõe leis que são naturais universais, mas "a ação de um ser extramundano". Na história da filosofia, o influxo hiperfísico é melhor representado pela doutrina da "harmonia pré-estabelecida" de Leibniz e pelo "ocasionalismo" de Descartes e Malebranche. A doutrina da harmonia pré-estabelecida baseia-se na hipótese de que Deus estabeleceu, no início do mundo, "uma instituição originária" que rege a relação das substâncias. Contudo se esta "instituição originária" não está instituída no "início", mas é realizada "continuamente" no curso do mundo, estamos diante do ocasionalismo. Ambos os modelos de interação ou de causalidade não são capazes de justificar, segundo Kant, a possibilidade de uma interação real entre substâncias e, por isso, não são adequados para uma explicação da causalidade eficiente do mundo. Sabemos que, no período pré-crítico, Kant estava comprometido com um modelo de explicação capaz de dar conta da influência real que existe entre as substâncias com o propósito de proporcionar uma justificação metafísica para a sua assumida perspectiva newtoniana do mundo. Nas *Lições*, ao rejeitar os sistemas hiperfísicos, Kant reassume a premissa geral da *Nova Dilucidatio* e da *Dissertação* em relação ao fato de que, apenas a partir do "influxo físico" e "derivado", as substâncias podem estar em conexão real por meio de "um fundamento" e "através de leis necessárias universais". Mas, se é verdade que, em certos momentos, Kant ainda parece estar preso a sua perspectiva dogmática nas *Lições*, certamente o fato de pensar a onipresença divina em analogia ao espaço já mostra a sua preocupação de aceitar o "fundamento" como "elemento transcendental", algo que decerto nos alude ao deslocamento operado do âmbito da cosmologia para o da epistemologia proposto pela "Analítica dos Princípios" e exposto, em particular, em relação ao problema da comunidade, na "terceira analogia da experiência": "[t]odas as substâncias, na medida em que podem ser percebidas como simultâneas no espaço, estão em completa reciprocidade" (B 256). Além disso, como um apoio a esta suposição, é notável o esforço de Kant em rejeitar nas *Lições* o subterfúgio das "forças fundamentais", das propriedades ocultas, sobre o qual eram construídas as explicações metafísicas tradicionais, a favor de uma explicação mecânica dos corpos e do movimento baseada nas propriedades do espaço e do tempo. *"A suposição de forças fundamentais particulares dos fenômenos é o desespero na filosofia"* (AA XXVIII: 210).

3. PSICOLOGIA

3.1 A psicologia empírica

O capítulo sobre a psicologia é inaugurado com a preocupação metodológica de distinguir o escopo e os objetos de investigação, delimitando mais especificamente o lugar da psicologia dentro da metafísica, compreendida enquanto "ciência da razão pura". Kant critica a distinção clássica que inclui a psicologia empírica na metafísica, porque, tal como a física empírica, ela é uma "doutrina da experiência". A psicologia empírica e a física distinguem-se unicamente pelo fato de que, enquanto a física empírica se ocupa do objeto do sentido externo, a psicologia empírica se ocupa do objeto do sentido interno. Como Kant observa, este equívoco deve ser primeiramente atribuído à dificuldade da tradição de determinar o sentido e os limites da metafísica, esclarecimento este que Kant vê como importante em vista de seu próprio objetivo arquitetônico. Em segunda instância, o fato da psicologia empírica não ter se desenvolvido suficientemente, diferente da física empírica, ao ponto de se transformar em uma disciplina particular, acabou por deixá-la deslocada no conjunto de todas ciências. Então, para não omiti-la completamente, conservaram-na dentro da metafísica, junto à psicologia racional. Mas, uma vez que agora ela alcança uma dimensão considerável, Kant chama a atenção para a necessidade de tratá-la separadamente, de maneira independente. Além disso, Kant também chama a atenção para o fato de que sua importância é legitimada, sobretudo, pelo interesse da razão, uma vez que o conhecimento da natureza humana se mostra até mesmo mais digno do que o conhecimento dos corpos. Como veremos, será justamente o tratamento exaustivo e abrangente dos temas da psicologia empírica que vai explicitar as demandas de uma transição para a antropologia. Sabemos que os cursos e as reflexões kantianas de antropologia tinham como referência a seção sobre psicologia empírica do manual de Baumgarten. Dessa forma, como se observará, muito da discussão apresentada nesse ponto vai nos remeter aos fundamentos expostos em seus cursos de antropologia e que depois serão apresentados na *Antropologia do Ponto de Vista Pragmático*. Mas, além disso, encontraremos também muitos dos elementos essenciais que constituirão a *Crítica da Faculdade de Julgar*, bem como as duas *Críticas* anteriores. Kant vai analisar os fundamentos das três faculdades humanas, a saber, a faculdade de conhecer, de apetição e de prazer e desprazer, discutindo criticamente a questão da universalidade dos princípios teóricos, práticos e estéticos em relação ao papel da experiência.

3.1.1 A faculdade de conhecer

3.1.1.1 A sensibilidade e o papel da imaginação

A premissa básica sobre a qual vai se fundar a sua teoria das faculdades nas *Lições* é a de que "o substrato que fundamenta e expressa a consciência do sentido interno é o *conceito de Eu*, que é meramente um conceito da psicologia empírica" (AA XXVIII: 224). A partir do conceito de Eu, do qual Kant deriva os conceitos de "ser humano", "inteligência" e "alma", é possível inferir três atividades: *representações, desejos* e o *sentimento de prazer e desprazer*. No tratamento da questão, o que primeiramente salta aos olhos é que, diferente da perspectiva Leibniz-wolffiana que compreende as três forças do ânimo como derivadas de uma única faculdade representativa, toda teoria kantiana apresentada aqui já assume como pressuposto crítico fundamental a distinção qualitativa das faculdades. Com efeito, a distinção entre faculdade inferior e superior não é inferida a partir da clareza e obscuridade das representações na faculdade intelectual, mas da passividade e espontaneidade do ânimo em relação a atos distintos. Em outras palavras, aquilo que se relaciona com dada faculdade na medida em que somos passivos diz respeito à faculdade inferior, enquanto aquilo que se relaciona com dada faculdade quando sou ativo diz respeito à faculdade superior. Disso decorre que, em relação à faculdade de conhecimento especificamente, a capacidade de ser afetado pelos objetos é o que caracteriza propriamente a faculdade *inferior*, chamada sensibilidade, enquanto que a capacidade de termos representações a partir de nós mesmos, de maneira espontânea, caracteriza a faculdade *superior*, ou seja, o entendimento.

Em sua análise da sensibilidade, Kant classifica os conhecimentos sensíveis em *dados* ou *formados*. Por isso, a sensibilidade divide-se em "faculdade dos sentidos mesmos" e o "conhecimento imitado dos sentidos". O tipo de conhecimento da sensibilidade que parte do dado imediato fornecido pelas impressões é o conhecimento dos sentidos mesmos. Nisso se incluem, por exemplo, as representações retiradas diretamente dos sentidos, através da visão, da audição, do paladar etc. Mas, se, depois de ser afetado por objetos, alguém se recorda ou imagina alguma coisa, trata-se do conhecimento por imitação ou "*do poder de formação*". Ao discutir a faculdade dos sentidos mesmos, Kant vai levantar algumas críticas ao inatismo de Crusius e ao empirismo de Locke. Mas as considerações mais frutíferas sobre a sensibilidade aparecerão, não obstante, a partir da função especial que lhe será atribuída como "faculdade formativa". Nesse sentido, a faculdade de conhecimento sensível, enquanto uma "faculdade de formar conhecimentos a partir de nós mesmos" (AA XXVIII: 235), ultrapassa o âmbito das sensações passivamente recebidas ao conceder "forma" aos dados sensíveis, adquirindo dessa forma certo grau de "espontaneidade". É possível traçar, a partir daí, algum paralelo entre o "poder de formação" investigado nas *Lições* e a "faculdade da imaginação" apresentada na *Crítica da Razão Pura*. Além disso, algum paralelo também é encontrado entre as sínteses de apreensão, reprodução e reconhecimento desenvolvidas na *Crítica da Razão Pura* e as faculdades de ilustração, imitação e previsão apresentadas nas *Lições*.

Na medida em que esta "faculdade de formação" produz representações do *tempo presente*, do *tempo passado* e do *tempo futuro*, Kant a divide em faculdade de *ilustração, imitação e previsão*. A "faculdade de ilustração" se ocupa com a apreensão das impressões dos objetos com o propósito de reduzi-las a uma imagem. Kant utiliza de um exemplo também apresentado na *Crítica da Faculdade de Julgar*, a saber, o exemplo da igreja de São Pedro em Roma, para sublinhar a necessidade do ânimo de passar através da diversidade para "ilustrar" o objeto. A "faculdade de imitação" lida, por sua vez, com o fluxo contínuo e sucessivo de imagens, ligando as representações sensíveis do passado com as do presente. Kant a identifica com a "faculdade da imaginação reprodutiva" porque ela associa representações concomitantes que foram ou estão sendo produzidas. Enfim, a "faculdade de previsão" é descrita como uma capacidade de ultrapassar o dado atual para formar uma previsão ou imagem do futuro. Esta previsão também se apoia nas leis da imaginação reprodutiva e acontece por meio da conjugação das representações do tempo presente e passado.

Como Kant observa, esta tríplice divisão da faculdade formativa está estritamente relacionada à noção de tempo. Mas a faculdade formativa pode, além disso, ainda se dividir nas faculdades de "imaginação", "correlação" e "cultivo". A faculdade da *imaginação* é a faculdade de produzir imagens de maneira espontânea e independente da intuição. Um exemplo disso é quando um arquiteto imagina uma casa que será construída. A "faculdade da imaginação", nesse sentido, se distingue da "faculdade de imaginação reprodutiva" porque as suas imagens não são tomadas da experiência. A *faculdade de correlação* é, por sua vez, a faculdade que, como o nome diz, correlaciona diferentes objetos. Muito embora a linguagem deva ser incluída no âmbito dos conhecimentos discursivos do entendimento, Kant dá como um exemplo da faculdade de correlação as palavras, que são imagens que devem se correlacionar com o objeto com o propósito de conceber a representação de alguma coisa. Nisso ele inclui todo conhecimento simbólico que é produzido através de um análogo do conhecimento sensível. Por fim, Kant ainda fala de uma *faculdade de cultivo* que é um impulso para cultivar e completar todas as coisas.

3.1.1.2 O entendimento como faculdade de regras

Depois de se ocupar com a sensibilidade, Kant se dedica a uma investigação sobre a faculdade superior do conhecimento, a saber, o entendimento. O entendimento, na medida em que diz respeito ao exercício espontâneo do poder do ânimo, é concebido como uma faculdade de regras. A condição para que todos os fenômenos possam ser *pensados* é que eles se encontrem unificados sob determinadas regras. Então, ao discutir o papel do entendimento no que diz respeito à possibilidade do conhecimento dos objetos da intuição, Kant parece nos aludir à hipótese principal de seu "esquematismo transcendental", admitindo que o conhecimento dos objetos da intuição depende de um "poder de formação". Mas, diferente do discurso apresentado na seção anterior, este "poder de formação" não é compreendido como uma "faculdade da sensibilidade", mas como uma faculdade que existe "entre o entendimento e a sensibilidade" (AA XXVIII: 239). Em última instância, se este "poder de formação" é concebido *in abstracto*, ele identifica-se com o próprio entendimento. Nesse sentido, ele se materializa nas categorias, que "são regras universais que expressam as condições do poder de formação em todos os fenômenos, condições com as quais podemos determinar como os fenômenos estão conectados uns com os outros" (AA XXVIII: 239). Enquanto poder de formação, o entendimento é propriamente a faculdade de refletir sobre objetos. E justamente por isso Kant é enfático em negar às categorias a possibilidade de um uso transcendente. Como ele destaca, "o entendimento não vai além dos limites dos objetos dos sentidos", motivo pelo qual não é capaz de contemplar objetos tais como "Deus e o mundo futuro". De um modo geral, embora seja pensável um uso intuitivo do entendimento, no qual o entendimento conhece as coisas como elas são em si, Kant destaca o fato de que o entendimento humano deve estar restrito à esfera discursiva. Nesse sentido, ele resume-se a uma faculdade reflexiva que lida com conceitos e juízos. O significado crítico--transcendental do entendimento, como faculdade discursiva, é então confrontado com a noção escolástica generalista de *intelectus*. Kant nos chama a atenção para o fato de que, compreendido como faculdade superior de conhecimento, o conceito de "entendimento em geral" tem de levar em conta uma distinção fundamental, que é análoga àquela da *Analítica dos Princípios*, entre entendimento, faculdade de julgar e razão. O entendimento é o princípio da regra ou do juízo universal, enquanto a faculdade de julgar é o princípio da subsunção sob essa regra. A razão é, por sua vez, o princípio *a priori* da regra. Kant afirma, em outras palavras, que "o entendimento é a faculdade de conhecer o particular a partir do universal; – a faculdade de julgar, de conhecer o universal a partir do particular; – e a razão, de conhecer o universal *a priori* e de reunir regras a partir dos fenômenos diversos" (AA XXVIII: 242).

3.1.2 A faculdade de prazer e desprazer

3.1.2.1 O juízo de gosto e o sentido comunitário

Considerando a especificidade das forças do ânimo, Kant apresenta, em direta contraposição a Baumgarten, a "faculdade de prazer e desprazer" como uma faculdade totalmente distinta da do conhecimento. Esta faculdade diz respeito menos ao objeto e mais "à constituição do sujeito". Muito embora Kant admita que a capacidade de sentir prazer e desprazer dependa do conhecimento dos objetos, pois "não se tem comprazimento naquilo que não se conhece", o que importa essencialmente aqui é "como" a representação do objeto afeta o ânimo. Portanto, o prazer não reside propriamente no conhecimento do objeto, mas no *sentimento*, para o qual o conhecimento do objeto é apenas uma condição. Diferente de Baumgarten, Kant deixa claro que o que está em jogo em sua hipótese não é nosso "discernimento" sobre a "perfeição" e a "imperfeição" do "objeto", cujo efeito seria o prazer, mas o "modo" como a "representação dos objetos" é capaz de causar uma "impressão" ou "estimular" nossa "subjetividade". A capacidade ativa de acolher ou rejeitar tais representações no ânimo é o que caracteriza propriamente, para Kant, o conceito de vida. Nas *Lições*, a "vida" é definida, da mesma forma que em seu pensamento maduro, como o "princípio interno de agir a partir de representações" (AA XXVIII: 247). Por conseguinte, a faculdade de prazer e desprazer designa a relação da representação do objeto com nosso sentimento de atividade, de promoção ou de obstáculo à vida. Dessa forma, se as representações concordam com a força do ânimo como um todo, com o princípio da vida, estamos diante do *prazer*. Se, por outro lado, as representações resistem ao princípio da vida, então essa relação de conflito se manifesta no ânimo como *desprazer*. Em outras palavras, o sentimento de promoção da vida é o prazer, enquanto o sentimento de impedimento dela é o desprazer.

Todos os sujeitos dotados de vida, ou seja, capazes de agir segundo representações, possuem prazer e desprazer. O prazer pode ser, contudo, de três tipos, a saber: prazer animal, humano e espiritual. O *prazer animal* baseia-se nos sentidos particulares. O *prazer humano* baseia-se, por sua vez, em um "sentido universal". Por fim, o *prazer espiritual* é descrito como um tipo de prazer ideal ou intelectual que acontece mediante o "conhecimento universal". Levando em conta esta distinção, Kant sublinha a impossibilidade de um "comprazimento objetivo" ou "concordância" no prazer animal que é baseado em nossos "sentimentos particulares". Contudo esta concordância é possível tanto em relação ao prazer humano, na medida em que este se ampara em um tipo de "sensibilidade universal", quanto em relação ao prazer espiritual, que se baseia no "conhecimento universal". Uma vez admitida a possibilidade de concordância nestes dois últimos domínios, Kant esclarece que tudo aquilo que "agrada" segundo o "sentido universal" pertence ao "gosto" e designa o que é "belo". Por outro lado, aquilo que agrada segundo a "capacidade universal de conhecimento" pertence à "moral" e designa o que é "bom". O último tipo de prazer é um prazer intelectual, que certamente compraz, mas que, por não se relacionar com a sensibilidade, não deleita. Ele acontece mediante "a concordância da liberdade consigo mesma", concordância da razão prática que vai se substancializar depois, na *Fundamentação da Metafísica dos Costumes* e na *Crítica da Razão Prática*, na ideia do imperativo categórico. O "prazer humano", embora não seja baseado em conceitos puros, também pode ser "objetivo" na medida em que também é derivado de um tipo de concordância. A possibilidade de concordância em relação ao prazer humano suscita nas *Lições* uma questão de teor fundamentalmente crítico: como é possível a validade universal daquilo que nos agrada subjetivamente? Como algo dado subjetivamente, pela sensibilidade, pode ser concebido universalmente? Nas *Lições*, a tentativa de uma resposta para esta questão é articulada a partir do mencionado conceito de um "sentido" ou "sensibilidade universal". Esta aspiração à universalidade, no entanto, ao invés de ser fundada no elemento transcendental, como na *Crítica da Faculdade de Julgar*, é explicada a partir da existência de um "senso comum" antropologicamente e psicologicamente constituído, compreendido como uma maneira coletiva de sentir e avaliar. Kant acredita que este sentido comunitário se origina da relação intersubjetiva em uma comunidade, por meio da qual a concordância possível entre as diversas sensações privadas faz nascer uma "escala de medida" ou "uma regra universal" (AA XXVIII: 251). Em suma, "do trato entre os seres humanos nasce um sentido comunitário que é válido para todos" (AA XXVIII: 249). É notável, com isso, que, diferente da *Crítica da Faculdade de Julgar*, este "sentido comum" não pressupõe o trabalho da "faculdade de julgar reflexionante" nem se inscreve no registro do "acordo entre imaginação e entendimento", mas é derivado do que Kant chama de "faculdade sensível de julgar", uma "faculdade intermediária" que julga "a partir da sensibilidade" e "por meio de uma ideia". Fica evidente que aqui, na medida em que o gosto reivindica uma universalidade que se inscreve no âmbito da cultura, as regras que derivam dele não podem ser, como Kant mesmo admite, *a priori*, pelo menos não "imediatamente *a priori*", uma vez que se apresentam como "regras universais da experiência" (AA XXVIII: 251).

3.1.3 A faculdade de apetição

Na seção que versa sobre a faculdade de apetição, Kant vai apresentar um conjunto de noções com o propósito de esclarecer o conceito prático de liberdade e os fundamentos da moralidade. A maioria dessas noções será, como se poderá notar, desenvolvida e reapresentada em suas obras éticas maduras. A investigação é inaugurada definindo a faculdade de apetição em contraste à faculdade de prazer e desprazer. Enquanto a faculdade de prazer e desprazer diz respeito meramente à relação do objeto ou da representação do objeto com o ânimo ou com "nosso sentimento de atividade", a faculdade de apetição, que tem como base os desejos, pode ser compreendida como um *"fundamento de atividade"* para *"determinar certas representações do objeto"* (AA XXVIII: 254). Se o desejo é determinado por um "princípio interno", estamos diante da "faculdade de apetição ativa-prática" ou da "faculdade de fazer e deixar de fazer". Neste caso, o desejo é uma "causa ativa" para "determinar" ou "produzir" o objeto representado e se manifesta como "livre-arbítrio".

A ação do arbítrio é sempre determinada por "causas impulsivas", que são as causas que determinam a nossa força segundo o comprazimento e o desprazimento para a determinação ou a produção do objeto representado. Estas causas impulsivas podem ser sensíveis ou intelectuais. As causas sensíveis correspondem aos "estímulos", "causas motrizes" ou "impulsos" e são meramente "subjetivas", enquanto as causas intelectuais correspondem aos "motivos" e são, portanto, "objetivas". Disso se segue que, levando em conta a sua própria natureza, o arbítrio sofre uma "necessitação" ou "coação" que pode acontecer por estímulos ou por motivos. A necessitação que ocorre por estímulos e caracteriza o "arbítrio sensível" ocorre de maneira patológica, enquanto a necessitação por motivos, que caracteriza o "arbítrio intelectual", acontece de maneira "prática".

Postas estas considerações, Kant apresenta, tal como esboçado no ensaio de 1764 *Investigação sobre a Evidência*, a estrutura tripartida da necessitação prática. A necessitação prática divide-se então em necessitação "problemática", "pragmática" e "moral". Na necessitação problemática, o entendimento conhece a "necessidade do uso dos meios" sob a condição de "qualquer fim". Na necessitação problemática, o entendimento conhece a necessidade do uso dos meios em vista de um "fim universal" de todo ser pensante. E, por fim, na necessitação moral, o entendimento reconhece uma necessidade "não como meio" para um fim, mas como um "fim em si" mesmo. Quando o livre arbítrio é necessitado assim, moralmente, ele se manifesta como "liberdade moral", a "liberdade" que é "boa em todos os sentidos" (AA XXVIII: 255). Tal como na *Fundamentação da Metafísica dos Costumes*, Kant vai destacar que essas proposições de necessitação prática são expressas através de "imperativos", fórmulas a partir das quais se dita como "a ação *deve* acontecer". Elas são concebidas, em outras palavras, a partir de fórmulas do dever. Contudo, a despeito do que se poderia esperar, a teoria dos imperativos não será desenvolvida nas *Lições de Metafísica*. A partir daí, no entanto, Kant vai levantar uma questão que, tal como observamos respectivamente nas *Lições de Ética* e na *Crítica da Razão Prática*, assume uma importância fundamental tanto para a gênese quanto para a maturidade de sua ética. Nesse ponto, a pergunta que é colocada é sobre como uma necessitação prática "objetiva" pode se transformar em móbil "subjetivo". Como a razão prática pode mover a subjetividade? Na tentativa de elaborar uma resposta, Kant observa que uma necessitação prática objetiva pode ser, ao mesmo tempo, subjetiva se nosso discernimento intelectual da bondade intrínseca da ação for capaz de "mover" nossa subjetividade a executá-la. Portanto, é necessário que, de algum modo, o entendimento seja capaz de adquirir uma força movente. Como Kant sugere, a força movente do entendimento deve ser possível, como manifestação subjetiva, através do sentimento moral. Portanto, o sentimento moral deve ser admitido como móbil da ação. Mas, afastando-se das teorias empiristas, Kant assevera que se trata de um sentimento de tipo especial que, diferente dos demais, não necessita patologicamente, uma vez que está estritamente ligado ao discernimento do entendimento. Tal como nas *Lições de Ética*, Kant admite, no entanto, ser difícil compreender mais proximamente como isso é possível, a saber, como o entendimento pode influir dessa maneira na sensibilidade de modo a mover o sujeito às ações.

Como a exposição mostrou até aqui, o arbítrio humano se caracteriza essencialmente por ter uma natureza cindida suscetível a uma necessitação de dois tipos, a saber, a necessitação por estímulos e por motivos. Levando isso em consideração, Kant acredita encontrar, de modo análogo às *Lições de Ética*, uma "escala de medida" para o "grau" de nossa liberdade a partir da "colisão" entre a sensibilidade e a intelectualidade, entre os impulsos e os motivos. O grau de liberdade é estimado, dessa forma, em uma clara alusão à ética estoica, de acordo com "o grau de predominância dos obstáculos" ou com "grau de predominância dos impulsos sensíveis". O livre arbítrio intelectual nos impõe uma "coação interna" para "superar" os impulsos sensíveis que se manifestam na forma dos afetos e das paixões. Por isso, pode-se dizer que, quanto mais o ser humano tem força para reprimir o arbítrio inferior ou sensível mediante o arbítrio superior ou intelectual, mais livre ele é. Somos capazes de perceber, a partir disso, que, em um sentido próximo ao da *Metafísica dos Costumes*, essa capacidade de se autocoagir de acordo com as regras da moralidade é o que propriamente caracteriza o conceito de *"virtude"*. A virtude é uma característica do sujeito moral na medida em que ele tem "a sensibilidade e o entendimento em seu poder", ou seja, na medida em que tem "o domínio sobre si mesmo".

Quando levamos em conta o direcionamento da argumentação como um todo, é perceptível que, na seção sobre a psicologia empírica, a liberdade prática já é apresentada, pelo menos em alguma extensão, em seu sentido positivo na medida em que é compreendida como uma autodeterminação do agir racional compreendido como "fim em si mesmo". Contudo, sem uma consciência clara das implicações mais estritas de sua investigação, o resultado ao qual Kant acredita ter chegado é bem mais modesto, uma vez que ele se limita a apresentar a liberdade prática, nesse ponto, em um sentido meramente negativo, como "independência do arbítrio da necessitação por estímulos". O sentido propriamente positivo do arbítrio será atribuído, nas *Lições*, ao conceito de liberdade transcendental, compreendido como espontaneidade, que será tratado na seção sobre a psicologia racional.

3.2 Psicologia racional

Na psicologia racional, Kant propõe-se a investigar a alma humana não mais como na psicologia empírica, a partir da experiência, mas por meio da razão e de *conceitos a priori*. Para tanto, ele divide o capítulo de acordo com os três pontos de vista possíveis a partir dos quais a alma pode ser considerada racionalmente: 1) *absolutamente em e por si mesma*; 2) *em comparação com outras coisas em geral*; 3) em relação *à conexão com outras coi-*

sas. A primeira seção é especialmente importante por investigar, dentre outras coisas, a espontaneidade da alma e, com efeito, apresentar o conceito de *liberdade transcendental*. A segunda seção destaca-se por apresentar uma investigação sobre imaterialidade da alma. E, por sua vez, a terceira seção é importante por propor, dentre outras coisas, uma análise da interação da alma com o corpo, bem como uma investigação sobre a imortalidade da alma. Se, por um lado, parece que, ao abordar estes tópicos, Kant está se conformando com as questões clássicas da metafísica tradicional, por outro, o teor crítico de sua investigação é ainda mais manifesto nesse capítulo, na medida em que Kant reconhece, de uma maneira bastante explícita, que é impossível tratá-las "dogmaticamente", alcançando qualquer saber positivo sobre elas. Em uma atitude que caracteriza uma das aspirações fundamentais da filosofia crítico-transcendental, os "limites da razão" são evocados como meio de evitar o "falso sofisma" que mina o "conhecimento verdadeiro" (AA XXVIII: 264). Através dessa atitude, a investigação revela, não obstante, não apenas uma fecundidade negativa ao ter como objetivo livrar a razão dos erros, mas um caráter eminentemente positivo na medida em que intenta abrir espaço para um deslocamento das questões da psicologia racional para o âmbito da filosofia prática.

3.2.1 O sentido interno e a liberdade transcendental

Assim como na psicologia empírica, o ponto de partida da investigação kantiana na psicologia racional encontra-se no conceito de Eu. Mas, diferentemente da psicologia empírica, Kant não procede, por meio do método analítico, tentando investigar as experiências fundamentais da alma a partir do conceito de Eu. Em vez disso, nesse ponto, ele procede através do método sintético, buscando aplicar os conceitos transcendentais da ontologia ao conceito de Eu com o propósito de alcançar um conhecimento *a priori* da alma. Nesse caminho, Kant acredita ser, de algum modo, capaz de demonstrar, mesmo que de maneira hipotética, que o Eu é uma substância simples, individual, imaterial dotada de espontaneidade e liberdade transcendental.

Na primeira seção, o caminho de demonstração da espontaneidade da alma, a partir do Eu, é articulado, resumidamente, nos seguintes termos: a partir do conceito de Eu prova-se que, a partir do pensar e do querer, sou um princípio ou uma razão incausada. Para introduzir seu argumento, Kant parte da premissa de que, por meio do Eu, somos conscientes dos objetos do "sentido externo" e dos objetos do "sentido interno". Na medida em que somos capazes de nos abstrair dos objetos do sentido externo, somos capazes de nos reconhecer como "um estado do sentido interno". Por este caminho, chegamos ao conceito de "Eu em sentido estrito", de "ipseidade", ou no conceito de "alma". Resta saber, agora, a partir dessa constatação, "se a espontaneidade pode ser atribuída ao Eu", a saber, "se posso agir livremente, por mim mesmo, sem toda determinação de uma causa" (AA XXVIII: 268).

Muito embora, à primeira vista, a natureza da investigação pareça ser dogmática, seu caráter hipotético se torna claro através do reconhecimento de que a "espontaneidade pura em um ser que é efeito não pode ser discernida" (AA XXVIII: 268). Contudo, na medida em que, pelas mesmas razões, tal espontaneidade não pode ser refutada, Kant encontra respaldo para continuar hipoteticamente em seu caminho. Assim, ele parece querer mostrar, nesse ponto, tal como na terceira antinomia crítica (muito embora aqui não se trate do problema cosmológico propriamente dito), que a liberdade transcendental ou a espontaneidade da alma deve ser possível ou pelo menos pensável, visto que carrega importantes implicações para o âmbito prático. Assim como na solução da terceira antinomia, a habilitação do conceito de liberdade transcendental, compreendida aqui como espontaneidade do Eu, mostra-se fundamental para a possibilidade do conceito de liberdade prática ou, na terminologia das *Lições*, "liberdade psicológica", que é propriamente a liberdade da vontade. "Todas as proposições práticas objetivas não teriam nenhum sentido se o ser humano não fosse livre. Por conseguinte, todas as proposições práticas, tanto problemáticas quanto pragmáticas e morais, devem pressupor uma liberdade em mim" (AA XXVIII: 269).

Para demonstrar como tal liberdade transcendental é possível a partir do Eu, Kant recorre tanto ao uso comum da linguagem quanto ao fato da consciência. Linguisticamente, o Eu mostra que sou um "princípio" pelo fato de atribuirmos, em uma proposição, todos os predicados de ações diretamente ao sujeito. Da mesma forma, através da consciência do sentido interno, também me vejo como um "princípio", na medida em que tenho uma convicção interna de que todo agir e querer sempre diz respeito a mim como sujeito ativo. A partir de proposições tais como "eu penso", "eu ajo", constata-se que tanto a palavra Eu quanto a convicção extraída de meu sentido interno estariam equivocadas se não levassem em conta um sujeito espontâneo. "Se eu não fosse livre, não poderia dizer 'eu faço', mas deveria dizer 'eu sinto em mim uma vontade de fazer que alguém incitou em mim'. Mas se digo 'eu faço', isso significa uma espontaneidade em sentido transcendental" (AA XXVIII: 269). No entanto, para compreender adequadamente este conceito de espontaneidade, no sentido de uma liberdade transcendental, afastando definitivamente a ameaça do determinismo e do fatalismo, Kant nos chama a atenção para a distinção entre os conceitos de espontaneidade "sem qualificação" e "qualificada sob certo aspecto" (AA XXVIII: 267). A espontaneidade qualificada é sempre condicionada. Um exemplo disso pode ser encontrado nas máquinas, como o "relógio" ou a "assadeira", na medida em que estas parecem se mover segundo um princípio interno. O problema, nesse caso, é que o princípio interno, a saber, a "mola" no relógio e o "peso" na assadeira, são determinados por um princípio externo, que é o "artesão". A espontaneidade qualificada é, portanto, "automática". Não é difícil de perceber que Kant está criticando diretamente, com isso, o determinismo característico tanto da doutrina da harmonia pré-estabelecida de Leibniz, Wolff e Baumgarten quanto do ocasionalismo de Malebranche. Por outro lado, a espontaneidade "sem qualificação" é concebida como "espontaneidade absoluta". Isto é, como capacidade de agir a partir do "princípio interno" sem ser determinado por "nenhuma causa exterior".

Embora todo este discurso acerca da liberdade transcendental não se refira diretamente à vontade, Kant admite, revelando suas intenções propriamente práticas, que ele pode ser aplicado posteriormente ao livre-arbítrio. No que diz respeito à liberdade transcendental, o aspecto essencial por trás da questão da espontaneidade do Eu é, tal como se verá depois na cosmologia crítica, aquele que concerne à possibilidade de um "primeiro início". Como Kant havia advertido antes, nosso discernimento teórico se limita àquilo que acontece na série das causas e efeitos e não é capaz de se estender ao "primeiro início". Mas, mesmo assim, assumi-lo se torna um pressuposto fundamental, pois é *"uma condição necessária para todas as nossas ações práticas"* (AA XXVIII: 270). E, uma vez que nossa incapacidade de discernimento não implica necessariamente a falsidade da coisa mesma, os limites do entendimento, longe de desqualificarem a questão, deixam em aberto o horizonte para que a dimensão prática assuma o conceito de liberdade transcendental como o fundamento por meio do qual se refuta o fatalismo e se assegura o espaço da moral e da religião.

3.2.2 A interação entre alma e corpo

Ao discutir o problema da interação entre alma e corpo, Kant resgata alguns aspectos teóricos antes apresentados na cosmologia, mantendo, ao mesmo tempo, tal como em sua discussão anterior sobre a espontaneidade da alma, sua posição crítica em relação à psicologia racional. Como na cosmologia, cabe realçar que uma interação sempre implica "uma determinação recíproca". Ou seja, uma relação que não é recíproca não representa uma interação, mas apenas uma "ligação unilateral", tal como aquela que caracteriza a relação originária entre Deus e mundo. Com efeito, a interação entre a alma e o corpo tem de ser pensada sempre como uma "conexão recíproca". Mas, visto que a alma é um objeto do sentido interno e o corpo do sentido externo, um problema emerge: como é possível pensar uma interação? Kant admite que este problema é intransponível, uma vez que não é possível compreender, por meio da razão, como um objeto do sentido interno pode ser um fundamento de um objeto do sentido externo. Esta dificuldade vai se explicitar, nas *Lições*, no problema da relação de interação entre "o pensar e o querer", enquanto objetos do sentido interno, e "o movimento", como objeto do sentido externo. É certo, como Kant admite, que esta relação acontece, como nos atesta a experiência, mas é indiscernível como pode ser possível tal "determinação recíproca" entre o pensar/querer e o mover. Não é difícil de observar que Kant está defendendo, nesse ponto, a mesma premissa de *Sonhos de um Visionário*, segundo a qual a experiência nos atesta a realidade do fenômeno, mas a razão é incapaz de discernir o seu fundamento, uma vez que, como faculdade discursiva, ela não é capaz de ter um discernimento das forças fundamentais. Nesse sentido, Kant pontua, tal como em *Sonhos*, que não são menos misteriosas as forças fundamentais que regem, na natureza, a interação entre as coisas em geral. Disso se retira o diagnóstico de que o problema da comunidade, a saber, de como as forças do sentido externo do corpo influenciam os fenômenos da alma e, ao contrário, as forças da alma influenciam os fenômenos do corpo, permanece um problema insolúvel. Partindo disso, Kant reprova os sistemas de causalidade ou de explicação da interação, que, tal como na cosmologia, são representados pelas doutrinas da harmonia pré-estabelecida de Leibniz e do ocasionalismo de Descartes e Malebranche. Segundo ele, uma vez que ambos os sistemas conceberam a interação como "naturalmente impossível" apelaram a "um terceiro ser" que estabeleceu uma disposição originária a partir da qual a concordância das ações de interação foi colocada no início ou no curso do mundo. Embora Kant insista, como fez na cosmologia, que o conceito de um terceiro ser é importante para se pensar a possibilidade de uma conexão recíproca entre substâncias, ele reconhece que, do ponto de vista de nosso conhecimento sensível, o fundamento da interação de modo algum é discernível e que a interação entre corpo e alma só pode ser admitida como um fenômeno natural que, assim como os outros, é reconhecido pela experiência.

Partindo dessa conclusão, Kant apresenta um conjunto de problemas que, de uma maneira bastante similar à sua hipótese em *Sonhos de um Visionário*, incide diretamente na concepção cartesiana da morada da alma. "Onde a alma tem sua *sede* no corpo?" (AA XXVIII: 280). Descartes observou que o centro das sensações se encontra no cérebro e considerou esse "lugar comum das sensações" como a sede da alma. Ele imaginou que a alma tem sua sede no cérebro de modo a mover todos os nervos e ser afetada por eles, da mesma maneira que um organista comanda, a partir de um determinado lugar, o seu órgão. Para responder

Descartes, a distinção entre os objetos do sentido interno e do externo é mais uma vez retomada. Como um objeto do sentido interno, a alma não pode ter seu lugar determinado no corpo, porque o espaço diz respeito apenas aos objetos da intuição externa, que determinam sua presença através da impenetrabilidade. Muito embora se admita que o cérebro, como "raiz do sistema nervoso", seja o lugar de todas as sensações, não podemos concluir, a partir disso, que o cérebro seja a sede da alma. Na verdade, como Kant explica, não sentimos a sede da alma no cérebro, mas sentimos apenas que "o cérebro se harmoniza com todas as mudanças da alma" (AA XXVIII: 281). Além disso, temos a impressão de que, nas atividades ligadas ao pensamento e a certos sentidos, como a visão e a audição, a alma atua diretamente no cérebro, como, por exemplo, quando nossa cabeça dói devido à reflexão. A única coisa que podemos admitir seguramente em relação a isso, com base em nossa experiência, é que a alma, não sendo um objeto da intuição externa, *não está no espaço, mas atua no espaço*" (AA XXVIII: 282). Como isso acontece é, certamente, indiscernível, visto que tal relação não é pensável em termos corpóreos. Mas aqui devemos nos lembrar, mais uma vez, do aviso crítico de que a impossibilidade do discernimento racional de algo não implica a impossibilidade da própria coisa. Além disso, segundo Kant, tentar estabelecer essa relação a partir dos mesmos aspectos que constituem a interação dos corpos, pressupondo assim a possibilidade da ocupação espacial da alma, tal como na tentativa de Descartes, é um modo de pensar demasiadamente materialista, que se mostra prejudicial à moralidade.

3.2.3 A imortalidade da alma

Na discussão sobre a imortalidade da alma, Kant apresenta um conjunto de argumentos que nos remete, de alguma forma, aos quatro tipos de provas possíveis para a existência de Deus apresentadas na teologia racional, a saber, a prova ontológica, cosmológica, fisicoteológica e moral. Uma peculiaridade no desenvolvimento dos argumentos da imortalidade nas *Lições* é observada no fato de que o argumento ontológico, retirado da espontaneidade da alma, será estabelecido, em contraste com a posição madura de Kant, como um complemento necessário para a prova moral. Da "espontaneidade da alma", Kant extrai um argumento de que a alma é por sua própria natureza necessariamente imortal. Ele acredita, por conseguinte, que esta prova especulativa é um complemento necessário ao argumento moral baseado na desproporção entre as ações e as suas consequências no mundo. Outra peculiaridade observada nas *Lições* é que este argumento moral é apresentado como uma mescla entre os postulados críticos da imortalidade da alma e da existência de Deus que serão apresentados em 1788 na *Crítica da Razão Prática*.

A questão que abre a investigação é sobre se é possível inferir a partir da natureza da alma que ela é "necessariamente" imortal. Apenas pelo fato de que a alma vive, ainda não se infere que ela deva viver necessariamente. O problema é que, se a alma vive de maneira contingente, "poderia chegar o tempo no qual poderia deixar de viver" (AA XXVIII: 284). Para responder essa questão, Kant desenvolve um argumento ontológico, que, em outras palavras, é um argumento *a priori* baseado apenas no conceito de alma. De maneira mais estrita, ele observa que esse argumento é o único argumento *a priori* possível da imortalidade da alma, uma vez que a chamada prova moral, também considerada *a priori*, não é propriamente uma prova da imortalidade, mas apenas da "esperança da vida futura". Este argumento ontológico baseia-se no "conceito universal de alma". Por este conceito, Kant compreende a ideia de um sujeito espontâneo capaz de se autodeterminar a partir de um "princípio interno". Nestes termos, o conceito universal de alma se reporta ao conceito de vida. Como vimos, a "faculdade de determinar as ações a partir do princípio interno" (AA XXVIII: 285) é o que define o conceito de vida. Com efeito, Kant conclui que "a alma é a fonte da vida que anima o corpo". Ao identificar os conceitos de alma e vida, Kant tem o objetivo de demonstrar que a vida da alma, que se caracteriza por ser uma atividade espontânea, não depende necessariamente da "ligação com o corpo" e que tanto "o início da vida da alma" quanto a sua "perduração" não provêm do corpo. O corpo é certamente necessário para a "vida animal" do ser humano, mas não para sua "vida espiritual". Enquanto se vive na "vida animal", é certo que "uma boa constituição do corpo é também uma promoção da vida". Mas Kant assume a premissa essencialmente platônica de que, no fim das contas, o corpo, enquanto matéria inanimada, é um "obstáculo" à vida. Por conseguinte, a morte não deve ser concebida como "a supressão absoluta da vida" mas como "a libertação dos obstáculos de uma vida plena" (AA XXVIII: 287). Por meio do mero conceito de alma, portanto, Kant acredita retirar uma prova de que a vida não se encontra no corpo, uma vez que o corpo é uma matéria inerte, mas em outro princípio totalmente distinto dele e que, por conseguinte, a vida não é diminuída com a morte, mas, em vez disso, aumentada.

No decorrer de sua investigação, como se observará, contudo, Kant vai aceitar outro argumento *a priori* da imortalidade da alma, muito embora ele já tenha deixado claro no início da seção que, segundo a sua própria natureza, esse argumento é diferente do argumento ontológico baseado no conceito. Tal argumento é baseado na "liberdade" ou "no conhecimento da vontade divina", motivo pelo qual é chamado de "prova teológico-moral". O argumento parte da premissa de que somos capazes de discernir *a priori* uma lei da obrigação, que é uma "lei santa" de acordo com a qual nossas "disposições" morais devem se adequar. Essas ações, se adequadas à lei moral, fazem da moral não uma instrução por meio da qual "nos tornamos felizes", mas uma doutrina pela qual "*nos tornamos dignos de ser felizes*". O problema que decorre daí é que constatamos, a partir da experiência do mundo, que "as ações, por meio das quais nos tornamos dignos da felicidade, não podem nos proporcionar a felicidade aqui". Dito em poucas palavras, pela "sinceridade não se prospera na corte" (AA XXVIII: 288). Se, por um lado, somos capazes de reconhecer imediatamente o mandamento, por outro, não há nenhuma promessa de que minhas ações adequadas à lei serão um dia recompensadas. Tal como no *Cânone* da *Crítica da Razão Pura* e antes nas *Lições de Ética*, Kant acredita que, se estas promessas não podem se concretizar, as regras morais não possuem força subjetiva suficiente, ou seja, são destituídas de um móbil. Como Rousseau já tinha afirmado no *Emílio*, sem a ideia de Deus e de um mundo futuro como meios pelos quais se garante ao sujeito moral a felicidade, o agir moral seria irracional. É nesse sentido que Kant afirma nas

Lições que, sem Deus e a imoralidade, racional seria viver para promover a própria felicidade. Nesse caso, "o trapaceiro mais prudente" seria "o mais feliz". A estratégia frente ao absurdo prático que resulta da disparidade entre dignidade e felicidade consiste, como Kant destaca, em recorrer à "teologia" ou ao "conhecimento de Deus". A partir disso, é perceptível que as linhas gerais dos postulados da imortalidade da alma e da existência de Deus são apresentadas e fundidas em um único argumento moral da imortalidade da alma. Por um lado, em seu argumento, Kant vê como imprescindível, para a possibilidade do compartilhamento da felicidade segundo o mérito moral, a pressuposição da existência de Deus, um "ser absolutamente necessário". Por outro lado, considerando que as ações morais estão frequentemente em conflito com as condições que asseguram a nossa felicidade nesse mundo, ele vê como igualmente imprescindível, para a possibilidade de uma consumação plena da felicidade em consonância com nossas disposições, a existência de *um outro mundo ou um estado no qual o bem-estar da criatura será adequado à sua conduta"* (AA XXVIII: 289).

Contudo, se, por um lado, esta prova se mostra como "um fundamento suficiente de crença", constituindo-se, em última instância, como "um móbil da virtude", por outro lado, como Kant mesmo admite, ela é insuficiente do ponto de vista especulativo. Kant parece compreender que a prova moral necessita de um complemento da filosofia especulativa, porque a desproporção entre as ações morais e as suas consequências não apontam conclusivamente para a existência eterna da alma em outro mundo. Em primeiro lugar, poderia muito bem ser que, em algum caminho possível, "os vícios e virtudes" fossem "recompensados e punidos aqui" (AA XXVIII: 289). Além disso, poder-se-ia também levantar a objeção de que haveria uma relação desproporcional entre nossas transgressões mundanas e "a eternidade da pena", de modo a nos levar a supor que não seria necessária uma "vida eterna" para que a irregularidade fosse corrigida, algo que vale da mesma forma para as recompensas: "quando cada um recebeu sua recompensa ou punição é o seu fim e sua vida está terminada" (AA XXVIII: 290). Na esteira da mesma objeção, Kant também observa que pessoas inimputáveis, tais como as crianças e os selvagens, não deveriam ter um prêmio a ganhar ou uma "fatura" a pagar na outra vida, uma vez que suas ações não são suscetíveis de mérito e de demérito moral. Em suma, a objeção se articula de modo a mostrar que algumas pessoas não "poderiam assumir nenhuma fatura na vida futura" e, mesmo aquelas suscetíveis às demandas de uma outra vida, elas só poderiam permanecer nesse estado "enquanto duram suas recompensas e punições". Dessa forma, uma vez que a prova moral não é suficiente para fundamentar teoricamente a "perduração necessária" da alma, como a objeção tentou mostrar, a prova especulativa é acionada com o propósito de superar tal objeção, mostrando que a perduração da alma é extraída necessariamente de sua própria natureza.

Depois de apresentar as duas provas *a priori*, Kant faz a tentativa de uma terceira prova que é derivada da psicologia e, portanto, empírica. No entanto, esta prova tem apenas uma utilidade negativa, na medida em que mostra que não é possível concluir através experiência, a partir do fato de que a força da alma aumenta ou diminui na mesma proporção que a força do corpo, que a alma desaparece com a destruição do corpo. O fato de todas as nossas experiências e observações acontecerem em ligação com o corpo confirma que não podemos concluir, a partir da experiência, o que acontece com a alma no estado depois da morte. Portanto, se, através da experiência, certamente não é possível inferir a imortalidade da alma, tampouco é possível dirigir qualquer "conclusão segura *contra* a vida da alma" (AA XXVIII: 291). A imortalidade da alma está, por conseguinte, assegurada contra todas as objeções a partir da experiência.

A quarta prova apresentada por Kant é chamada de empírico-psicológica. Trata-se de uma prova que, segundo as suas palavras, é apoiada em "fundamentos cosmológicos". Mas ao concebê-la como uma "prova analógica" fica claro que o argumento se dirige no sentido de uma prova fisicoteológica, uma vez que "a imortalidade da alma é inferida a partir da analogia com a natureza como um todo" (AA XXVIII: 292). O argumento parte da premissa de que tudo na natureza, tanto em relação aos seres inanimados quanto aos animados, parece orientado segundo fins. Os animais não possuem quaisquer órgãos, forças e faculdades que não tenham uma utilidade e um fim determinado na natureza. Diferentemente dos animais e das coisas inanimadas, porém, as faculdades da alma parecem encontrar seu fim além das necessidades dessa vida, como nos mostra, por exemplo, a nossa "sede de conhecimento". As ciências são um perfeito exemplo do "luxo do entendimento" que está além das necessidades mundanas ao se indagar sobre questões que ultrapassam os problemas imediatos do senso comum. Uma vez que não se encontra uma finalidade aqui, só há sentido para a existência e o uso dessas forças se existe uma destinação superior à qual essas forças se adéquam e em direção à qual elas podem ser integralmente aplicadas. Disso se conclui, portanto, que a inconformidade a fins que constatamos a partir das faculdades e forças da alma só pode ser superada pressupondo a imortalidade da alma ou, em outras palavras, a conservação da alma em um mundo futuro.

Para encerrar a psicologia racional, Kant ainda aborda outra importante questão que já havia sido discutida em *Sonhos de um Visionário*, a saber, a questão sobre o estado da alma depois da morte. Apresentando suas considerações apenas a título de opinião, Kant se mostra simpático à posição do visionário sueco Emanuel Swedenborg em relação ao fato de que o estado depois da morte não pode ser concebido como uma "mudança de lugar". Segundo os fundamentos antes expostos sobre o espaço, Kant entende que a separação da alma do corpo não pode ser explicada em termos de uma mudança de lugar, uma vez que a presença do espírito não pode ser explicada "localmente". "Os lugares são apenas relações de coisas corpóreas" (AA XXVIII: 297). O estado depois da morte consiste, de outra forma, em uma mudança de intuição na qual a alma não mais intui "o mundo tal como ele aparece, mas tal como ele é". Portanto, a "separação da alma do corpo consiste *na mudança da intuição sensível para a intuição espiritual e este é o outro mundo*" (AA XXVIII: 297-298). Por conseguinte, o paraíso e o inferno não podem ser representados como lugares especiais, mas como uma "outra intuição" a partir da qual a alma se percebe em uma comunidade espiritual de acordo com as suas disposições. Se, por meio da intuição espiritual e de acordo com as suas disposições, a alma se encontra em comunidade com "*com seres espirituais santos*", ela está no paraíso. E isso vale da mesma forma para o inferno. Na verdade, Kant admite que nosso vínculo com essas comunidades espirituais deve acontecer já nessa vida, por meio de nossas disposições, embora não sejamos conscientes disso pelo fato de ainda estarmos submetidos à intuição sensível.

Contudo, se é verdade que Kant é simpático à visão de Swedenborg em relação ao estado depois da morte, por outro lado, assim como em *Sonhos de um Visionário*, ele rejeita expressamente a experiência visionária de Swedenborg, que se manifesta no comércio psicofísico entre os dois mundos. A experiência visionária é impossível porque o espírito, diferente da matéria, não pode ser intuído sensivelmente e cair sob o sentido externo. Além disso, não podemos ter uma intuição direta da comunidade espiritual na qual nos encontramos porque, para isso, seria necessário que tivéssemos uma intuição espiritual já nesse mundo, o que não é possível por causa do corpo. Por conseguinte, contra o entusiasmo visionário, Kant clama "a máxima da razão saudável" segundo a qual devo "rejeitar" todas as "experiências e fenômenos" que são contra as condições de possibilidade do uso da minha razão. Levando isso em consideração, o capítulo sobre a psicologia se encerra, tal como *Sonhos de um Visionário*, exaltando o interesse prático da razão em detrimento do teórico. A ignorância derivada dos limites de nossa compreensão teórica abre espaço para a predominância do interesse prático da razão, que dispensa as provas especulativas, e se baseia tão somente no cultivo de nossas disposições morais. As pretensas provas especulativas e as experiências visionárias são supérfluas, porque é a partir do cultivo de nossas disposições que se abre uma perspectiva objetivamente válida em relação a Deus e ao mundo futuro através de uma crença prática racional.

4. Teologia racional

No último capítulo das *Lições de Metafísica*, Kant se dedica a uma análise da teologia racional, que é o "conhecimento de Deus através da razão". Como ele observa, da necessidade da razão deriva-se uma teologia de três tipos. Da necessidade "pura" da razão, deriva-se a "teologia transcendental", a saber, o conhecimento de Deus pela razão pura. Da necessidade "empírica" da razão, deriva-se a teologia natural, que é o conhecimento de Deus extraído de seu uso empírico. Estas são as teologias especulativas. Por fim, da necessidade prática da razão deriva-se a "teologia moral", que é baseada em princípios práticos. Dentre os três tipos de teologia, Kant admite, explicitando mais uma vez a primazia do âmbito prático frente ao teórico, a sua preferência pela teologia moral, muito embora, dentre as teologias especulativas, ele considere necessário destacar a importância da teologia transcendental como fundamento das demais.

4.1 A teologia transcendental

A teologia transcendental parte dos conceitos puros do entendimento. A partir daí, ela trata do conceito de Deus como "ser originário" na medida em que é "fundamento de outros seres", como "ser primeiro" na medida em que todos dependem Dele, como "ser supremo" na medida em "que é "maior do que os demais seres" e como "ser necessário", na medida em que "compreende em si todos os seres" (AA XXVIII: 308-309). Antes de prosseguir em sua investigação, Kant deixa claro que, a partir dos conceitos puros da teologia transcendental, não se deriva o conceito de Deus como Ser dotado de entendimento e vontade, uma vez que isso já pressupõe conceitos que são retirados da experiência da alma e que pertencem à teologia natural. Disso resulta que a teologia transcendental não nos proporciona um conceito integral de Deus, uma vez que não lida com as determinações particulares que só poderiam ser retiradas da experiência do mundo, mas proporciona apenas o seu conhecimento como "fundamento originário". Além de proporcionar um conceito puro de Deus, na medida em que se baseia em conceitos puros, a teologia transcendental também tem o objetivo de "purificar" os conceitos de todas as demais teologias.

Com o objetivo de apresentar a prova da existência de Deus como fundamento originário, Kant vai se direcionar no mesmo sentido da investigação apresentada na *Crítica da Razão Pura* e nas *Lições sobre a Doutrina Filosófica da Religião*. Como a teologia transcendental não pode ter outra fonte senão a razão, a existência de Deus como "fundamento originário" vai ser admitida como "uma pressuposição necessária de minha razão e de todo pensamento". Nesse sentido, Kant retoma a tese da *Crítica* e da *Doutrina da Religião* segundo a qual o conceito de Deus como fundamento originário é uma "condição necessária da possibilidade de todo pensamento". Renunciar a este fundamento culmina, com efeito, na "supressão total de todo pensamento". Essa tese tem como alicerce o pressuposto de que toda dinâmica discursiva do pensamento acontece através da "limitação". Aquilo que identificamos pelo pensamento como ausente ou faltante na realidade das coisas finitas, a saber, suas negações, só é concebível porque uma realidade está pressuposta. O "negativo sempre pressupõe algo positivo". Por conseguinte, para as negações de um modo geral é necessário pressupor um "todo da realidade". Disso se conclui que "o limitado deve ter o ilimitado como fundamento". Em outras palavras, isso é dizer que a possibilidade de todas as coisas finitas depende de "*um positivo infinito*" ou da "soma [Inbegriff] universal de todas as realidades", uma vez que todas as coisas possíveis são sempre "determinadas pela limitação" dessa realidade e, sem essa "realidade suprema", a "possibilidade de todas as coisas não é pensável" (AA XXVIII: 310). Com esse argumento, Kant identifica os conceitos de *ens originarium* e *ens realissimum*, estabelecendo o conceito de Deus como uma pressuposição necessária da razão no que diz respeito à possibilidade do pensamento de todas as coisas. A guinada crítica em relação à posição do tratado sobre a existência de Deus de 1763 é perceptível, na medida em que o discurso kantiano não se refere ao *ens realissimum* como substrato da possibilidade das coisas mesmas, mas meramente da possibilidade do pensamento das coisas em geral. Além disso, ao estabelecer o conceito de *ens originarium* como ideal regulativo, Kant aproveita a oportunidade para refutar a prova da "necessidade absoluta" apresentada por Wolff a partir do argumento cosmológico e a sua hipótese de que a "propriedade" da "existência" é derivável do conceito de "necessidade absoluta". Para Kant, Wolff assume o caminho errado em relação a isso, porque é preciso "discernir, primeiro, a necessidade absoluta para, depois, poder determinar as propriedades que deveria ter um ser absolutamente necessário". Kant está certamente levando em consideração, como o fará na *Crítica da*

Razão Pura e na *Doutrina da Religião*, o fato de que a prova cosmológica depende da prova ontológica no que diz respeito à determinação do conceito de "necessidade absoluta". Além disso, como Kant destaca, mesmo o conceito de "necessidade absoluta" é indiscernível pela razão, visto que, de acordo com a perspectiva crítico-transcendental apresentada aqui, sempre é possível pensar, em última instância, o contrário de qualquer conceito sem contradição. Da mesma forma que a necessidade absoluta não é, por isso, conceitualmente dedutível, ocorre o mesmo com a sua suposta "propriedade", a saber, a "existência", pois, como Kant já afirmara antes, a existência não é um "predicado", mas uma "posição". Por conseguinte, Kant conclui sua análise da teologia transcendental, remetendo-se à função regulativa do ideal transcendental, com o veredicto crítico de que a prova transcendental de um "ser originário" e de sua "necessidade absoluta" é apenas subjetivamente suficiente, como "hipótese necessária" para a "condição universal da possibilidade", mas não objetivamente suficiente, "posto que não podemos ir mais longe no campo da experiência e de nosso pensamento" (AA XXVIII: 314).

4.2 Teologia natural

Embora Kant inclua, em determinado ponto das *Lições*, a prova transcendental na teologia natural, é bem claro, a partir dos pressupostos de sua argumentação, que as provas da teologia natural, que são dadas a partir da "experiência", estão representadas pelas provas cosmológica e fisicoteológica. Enquanto a prova cosmológica é retirada da experiência em geral, inferindo a existência de uma coisa em geral até uma primeira causa do mundo, algo que se exemplifica na prova cosmológica de Wolff e na prova do primeiro motor de Aristóteles, a prova fisicoteológica é retirada de "determinada" experiência do mundo, inferindo a existência de Deus a partir da observação de certas "determinações" e "propriedades" do mundo.

Na teologia natural fica nítido que Kant quer avançar em seu conhecimento de Deus como mero fundamento originário para um conhecimento mais robusto de Deus enquanto Ser dotado de liberdade e entendimento. Para tanto, a "contingência" do mundo será assumida como o pressuposto para se pensar um ser dotado de liberdade, enquanto que a "ordem do mundo" é a base para se pressupor um ser que age segundo fins e que, portanto, é dotado de liberdade e entendimento. Para desenvolver sua hipótese, Kant argumenta que o ser originário, pensado como causa da natureza, tem de ser pensado como uma causa livre, uma vez que a causa primeira do contingente não pode ser concebida de outra maneira "A origem primeira e o primeiro início nunca podem ser pensados de outra maneira senão por liberdade e um ser que é uma causa de tudo que é contingente é um ser de acordo com a liberdade" (AA XXVIII: 305). Ora, pois, se a causa do contingente não fosse uma causa livre, também não seria uma causa primeira, mas uma causa derivada. Portanto a causalidade primeira do mundo tem de pressupor a liberdade transcendental ou a espontaneidade das ações. Por conseguinte, o ser originário deve agir a partir de um princípio interno. A "liberdade transcendental" é derivada, dessa forma, a partir do argumento cosmológico, como o primeiro predicado do ser originário. Um segundo predicado do ser originário acaba sendo derivado do primeiro quando pressupomos a "ordem da natureza". É, pois, em referência à "ordem da natureza" e, sobretudo, à "concordância [...] da ordem e perfeição" que a liberdade precisa pressupor o entendimento. Observamos que, com isso, o conceito de um ser originário como fundamento, apresentado na teologia transcendental, progride para um conceito mais completo de Deus como "[*u*]*m ser que é uma causa do mundo segundo liberdade e entendimento*" (AA XXVIII. 327).

Ao estabelecer os novos predicados de Deus a partir da natureza, Kant vê a necessidade de esclarecê-los. No que diz respeito ao arbítrio divino, Kant destaca o fato de que ele só pode ser pensado como um arbítrio do entendimento. Com efeito, diferente da vontade humana que é caracterizada pela "carência", a vontade de Deus não está submetida a nenhum tipo de necessitação e é totalmente independente de qualquer impulso e inclinação. Trata-se de uma atividade racional, criadora e originária que está na base da possibilidade e da existência de todos os objetos. É possível perceber, com isso, que Kant compreende a vontade de Deus tanto em um sentido negativo, como independência de todos os objetos, quanto em um sentido positivo, como um princípio interno que atua de acordo com o "agrado supremo" de Deus e que, nesse caso, identifica-se com a onissuficiência. No que diz respeito ao entendimento divino, Kant observa que da mesma maneira que a vontade de Deus é apresentada como qualitativamente distinta da humana, enquanto "liberdade absoluta", o entendimento divino também é caracterizado em oposição ao "entendimento discursivo" humano, enquanto "entendimento intuitivo". Kant procede com cautela, nesse ponto, com objetivo de evitar o antropomorfismo, admitindo que, embora possamos pensar o entendimento e a vontade de Deus por "analogia", uma vez que, como a psicologia provou, também somos dotados de entendimento e vontade, não somos em absoluto capazes de ter qualquer discernimento sobre estas faculdades em Deus.

4.3 A teologia moral

Na última seção da teologia racional, Kant vai se ocupar com a exposição da teologia moral, que é a teologia constituída de acordo com os princípios práticos da razão na qual o conceito de Deus é apresentado como *sumo bem*. Da teologia moral, Kant vai derivar, em um caminho que nos remete à *Dialética da Razão Prática*, o postulado da existência de Deus como pressuposição prática necessária da razão.

O ponto de partida da investigação kantiana nas *Lições*, assim como na *Crítica da Razão Prática*, encontra-se na pergunta sobre o sumo bem. Para prosseguir na investigação, porém, é importante a distinção que será realizada entre os conceitos de sumo bem "originário" e "derivado". No mesmo sentido da segunda *Crítica*, Kant observa que, enquanto o sumo bem originário se identifica com o próprio Deus, o sumo bem derivado vai se relacionar estritamente à proposição do "melhor dos mundos possíveis" (AA XXVIII: 344). O melhor dos mundos possíveis é aquele no qual há a convergência de todos os fins, quais sejam os fins da moralidade e os da felicidade. Pelo fato de representar a convergência de todos os fins, o melhor dos mundos possíveis pode ser concebido também como o "fim último da criação" (AA XXVIII: 349). Então, concebido enquanto bem derivado, o conceito de sumo bem vai ser definido nas *Lições,* em um sentido próximo ao dos escritos da maturidade, como *"a união da felicidade suprema com o grau supremo de capacidade para ser digno dessa felicidade"* (AA XXVIII: 337).

Embora seja perceptível que, com isso, toda a reflexão sobre o sumo bem nas *Lições* vai se articular, tal como nos escritos kantianos da maturidade, tendo como referência os conceitos práticos de virtude (dignidade) e felicidade, uma diferença imediatamente salta aos olhos. Em um caminho bastante similar ao de algumas reflexões de 1770, Kant coloca a discussão sobre o sumo bem em referência a um conceito universal de felicidade. Se é verdade que estas considerações suscitam uma imediata suspeita de eudemonismo, uma análise mais detalhada da teologia moral nos mostra que, a despeito disso, não parece haver um verdadeiro rompimento com o pensamento ético da maturidade, pois este "conceito de felicidade universal" é estabelecido em estrita dependência aos conceitos de boa conduta e dignidade, bem como da postulação da existência de Deus. Lemos em uma passagem: "Se nos comportamos de tal modo que, se todos se comportassem da mesma maneira, surgiria a maior felicidade, então nos comportamos de modo tal que somos dignos da felicidade". Se, nessa passagem, Kant apenas nos indica que "digno" é aquele que age de modo a concordar com a ideia de felicidade universal, ele vai deixar claro, no decorrer de sua argumentação, que a "boa conduta" é "a condição da felicidade universal". A essa condição universal de felicidade, Kant ainda acrescenta, além da boa conduta e da dignidade, a postulação da existência de Deus. "Deus é o princípio supremo de toda felicidade desse tipo, de acordo com a dignidade da pessoa" (AA XXVIII: 337). Ou seja, sem macular a pureza da exigência prática da razão, Kant apenas parece pressupor, nesse ponto, que, se é para ser pensável uma condição de felicidade universal ou, em outras palavras, uma condição de concordância universal em relação à felicidade, é imprescindível assumir como seus pressupostos a virtude, como dignidade moral, e a existência de Deus.

Se for para admitir uma diferença entre a teologia moral apresentada na *Crítica da Razão Prática* e nas *Lições de Metafísica* seria mais adequado mencionar que, tal como nas *Lições de Ética* e no *Cânone da Razão Pura*, Kant defende nas *Lições de Metafísica* uma hipótese na qual Deus e o mundo futuro são considerados "móbeis" da moralidade. De maneira análoga às *Lições de Ética*, Kant observa que, considerando o fato de que as leis morais são uma fonte de discernimento racional, mas não contêm em si qualquer promessa de felicidade, elas são um fundamento de "judicação", mas não de "execução". "Elas são objetivas, mas não praticamente subjetivas" (AA XXVIII: 318). Nesse caso, as leis morais são "corretas em relação à judicação, mas em relação à execução, do ponto de vista prático, são vazias". Ou seja, se aquele que se comportou de modo a "ser digno de felicidade" não puder ser *"realmente,* sob essa condição, *participante dela"*, isso significa que as leis morais são destituídas de "uma força impulsiva". E, ademais, como Kant assevera, se aquele que vive "em conformidade com a lei moral" não se tornar "participante da felicidade da qual se tornou digno", estamos diante de um "absurdo" prático. Kant trata o absurdo da razão prática de uma forma bastante ambígua nas *Lições de Metafísica*, principalmente se comparado às *Lições sobre a Doutrina Filosófica da Religião*. Mas, como veremos, ao fim e ao cabo, o "absurdo" se articula em um caminho similar ao da antinomia da razão prática. Além disso, é possível constatar que a "solução" para o "absurdo" fundamenta a teoria do móbil. Esta solução consiste em superar a disparidade entre natureza e liberdade, que se comprova a partir da disparidade entre os fins da felicidade e dos da virtude, através do postulado da existência de Deus. Considerando que, a partir da desproporção entre o mérito moral e suas consequências, entre a "moralidade" encontrada nas "disposições" e a "felicidade" segundo a proporção com minha moralidade, a "natureza" não concorda com a "moralidade", a solução de Kant para o "absurdo" da razão prática é encontrada, em um caminho que converge com a solução dada à *Antinomia da Razão Prática*, na postulação de *"um governante universal do mundo, cuja vontade é uma vontade moral e que pode compartilhar, sob a condição das leis morais, a felicidade e que está em condições de concordar a boa conduta com o bem estar"* (AA XXVIII: 319).

Kant reconhece, contudo, que, dessa maneira, a existência de Deus não é demonstrada "diretamente", pois este argumento não se constitui como uma prova especulativa, mas se constitui, de outro modo, como uma "proposição necessária" diante da ameaça de supressão do uso da razão. Em outras palavras, trata-se de uma "prova apagógica" que "é retirada da pressuposição necessária do uso prático da razão", na qual aquele que defende o contrário cai necessariamente em um absurdo. No mesmo sentido da *Crítica da Razão Prática*, Kant destaca que, em tal demonstração, Deus torna-se "um objeto de crença", uma "pressuposição necessária" que, diante da impotência da razão teórica para produzir uma refutação, mostra-se como um "fundamento suficiente". "De nossa parte, devemos tentar nos tornar dignos dessa felicidade por meio de nossa boa conduta e então podemos também esperar, de modo confiante, nos tornar participantes de tal felicidade" (AA XXVIII: 349). Esta "firme crença" que é baseada no fato de que algo é "uma condição necessária" é, segundo Kant, segura e fundada subjetivamente. *"A consistência dessa pressuposição é subjetivamente tão forte do que a primeira demonstração objetiva da matemática,* embora ela não seja objetivamente tão forte" (AA XXVIII: 304). Ao solucionar o "absurdo" ou o conflito da razão, a prova moral adquire "um efeito prático", embora não como fundamento de determinação da vontade, mas na medida em que preserva o horizonte de sentido do sujeito moral que, ao superar a contradição de que o agir moral é destituído de consequências prático-racionais, encontra a garantia "integral" da racionalidade desse agir.

A teologia moral completará, com essa demonstração, o trabalho de determinação do conceito de Deus iniciado pelas demais teologias. Se na teologia transcendental e natural Deus fora concebido como um ser originário, dotado de inteligência e vontade, na teologia moral, o conceito de Deus passa a satisfazer todas as exigências da teodiceia na medida em que Deus é reconhecido como "legislador santo", na medida em que sua vontade "concorda totalmente com a lei moral", como "governante bondoso", porque provê nossas deficiências em relação à lei moral, e "governante justo", na medida em que compartilha a felicidade em exata proporção à dignidade. Essas qualidades morais de Deus também atualizam os seus predicados transcendentais, uma vez que para um governante bondoso são exigidas onipotência e onipresença e para um juiz justo é necessária a onisciência. A teologia moral completa, dessa forma, o ciclo das demais teologias, uma vez que com ela alcançamos um conceito integral de Deus e uma base racional para um assentimento firme na sua existência.

Bruno Cunha
São João del Rei, março de 2021

5. BIBLIOGRAFIA

Adickes, Erich. *German Kantian Bibliography*. Boston/London: Ginn & Company, 1896.

Ameriks, Karl; Naragon, Steve. Translators` Introdution. Em: Kant, Immanuel. *Lectures on Metaphysics*. Cambridge: Cambridge University Press, 1997, p. viii-vIiv.

Arnoldt, Emil. *Kritische Exkurse im Gebiete der Kant-Forschung*. Em: Kant, Immanuel. *Gesammelte Schriften*, editado por Otto Schöndörffer. vol. 4 (1908) e 5 (1909). Berlim: Reimer (De Gruyter), 1908-1909.

Carl, Wolfgang. *Der schweigende Kant: die Entwürfe zu einer Deduktion der Kategorien vor 1781*. Göttingen: Vandenhoeck & Ruprecht, 1989.

Castillo, Monique. Présentation. Em: Immanuel Kant. *Leçons de métaphysique*. Paris: Librairie Générale Française, 1993, p. 43-111.

Cunha, Bruno; Feldhaus, Charles. Estudo Introdutório. Em: Immanuel Kant. *Lições de Ética*. São Paulo: Unesp, 2018.

Cunha, Bruno. *A Gênese da Ética de Kant: o desenvolvimento moral pré-crítico em sua relação com a teodiceia*. São Paulo: LiberArs, 2017.

_____. Estudo Introdutório. Em: Immanuel Kant. *Lições sobre a Doutrina Filosófica da Religião*. Petrópolis: Vozes, 2019.

Erdmann, Benno. Eine unbeachtet gebliebene Quelle zur Entwicklungsgeschichte Kants. Em: *Philosophische Monatshefte* 19. 1883, p. 129-44.

_____. Mittheilungen über Kant's metaphysischen Standpunkt in der Zeit um 1774. Em: *Philosophische Monatshefte* 20, 1804, p. 65-97.

Fugate, Courtney; Hymers, John. *Baumgarten and Kant on Metaphysics*. Oxford: Oxford University Press, 2018.

Fugate, Courtney D (org). *Kant`s Lectures on Metaphysics: a critical guide*. Cambridge: Cambridge University Press, 2018.

Heinze, Max. *Vorlesungen Kants über Metaphysik aus drei Semestern*. Leipzig: S. Hirzel, 1894.

Kant, Immanuel. *Vorlesungen über die Metaphysik*. Erfurt: Kayser, 1821.

_____. *Gesammelte Schriften*. Vol. I-XXIX. Berlim: Reimer (DeGruyter) 1910-1983.

_____. *Crítica da Razão Pura*. Trad. Fernando. C. Mattos. Petrópolis: Vozes, 2012.

_____. *Lições de Ética*. Trad. Bruno Cunha e Charles Feldhaus. Petrópolis: Vozes, 2018.

_____. *Lições sobre a Doutrina Filosófica da Religião*. Trad. Bruno Cunha. Petrópolis: Vozes, 2019.

Klemme, Heiner. Kant's Metaphysics of Freedom (1775-1782): Theoretical and Practical Perspectives. Em: *Kant' Lectures on Metaphysics: a critical guide*. Cambridge: Cambridge University Press, 2018, p. 179-193.

Lehmann, Gerhard. Einleitung (*Vorlesüngen über Metaphysik und Rationaltheologie*). Em: Immanuel Kant. *Gesammelte Schriften v.28.2.2. 1972*, p. 1338-72.

Lorini, Gualtiero. Die Rolle der Vorlesung über Metaphysik in Kants stillem Jahrzenht (1770-1781): der Begriff Ontologie. Em: *Estudos Kantianos*, v. 1, n. 1, 2013, p. 105-124.

Menzer, Paul. Der Entwicklungsgang der Kantischen Ethik in den Jahren 1760 bis 1785 (II). Em: *Kant-Studien*, 3, 1899, p. 41-104.

Naragon, Steve. *Kant in the Classroom* – Kant's Lectures/The Student Notes (on-line). Manchester: Universidade de Manschester, 2006. Disponível em https://users.manchester.edu/facstaff/ssnaragon/kant/Home/index.htm

Pölitz, Karl H. Vorrede. Em: Immanuel Kant. *Vorlesungen über die Metaphysik*. Erfurt: Kayser, 1821, p. iii-xii.

_____. Vorrede zur ersten und Zweiten Auflage. Em: Kant, Immanuel. *Vorlesung über die philosophischen Religionslehre*. Leipzig: Verlag der Taubert`schen Buchhandlung, 1830, p. iii-xviii.

//INTRODUÇÃO[54]

1) Da Metafísica em geral

Todos os conhecimentos humanos são, segundo a forma, de dois tipos: 1) *históricos*, aqueles que, a partir de dados [*ex datis*], são tomados meramente da experiência, e 2) *conhecimentos racionais*, aqueles que *ex principiis* são tomados de certos princípios. Os conhecimentos racionais são por sua vez: 1) *filosóficos*, conhecimentos por conceitos, e 2) *matemáticos*, conhecimentos por construção de conceitos[55]. Pode-se distinguir os conhecimentos segundo a sua origem *objetiva*, isto é, segundo as fontes a partir das quais um conhecimento é unicamente possível e segundo a origem *subjetiva*, isto é, segundo a maneira como o conhecimento pode ser adquirido pelo ser humano. Em relação ao primeiro, os conhecimentos são racionais ou empíricos. Em relação ao último, são racionais ou históricos. Em si mesmo, tanto faz de onde o conhecimento surgiu. – O sistema do conhecimento racional por conceitos seria então a filosofia. Primeiramente, no entanto, temos de considerar os conhecimentos mesmos e, em seguida, o seu sistema. – Uma vez que a matemática e // a filosofia concordam no fato de que são conhecimentos racionais, devemos

---

53. Referência das páginas do texto *Metaphysik L2* de 1790-1791? (AA XXVIII: 531-594), que corresponde àquela parte do texto de Pölitz que inclui a introdução, os prolegômenos e ontologia.

54. O texto dessa introdução é basicamente o mesmo do apresentado na *Lógica*. O motivo disso é discutido no *Estudo Introdutório*.

55. Basicamente, Kant apresenta essa mesma classificação na *Arquitetônica da Razão Pura*: "Agora, todo conhecimento da razão é ou conhecimento por conceitos, ou por construção de conceitos; o primeiro se denomina filosófico, o segundo matemático." (B 865). A tradução da *Crítica da Razão Pura* que será aqui utilizada é a de Fernando Costa Mattos (Vozes/São Francisco, 2012). As referências, contudo, serão, conforme os critérios habituais, as da segunda edição (1787), conhecida como edição B, e, quando necessário, as da primeira edição, a edição A (1781).

primeiramente definir os conhecimentos racionais. Os conhecimentos racionais contrapõem-se aos históricos. Os conhecimentos históricos são retirados de dados, e os conhecimentos racionais, de princípios, como já mencionamos anteriormente. Os primeiros, a saber, os históricos, são conhecimentos tais que são possíveis apenas na medida em que são dados[56]. Os últimos provêm do fato de que conhecemos seus fundamentos e de que são produzidos *a priori*. Esse ponto tem de ser melhor elucidado. Um conhecimento pode provir da razão e, contudo, ser apenas histórico e, decerto, subjetivo. Mas um conhecimento filosófico é objetivo. Pode-se assim *aprender* filosofia, sem ser capaz de filosofar[57]. Aquele que, portanto, quer se tornar propriamente filósofo, deve fazer um uso livre de sua razão e não meramente um uso imitativo e, por assim dizer, mecânico da razão.

Falamos dos conhecimentos racionais que eles são conhecimentos por princípios e que também devem ser *a priori*. Há dois tipos // de conhecimentos que são a *priori*, mas que, não obstante, possuem muitas diferenças notáveis: a saber, a *matemática* e a *filosofia*. Costuma-se dizer que eles seriam distintos segundo o objeto, algo que, no entanto, é falso. A primeira – se diz – trata da quantidade, a última, da qualidade. A diferença dessas ciências baseia-se, no entanto, não no objeto, pois a filosofia se dirige a tudo que é conhecível e a matemática em parte também, uma vez que tudo possui uma grandeza. A grandeza // também é um objeto da filosofia, sendo, no entanto, apenas o modo de tratamento diferente do da matemática. Ora o que faz a diferença do modo de conhecer pela razão na matemática e na filosofia? A diferença específica descansa no fato de que toda filosofia é conhecimento racional por meros conceitos, enquanto a matemática conhecimento racional por construção de conceitos. Construo conceitos quando

---

56. Em paralelo à *Crítica da Razão Pura*, lemos: "O conhecimento histórico é *cognitio ex datis*, ao passo que o racional é *cognitio ex principiis*. Onde quer que um conhecimento seja originariamente dado, ele é histórico" (B 864).

57. Como nos relata Borowski (1804, p. 187), a máxima característica das preleções kantianas era a de que não é importante aprender filosofia, mas a filosofar. Essa máxima é ilustrada nas palavras tardias da *Crítica da Razão Pura*: "[...] aquele que realmente *aprendeu* um sistema da filosofia, [...] ele apenas sabe e julga conforme o que lhe foi dado. Se vocês lhe questionarem uma definição, ele não saberá onde encontrar [...]" (B 864).

os represento, sem a experiência, na intuição *a priori* ou quando represento na intuição um objeto que corresponde ao meu conceito. – A intuição *a priori* é aquela que não depende da experiência, mas que qualquer um pode dar a si mesmo. – O matemático nunca pode se servir de sua razão segundo meros conceitos, assim como o filósofo nunca pode se servir de sua razão segundo a construção de conceitos. – Na matemática, serve-se da razão *in concreto*[58], mas a intuição não é empírica; em vez disso, aqui se faz algo *a priori* o objeto da intuição. Vemos aqui, portanto, que a matemática tem uma vantagem sobre a filosofia, uma vez que os primeiros conhecimentos são *intuitivos*, enquanto os últimos, *discursivos*. – O motivo pelo qual as grandezas são mais consideradas na matemática é porque as grandezas podem ser construídas *a priori* na intuição, enquanto que as qualidades não podem ser representadas na intuição. Em sentido escolástico [*in sensu scholastico*], a filosofia é, portanto, o sistema dos conhecimentos filosóficos racionais por conceitos, enquanto que, em sentido cosmopolítico [*in sensu cosmopolitico*], // ela é a ciência dos fins últimos da razão humana[59]. Isto dá à filosofia *dignidade*, isto é, valor absoluto. E ela é aquela que unicamente possui valor *interno* e concede valor a todas as demais ciências. A filosofia, em sentido escolástico, diz respeito à habilidade, enquanto que, em sentido cosmopolítico, diz respeito à utilidade. No primeiro sentido, a filosofia é, portanto, *a doutrina da habilidade*, enquanto que, no último, a *da sabedoria*. Ela é, portanto, a legisladora da razão. Mas o *filósofo* deve ser diferenciado do *artista // da razão*[60]. O último instrui regras para o uso de nossa razão para quaisquer fins. Ele se dirige *meramente* pelo saber especulativo sem saber qual medida este saber

4

533

---

58. Como lemos na *Arquitetônica*, "isso porque, de fato, o uso da razão, embora a priori, acontece aqui [na matemática] *in concreto*, a saber, na intuição pura [...]" (B 865).

59. Na *Arquitetônica*, essa distinção é assumida precisamente no mesmo sentido: "Até aí, porém, o conceito da filosofia é apenas um *conceito escolástico*, qual seja, o de um sistema do conhecimento que só é buscado como ciência, sem ter nada mais por fim do que a unidade sistemática desse saber [...]. Mas há também um *conceito mundano* (*conceptus cosmicus*) [...]. Desse ponto de vista, a filosofia é a ciência da remissão de todo conhecimento aos fins essenciais da razão humana (*teleologia rationis humanae*), e o filósofo não é um artista da razão, mas o legislador da razão humana" (B 867).

60. Na versão francesa destas *Lições*, Monique Castillo traduz o termo alemão "Vernunftkünstler" como "technicien de la raison", a saber, técnico da razão.

contribui para o fim último da razão humana. O filósofo *prático* é *propriamente* o filósofo[61]. – A filosofia é a ideia de uma sabedoria perfeita que me mostra os fins últimos da razão humana.

À filosofia em sentido escolástico pertencem dois aspectos: 1) um conjunto suficiente de conhecimentos racionais; 2) uma conexão sistemática deles. Nem toda ciência permite uma conexão sistemática. A conexão sistemática é a conexão de diferentes conhecimentos em *uma ideia*. Ora a filosofia é a única ciência que tem uma conexão sistemática e é ela que confere sistematicidade a todas as outras ciências. – Nossos conhecimentos históricos são úteis pelo fato de que nossa razão pode fazer um uso deles que // serve para seus fins. Mas os fins são, por sua vez, subordinados de modo que um fim é um meio para outro fim. Deve ser dado, portanto, um fim *superior* no qual os outros tenham unidade. Visto que os meios têm um valor apenas em vista dos fins, então o valor de nosso uso da razão também pode ser determinado, em relação a essa ciência, apenas na medida em que esses conhecimentos se dirigem ao fim terminal último da razão humana. – Se chamamos de *máxima* o princípio da escolha entre os diversos fins, podemos dizer que *a filosofia é uma ciência da máxima suprema do uso de nossa razão*. O filósofo é, então, mais caracterizado por sua conduta do que por sua ciência. – A filosofia, no conceito escolástico, é meramente um órganon da habilidade. O filósofo, em sentido cosmopolítico, é aquele que possui a máxima do uso de nossa razão para certos fins.

O filósofo deve ser capaz de determinar:

1) As fontes do saber humano;

2) A extensão de seu uso possível e útil;

3) Os limites da razão. –

---

61. Uma alusão ao primado do âmbito prático sobre o teórico (Ver *Crítica da Razão Prática*, AA V: 119-121) que encontra suas raízes na revolução antropológica desencadeada por Rousseau no pensamento kantiano em meados de 1760. Sobre isso, Kant comenta no capítulo dedicado à *Arquitetônica* na *Crítica da Razão Pura* que, "[d]evido a essa primazia que a filosofia moral tem perante todas as demais aspirações da razão, também os antigos compreendiam sob o nome de filósofo, simultânea e predominantemente, o moralista" (B 868).

O campo da filosofia em sentido cosmopolítico se remete às seguintes questões[62]:

1) O que eu posso *saber?* Isso é demonstrado pela *metafísica.*

2) O que eu devo *fazer?* Isso é demonstrado pela *moral.*

// 3) O que me é permitido esperar? Isso é ensinado pela *religião.*

6 534

4) O que é o homem? Isso é ensinado pela *antropologia.*

Poder-se-ia chamar tudo de antropologia, uma vez que as três primeiras questões referem-se à última. – A filosofia, no conceito escolástico, é habilidade. Mas para o que serve esta habilidade ensina a filosofia em um sentido mais importante [*sensu eminenti*]. – O filósofo é uma denominação superior e significa *conhecedor da sabedoria*, algo ao qual ninguém propriamente pode se arrogar. Mas se chama habitualmente de filósofo todo aquele que apenas se debruça [grübelt] sobre conceitos sem se preocupar para que eles servem. –

Como se pode aprender filosofia? Os conhecimentos filosóficos ou se deduzem das primeiras fontes de sua produção, isto é, dos princípios da razão ou os aprendemos daqueles que filosofaram. O caminho *mais fácil* é o último. Mas isso não é propriamente filosofia. Supondo que houvesse uma verdadeira filosofia, ao aprendê-la, ter-se-ia, contudo, apenas um conhecimento histórico. Um filósofo deve ser capaz de *filosofar* e, para isso, não se precisa *aprender* filosofia. Caso contrário, não se é capaz de julgar nada. Acredita-se, por exemplo, que tudo que Platão disse é verdade, pois não se deve pôr em cheque [tadeln] aquilo que é aprendido. Mas, mesmo que eu tenha aprendido uma verdadeira filosofia, não deveria, contudo, já pensar que seria capaz de filosofar. *No entanto, não existe também uma verdadeira filosofia desse tipo. Ao aprendermos a filosofar, nos é permitido considerar todos os sistemas da filosofia apenas // como história do uso de nossa*

7

---

62. Nas palavras de Kant na *Crítica*: "Todo o interesse de minha razão (tanto o especulativo como o prático) se unifica nas três questões a seguir: 1. *O que posso saber? 2. O que devo fazer? 3. O que me é permitido esperar?*" (B 832-833). A quarta questão é omitida nesse ponto.

razão e como objeto do exercício de nossas capacidades críticas. Fica evidente, a partir disso, que alguns fazem uso de seu entendimento de maneira dialética, isto é, dão aos seus conhecimentos uma aparência [Schein] de sabedoria. Mas este é o papel de um sofista. Um filósofo deve possuir duas qualidades:

1) O cultivo de sua habilidade. Ela é necessária porque a empregamos para todos os fins;

2) Uma destreza no uso de todos os meios para quaisquer fins.

Ambas as qualidades devem estar *juntas.* Nunca alguém pode se tornar um filósofo sem conhecimento. Mas *conhecimentos sozinhos nunca* constituem um filósofo. Deve haver uma unidade, em conformidade a fins [zweckmäßige], dessa habilidade e um discernimento da concordância dessa habilidade com os fins supremos. – Costuma-se dizer que Epicuro negligenciou a ciência e considerou tanto mais a sabedoria. Não queremos investigar aqui se essa suposição é fundamentada ou não. Mas é bastante provável que essa // afirmação seja falsa, pois sabedoria *sem ciência* é uma sombra de uma perfeição à qual nunca alcançaremos. Aquele que odeia a ciência e ama tanto mais a sabedoria chamamos de um *misólogo.* Algumas vezes, mesmo aqueles, que antes se dedicaram com zelo e felicidade à ciência, caem na misologia. *Esta* misologia provém, então, do fato de que seu próprio saber pode não lhes ter sido suficiente. // A filosofia é a única que pode nos proporcionar uma satisfação interna. Ela fecha, por assim dizer, o círculo e, então, as ciências adquirem ordem e conexão. Teremos de ver, portanto, *mais* o método de nosso uso da razão do que as proposições às quais chegamos através dele.

2) História da Filosofia

Nenhum povo começou a filosofar, propriamente, antes dos Gregos. Anteriormente se representava tudo por imagens e nada por conceitos. Os gregos foram os primeiros a descobrir que os conhecimentos racionais não devem ser cultivados no fio condutor das figuras, mas *in abstracto.* Nenhum povo havia investigado o que é a virtude, embora se tenham prescrito regras para ela.

A sabedoria egípcia de modo algum pode ser comparada com a grega[63]. Na matemática, os gregos também foram os primeiros que demonstraram cada proposição a partir dos elementos [*ex elementis*]. Mas mesmo neles isso não é tão antigo e não se pode saber propriamente quando e onde o espírito filosófico surgiu. Os *trácios*[64] parecem ter sido um povo sábio da antiguidade. Entre eles, encontramos Orfeu[65]. Logo depois da edificação da cidade de Roma, podemos situar o começo do período em que se tornaram notáveis os sete sábios na Grécia por meio de suas sentenças [*Sinnsprüche*], as quais os orientais já conheciam há muito tempo. São denominadas sentenças[66] [*Sentenzen*] numerosos pensamentos // condensados em poucas palavras. Dentre os sete sábios, aquele do qual deriva a ciência chama-se *Tales*[67], de Epiteto, o

9

---

63. A baixa estima que Kant demonstrava pela antiguidade egípcia aparece, de forma mais ou menos evidente, em outros pontos de sua obra. No prefácio à segunda edição da *Crítica da Razão Pura*, ao tratar do desenvolvimento histórico da matemática, lemos: "acredito antes que ela permaneceu por muito tempo (sobretudo ainda entre os egípcios) num tatear às cegas" (B XI). Mais explicitamente, em seu tratamento da *História da Teologia Natural*, nas *Lições sobre a Doutrina Filosófica da Religião* de 1783-1784, Kant comenta que, "[e]m geral, é um preconceito, instaurando pelos dizeres de Heródoto, acreditar em nada mais do que o fato de que toda ciência e cultura dos gregos foram tomadas dos egípcios, considerando que a situação e característica desse país, a tirania de seus faraós, e a usurpação de seus sacerdotes, na verdade, formaram este povo como uma massa sombria, melancólica e ignorante" (AA XXVIII: 1124). A tradução utilizada para essas *Lições* é a de Bruno Cunha (Vozes/São Francisco, 2019).

64. Os trácios foram um conjunto de tribos indo-europeias que, na antiguidade, ocupou uma região ao sudeste da Europa, chamada Trácia, bem como as regiões que hoje correspondem à Bulgária, Romênia, Moldávia, ao nordeste da Grécia, à Turquia europeia e à asiática ao noroeste, ao leste da Sérvia e a partes da Macedônia. Seu primeiro registro histórico é encontrado na *Ilíada* de Homero onde são descritos como aliados de Troia.

65. Orfeu, filho da musa Calíope e de Éagro, rei da Trácia. Foi cultuado como o maior poeta e músico que já existiu. Ao tocar de sua harpa, diz-se que Orfeu tinha o poder de comover todas as criaturas, inclusive os deuses, como é o caso de Hades. Sua existência foi contestada por Aristóteles.

66. A tradução em língua inglesa opta, nesse ponto, por "aforismos" [*aphorisms*].

67. Tales de Mileto (ca. 624/623-548/545 a.C.), filósofo pré-socrático, matemático, astrônomo e engenheiro, sendo considerado por muitos (Aristóteles, por exemplo) como o primeiro filósofo ocidental. Foi o primeiro a buscar, através do Logos, o princípio [Arché] da natureza, o qual identificou com a água. No prefácio da 2ª edição da *Crítica da Razão Pura*, Kant menciona o teorema de Tales como expressão da já alcançada cientificidade dos princípios da geometria na Grécia antiga: "Ao primeiro que demonstrou o *triângulo isósceles* (quer se chamasse *Tales* ou o que fosse) ocorreu uma luz; pois ele descobriu que não tinha de investigar aquilo que via numa figura, nem tampouco o conceito da mesma, para como que aprender assim as suas propriedades, mas sim produzi-las (por construção) a partir daquilo que ele mesmo, segundo conceitos, pensava e apresentava a priori na figura [...]" (B XI-XII).

físico. Deve ter sido ele o fundador [Urheber] da escola jônica à qual pertencem Anaximandro[68], Anaxímenes[69] e Anaxágoras[70]. Há ainda outros povos como os chineses e alguns povos indianos que tratam de coisas que são retiradas da mera razão, por exemplo, da imortalidade da alma. Mas eles não diferenciam o uso da razão *in concreto* do uso *in abstracto*. – Persas e Árabes também pegaram emprestado algo de Aristóteles // e também dos gregos. Em Zoroastro[71] não há, de acordo com o Zend-Avesta, o menor rastro da filosofia.

É importante considerar quais passos dão o entendimento humano para se elevar ao uso especulativo. – Entre os gregos havia uma distinção entre físicos e teólogos. Muitos teólogos foram da escola eleática. Os epicuristas foram os maiores físicos, embora muito pouco teólogos, de modo que quase foram considerados ateus. O primeiro estímulo à filosofia foi, provavelmente, o progresso que o ser humano fez, por meio da razão comum, do mundo visível até o seu Autor invisível. Esse passo é também bastante natural, pois a ordem do mundo já revela um Autor ao qual se acrescenta ainda a série imperfeita das causas da natureza. O interesse da razão é, nesse caso, tão grande que a matemática se introduziu nas especulações, cujo objeto // parecia digno de todo esforço que demandavam e de todas as tentativas fracassadas. – E, assim, os primeiros filósofos puderam muito bem ser considerados teólogos. – Que alguns tenham se tornado físicos já é algo que pressupõe muita cultura, uma vez que não temos o mesmo estímulo em direção a isso, considerando que a experiência sempre permanece a mesma coisa. –

---

68. Anaximandro de Mileto (ca. 610-546 a.C.), filósofo pré-socrático, discípulo e sucessor de Tales na escola jônica de Mileto. Acreditava que o princípio das coisas era o *ápeiron*, uma matéria infinita, incriada e imortal a partir da qual todas as outras coisas surgiram.

69. Anaximenes de Mileto (ca. 586-526 a.C.), discípulo de Anaximandro, filósofo pré-socrático para quem o elemento primordial era o ar.

70. Anaxágoras de Clazômenas (ca. 500-428 a.C.), filósofo pré-socrático que assumiu, tentando resolver o problema deixado em aberto pelos eleatas, uma visão pluralista da realidade segundo a qual as coisas são formadas a partir de sementes (homeomerias) e ordenadas por uma divina inteligência [Nous].

71. Zoroastro (XII a.C.), também conhecido como Zaratustra, foi um profeta persa, reformador religioso, líder espiritual e fundador do Zoroastrismo, que foi considerado a primeira religião monoteísta baseada em fundamentos éticos.

A poesia é mais velha do que a prosa. Por isso, os primeiros filósofos revestiram tudo em figuras. O primeiro poeta foi Orfeu e depois Hesíodo[72]. Ferécides[73] deve ter sido o primeiro que escreveu em prosa. Diz-se dele, tanto quanto de Heráclito[74], que seus escritos foram muito obscuros. Isso decorreu do fato de que a linguagem filosófica, naqueles tempos, ainda era nova. – É admirável, no que diz respeito aos poetas, a multiplicidade de figuras e expressões. – Depois da escola jônica seguiu-se a escola *eleática*, cujo fundador foi *Xenófanes*[75]. A proposição fundamental [Grundsatz] dessa escola foi a que nos sentidos se encontra ilusão e aparência, enquanto que só no entendimento se encontra a verdade. Essa escola começou a se afastar, de uma vez por todas, dos poetas, pois estes revestem tudo de aspectos sensíveis. Por outro lado, esta escola não instituiu simplesmente nenhum grande benefício. – *Zenão*[76] de Eleia foi, entre eles, um homem de grande entendimento e perspicácia. – Nesse momento, passou-se a entender por dialética o uso puro do entendimento ou a designá-la como a capacidade de se servir de seu entendimento segundo conceitos abstraídos de toda sensibilidade. – Por isso encontramos, entre os antigos, tantos elogios a ela e, nesse sentido, ela é mesmo digna de louvor. Os filósofos // que nesse momento rejeitaram totalmente os sentidos // acabaram necessariamente por cair em sutilezas e aí a

11

537

---

72. Hesíodo (em atividade entre ca. 750 e 650 a.C.) foi um poeta grego que, junto com Homero, exerceu uma influência fundamental na formação da cultura e da religião grega. Compôs a Teogonia, poema que retrata a origem do mundo e dos deuses.

73. Ferécides de Ciro (XI a.C.), teólogo que, segundo Aristóteles, misturava filosofia e mitologia e ensinava numa gruta da sua ilha natal. É considerado como o primeiro a escrever um livro em prosa na Grécia, forma diferente da poética, buscando uma ligação entre as teogonias órficas e de Hesíodo e a racionalização da cosmologia filosófica investigativa. Ver também *Kants Logik* (AA XIX: 28) e Refl. 1635 (AA XVI: 59).

74. Heráclito de Éfeso (ca. 535-475 a.C.), um dos mais notáveis filósofos pré-socráticos. Devido ao estilo oracular e ambíguo da obra que lhe foi atribuída por Diógenes Laércio, *Sobre a Natureza*, da qual nos chegou apenas os fragmentos, Heráclito foi chamado, desde a antiguidade, de "o obscuro". Em oposição a Parmênides, defendeu a ideia de um movimento e de uma transformação contínua, atribuindo ao fogo a função de princípio da natureza.

75. A escola eleática foi uma escola filosófica formada em Eleia, na região da Magna Grécia, cuja fundação geralmente é atribuída a Parmênides (ca 515-460 a.C.), discípulo de Xenófanes de Cólofon (ca. 570-475 a.C.). Xenófanes é conhecido pela ideia de que o ser absoluto, essência de todas as coisas, é o Um, proposição que seria depois desenvolvida por Parmênides e Melisso.

76. Zenão de Eleia (ca. 495-430 a.C.) foi discípulo de Parmênides e fundador do método dialético.

dialética surgiu no sentido em que assumimos. Ela tornou-se uma arte de sustentar e contradizer toda proposição. Foi meramente uma prática dos sofistas, advogados e retóricos. Antes *sofista*[77] era um nome respeitável. Dava-se este nome àqueles que eram capazes de falar, de maneira racional e perspicaz, de todas as coisas. Quando, no entanto, eles se propuseram a raciocinar [raisonniren] sobre todas as coisas e se devotaram a isso, esse nome passou a ser odiado e o nome filósofo apareceu. A isto ainda se acrescentou o fato de que *Sócrates* encurralou os sofistas, por meio de sua ironia, e os ridicularizou. *Carnéades*[78], um estoico, chegou em Roma e fez alguns discursos e *Cícero*[79] disse sobre ele que ele não atacava nenhuma proposição sem discuti-la e destruí-la e que não sustentava nenhuma sem confirmá-la e torná-la certa. Contudo, *Catão*[80] o censor teria dito que, com seus fundamentos, ele não era capaz de encontrar a verdade. – Na época da escola Jônica, apareceu na Magna Grécia (Nápoles) um homem de gênio raro, a saber *Pitágoras*[81] de Samos, que fundou uma Escola e apresentou um projeto em vista do qual ainda não tinha aparecido similar. A

---

77. A Escola Sofística surgiu no século quarto e quinto antes de Cristo marcando um momento de transição da cultura grega no qual o eixo de reflexão passava e se deslocar da *physis* para o homem, promovendo o início da revolução antropológica que Sócrates seria responsável por depois concretizar. Os sofistas eram considerados sábios e exerciam o ofício de professores, visando à preparação dos jovens para a vida prático-política. Dentre eles, destacaram-se Protágoras, Górgias e Pródico. O termo sofista passou a ser assumido negativamente, sobretudo, em virtude da reação dos filósofos clássicos Sócrates, Platão e Aristóteles.

78. Carnéades (ca. 214-129/8 a.C.), membro e líder da Nova Academia platônica. Foi um cético moderado que tentou refutar as doutrinas dogmáticas, especialmente o estoicismo e mesmo o epicurismo. Foi enviado a Roma em 155 a.C. Lá, suas palestras sobre a incerteza da justiça causaram consternação entre os políticos. Sobre o ceticismo de Carnéades ver também Refl. 1648 (AA XVI: 65).

79. Cícero (106-43 a.C.), orador, filósofo, advogado e político romano. Defendeu os princípios políticos da República durante a crise que levou ao estabelecimento do Império Romano.

80. Catão, o Censor ou o Velho (234-149 a.C.), soldado romano, senador, cônsul e historiador também conhecido por seu conservadorismo, principalmente por sua defesa às tradições romanas e por sua oposição à helenização.

81. Pitágoras de Samos (ca. 570-495 a.C.), importante matemático e filósofo pré-socrático. Na discussão cosmológico-naturalista, sustentou que o número é o princípio da natureza. Fundou a escola Pitagórica, onde os iniciados juravam segredo e viviam um estilo de vida ascético e comunitário. Assumiu a metempsicose, ou a doutrina da "transmigração de almas", segundo a qual toda alma é imortal e, após a morte, entra em um novo corpo, e também a doutrina da "harmonia das esferas", segundo a qual os movimentos dos planetas e estrelas correspondem às notações matemáticas e às notas musicais.

saber, ele instituiu uma sociedade de filósofos que estavam ligados pelo sigilo. Ele professava doutrinas [Lehre] que eram exotéricas, isto é, que ele apresentava ao povo todo. Formou certos discípulos que deveriam fazer um voto e aos quais já revelara mais coisas e aceitou alguns, em seu círculo íntimo de amizade, que tinham um lugar totalmente à parte //. Os primeiros, aos quais eram permiti- do apenas escutar, ele chamou *acusmáticos*, enquanto os últimos, que poderiam também perguntar, chamou *acromáticos*. O veículo [*vehiculum*] de sua doutrina secreta foi a física e a teologia: a doutrina do visível e do invisível. Seu projeto parece ter sido o de purificar a religião da ilusão do povo, moderar a tirania e introdu- zir maior conformidade a leis [Gesetzmäßigkeit] nos reinos. Essa seita, como um todo, foi exterminada pouco antes de sua morte. De suas doutrinas nada se pode dizer, porque não as conhecemos propriamente. Aqueles alunos seus que restaram eram discípulos que não sabiam muito. Mais tarde, foram atribuídas a Pitágoras muitas proposições que certamente são apenas fictícias. Do que resta, ele foi uma mente matemática.

Entre os gregos surgiu mais tarde um homem que, entre as mentes especulativas, fez uma nova exposição e dirigiu os seres humanos ao verdadeiro bem. Trata-se de *Sócrates*[82]. Ele foi, entre todos, aquele cuja conduta mais se aproximou da ideia de um sábio. Seu aluno mais notável se chamava *Platão*[83], alguém que

---

82. Sócrates (ca. 469-399 a.C.), um dos maiores filósofos da antiguidade clássica. Não fundou uma escola e não redigiu tratados de filosofia. Tudo que sabemos dele é por meio de relatos externos como aqueles de seus discípulos Platão e Xenofonte. Sócrates é res- ponsável pela primeira revolução antropológica na filosofia na qual o centro do interesse filosófico é deslocado para o conhecimento do ser humano e da verdade de sua alma. Para extrair essa verdade, utilizou-se do método dialógico. É considerado o primeiro filósofo moral. Não é de se surpreender que, em seu tratamento da virtude, Kant tenha sempre Sócrates como um exemplo. Ver, por exemplo, *Lições de Ética* (Ed. Menzer p. 114; 278; 309/ Unesp, 2018, p. 143; 441; 493). A tradução das *Lições de Ética* utilizada aqui é a de Bruno Cunha e Charles Feldhaus (Unesp, 2018). Nas referências às *Lições de Ética*, vamos indicar primeiro a paginação da edição alemã de Paul Menzer (1924) e em seguida a paginação da tradução brasileira (2018).

83. Platão (ca. 423-347 a.C.), discípulo de Sócrates e um dos maiores filósofos da antiguidade clássica. É considerado o inventor da metafísica ao propor, em contraposição aos naturalistas pré-socráticos, uma segunda navegação na qual os ventos que conduzem o barco – uma me- táfora para descrever o problema do princípio – não se encontra na natureza, mas em um mundo inteligível autossuficiente e separado da natureza constituído por formas ou ideias, os arquétipos das coisas existentes. Nas palavras de Kant na *Crítica da Razão Pura*: "Assim abandonou Platão o mundo dos sentidos, porque este estabelece limites tão estreitos para

538 se entregou mais à doutrina prática // de Sócrates. Seu aluno foi *Aristóteles*[84], quem impulsionou a filosofia especulativa a um nível mais elevado. – Chegamos agora aos *epicuristas*[85], que colocaram todo bem em um coração alegre, o qual chamaram de prazer [Wollust], e os *estoicos*[86], que colocaram toda felicidade na soberania da alma, segundo a qual se pode dispensar todos os divertimentos [Ergötzlichkeiten] da vida. O que também se pode dizer dos primeiros é que foram, ao fim e ao cabo, os melhores filósofos da natureza em todas as escolas da Grécia. –

13   // As escolas gregas mais distintas tiveram nomes particulares. – A escola de *Platão* chamou-se Academia; a de *Aristóteles*,

---

o entendimento, e se aventurou nas asas das ideias para além dele, no espaço vazio do entendimento puro" (*KrV*, B 9). Ao discutir o problema ético, Kant vai identificar algumas vezes a doutrina de Platão com um ideal fanático. Ver, por exemplo, *Lições de Ética* (Ed. Menzer, 1924, p. 11/ Unesp, 2018, p. 110) e *Refl.6611* (AA XIX: 109). Contudo, segundo alguns intérpretes, traços positivos da influência platônica no pensamento de Kant também podem ser encontrados, como nos mostram os estudos de Heinz Heimsoeth, *Plato in Kants Werdegang, Studien zur Kants philosopischer Entwicklung*. Hildesheim, Georg Olms, 1967; e Manfred Kühn, The Moral Dimension of Kant's Inaugural Dissertation: A New Perspective on the "Great Light of 1769", *Proceedings of the Eighth International Kant Congress*. Milwaukee: Marquette University Press, 1995.

84. Aristóteles de Estagira (ca. 384-322 a.C.), discípulo de Platão e um dos maiores filósofos da época clássica. Aristóteles foi versado em todas as áreas do conhecimento humano, tendo escrito sobre lógica, física, astronomia, ética, retórica, estética, política e metafísica. Embora tenha sido um discípulo de Platão, Aristóteles não assumiu seu dualismo, mas, em vez disso, uma posição mais próxima do empirismo. No *prefácio* da 2ª edição da *Crítica da Razão Pura*, Kant vai louvar a lógica de Aristóteles (B VIII) e, na *Lógica Transcendental*, vai assumi-la como referência para a apresentação das categorias puras do entendimento (B 105-107).

85. Escola fundada no período helenístico por Epicuro de Samos (ca. 341-271 /270 a.C.), cuja filosofia eudemonista defendia o materialismo e a inexistência de uma vida após a morte. Em relação ao materialismo e ao suposto ateísmo, Kant vai mencionar o epicurismo outras vezes. Ver *História Natural Universal* (AA I: 227), *Refl. 4591* (AA XVII: 603), *Refl. 3705* (AA XVII: 238), *Refl. 4554* (AA XVII: 592), dentre outras referências. Contudo, a discussão de Kant com a doutrina epicurista, cuja premissa fundamental é a de que o prazer se identifica com a virtude, vai se dirigir, sobretudo, à fundamentação do problema do sumo bem. Ver, nesse caso, *Crítica da Razão Prática* (AA V: 110-113), *Lições de Ética* (Ed. Menzer, 1924, p. 7-14/ Unesp, 2018, p. 92-103) e *Refl. 6607* (AA XIX: 106).

86. Escola fundada também no período helenístico, em Atenas, por Zenão de Cítio (ca. 334-262 a.C.). O estoicismo sustenta uma visão de mundo determinista, relegando ao sábio, aquele que é capaz de atingir a perfeição moral e intelectual, uma completa capacidade de manter a sua vontade de acordo com a natureza (*prohairesis*). Ao contrário da doutrina epicurista, os estoicos vão identificar a virtude com a felicidade, despertando um pouco mais a simpatia de Kant no que diz respeito ao problema do sumo bem, embora não suficientemente. Ver *Crítica da Razão Prática* (AA V: 110-113), *Lições de Ética* (Ed. Menzer, 1924, p. 7-14/ Unesp, 2018, p. 92-103) e *Refl. 6607* (AA XIX: 106).

Liceu; a de *Zenão* de Cítio, Pórtico; a de *Epicuro*, Jardim. O Liceu foi um lugar no qual a juventude se dedicou aos exercícios físicos. Os seguidores dessa escola foram chamados também de peripatéticos [*peripatetici*]. O Pórtico (passeio) foi uma passagem escondida – em grego, *stoa* – da qual os estoicos também possuem o nome. A escola de Epicuro chamava-se Jardim [*hortus*], porque ele ensinava em jardins [Gärten]. Havia, nos primeiros epicuristas, uma grande moderação no gozo de todos os prazeres. – À Academia de Platão seguiram-se ainda outras, que foram fundadas por seus alunos. *Espeusipo*[87] fundou a primeira. *Arcesilau*[88], a segunda e *Carnéades*, a terceira. Platão expôs muitas de suas doutrinas na forma de diálogos, isto é, eram indicadas razões pró e contra nas quais ele nada decidia, muito embora ele fosse, por outro lado, bastante dogmático. O *método* para investigar a verdade deve ser o de duvidar[89]. O primeiro aluno de Platão, Espeusipo, era alguém que duvidava [zweifelnd]. Arcesilau também estava de acordo com esse método e Carnéades foi ainda mais longe. Por isso os acadêmicos [*academici*] são chamados também de questionadores [Zweifler]. São chamados normalmente de *céticos*. E os céticos foram filósofos sutis e dialéticos. Entre eles, estava *Pirro*[90], um

---

87. Espeusipo (ca. 408-339/8 a.C.), filósofo antigo e sobrinho de Platão. Foi seu sucessor na direção da Academia em 357 ou 347 a.C.

88. Arcesilau (ca. 316/5-241/0 a.C.) filósofo helenista e fundador da Segunda ou Média Academia, que deu origem à fase do ceticismo.

89. O ceticismo pirrônico como método da filosofia aparece como uma inspiração para o pensamento de Kant desde sua fase mais inicial. Em reflexões da longínqua década de 50, Kant já fala de um pirronismo razoável cujos princípios básicos afirmam a necessidade da suspensão de um juízo definitivo sempre que necessário quando existirem razões distintas para uma afirmação contrária (AA, Refl. 2670, XVI: 457). Em meados de 1760, nas *Lições* intituladas *Filosofia prática de Herder*, Kant aparece louvando Pirro como alguém de grande mérito (AA XXIV: 1). Nos *Anúncios de suas Preleções do Inverno de 1765-1766* e nas *Anotações às Observações do Sentimento do Belo e do Sublime*, o método zetético é apresentado como "o método de instrução peculiar para a filosofia" (AA XX: 307) e como um método "útil devido ao fato de que preserva o ânimo" (AA XX: 175). Pode-se supor que é justamente este método que aparece como pressuposto metodológico na crítica ao dogmatismo apresentada no opúsculo de 1766 *Sonhos de um Visionário elucidados pelos Sonhos da Metafísica*.

90. Pirro de Élis (ca. 360-270 a.C.), filósofo grego nascido na cidade de Élis, fundador de uma escola cética que passou a ser conhecida como pirronismo. Defendeu a impossibilidade de se conhecer a própria natureza das coisas (*acatalepsia*) e a atitude de suspensão de juízo não apenas frente ao conhecimento, mas, em geral, às coisas da vida (*ataraxia*). Além das referências citadas na nota anterior, Kant cita Pirro na *Jäsche Logik* : "Se começamos a época do ceticismo com Pirro, então obtém-se uma escola completa de céticos que [...]

grande cético. Da escola de Aristóteles, não encontramos nenhum grande sucessor com exceção de *Teofrasto*[91] e de *Demétrio de Faleros*[92]. Não se tem, no entanto, quaisquer escritos deles e também não se vê, com base nos antigos, que eles tenham aprimorado a filosofia de Aristóteles //. – Os *estoicos* eram dialéticos na filosofia especulativa, práticos na moral e mostravam, em seus princípios, muita dignidade. Esta escola começou com *Zenão* de Cítio. Dois célebres homens saíram dela: *Cleantes*[93] e *Crísipo*[94]. A seita *epicurista* nunca foi capaz de chegar à reputação em que se encontrava a estoica e ambas eram adversárias mais do que declaradas. Do Jardim não se pode citar nenhum relato além daquele do poeta *Lucrécio*[95] em Roma, para quem, no entanto, não se pode atribuir uma credibilidade mais estrita.

539 // A Academia caiu no ceticismo e a começar a contar por Pirro tem-se uma escola inteira de céticos [Zweifler] que se distinguiram dos dogmáticos. Os dogmáticos diziam que se pode alcançar a certeza meramente pelo entendimento sem o auxílio da experiência. Os céticos acreditaram, em contrapartida, que, se o entendimento tece algo a partir de si mesmo, não é nada mais do que pura aparência. Posteriormente, no entanto, eles foram ainda mais longe e não disseram apenas que no juízo universal do

---

fizeram por primeira máxima do uso da razão filosofante: conter também o juízo mesmo na maior aparência de verdade" (AA IX: 31). Ver também *Logik Blomberg* (AA XXIV: 83), *Refl. 1635* (AA XVI: 57), *Refl. 1648* (AA XVI: 64).

91. Teofrasto (ca. 371-287 a.C.), filósofo e sucessor de Aristóteles na escola peripatética. Conduziu a escola peripatética durante trinta e cinco anos, que, sob sua direção, floresceu admiravelmente chegando a ter em torno de 2000 estudantes.

92. Demétrio de Faleros (ca. 350-280 a.C.), orador, discípulo de Teofrasto e talvez também de Aristóteles. Foi um dos primeiros peripatéticos.

93. Cleantes de Assos (ca. 330-230 a.C.), filósofo estoico, discípulo de Zenão de Cítio. Foi o segundo *escolarca* (líder) da escola estoica de Atenas.

94. Crísipo de Solos (ca. 279-206 a.C.), discípulo de Cleanto de Assos. Assumiu a direção da Estoa em 232 a.C., com a morte de Cleanto. Sua atividade como escolarca o fez alcançar uma reputação comparável com a de Zenão de Cítio, fundador do estoicismo.

95. Tito Lucrécio (ca. 99-55 a.C.), poeta e filósofo romano de influência epicurista que escreveu o poema *De rerum natura* (Sobre a natureza das coisas), no qual expõe a filosofia de Epicuro. Kant foi apresentado a *De rerum natura* de Lucrécio por seu professor de latim no *Collegium*, Heydenreich (Borowski, 1804, p. 38-9). Ao longo da sua obra, Kant vai citar Lucrécio, principalmente em suas epígrafes, como, por exemplo, vemos em *O Único Argumento Possível para uma Demonstração da Existência de Deus* (AA II: 65), na *Antropologia* (AA VII: 268) e, sem referência, no opúsculo sobre a *Paz Perpétua* (AA VIII: 360).

entendimento, abstraído da experiência, não há nada mais do que mera aparência, mas também em toda experiência. Desses céticos nada mais nos restou além da obra de *Sexto Empírico*[96], quem compilou todas as dúvidas.

Quando a filosofia passou dos gregos aos romanos, ela não se desenvolveu, pois os romanos continuaram a ser apenas discípulos. Cícero foi, na filosofia especulativa, um discípulo de Platão e, na moral, // um estoico. Entre os Romanos, não encontramos quaisquer filósofos da natureza [Naturlehrer], com exceção de *Plínio*, o Velho[97], que deixou uma descrição da natureza. Entre os romanos, pertenceram aos estoicos *Epiteto*[98] e *Antonino Filósofo*[99].

15

Finalmente, a cultura desapareceu entre os romanos e surgiu a barbárie até que os *árabes* inundaram as partes do Império Romano e começaram a se dedicar à ciência, no século VII, trazendo Aristóteles de volta ao topo. Quando as ciências ressurgiram no ocidente, Aristóteles era seguido de maneira servil. Nos séculos XI e XII, destacaram-se os escolásticos que ilustraram o pensamento de Aristóteles e impulsionaram suas sutilezas ao infinito. Essa sujeira [Mist] foi varrida durante a reforma e aí aparecerem os Ecléticos, a saber, aqueles que não foram conhecidos a partir de uma escola, mas que buscaram a verdade onde a pudessem encontrar.

O aperfeiçoamento da filosofia *de nossa* época vem do fato de que um estudo maior da natureza tomou lugar e porque se passou a associar a matemática à ciência da natureza. A organizaçao no modo de pensar que surgira disso estendeu-se também às outras partes da filosofia. O maior investigador da natureza foi *Bacon*

---

96. Sexto Empírico (ca. 160-210 d.C.), médico e filósofo pirrônico, cujas obras filosóficas se apresentam como o relato mais completo do antigo pirronismo grego e romano.

97. Caio Plínio Segundo (ca. 23-79 d.C.), conhecido também como Plínio, o Velho, foi um naturalista romano. Escreveu, no ano de 77, uma *História Natural*, um grande compêndio das ciências antigas em trinta e sete volumes no qual compilou todo conhecimento científico até o começo do cristianismo.

98. Epiteto (ac. 50-135 d.C.) filósofo grego estoico que viveu uma parte de sua vida em Roma como escravo do secretário de Nero.

99. Antonino Filósofo (sec. IV), filósofo estoico de influência neoplatônica. Professou uma doutrina muito próxima à de Epiteto.

de Verulânio[100], que chamou a atenção dos seres humanos para as observações e experimentos. *Descartes*[101] também contribuiu muito para este aperfeiçoamento ao dar clareza ao pensamento. É difícil determinar de onde provém o aperfeiçoamento da filosofia especulativa //. Entre aqueles que a aperfeiçoaram se incluem *Leibniz*[102] e *Locke*[103]. O // filosofar dogmático que foi próprio de *Leibniz* e *Wolff*[104] é muito deficiente e, por isso, bastante enganoso, de modo que é necessário suspender esse método. O outro método que, no entanto, poder-se-ia seguir seria a *Crítica* ou *o método de investigar e julgar a razão*. *Locke* dissecou o entendimento humano e mostrou quais faculdades pertencem a este ou àquele conhecimento. Mas ele não concluiu a obra. Seu método era dogmático e Locke proporcionou o benefício de se começar a estudar melhor a alma. Atualmente, a *filosofia da natureza (que prossegue no fio condutor da natureza)* está em seu estado mais

---

100. Francis Bacon (1561-1626), filósofo, cientista e político inglês que propôs, em contraposição ao método de Aristóteles, um novo método para as ciências naturais. Teve grande influência na revolução científica e no desenvolvimento do empirismo. Na *Crítica da Razão Pura*, lemos "[a] ciência da natureza demorou bem mais para encontrar o grandioso caminho da ciência; pois faz apenas cerca de um século e meio que a proposta do engenhoso Bacon de Verulâmio em parte engendrou e, como muitos já a estavam perseguindo, em parte estimulou ainda mais essa descoberta, o que só pode ser explicado por uma célere revolução no modo de pensar. Aqui só levarei em conta a ciência da natureza enquanto fundada em princípios *empíricos*" (B XII).

101. René Descartes (1596-1650), filósofo, matemático e cientista francês. É considerado o pai da filosofia moderna pelo fato de ter provocado uma nova revolução antropológica na filosofia, centralizando, por meio de um novo método, o foco das investigações no sujeito. Na *Crítica da Razão Pura*, especificamente na seção sobre a *Refutação do idealismo*, Kant concebe o idealismo de Descartes como um "idealismo *problemático* [...], que explica uma única afirmação (*assertio*) empírica como indubitável, qual seja, '*eu sou*'".. (B 274).

102. Gottfried Wilhelm Leibniz (1646-1716), lógico, matemático, jurista e o maior filósofo alemão da modernidade inicial. No século XVII, foi um dos três grandes defensores do racionalismo, o qual, substancializando-se em influentes doutrinas tais como a *Monadologia* e o *Otimismo*, espalhou-se no contexto do iluminismo alemão.

103. John Locke (1632-1704), filósofo inglês que, dando sequência à tradição de Francis Bacon, tornou-se um dos grandes empiristas ingleses. Em oposição à doutrina racionalista das ideias inatas, defendeu a doutrina da tábua rasa, segundo a qual a mente é como uma folha em branco que se preenche apenas com os dados da experiência. Como Kant afirma na *Crítica da Razão Pura*: "**Leibniz** intelectualizava os fenômenos, do mesmo modo como **Locke** sensualizava todos os conceitos do entendimento em seu sistema [...]" (B 327).

104. Christian Wolff (1679-1754), filósofo alemão que sistematizou a filosofia racionalista de Leibniz e a propagou nas universidades. Ele e seu discípulo, Alexander Baumgarten (1714-1762), foram de extrema importância para a formação das concepções filosóficas kantianas.

florescente. Na moral, não chegamos mais longe do que os antigos[105]. No que diz respeito à metafísica, parece que temos estado perplexos diante da investigação da verdade e se encontra um tipo de indiferentismo no qual se assume por nobre falar com desprezo das abstrações [Grübeleien] metafísicas, ainda que a metafísica *seja propriamente a filosofia. Nossa época é a época da Crítica e deve-se ver o que decorrerá desses esforços críticos.* Não se pode indicar, de fato, algo como uma filosofia moderna, porque tudo segue, por assim dizer, o fluxo: o que um constrói, o outro derruba.

---

105. Kant corrobora aqui o parecer apresentado no §2 da quarta consideração de seu ensaio de 1764, *Investigação sobre a Evidência dos Princípios da Teologia Natural e da Moral,* de que "[o]s primeiros fundamentos da moral, em sua presente feição, ainda não são suscetíveis de toda a evidência exigida" (AA II: 297).

// METAFÍSICA

Prolegômenos

A filosofia, assim como a matemática, pode ser dividida em duas partes, a saber, na parte *pura* e na *aplicada*. – A *metafísica* é o sistema da filosofia pura[106]. A palavra metafísica designa uma ciência que ultrapassa os limites da natureza (natureza é a soma total de todos os objetos da experiência).

Um princípio [*principium*][107] é uma regra universal que contém, por sua vez, outras regras sob si[108]. Se assumimos juntos todos os conceitos puros que são totalmente separados dos empíricos, obtemos, dessa forma, uma ciência. O conhecimento filosófico consiste de meros conceitos *a priori*.

A *física* é a filosofia da natureza na medida em que depende dos princípios da experiência, enquanto a *metafísica* é a filosofia da natureza na medida em que depende de princípios *a*

---

106. Na introdução da *Metaphysica* de Baumgarten, manual de referência com o qual Kant ministrava suas *Lições de Metafísica* na Universidade de Königsberg, esta é a primeira definição: "METAFÍSICA é a ciência dos primeiros princípios no conhecimento humano" (*Metaphysica*, § 1). Na *Crítica da Razão Pura*, Kant vai criticar essa definição: "[q]uando se dizia que a metafísica é a ciência dos primeiros princípios do conhecimento humano, apontava-se com isso não para um tipo particular, mas para um certo nível de universalidade, sem que se a diferenciasse assim, de maneira clara, do conhecimento empírico" (B 872). Por conseguinte, ele proporá uma correção: "[a]ssim, todo conhecimento puro a priori, graças à única faculdade particular de conhecimento onde pode ter sua sede, constitui uma unidade particular; e a metafísica é aquela filosofia que deve apresentar todo conhecimento nessa unidade sistemática [...]. A metafísica que é assim denominada em sentido estrito se constitui da *filosofia transcendental* e da *fisiologia* da razão pura" (B 873). As traduções referentes à *Metaphysica* foram realizadas a partir do original latino disponível em (AA XIX: 7-91) e cotejadas com a tradução inglesa de C. Fugate e J. Hymers (Bloomsbury, 2014).

107. Para uma melhor legibilidade do texto, optamos por traduzir os termos em latim e deixá-los, pelo menos em suas primeiras aparições, entre colchetes.

108. Na definição apresentada por Wolff em sua *Ontologia* (1736), "aquilo que contém o fundamento de mais alguma coisa é chamado de princípio" (§ 866).

541 *priori.* // A *moral* nos ensina os princípios práticos da razão.
18   Os conceitos *sobre os quais tudo* // *parece repousar* são os conceitos de um *Ser supremo* e de *um outro mundo.*

A metafísica é *necessária.* Seu fundamento é a razão, que nunca se satisfaz com conceitos empíricos. A razão não encontra satisfação nem na consideração das coisas, nem no campo da experiência, isto é, no mundo sensível. Os conceitos de Deus e de imortalidade da alma são os dois grandes móbeis pelos quais a razão é impelida para fora do campo da experiência.

Eis uma questão principal: *como conhecimentos a priori são possíveis?* Toda a matemática pura é uma ciência que contém meros conceitos *a priori*, sem que apoie seu fundamento nos conceitos empíricos. Que há, portanto, realmente conhecimentos *a priori* já é algo comprovado. Por certo, há toda uma ciência de meros conceitos puros do entendimento. Mas se levanta a pergunta: como os conhecimentos *a priori* são possíveis? A ciência que responde essa questão se chama *Crítica da Razão Pura.* A filosofia transcendental é a ciência de todos os nossos conhecimentos puros *a priori.* Normalmente é denominada *ontologia*[109]. A ontologia trata, portanto, das coisas em geral, abstraindo-se de todo o particular[110]. Ela reúne todos os conceitos puros do entendimento e todos os princípios do entendimento ou da razão.

As principais ciências que pertencem à metafísica são a *ontologia*, a *cosmologia* e a *teologia*[111]. – Toda ciência que tem a

---

109. O § 4 do manual define: "ONTOLOGIA (ontosofia, metafísica [cf. §. 1], metafísica universal, arquitetônica, filosofia primeira) é a ciência dos predicados mais gerais do ser" (*Metaphysica*, § 4). Como já se nota aqui e um pouco mais à frente, Kant vai redefinir o conceito de ontologia segundo os pressupostos da filosofia transcendental. Nesse sentido, é válida a observação, apresentada na *Crítica*, especificamente, na "Observação geral ao sistema dos princípios", de que "o pomposo nome de uma ontologia, que se arroga a fornecer conhecimentos sintéticos a priori das coisas em geral (o princípio da causalidade, por exemplo) em uma doutrina sistemática, tem de dar lugar ao mais modesto nome de uma mera analítica do entendimento puro" (B 303).

110. Seguimos a sugestão de Lehmann em permutar "de todo" [von allem] em Pölitz por "de todo particular" [von allem Besonderen].

111. De acordo com o § 2 do compêndio de Baumgarten: "À Metafísica pertence [referentur] a ontologia, a cosmologia, a psicologia e a teologia natural" (*Metaphysica*, § 2). Considerando que "a ontologia, a cosmologia geral e a pneumática são chamadas pelo nome comum de metafísica", Christian Wolff apresenta uma definição diferente da de Baumgarten para a metafísica em seu *Discursus Prealiminaris de Philosophia in Genere* (1728): "é a ciência do ser, do mundo em geral e dos espíritos" (§ 79).

natureza por // objeto se chama *fisiologia*. A doutrina das coisas corpóreas se chama *física* e a doutrina metafísica da alma chama-se *psicologia*. Ambas constituem a *fisiologia*[112]. A física é empírica [*empirica*] ou racional [*rationalis*]. A última pode ser chamada também geral [*generalis*]. A psicologia é, da mesma forma, empírica ou racional. A física empírica e a psicologia empírica, na realidade, *de modo algum pertencem à metafísica*. Mas, a psicologia empírica tem sido, constantemente, introduzida na metafísica porque não se tinha consciência do que realmente a metafísica era. Devemos enquadrá-la também aí porque ela não pode ser, de fato, exposta separadamente[113].

A *ontologia* é uma doutrina elementar pura de todos os nossos conhecimentos *a priori*. Em outras palavras, ela contém a soma total de todos os conceitos puros que podemos ter *a priori* de coisas. A *cosmologia* // é a consideração do mundo por meio da razão pura. O mundo consiste no mundo corpóreo ou no mundo da alma. Portanto a cosmologia contém duas partes. A primeira poderia ser denominada a ciência da *natureza corpórea* e a segunda parte a ciência da *natureza pensante*. Há, por essa razão, uma doutrina do corpo e uma doutrina da alma. A física racional [*physica rationalis*] e a psicologia racional [*psychologie rationalis*] são ambas as duas partes principais que pertencem à cosmologia metafísica geral. – A última ciência metafísica principal é a *teologia* racional.

---

112. Como Kant esclarece no capítulo da *Crítica da Razão Pura* dedicado à *Arquitetônica*: "[a] fisiologia imanente, pelo contrário, considera a natureza como o conjunto completo de todos os objetos dos sentidos [...]. Mas há apenas dois tipos de objetos nessa fisiologia: 1) aqueles dos sentidos externos, portanto o seu conjunto completo, i.e. a *natureza corpórea*; 2) o objeto do sentido interno, a alma, e, segundo os conceitos fundamentais da mesma, a *natureza pensante*" (B 874).

113. No mesmo sentido, Kant comenta na *Arquitetônica* que "[a] psicologia empírica deve, pois, ser inteiramente banida da metafísica [...]. Conforme a praxe das escolas, contudo, continuarão a reservar-lhe aí um lugarzinho (mesmo que episódico) [...]. Ela é tão somente um estranho, portanto, que foi acolhido até agora, e ao qual se pode continuar a dar asilo por um tempo, até que possa encontrar sua própria morada em uma antropologia completa (a contraparte da doutrina empírica da natureza)" (B 876-7).

//1) Ontologia

A ontologia é a primeira parte que pertence, de fato, à metafísica. O termo mesmo provém do grego e significa nada mais do que a *ciência do ser* ou, segundo a compreensão correta da palavra, a *doutrina universal do ser*. A ontologia é a doutrina elementar de todos os conceitos que meu entendimento pode ter unicamente *a priori*.

Do possível e do impossível[114]

A primeira e mais importante questão na ontologia é: *como conhecimentos a priori são possíveis?*[115] Esta questão tem de ser solucionada primeiramente, pois toda a ontologia se baseia na solução dessa questão. *Aristóteles* solucionou essa proposição [Satz] rejeitando todos os conhecimentos *a priori* e dizendo que todos os conhecimentos eram empíricos ou que se baseavam nos primeiros princípios da experiência. Pois sua proposição fundamental [Hauptsatz] era: "nada está no entendimento que não tenha estado antes nos sentidos" [*nihil est in intellectu, quod non antea fuerit in sensu*][116]. Por meio disso, ele revogou todo conhecimento *a priori*. *Platão* dizia, no entanto, que todos os nossos conhecimentos *a priori* provinham de uma intuição originária.

Não temos em absoluto conceitos inatos (*notiones connatae*), mas adquirimos todos esses conceitos, ou seja, temos noções adquiridas [*notiones acquisitae*]. O entendimento adquire conceitos prestando atenção em seu próprio uso. Tudo que se pode dizer disso é que // há certos conhecimentos *a priori*, mesmo que pa-

---

114. Ao apresentar a ontologia como "a ciência dos predicados mais gerais de um ser" (*Metaphysica*, § 4), Baumgarten divide esses predicados em "universais internos" e "disjuntivos internos" (§ 6) começando o tratamento de seu capítulo 1 pelos primeiros. A primeira seção desse capítulo trata do "possível".

115. Apesar de seguir o compêndio escolástico em relação ao tópico, Kant claramente substitui a questão sobre a possibilidade dos predicados do ser pela questão da possibilidade do conhecimento *a priori*, deslocando para o centro do problema do conhecimento o conceito do objeto em geral em detrimento do conceito de possibilidade.

116. Aristóteles, *De Anima* III, cap. 5-6.

reça que eles são tirados da experiência ou que são utilizados além dos limites da experiência. Existe em nossa razão uma // certa dialética. Isto é, uma certa arte da aparência [Scheins] que me mostra algo como verdadeiro ou falso. Um bom dialético deve ser capaz de sustentar, com a mesma facilidade, simultaneamente tese e antítese de uma coisa ou ser capaz de demonstrar simultaneamente verdade e falsidade de uma coisa ou ainda ser capaz de afirmá-la e negá-la. A dialética contém um conflito que mostra aqui que é impossível progredir dogmaticamente na metafísica[117]. É impossível ser e não ser ao mesmo tempo [*impossibile est, simul esse ac non esse*][118]. *Simul* significa ao mesmo tempo, mas o tempo ainda não está esclarecido aqui. Por isso pode ser preferível dizer: nenhum sujeito admite um predicado que lhe é oposto [*nulli subjecto competit praedicatum ipsi oppositum*]. O nada negativo [*nihil negativum*] é aquilo que de modo algum pode ser pensado.

O conceito supremo de todo o conhecimento humano é o conceito de um objeto em geral, não de uma coisa e não coisa [*Unding*] ou do possível e impossível, pois estes são opostos [*opposita*]. Todo conceito que tem um oposto exige sempre ainda um conceito mais elevado que contém essa divisão. Dois opostos são divisões de um objeto mais elevado. Portanto de modo algum o conceito do *possível* e do *impossível* ou de uma *coisa* e *não coisa* pode ser o conceito supremo do conhecimento humano.

O *princípio de contradição* não constitui a definição // de impossível[119]. Impossível é aquilo que se contradiz. *Apoditicamente certo* é aquilo do qual é completamente impossível pensar o

---

117. Eis uma referência a uma das questões cruciais da filosofia crítico-transcendental, para a qual Kant apresenta na *Crítica*, em suma, o seguinte diagnóstico: "[p]ois alguma metafísica sempre houve no mundo, e continuará a haver, mas com ela haverá também uma dialética da razão pura, posto lhe ser natural. A primeira e mais importante tarefa da filosofia, portanto, é fazer cessar a fonte dos erros e assim livrá-la, de uma vez por todas, de toda influência nociva" (B XXXI).

118. Aristóteles, *Metafísica* IV.

119. Esse ponto parece ser uma crítica ao § 7 da *Metaphysica*, uma vez que Baumgarten identifica o nada negativo com o impossível e, em sequência, com o princípio de contradição: "O *nada* negativo [cf. §. 54], que é irrepresentável, impossível, inconsistente, (absurdo, [cf. §. 13]), que envolve contradição e implica no contraditório, *é A e não A*. [...] *Essa proposição é chamada de princípio de contradição e é absolutamente primária*" (*Metaphysica*, § 7).

oposto. Um juízo negativo *apoditicamente* necessário constitui a impossibilidade. Impossível é aquela coisa que contradiz a si mesma [*Impossibile est illud, quod sibi ipsi contradicit*]. Toda definição pode ser invertida. Toda definição pode ser permutada com aquilo que define [*definito*] e se esta substituição não pode ser feita, é uma marca certa de que não se trata de uma definição. O que contradiz a si mesmo é *impossível*. Resulta disso, portanto, que o que não contém contradição *não é impossível*. O que não é impossível é possível. Ora, se meus pensamentos não contêm nenhuma contradição, logo eles são possíveis. Aquilo pelo qual o pensamento contradiz a si mesmo é absolutamente impossível. Isto é o nada negativo[120] [*nihil negativum*]. A realidade é alguma coisa. A negação é nada, ou seja, é o conceito da falta de um objeto. Mas o ente imaginário [*ens imaginarium*] é uma não coisa [Unding] que é possível pensar[121]. Uma não coisa desse tipo é um nada. Não é um objeto que possa ser intuído. Não devemos, por certo, considerar a possibilidade dos pensamentos como a possibilidade dos objetos. Temos que tomar bastante cuidado com isso.

544   O princípio de // contradição [*principium contraditionis*] é um critério [*criterium*] de verdade que nenhum conhecimento pode contradizer. O critério de verdade [*criterium veritas*] é a marca distintiva da verdade. O princípio de contradição é o critério negativo supremo da verdade. É uma condição indispensável [*conditio sine qua non*] de todos os conhecimentos, mas não o critério

23   suficiente de toda verdade[122].//

---

120. A respeito do *nihil negativum*, Kant esclarece, em uma das seções da *Crítica da Razão Pura*, que "[o] objeto de um conceito que se contradiz a si mesmo é nada, pois o conceito é nada, o impossível; tal como, por exemplo, a figura retilínea de dois lados (*nihil negativum*)". Em suma, trata-se de um "[o]bjeto vazio sem conceito", que se distingue do "[c]onceito vazio sem objeto (ens rationis)" porque o último "não pode ser contado entre as possibilidades, já que é mera invenção (ainda que não contraditória)", ao passo que o primeiro "se opõe à possibilidade porque o conceito suprime até a si mesmo" (B 348).

121. Na mesma seção da *Crítica*, o *ens imaginarium* é definido como a "[i]ntuição vazia sem objeto": "A mera forma da intuição, sem substância, não é em si um objeto, mas a mera condição formal do mesmo (como fenômeno), tal como o espaço puro e o tempo puro, que, embora sejam algo como formas de intuir, não são eles próprios objetos que sejam intuídos (*ens imaginarium*)" (B 347).

122. Em um sentido próximo, lemos na *Crítica*: "Nós temos, portanto, de reconhecer a validade do *princípio de contradição* também como o *princípio universal* e suficiente *de todo conhecimento analítico*; mas ele não é mais, mesmo no que diz respeito a seu renome e utilidade, do que um critério suficiente da verdade. Pois que nenhum conhecimento possa

Dos juízos sintéticos e analíticos

Um juízo é *falso* se ele contradiz a si mesmo. Mas de modo algum se segue daí que um juízo que não se contradiz seja verdadeiro. Todos *os juízos analíticos* devem ser derivados do princípio de contradição. O nada é aquilo que contradiz a si mesmo e cujo conceito é também totalmente impossível. É chamado também nada negativo. O ente imaginário é uma mera ficção [Hirngespinnst], a qual é, contudo, possível pensar. O que não se contradiz é logicamente possível. Isto significa que o conceito é, decerto, possível, mesmo que não exista nele, no entanto, nenhuma realidade. Assim se diz do conceito que ele não tem nenhuma *realidade objetiva*. *Alguma coisa* [Etwas] corresponde a um objeto qualquer do pensamento. Trata-se da coisa em *sentido lógico*. O conceito de um objeto em geral corresponde ao conceito supremo de todos os conhecimentos. Um objeto também é chamado de alguma coisa [Etwas], embora não em um sentido metafísico, mas em sentido lógico. O princípio de contradição diz que nenhum sujeito admite um predicado oposto a si [*nulli subjecto competit praedicatum ipsi oppositum*]. A este princípio está subordinado ou coordenado o princípio de identidade [*principium identitatis*]. Este diz que todo sujeito admite um predicado idêntico a si [*omni subjecto competit praedicatum ipsi identicum*]. – A contradição [*contraditio*] é *patens* ou *latens*[123], assim como a identidade é *patens* ou *latens*, isto é, manifesta ou oculta. A identidade manifesta deve ser evitada. Ninguém cometerá a contradição manifesta //, porque a contradição é muito evidente. A proposição ou o princípio de identidade aplica-se às proposições afirmativas da mesma forma que o princípio de contradição se aplica às proposições negativas. Basicamente, pode-se considerar estes dois princípios [*principia*] como um só, pois se eu

24

---

contradizer-lhe sem negar-se a si mesmo é algo que certamente faz desse princípio uma *conditio sine qua non*, mas não um fundamento de determinação da verdade de nosso conhecimento (B 191).

123. Em paralelo, lemos no § 13 do compêndio de Baumgarten: "Se são colocados A e Não-A surge uma contradição [§. 9, 12]. Se são colocados A e B de modo que, ao serem colocados, é colocado Não-A, é colocado o impossível [§. 9]. Assim uma CONTRADIÇÃO surge [§. 12]. A primeira é chamada de MANIFESTA [PATENS] (direta, imediata e explícita), a última de OCULTA [LATENS] (indireta, escondida, mediata e implícita). Aquilo no qual é manifesta uma verdadeira contradição é absurdo (inconsistente)" (*Metaphysica*, § 13).

coloco o primeiro, dele já se segue também o segundo. O princípio de identidade já está compreendido no princípio de contradição[124].

O princípio do terceiro excluído entre dois contraditórios [*principium exclusi medii inter duo contradictoria*] também já está contido no principio de contradição. Ele se enuncia da seguinte maneira: a qualquer sujeito se aplica um ou outro dos predicados contraditoriamente opostos [*cuilibet subjecto competit praedicatorum contradictorie oppositorum alterutrum*]. A contradição é aparente [*apparens*] ou verdadeira [*vera*]. Muitas vezes, nosso conceito parece conter uma contradição, embora // de fato não exista nenhuma. Por exemplo, quando se diz: "apressar-se devagar". Parece haver aqui uma contradição, mas não há, pois isso significa nada mais do que se apressar de uma maneira que não seja excessiva e de modo a não ultrapassar o objetivo pré-estabelecido.

Todos os juízos são de dois tipos, a saber, *analíticos* e *sintéticos*[125]. Um *juízo analítico* é aquele no qual eu digo de um sujeito nada mais do que aquilo que estava contido em seu conceito e que posso extrair por análise [*per analysin*]. Um *juízo sintético* é aquele no qual atribuo ao sujeito um predicado que acrescento ao conceito e que não extraio por análise. Por exemplo, se digo que o ouro é um metal amarelo, este é um juízo analítico. Mas, se digo que o ouro // não enferruja, este é um juízo sintético[126]. Os

---

124. Nas três primeiras proposições que compõem a seção I de sua dissertação de 1755, *Nova Dilucidatio*, Kant rejeita o postulado wolffiano que estabelece o *princípio de contradição* como o fundamento de todas as verdades, assumindo outro princípio para o pensamento, a saber, o *princípio de identidade*, cujo caráter dual é capaz de abranger em uma proposição tanto as verdades positivas quanto as negativas (AA I: 388-393).

125. Sobre a distinção dos juízos tradicionais da filosofia, lemos na *Crítica*: "Os juízos analíticos (afirmativos) são, portanto, aqueles em que a conexão do predicado com o sujeito é pensada por meio da identidade, e aqueles, ao contrário, em que essa conexão é pensada sem identidade, devem denominar-se juízos sintéticos. Os primeiros também podem ser denominados *juízos de explicação*, os últimos *juízos de ampliação*, já que aqueles não acrescentam nada ao conceito do sujeito por meio do predicado, mas apenas o decompõem nos seus conceitos parciais, que já eram nele pensados (ainda que de maneira confusa); e os últimos, pelo contrário, acrescentam um predicado ao conceito do sujeito que não era nele pensado, nem poderia ter sido dele extraído por meio de uma decomposição" (B 10-11).

126. O exemplo dos dois tipos de juízo é apresentado de uma maneira mais adequada na *Crítica*: "Se eu digo, por exemplo, que todos os corpos são extensos, este é um juízo analítico. Pois eu não preciso sair do conceito que ligo à palavra corpo para verificar a conexão entre ele e a extensão, mas tenho apenas de decompor aquele conceito [...]. Se, ao contrário, digo que todos os corpos são pesados, então o predicado é algo inteiramente diverso

juízos analíticos são meros juízos explicativos, enquanto os sintéticos são juízos extensivos. A utilidade dos juízos analíticos está no fato de que esclarecem a coisa. Eles são de grande importância. Toda a filosofia está repleta deles. A moralidade consiste quase, inteiramente, de juízos analíticos puros.

Como são possíveis *juízos analíticos a priori*? Todos os juízos analíticos são juízos *a priori*, uma vez que o predicado é extraído do conceito do sujeito. Todos os juízos analíticos se seguem do princípio de contradição. Mas de modo algum um juízo sintético se baseia no princípio de contradição. Os juízos sintéticos podem ser classificados: 1) em juízos *a posteriori* ou juízos de experiência e 2) em juízos *a priori*. Todas as nossas experiências consistem em puros juízos sintéticos. Nossos juízos de experiência são, portanto, todos sintéticos. Ora se levanta a pergunta: como são possíveis juízos sintéticos *a posteriori*? Eles surgem por meio da ligação de intuições empíricas ou quando se acrescentam continuamente percepções empíricas a percepções. Mas que existem realmente juízos sintéticos a priori, pode-se ver por uma quantidade de exemplos. Toda a matemática prova isso. A aritmética e toda a geometria contêm quase que exclusivamente puros juízos sintéticos *a priori*. Levanta-se a pergunta sobre se *juízos sintéticos a priori* também existem na filosofia[127]. Aqui existem juízos sintéticos *a priori* por // conceitos, enquanto que na matemática por construção de conceitos. Toda a filosofia é repleta de juízos analíticos, pois nela tudo deve ser analisado. Ora como sabemos se os juízos são *a posteriori* ou // *a priori*? Tudo o que acontece tem uma razão suficiente ou causa. Uma causa não é nada mais do que aquilo a que uma coisa deveria seguir segundo uma regra constante. Toda substância persiste, só a forma se transforma. Antes que se tenham conhecimentos analíticos, sequer vale a pena pensar em conhecimentos sintéticos.

26

546

---

daquilo que penso no mero conceito de um corpo em geral. O acréscimo desse predicado fornece, portanto, um juízo sintético" (B 11).

127. Certamente, com esta pergunta, Kant levanta o problema fundamental da *Crítica da Razão Pura* que se enuncia, diante das objeções de Hume frente à possibilidade de um conhecimento *a priori*, como um "[p]roblema geral da razão pura": "O verdadeiro problema da razão pura está, pois, contido na questão: *como são possíveis juízos sintéticos* a priori? Que a metafísica tenha permanecido até aqui em um estado tão instável de incerteza e contradições é atribuível unicamente ao fato de que não se pensou antes nesse problema [...]" (B 19-20).

Apenas um único caminho está aberto para conceber como posso conhecer algo sinteticamente *sem a análise* ou como é possível a *síntese* sem a *análise*: a saber, meramente através da experiência. Mas, se posso encontrar algo através da *análise*, não preciso em absoluto de nenhuma experiência. Todas as experiências são nada mais do que juízos sintéticos. Pela experiência de modo algum são possíveis conhecimentos *a priori*, mas, inversamente, a experiência é possível meramente através de conhecimentos *a priori*. Se não houvesse conhecimentos *a priori*, também não aconteceria qualquer experiência, pois esta se funda meramente nos conhecimentos *a priori*[128]. Em todos os meus conhecimentos, há dois aspectos, a saber, 1) conceitos e 2) intuições. Todos os nossos conhecimentos pressupõem conceitos e os conceitos exigem absolutamente, por sua vez, intuições. Pode-se fazer uso de conceitos *in concreto* e *in abstracto*. Se quero ter conceitos, devo ter também intuições.

27 A intuição é a representação imediata // de um objeto particular. O conceito é, no entanto, a representação mediata de um objeto particular. Se temos conhecimentos *a priori*, temos primeiramente conceitos *a priori* e, por conseguinte, temos também intuições *a priori* às quais os conceitos podem ser aplicados. A intuição é, portanto, a representação particular de um objeto. As *intuições a priori* são *espaço* e *tempo*[129].

Um conceito *a priori* é a união do múltiplo dos conceitos puros do entendimento em uma consciência. A *lógica* fala meramente das leis *formais* dos conceitos do entendimento. O espaço e o tempo são intuições *a priori*. Podemos dizer muito do espaço e do tempo antes da experiência. Existem também conceitos *a priori*, pois, se eles não existissem, *de modo alguma seria possível uma metafísica*. Podemos determinar todos esses conceitos, dos quais o entendimento só é capaz *a priori*, de acordo com um único princípio, a saber, 1) *de qual fundamento surgem* e 2) *quantos existem*. Em virtude dos conceitos *a priori*, podemos

---

128. Kant parece se referir aqui à premissa fundamental da filosofia transcendental de que "as condições de possibilidade *da experiência* em geral são, ao mesmo tempo, as condições de possibilidade *dos objetos da experiência* e, por isso, têm validade objetiva em um juízo sintético a priori" (B 196).

129. Em outras palavras, "o espaço e o tempo são intuições puras que contêm a priori a condição da possibilidade dos objetos como fenômenos" (*KrV*, B 122-123).

tratar a metafísica como um sistema. Devemos ver sobre o que se fundam os conceitos *a priori* e de onde eles surgem. Todo formal do entendimento é tratado detalhadamente na lógica. Queremos chamar os conceitos puros do entendimento //, de acordo com Aristóteles, de *categorias*. Todos os conceitos *a priori* surgem do formal do uso do entendimento[130].

547

Todos juízos podem ser classificados:

1) Segundo a *quantidade*;

2) Segundo a *qualidade*; //

28

3) Segundo a *relação* e;

4) Segundo a *modalidade*.

1) Segundo a quantidade, os juízos são *universais, particulares* e *singulares*;

2) Segundo a qualidade, são *afirmativos, negativos* e *infinitos*. Esses últimos são, segundo o conteúdo, do mesmo tipo que os negativos, mas distinguem-se segundo a forma lógica.

3) Segundo a relação, eles são juízos *categóricos, hipotéticos* e *disjuntivos*.

4) Segundo a modalidade, eles são *problemáticos, assertóricos* e *apodíticos*.

Os conceitos puros do entendimento *correspondem* a estes juízos:

1) Aos juízos, segundo a quantidade, correspondem os conceitos de unidade, multiplicidade e totalidade (*unitas, multitudo et totalitas*).

---

130. Esta ideia vai ser desenvolvida e apresentada, na *Crítica da Razão Pura*, na forma da dedução metafísica das categorias: "A mesma função que dá unidade às diferentes representações *em um juízo* dá unidade também à mera síntese de diferentes representações *em uma intuição* e, expressa em termos gerais, denomina-se conceito puro do entendimento. O mesmo entendimento, portanto, e por meio das mesmas ações pelas quais colocava em conceitos – por meio da unidade analítica – a forma lógica de um juízo, introduz também, por meio da unidade sintética do diverso na intuição em geral, um conteúdo transcendental em suas representações, em virtude do qual elas são denominadas conceitos puros do entendimento e se referem a priori a objetos, algo que a lógica geral não podia realizar. Desse modo, surgem exatamente tantos conceitos puros do entendimento, que se dirigem a priori a objetos da intuição em geral, quantas eram, na tábua anterior, as funções lógicas em todos os juízos possíveis" (B 104-105).

2) Aos juízos, segundo a qualidade, correspondem realidade [*realitas*], negação [*negatio*] e limitação [*limitatio*]. Esta última é o mesmo que uma falta de realidade, que é limitação.

3) Aos juízos, segundo a relação, substância [substanz] e acidente [accidens] correspondem aos juízos categóricos, causa e efeito [*causatum*] correspondem aos juízos hipotéticos e composto [*compositum*] e partes aos juízos disjuntivos.

4) Aos juízos, segundo a modalidade, correspondem os conceitos de *possibilidade, realidade* e *necessidade*.

29 // Não há, em absoluto, quaisquer conceitos do entendimento puro que não estejam compreendidos entre estes.

A modalidade é algo totalmente peculiar. Vejo aqui meramente o modo como coloco algo como *problemático* ou *possível*, como *assertórico* ou *real* e como *apodítico* ou *necessário*.

Uma representação que não se refere ao objeto, mas meramente ao sujeito, se chama *sensação*.

De modo algum podemos conhecer algo por meio de sensações. Intuições sem conceitos e, inversamente, conceitos sem intuições não dão, em absoluto, quaisquer conhecimentos[131]. Temos de

548 ter, ao mesmo tempo, intuições e // conceitos *a priori*, pois sem eles não são possíveis quaisquer conhecimentos. A sensação torna empírica a intuição. Podemos denominar as intuições *a priori* de intuições puras e estas são aquelas nas quais não se encontra sensação alguma. As intuições *a posteriori* ou intuições empíricas são as que estão ligadas a sensações. Denominamos *dedução* a explicação da possibilidade dos conceitos puros do entendimento. A dedução é propriamente a resposta da pergunta: *quid juris*[132]?

---

131. Essa passagem das *Lições* nos remete diretamente àquela célebre passagem apresentada na segunda parte da *Doutrina Transcendental dos Elementos*: "Pensamentos sem conteúdo são vazios, intuições sem conceitos são cegas. Por isso, tornar sensíveis os seus conceitos (i.e. acrescentar-lhes o objeto na intuição) é tão necessário quanto tornar compreensíveis suas intuições (i.e. colocá-las sob conceitos). Ambas as faculdades ou capacidades também não podem trocar suas funções. O entendimento não pode intuir nada, e os sentidos nada podem pensar. Somente na medida em que eles se unifiquem pode surgir um conhecimento" (B 75-76).

132. O *quid juris* refere-se, como Kant explica no segundo capítulo da *Analítica dos Conceitos*, propriamente à questão da legitimidade: "Quando falam de competências e deman-

A dedução dos conceitos puros do entendimento é a prova da validade dos conceitos puros do entendimento.

Do fundamento

Os conceitos de fundamento e consequência pertencem à lógica e não pertencem, portanto, à metafísica, embora sejam assumidos como pressuposto. No entanto, podemos introduzi-lo aqui //. O *fundamento lógico* é a relação de conhecimento do modo como uma coisa é seguida de outra. Na metafísica, o fundamento diz respeito ao conceito de causalidade[133]. A palavra categoria é retirada de Aristóteles. Aristóteles citou dez categorias, a saber: 1) substância [*substantia*] e acidente [*accidens*] (foi uma categoria); 2) qualidade [*qualitas*]; 3) quantidade [*quantitas*]; 4) relação [*relatio*]; 5) ação [*actio*]; 6) paixão [*passio*]; 7) tempo [*quando*]; 8) lugar [*ubi*]; 9) estado [*situs*]; e 10) hábito [*habitus*]. Ação e paixão não são propriamente categorias, mas predicáveis que pertencem à relação. Os conceitos de tempo, lugar e estado pertencem aos conceitos de espaço e tempo. Mas espaço e tempo não devem entrar nas categorias. O hábito pertence à possibilidade. Possibilidade, realidade e necessidade não são, no entanto, encontradas nas categorias de Aristóteles. Portanto se vê com facilidade que as categorias de Aristóteles, por um lado, não são suficientes e, por outro, não são bem distinguidas.

Queremos tentar dar, passo a passo, uma definição precisa do fundamento, uma vez que ela é indispensável. O *fundamento* é aquilo por meio do qual é colocado algo diferente. O conceito do fundamento é um[134] conceito de relação. A consequência [*rationatum*] é aquilo que não é colocado a menos que outra coisa seja

---

das, os juristas distinguem, em um processo judicial, a questão sobre aquilo que é o direito (*quid iuris*) da questão relativa ao fato (*quid facti*) e, na medida em que exigem prova de ambos, denominam *dedução* à primeira, que deve estabelecer a competência ou a pretensão jurídica" (B 116).

133. De acordo com a definição do § 14 da *Metaphysica*, "FUNDAMENTO [*RATIO*] [cf. §. 640] (condição, hipótese) é aquilo a partir do qual é conhecível o porquê que alguma coisa existe" (*Metaphysica*, § 14). Como um pressuposto fundamental de sua filosofia, urge para Kant nesse ponto distinguir o fundamento lógico do real.

134. Seguimos Lehmann nesse ponto ao trocar "der Begriff", em Pölitz, por "ein Begriff".

colocada[135] [*quod non ponitur nisi posito alio*]. O fundamento é aquilo a partir do qual alguma coisa procede de maneira totalmente necessária ou, melhor dizendo, o fundamento é aquilo a partir do qual alguma coisa procede segundo regras universais. De certa maneira, trata-se da mesma coisa. Se a consequência é colocada, deve também se seguir um fundamento, mas o fundamento não é determinado pela consequência. Mas, se coloco o fundamento //, deve seguir necessariamente // uma consequência. O fundamento é aquilo que, uma vez colocado de maneira determinada, outra coisa é colocada [*ratio est quid, quo posito determinate ponitur aliud*]. Mas existem casos nos quais uma coisa é colocada e, em seguida, a outra, sem que, contudo, uma seja o fundamento da outra. Por exemplo, se chega a cegonha, segue o bom tempo. Mas colocar [*ponere*] não deve significar aquilo que se segue de outra coisa de maneira contingente. Aqui, pois, a cegonha poderia muito bem ter chegado pelo correio.

Aquilo que é considerado como consequência se chama dependente [*dependens*]. Dependente é aquilo que contém em si consequências de outras coisas. Por exemplo, um ser humano pode ser dependente de outro. Independente [*independens*] é aquilo que não contém nada em si que seja uma consequência de outras coisas. Apenas Deus pode unicamente ser independente. O *nexus*[136] ou a conexão entre fundamento e consequência é de dois tipos: a conexão de subordinação e coordenação. Toda conexão é uma relação [*respectus*]. O *respectus* (a relação) é, no entanto, de dois tipos: conexão [*nexus*] ou oposição [*oppositio*]. Aos dois casos pertence um fundamento e, portanto, um fundamento de posição [*ratio ponendi*] e supressão [*tollendi*], ou seja, uma relação de posição [*respectus ponens*] e supressão [tollens]. Para os dois casos, exige-se um fundamento. Todo fundamento é de dois tipos: *fundamento lógico* ou *real*. O fundamento lógico é aquele por meio do qual algo é colocado ou suprimido segundo o prin-

---

135. Na definição do compêndio escolástico: "Aquilo que possui um fundamento ou aquilo, do qual alguma coisa é o fundamento, é dito ser sua CONSEQUÊNCIA e ser DEPENDENTE dele" (*Metaphysica*, § 14).

136. Assim como Baumgarten no § 14 do compêndio, Kant passa da questão da consequência/dependência para a conexão. Para Baumgarten, "o predicado, por meio do qual alguma coisa é fundamento ou consequência, ou ambos, é a CONEXÃO [NEXUS]".

cípio de identidade. O fundamento real, no entanto, é aquele por meio do qual algo é colocado ou suprimido segundo o princípio da causalidade[137]. O primeiro é analítico, e o segundo, sintético[138]. O *consensus* (a concordância) é apenas uma conexão negativa. A conexão lógica pode, decerto, também ser discernida // segundo o *principium contradictionis* ou, melhor dizendo, segundo o princípio da contradição, mas mais clara e facilmente segundo o princípio de identidade. *Ratio logica* (o fundamento lógico) é aquilo que, uma vez colocado, outra coisa é colocada segundo o princípio de identidade [*quo posito ponitur aliud secundum principium identitatis*]. Deriva o conceito da outra coisa segundo a dedução [Ableitung] que acontece por análise. A consequência, portanto, encontra-se no fundamento e é, implicitamente [*implicite*], em e por si mesma, idêntica a ele, mas não explicitamente [*explicite*]. Por isso a diferença não é real, mas apenas de acordo com a forma. O fundamento real é aquele cuja consequência é uma consequência real. Por exemplo, minha vontade é um fundamento real do movimento do meu pé.

Entre dois termos logicamente opostos [*logice oppositis*] não há um terceiro (o terceiro não é dado [*tertium non datur*]). Mas entre duas realidades opostas [*realiter oppositis*] há um terceiro (o terceiro é dado [*tertium datur*]). O conceito do fundamento real é um conceito sintético. Aquilo que contém o fundamento real de algo, é chamado de *causa*. *Não* posso discernir o conceito de fundamento real a partir da experiência, pois ele contém uma necessidade.

---

137. Nesse ponto seguimos Lehmann em permutar o termo "princípio de contradição" [Satz des Widerspruchs] em Pölitz por "princípio da causalidade" [Satz der Kausalität].

138. Kant está fazendo mais uma vez referência à importante distinção entre fundamento lógico e real tal como apresentada, pela primeira vez, em um escrito de 1763, *Ensaio para Introduzir o Conceito de Grandezas Negativas dentro da Filosofia*. Enquanto um *fundamento lógico* consiste na relação entre *fundamento* e *consequência* que, por meio da análise conceitual, pode ser deduzida pelo princípio de identidade, o fundamento real não é uma relação necessária analiticamente dedutível entre proposições: "Eu compreendo totalmente como um consequente é posto por um fundamento de acordo com a regra de identidade: a análise do conceito mostra que a consequência está contida no fundamento. [...] Mas, o que não está claro para mim, no entanto, é como uma coisa pode sair de outra sem estar de acordo com as leis de identidade. O primeiro tipo de fundamento eu chamo de lógico, uma vez que a relação do fundamento com sua consequência pode ser presumido logicamente. O segundo tipo de fundamento, contudo, eu chamo de real, uma vez que sua relação pertence aos meus conceitos verdadeiros, mas o modo de sua relação não é descoberto pelo juízo" (AA II: 202). Tradução de Vinícius de Figueiredo e Jair Barbosa em *Escritos Pré-Críticos* (Unesp, 2005).

550 Nesse ponto a pergunta sobre a *possibilidade* // *de juízos sintéticos a priori* pode ser respondida da melhor maneira. Todo conhecimento consiste de juízos, isto é, tenho de referir uma representação, enquanto predicado, a um sujeito. Em relação aos conceitos que são retirados dos sentidos, é indiferente a forma [Form] a partir da qual eu julgo. Mas, se as representações devem se referir

33 a um objeto, a forma a partir da qual // eu julgo não é mais indiferente, porque elas são determinadas pelo objeto como é em si. As representações, na medida em que não se referem a um objeto, são apenas predicados para juízos possíveis. Mas, se elas se referem a um objeto, tenho que descobrir uma forma do juízo na qual eu as refira ao objeto. O conhecimento é, nesse caso, conhecimento empírico ou, em outras palavras, a relação das representações a um objeto. Ele é possível apenas por meio de juízos e, decerto, sua forma deve ser determinada. Os conceitos que agora determinam, em relação a qualquer objeto, a forma dos juízos sobre tal objeto, são os conceitos puros do entendimento ou as categorias e *estas* são, portanto, os *princípios* [Gründe] *da possibilidade de toda experiência*[139]. Elas são aquilo que determina, para todos os objetos, a forma dos juízos *a priori*. Todas as representações dos sentidos têm uma relação com o objeto. A conexão do fundamento com a consequência é a representação da ligação de dois fenômenos, na medida em que é pensada segundo regras universais. Todo movimento deve ter uma causa. A experiência não é nada mais do que um conhecimento do objeto por meio de representações sensíveis. A forma dos juízos demonstra como muitas representações podem ser ligadas em uma consciência. Através dos sentidos, podemos conhecer apenas as propriedades ou predicados do objeto. O objeto mesmo encontra-se no entendimento. –

Uma coisa pode ser considerada como *internamente* ou *externamente* possível. O internamente possível é chamado absolu-

---

139. Na *Crítica*, ao discorrer sobre os "fundamentos a priori para a possibilidade da experiência", Kant explica que, "[c]aso se queira saber, então, como são possíveis conceitos puros do entendimento, é preciso investigar, fazendo abstração de todo o empírico dos fenômenos, quais as condições a priori de que depende a possibilidade da experiência e nas quais reside o seu fundamento. Um conceito que expressa de forma universal e suficiente essa condição formal e objetiva da experiência se denominaria um conceito puro do entendimento" (A 95-96).

tamente possível[140] [*absolute*] e o externamente possível hipoteticamente // possível[141]. Essa última expressão é bastante ambígua. 34
Toda condição restringe e não é válida universalmente. Aqui, no
entanto, a possibilidade não é considerada como restringida, mas
como estendida. O que é possível não meramente *in thesi*, mas *in
hipothesi*, corresponde àquilo que é possível não apenas internamente, mas também externamente. A possibilidade condicionada
é, portanto, um grau menor de possibilidade, mas deve ser estendida [*extensive*]. É absolutamente possível aquilo que é possível
em qualquer ponto de vista. É hipoteticamente possível quando
algo é possível sob certas condições (*sub conditione restrictiva*).
O que é impossível em si mesmo, também não é, em absoluto,
possível sob quaisquer condições (*sub nulla hypothesi*).

// *Do princípio de razão suficiente* [rationis sufficientis] 551

Nos manuais de metafísica, o *principium rationis sufficientis*
ou o princípio de razão suficiente se anuncia da seguinte maneira:
nada existe sem uma razão[142] [*nihil est sine ratione*]. *Leibniz*[143]

---

140. Em definição, segundo o manual, "[o] que é considerado, não em conexão com o que
lhe é colocado externamente, é CONSIDERADO EM SI. [...]. O que, quando considerado
em si, é possível, é POSSÍVEL EM SI (internamente [*intrinsecus*], absolutamente, por si,
simplesmente)" (Baumgarten, *Metaphysica*, § 15).

141. "O que é possível em conexão com algumas coisas que lhes são colocadas externamente é POSSÍVEL HIPOTETICAMENTE (respectivamente, relativamente, externamente, por
meio de outro, e com qualificação [*secundum quid*])" (Baumgarten, *Metaphysica*, § 15).

142. Citando a definição apresentada no § 22 do compêndio: "*Nada existe sem uma razão
suficiente*, ou, se alguma coisa é colocada, alguma razão suficiente é colocada para ela.
Cada e toda coisa possível tem uma razão [§. 20]. Logo toda coisa possível tem uma razão
suficiente [§. 21]. *Esta proposição* é chamada *de princípio de razão suficiente*" (Baumgarten, *Metaphysica*, § 22).

143. Para entender a posição do princípio de razão suficiente em Leibniz é preciso levar
em conta a sua distinção entre verdades necessárias e verdades contingentes. As verdades
necessárias ou verdades de razão podem ser demonstradas por meio da análise dos termos, "resolvendo-a em ideias mais simples e em verdades mais simples até alcançarmos
os primitivos" (*Monadologia*, §36) de modo que no fim elas se tornem identidades. Em
outras palavras, as verdades necessárias são demonstradas pelo princípio de contradição.
Por outro lado, uma verdade de fato não pode ser demonstrada dessa forma. Mas, uma
vez que para qualquer coisa deve haver uma razão pela qual ela é assim e não de outra
maneira (*Monadologia*, §36), o princípio de razão suficiente é aplicado na série de fatos
contingentes uns aos outros de modo que, conclusivamente, a razão da série inteira seja
encontrada fora dessa série em um fundamento último que é Deus (§ 37).

achou que, se essa proposição fosse melhor explicada, poder-se-ia fazer melhor uso dela. *Wolff*[144], no entanto, fez uso desse princípio sem qualquer restrição (Tudo o que existe, tem seu fundamento. Logo tudo o que existe tem de ser uma consequência). Com o propósito de discernir a falsidade dessa proposição universal, pode-se apresentá-lo simplesmente em outras palavras: aquilo que existe é uma consequência [*quidquid est, est rationatum*]. Logo se vê aqui que não funciona. Então todas as coisas são consequências? De onde então elas decorrem? A impossibilidade dessa proposição, portanto, logo salta aos olhos. Se se quer // demonstrá-la claramente de modo que se diga que, "se algo existe e não tem nenhum fundamento, então é nada", confunde-se então o nada lógico com o transcendental. Não posso, portanto, dizer de todas as coisas "elas são consequências", mas em vez disso farei uso da proposição de acordo com uma certa restrição. A relação da consequência com o fundamento é uma relação de subordinação e coisas que se encontram em uma relação desse tipo constituem uma *série*. Portanto esta relação do fundamento com a consequência é um *princípio da série* e é válida meramente para o *contingente*. Todo contingente tem um fundamento. Contingente é aquilo do qual o oposto é possível. O princípio de razão suficiente quer dizer então que tudo o que acontece tem um fundamento. O princípio de razão suficiente não diz respeito a conceitos em geral, mas aos sentidos. Não houve ainda nenhum filósofo que tenha provado o princípio de razão suficiente. A prova desse princípio [Satz] é, por assim dizer, a cruz dos filósofos[145] [*crux philosophorum*]. Analiti-

---

144. Em um caminho diferente do de Leibniz, que restringe o princípio de razão suficiente às verdades de fato ou verdades contingentes, Wolff defende uma aplicação mais abrangente do princípio de razão suficiente, incluindo dessa forma o conjunto de todos os objetos possíveis, mesmo as verdades necessárias da razão. Ver, em especial, o capítulo 2 de sua *Ontologia* (§ 56-§ 78).

145. O fracasso das tentativas dogmáticas de provar o princípio de razão suficiente é conduzido, sobretudo, por uma confusão sub-reptícia envolvendo a condição lógica, que é meramente analítica e visa à suficiência de um dado conhecimento, e a condição material, que lida com a possibilidade da experiência. Nesse sentido, Kant desaprova essas tentativas na *Crítica*: "[...] na ilusão de poder provar dogmaticamente as proposições sintéticas que o uso empírico do entendimento sugere como seus princípios, aconteceu de tentar-se buscar, tão frequente como inutilmente, uma prova do princípio de razão suficiente" (B 264-265). E ele acrescenta: "Assim, também todas as investigações voltadas a provar o princípio de razão suficiente se revelaram inúteis, tal como o admitem, em geral, os entendidos; e antes que aparecesse a crítica transcendental preferiu-se, como não se podia abandonar esse princípio, apelar obstinadamente ao saudável entendimento humano (uma saída que sempre prova a situação de desespero da razão) [...]" (B 811-812).

camente não é possível prová-lo, pois a proposição [Satz] "se algo acontece, deve haver um fundamento pelo qual acontece" é uma proposição sintética. Não é possível extraí-la por meros conceitos. Ela é possível *a priori* mediante a relação dos conceitos em referência a uma experiência possível. O princípio de razão suficiente é um princípio sobre o qual se baseia a experiência possível[146]. O fundamento é aquilo do qual, se algo acontece, segue-se algo diferente segundo regras universais. A experiência é meramente possível *a priori* pelos conceitos do entendimento. Todos // os juízos sintéticos nunca são válidos para as coisas em si mesmas, mas apenas através da experiência. Toda experiência é síntese ou conhecimento sintético de coisas que vale objetivamente. O princípio da necessidade empírica da conexão de todas as representações da experiência é um conhecimento sintético *a priori*.

// A diferença entre o princípio de razão suficiente e o insuficiente é a seguinte: o fundamento que contém *tudo* aquilo que é encontrado na consequência chama-se princípio de razão suficiente, enquanto o fundamento que contém *apenas uma parte* do que é encontrado na consequência é a *razão insuficiente*[147]. Os fundamentos são classificados em *mediatos* e *imediatos*[148]. O fundamento mediato é o fundamento de um fundamento, enquanto o imediato é o fundamento sem um fundamento intermediário [*absque ratione intermédia*]. Uma coisa pode ser denominada de o fundamento *supremo* (*ratio prima*) e este é ou qualificado [*secundum quid*][149] ou absoluto[150] [*simpliciter*]. O fundamento

---

146. Do ponto de vista transcendental, o princípio de razão suficiente deve se restringir aos objetos da experiência perceptiva. Como um correlato do princípio causal, ele rege a "relação dos fenômenos (como percepções possíveis) segundo a qual o subsequente (o que acontece), no que diz respeito à sua existência, é determinado no tempo pelo antecedente, de maneira necessária e de acordo com uma regra"(*KrV*, B 247). Portanto, "o princípio de razão suficiente é o fundamento da experiência possível ou, mais especificamente, do conhecimento objetivo dos fenômenos no que diz respeito à relação dos mesmos na série sequencial do tempo" (*KrV*, B 246).

147. Baumgarten, *Metaphysica*, § 21.

148. Baumgarten, *Metaphysica*, § 27.

149. Mais literalmente, poder-se-ia ler "segundo alguma coisa". Na tradução inglesa, lemos "em algum aspecto" [in some respect]. De modo geral, o termo significa "relativo". No entanto, por ser um termo escolástico, optamos pela linguagem técnica.

150. No compêndio, lemos: "Um FUNDAMENTO que tem ainda outro fundamento é chamado de QUALIFICADO [*SECUNDUM QUID*] (fundamento intermediário), enquanto que aquele que não tem é chamado de ABSOLUTO [*SIMPLICITER TALIS*] (fundamento último)" (Baumgarten, *Metaphysica*, § 28).

independente [*ratio independens*] é *o* fundamento que não depende de nenhum outro. Os fundamentos também podem ser considerados como coordenados[151]. – Se o fundamento é colocado, é colocada também a consequência[152]. No entanto, não acontece o contrário: se a consequência é colocada, então também é colocado o fundamento.

O objeto do pensamento é algo em sentido lógico [*aliquid in logico sensu*] e este é o conceito supremo. Dois opostos [*opposita*] não podem estar em um conceito. *Determinar* não é outra coisa senão colocar um de dois opostos[153]. Objetos que adquirimos por meio de conceitos não são determinados. É chamado determinável todo conceito na medida em que // é universal[154]. Determinar uma coisa completamente [*omni modo*] é impossível, pois teria de se conhecerem todos os predicados de todas as coisas, algo que ninguém pode a não ser que seja onisciente. O fundamento é o determinante[155] [*determinans*]. Chamamos de determinações não os predicados analíticos [*praedicata analytica*], mas os predicados sintéticos [*praedicata synthetica*]. O que diferencia as determinações é que elas são afirmativas ou negativas[156]. Isto pertence à qualidade dos juízos. É indiferente na lógica se faço uso dos predicados afirmativamente ou negativamente. Ela considera meramente a forma do juízo. Realidade e negação são categorias, isto é, conceitos puros do entendimento. A diferença entre realidade e negação é que a realidade é aquilo cujo conceito contém em si um ser, enquanto a negação é aquilo cujo conceito contém si um não ser. É fácil de distinguir. Mas, ocasionalmente, aparece, ao fim, alguma dificuldade e, nesse caso, concernindo a coisas intelectuais. O erro não é uma negação. Há ainda um terceiro aspecto que não está entre realidade e negação, mas está ligado a elas, e este aspecto é a *limitação*. Todas as

---

151. Baumgarten, *Metaphysica*, § 28.

152. Baumgarten, *Metaphysica*, § 29-32.

153. Baumgarten, *Metaphysica*, § 34.

154. De acordo com o § 34 do compêndio: "[...] O que pode ser determinado é DETERMINÁVEL. Logo aquilo que pode ser colocado como sendo A ou sendo não-A é determinável" (Baumgarten, *Metaphysica*, § 34).

155. Baumgarten, *Metaphysica*, § 35.

156. Baumgarten, *Metaphysica*, § 36.

determinações são ou determinação interna ou relação [Relation], ou seja, uma referência [Beziehung] a outras coisas[157].

O conceito de essência

O conceito de essência pertence propriamente à lógica. A essência é essência lógica ou essência real. Uma *essência lógica* // é o fundamento primeiro de todos os *predicados* lógicos de uma coisa. Uma // *essência real* é o primeiro fundamento de todas as *determinações* de uma essência. Pois a essência é lógica ou real[158] [*essentia est vel lógica vel realis*]. Nós colocamos uma essência lógica através da análise do conceito. O fundamento primeiro de todos os predicados encontra-se, portanto, no conceito, mas isso não é ainda uma essência real. Por exemplo, o fato de que corpos se atraem pertence à essência da coisa, embora isso não se encontre no conceito de corpo. Por conseguinte, a *essência lógica* é o fundamento primeiro interno de tudo aquilo que está contido no conceito. Uma *essência real* é, no entanto, o fundamento interno primeiro de tudo o que pertence à coisa mesma. – Se tenho uma essência lógica, não tenho ainda uma essência real. Na metafísica, nunca se deve compreender uma essência como uma essência lógica, pois isso pertence à lógica. A essência lógica é encontrada por meio de princípios da análise, enquanto a essência real por meio de princípios da síntese. Os predicados pertencentes à essência chamam-se atributos[159] [*attributa*], mas apenas enquanto consequências. Aquilo que, ao contrário, pertence à essência como um fundamento chama-se essencial[160] [*essentiale*]. Atributos e essen-

---

157. Baumgarten, *Metaphysica*, § 37.

158. A insistência kantiana em tal de distinção demonstra um ponto de ruptura em relação a Baumgarten e os § 40-47 da *Metaphysica*: "[o] conjunto de determinações essenciais em uma coisa possível ou sua possibilidade interna é a ESSÊNCIA (essência de uma coisa, razão formal, natureza cf. §. 430, quididade, forma, o formal do todo, ουσία, τινοτις, substância cf. §. 191, conceito primeiro de um ente)" (Baumgarten, *Metaphysica*, § 40).

159. A edição francesa traduz este termo por "propriedades" [propriétés], observando sua correspondência com o termo alemão "Eigenschaften" sugerido na Edição da Academia. Optamos pelo correspondente latino.

160. O § 39 do compêndio diz: "As DETERMINAÇÕES INTERNAS de uma coisa possível são os fundamentos internos restantes entre os fundamentos internos absolutos ou não [§. 10]. Os primeiros são determinações PRIMEIRAS (princípios) ou ESSENCIAIS (Baumgarten, *Metaphysica*, § 39).

ciais pertencem à essência. Os modos [*modi*] e as relações são extraessenciais [*extraessentialia*] que não pertencem à essência. Os modos são extraessenciais internos[161]. Alguns predicados são condizentes com o conceito da coisa como um fundamento interno, enquanto outros predicados apenas como consequências de um dado conceito. Os primeiros são os essenciais, enquanto os segundos, os atributos. O conjunto [*complexus*] dos essenciais é *essentia* ou a essência. A essência real não é a essência do conceito, mas da coisa. Por exemplo, o predicado de impenetrabilidade

39 pertence à // existência do corpo. Ora, por meio da experiência, observo muita coisa que pertence à existência, como, por exemplo, a extensão no espaço, a resistência diante de outros corpos etc. Ora o fundamento interno de tudo isso é a natureza da coisa. É apenas a partir das propriedades que nos são conhecidas que podemos inferir o princípio interno. *Por isso, a essência real da coisa nos é inescrutável*, embora conheçamos muitas partes essenciais. Aprendemos gradativamente as forças das coisas na experiência. Os atributos de uma coisa são condizentes com esta coisa unicamente e, nesse caso, eles são próprios [*propria*] ou eles são condizentes com ela de modo comum [*communia*] se são comuns a muitas outras[162]. Um atributo próprio [*attributum proprium*] deve confluir de todos os essenciais [*essentialibus*], enquanto um atributo comum decorre apenas de alguns ou de um essencial.

554 *// Da existência*

Embora seja simples, este conceito é, contudo, bastante complicado, uma vez que o aplicamos a conceitos que se elevam sobre toda experiência e todo exemplo, como é o caso do conceito de Deus. Ele pertence à classe da modalidade, isto é, de acordo com a possibilidade de julgar em geral. A diferença entre o juízo problemático e assertórico está no fato de que, no primeiro caso, a saber,

---

161. "As determinações internas de uma coisa possível, consequências da essência, são AFECÇÕES" (Baumgarten, *Metaphysica*, § 41). "As afecções têm seu fundamento na essência [§. 41] e assim em um fundamento suficiente ou não [§. 21, 10]. Aqueles são ATRIBUTOS, enquanto estes são MODOS (acidentes predicáveis ou lógicos cf. §. 191, circunstanciais, predicados secundários)" (Idem, § 50).

162. Baumgarten, *Metaphysica*, § 51.

no juízo problemático, penso algo em relação ao objeto ou acrescento, em meus pensamentos, um predicado ao sujeito, enquanto que, no segundo caso, a saber, no juízo assertórico, acrescento um predicado ao objeto fora de mim e não em pensamentos //. Da mesma forma se distinguem as categorias de possibilidade e realidade. Através da realidade, não é dado nada mais ao sujeito do que através da possibilidade. A possibilidade, com todos os seus predicados, não é colocada senão absolutamente. Na possibilidade, estes predicados são colocados apenas em pensamentos, relativamente [*respectiva*]. O primeiro é posição absoluta [*positio absoluta*], o último, relativa [*respectiva*]. Conheço a possibilidade lógica pelo princípio de contradição. Tudo o que existe é, decerto, completamente [*durchgängig*] determinado, mas na existência [*Existenz*] a coisa é colocada com todos os seus predicados e, portanto, é completamente determinada. A existência, no entanto, não é um conceito da determinação completa, pois não posso conhecer essa determinação; para isso se exige a onisciência. A existência não deve depender, portanto, do conceito da determinação completa, mas ao contrário. Se uma coisa é simplesmente pensada, é *possível*. Se algo é pensado pelo fato de que já está dado, então é *real*. E, se algo é dado pelo fato de que é pensado, é *necessário*. Através da existência [*Dasein*], não penso na coisa nada mais do que penso através da possibilidade, mas é só a maneira de a colocar que é diferente, ou seja, a relação para comigo. Portanto a existência não dá ao objeto nenhum predicado a mais. Costuma se dizer nas escolas: "a existência é o complemento [*complementum*] da possibilidade"[163]. Mas ela acrescenta apenas ao meu pensamento e não à coisa. A verdadeira explicação da existência é a seguinte: "a existência é posição absoluta" [*existentia est positio absoluta*]. Ela não pode ser, portanto, um complemento, um predicado da

40

---

163. Certamente trata-se de uma crítica à perspectiva escolástica de Baumgarten: "A EXISTÊNCIA (ato cf. [§. 210] atualidade) é o conjunto de afecções compossíveis em alguma coisa, isto é, o complemento da essência ou da possibilidade interna, na medida em que a essência é considerada apenas como um conjunto de determinações [§. 40]" (Baumgarten, *Metaphysica*, § 55).

41 coisa, mas é *a posição da coisa com todos // os predicados*[164]. A existência não é uma realidade particular, muito embora tudo que exista deva ter realidade. A existência, a possibilidade, a realidade e a necessidade são tipos especiais de categorias que de modo algum contém os predicados das coisas, mas apenas modos para colocar os predicados das coisas[165]. Da existência ao possível

555 é válida // a consequência [*ab esse ad posse valet consequentia*], mas da possibilidade à existência a consequência não é válida. Da existência pode-se inferir a possibilidade, mas não se pode, ao contrário, da possibilidade inferir a existência. Da impossibilidade à não existência é válida a consequência [*a non posse ad non esse valet consequentia*], mas da não existência à impossibilidade a consequência não é válida [*a non esse ad non posse non valet consequentia*]. Da impossibilidade infere-se a não existência [Nichtsein], mas da não existência não se infere a impossibilidade. Segundo nossos limitados conceitos, de acordo com os quais não podemos discernir *a priori* a possibilidade das coisas, *temos* de inferir da existência à possibilidade. –

Ser [*ens*] e não ser [*non ens*]. Uma coisa qualquer [*aliquid*] significa, em sentido lógico, um objeto em geral. Em sentido metafísico (*in sensu reali*), significa o possível (*ens imaginarium*). É denominado habitualmente também ser de razão [*ens rationis*],

---

164. Essa passagem se remete às decisivas conclusões apresentadas em 1763 em *O Único Argumento Possível para uma Demonstração da Existência de Deus*. Rompendo com a perspectiva escolástica, Kant já se mostra lúcido, nesse ponto, de que a existência não é um predicado por direito próprio, mas tão somente a cópula em um juízo. "Sua função se restringe a apenas posicionar algo em relação a uma coisa, de modo a ser pensada, dessa forma, apenas como relação" (AA II: 72-73). Essa perspectiva é retomada e desenvolvida na *Crítica da Razão Pura*: "*Ser* não é, evidentemente, um predicado real, isto é, um conceito de algo que possa acrescentar-se ao conceito de uma coisa; é apenas a posição de uma coisa ou de certas determinações em si mesmas. No uso lógico é simplesmente a cópula de um juízo" (B 626). Ver também *Lições sobre a Doutrina Filosófica da Religião* (AA XXVIII: 1027-28).

165. Os conceitos modais de possibilidade, existência e necessidade não representam determinações reais. Isso porque, de acordo com Kant na *Crítica da Razão Pura*, "[a] modalidade é uma função inteiramente peculiar dos juízos, e sua característica distintiva é que ela não acrescenta nada ao conteúdo do juízo (pois não há nada, além de quantidade, qualidade e relação, que constitua o conteúdo de um juízo), mas apenas diz respeito ao valor da cópula relativamente ao pensamento em geral" (*KrV*, B 99-100). Portanto "[a]s categorias da modalidade têm a peculiaridade de não aumentar sequer minimamente, como determinação do objeto, o conceito a que são acrescentadas como predicados; elas apenas exprimem a sua relação às faculdades de conhecimento" (B 266).

algo cujo conceito é, decerto, possível, mas que não podemos dizer, a partir dele, que a coisa [Sache] é possível. Ele não se contradiz. Então livros inteiros de pneumatologia – por exemplo, as *Perspectivas da Eternidade* de *Lavater*, onde muito se fala sobre a comunidade dos espíritos – são nada mais do que seres de razão raciocinante [*entia rationis ratiocinantis*]. Por exemplo, que nosso espírito irá de um corpo terrestre a outro, depois da morte, pode ser pensado pela razão // e não é nenhuma contradição. O ser de razão raciocinante é um *ideal*[166]. A razão é necessitada [*genöthigt*] a assumir um ideal de perfeição desse tipo como um máximo [*maximum*] de uma coisa de acordo com o qual se julga o resto. Por exemplo, um modelo da maior e mais perfeita amizade[167]. Tal ideal é o máximo e, por este motivo, único apenas, pois o máximo é único. – Seres fictícios imaginários [*entia ficta imaginaria*] são coisas que podemos pensar, mas que não são quaisquer ideais. Pois os *ideais* são *uma matéria* [Sache] *da razão* e *independente da intuição*. São substratos [*substrata*] necessários da razão. Quimeras e ideais são distintos uns dos outros. Um *ideal* nasce de um uso necessário da razão, enquanto que uma *quimera* é um predicado qualquer da razão desregrada[168].

42

---

166. Ao tratar "[d]o propósito último da dialética natural da razão humana" (B 697), Kant explica na seção dedicada à *Dialética* o conceito de *ens rationis ratiocinatae* em referência às ideias da razão: "A razão não pode pensar essa unidade sistemática de outro modo, porém, a não ser dando à sua ideia um objeto, o qual não pode, todavia, ser dado em experiência alguma; pois a experiência não fornece jamais um exemplo de unidade sistemática perfeita. Esse ser da razão (*ens rationis ratiocinatae*) é realmente uma mera ideia e, portanto, não é tomado em si mesmo, em sentido absoluto, como algo real, mas apenas colocado como fundamento, de maneira problemática (pois não podemos alcançá-lo através de conceitos do entendimento), para considerar todas as conexões de coisas no mundo sensível como se tivessem seu fundamento nesse ser da razão" (*KrV*, B 709).

167. O mesmo exemplo é apresentado na seção de abertura das *Lições sobre a Doutrina Filosófica da Religião*: "A razão humana necessita de uma ideia da perfeição suprema, que lhe sirva como critério de acordo com o qual possa fazer determinações. Na filantropia, por exemplo, pensa-se a ideia da amizade suprema com o propósito de poder determinar em qual extensão este ou aquele grau de amizade se aproxima da ideia suprema ou se afasta dela" (AA XXVIII: 993). A tradução é a de Bruno Cunha (Vozes/São Francisco, 2019).

168. Em consonância com a *Crítica da Razão Pura*: "[a]ssim como a ideia fornece a *regra*, o ideal serve, nesse caso, como *modelo* para a determinação completa da cópia [...]. Mesmo que não se possa conceder-lhes realidade objetiva (existência), esses ideais não devem por isso ser considerados fantasias, mas antes fornecem um indispensável padrão de medida da razão, que necessita de um conceito daquilo que é inteiramente completo em sua espécie para a partir dele avaliar e medir o grau e as carências do imperfeito" (B 597-598).

Da unidade, da verdade e da perfeição

É uma antiga doutrina escolástica: "toda coisa é una, verdadeira, boa ou perfeita"[169] [*quodlibet ens est unum, verum, bonum seu perfectum*]. 1) Toda coisa é uma[170]; 2) Toda coisa é verdadeira[171]. Atribuir a verdade à coisa é contra o uso do discurso. Pode-se dizer melhor: o conhecimento é verdadeiro. Mas o fundamento da verdade deve estar na coisa. 3) Toda coisa é perfeita[172]. Isto é, toda coisa contém tudo o que é exigido dela para sua perfeição.

566

43

// A representação de todo objeto contém:

1) A unidade do determinável; //

2) A pluralidade e a concordância das diversas determinações umas com as outras;

3) A totalidade das determinações na medida em que ela consiste em muitas determinações serem assumidas juntas em um objeto.

A verdade transcendental[173], diferentemente da lógica, consiste na concordância dos predicados que pertencem à essência de uma coisa com a essência mesma, pois, visto que eles são predicados da coisa, também devem concordar com a sua essência. Em sentido transcendental, toda coisa é verdadeira. A perfeição, considerada em sentido transcendental, é a totalidade ou completude de muitas determinações[174]. Toda coisa é perfeita em sentido transcendental.

---

169. Como uma crítica direta a esse ponto, lemos na *Crítica da Razão Pura*, na seção sobre os conceitos puros do entendimento: "Se, pois, o uso desse princípio acabou por ser muito pobre no que diz respeito às consequências (que forneciam proposições meramente tautológicas), de tal modo que mesmo nos tempos modernos se tornou habitual conservar-lhe um lugar na metafísica quase que por mera cortesia, um conceito que se conservou por tanto tempo, por mais vazio que pareça ser [...]" (B 113).

170. Seção IV da *Metaphysica*, § 72-77.

171. Seção VI da *Metaphysica*, § 89-93.

172. Seção VII da *Metaphysica*, § 94-100.

173. O manual apresenta a seguinte distinção: "A VERDADE METAFÍSICA (real, objetiva, material) é a ordem de muitas determinações em uma coisa. A VERDADE TRANSCENDENTAL é a ordem nas determinações essenciais e atributos de um ser" (Baumgarten, *Metaphysica*, § 89). A verdade transcendental é concebida, no sentido aqui especificado, como uma verdade metafísica necessária.

174. Segundo Baumgarten, "[s]e diversas coisas assumidas juntas constituem o fundamento suficiente de uma única coisa, elas CONCORDAM. A concordância em si é PERFEIÇÃO [...]" (*Metaphysica*, § 94). Baumgarten ainda distingue, no entanto, os tipos de perfeição: "a concordância de determinações essenciais é PERFEIÇÃO TRANSCENDENTAL (essencial)" (*Metaphysica*, § 98).

Os critérios da coisa e não coisa [Unding] são:

1) a *unidade* do objeto que é pensado em meu conceito;

2) a *verdade* transcendental na conexão das diversas determinações;

3) a *completude* ou totalidade[175].

As coisas podem ser consideradas:

1) *fisicamente*, na medida em que são representadas por meio da experiência;

2) *metafisicamente*, na medida em que são representadas por meio da razão pura;

3) *transcendentalmente*, na medida em que são representadas por meio da razão pura segundo aquilo que pertence *necessariamente* a sua essência.

// A perfeição física consiste na suficiência das representações empíricas. A perfeição metafísica consiste nos graus de realidade. A perfeição transcendental consiste no fato de conter tudo o que é exigido para a coisa. Uma coisa é metafisicamente mais perfeita do que a outra. Uma coisa tem mais realidade do que a outra. Mas, em sentido transcendental, toda coisa é perfeita.

Do necessário e do contingente

A concordância de um objeto com as condições do pensamento é a possibilidade do objeto. A realidade é a posição absoluta [*absoluta positio*], isto é, o objeto é colocado em si e não em relação // ao pensamento. A realidade, na medida em que pode ser

---

175. Os mesmos critérios são assumidos na *Crítica da Razão Pura*, com a diferença de que são assumidos, de maneira clara, como pressupostos do pensamento e não das coisas mesmas: "Em todo conhecimento de um objeto, com efeito, há uma *unidade* do conceito [...], a *verdade* no que diz respeito às consequências [...], por fim, a *perfeição*, que consiste em que tal pluralidade é reconduzida de volta à unidade do conceito e concorda inteiramente com este". Contudo, "estes predicados supostamente transcendentais das *coisas* não são outra coisa senão os requisitos e critérios lógicos de todo *conhecimento das coisas* em geral". Eles são empregados apenas em sentido formal, "como pertencentes ao requisito lógico relativo a todo conhecimento; apesar disso, esses critérios do pensamento eram transformados, de maneira descuidada, em propriedades das coisas em si mesmas" (B 113-114).

conhecida *a priori*, é necessidade. Ora essa necessidade pode ser *hipotética*, se a existência de uma coisa é conhecida *a priori* em algum aspecto [*secundum quid*], ou absoluta, se a existência de uma coisa é conhecida absolutamente [*simpliciter*] *a priori*[176]. Conhecer alguma coisa *a priori* em algum aspecto [*secundum quid*] é quando conheço algo por conceitos sem a experiência, mas conheço o fundamento pela experiência. Nunca posso conhecer completamente *a priori* por meros conceitos a existência da coisa, pois ela não pode ser derivada de meros conceitos, mas originariamente da experiência. Deve ser dado um fundamento que só pode ser, contudo, conhecido pela experiência. Pois se

45 este fosse // meramente pensado por conceitos, haveria mais na consequência do que no fundamento, uma vez que um conceito apenas mostra a relação da coisa com o meu pensamento em geral. Mas a realidade é uma posição absoluta, de modo que o objeto é colocado em si e não relativamente ao meu entendimento. Por isso, nunca posso inferir da possibilidade à realidade, mas muito bem da realidade à possibilidade. Portanto não posso conhecer completamente *a priori* a existência de uma coisa; a necessidade absoluta é aquela que deve ser conhecida absolutamente *a priori*. Ainda se deve acrescentar algo exterior ao pensamento, que é a intuição de algo real ou a percepção. A percepção é a representação do real. Portanto, sem a experiência, nunca é possível o conhecimento da existência de uma coisa. Ou conheço as coisas completamente pela experiência ou conheço os fundamentos da experiência. A necessidade absoluta é, portanto, totalmente impossível de se conhecer, embora não sejamos capazes de discernir a sua impossibilidade. O conhecimento da necessidade é, por isso, um conhecimento hipotético[177]. Todas as coisas possuem necessidade derivada [*necessitatem derivativam*]. Posso conhecê-las mediatamente [*secundum quid*] *a priori* a partir de fundamentos da experiência. Necessário é

---

176. Baumgarten, *Metaphysica*, § 102.

177. Kant parece assumir, nesse ponto, as definições de Baumgarten apresentada nos § 109-115 apenas para esclarecer, de acordo com o ponto de vista transcendental, a impossibilidade de conhecer "um ser cuja existência é absolutamente necessária" (Baumgarten, *Metaphysica*, § 109).

aquilo do qual o oposto é impossível[178]. Possível [*possibile*] é aquilo que concorda com as regras do pensamento. Contingente [*contigens*] é aquilo do qual o oposto é possível. Estas são definições nominais, meras explicações verbais. A possibilidade, realidade e necessidade *lógicas* são conhecidas pelo princípio // de contradição. A necessidade lógica não demonstra a existência de uma coisa. Como se mostrou, a possibilidade lógica não é, no entanto, a possibilidade real. A possibilidade real é a concordância com as condições de uma experiência possível. A conexão de uma coisa com a // experiência é a realidade. Essa conexão, na medida em que pode ser conhecida *a priori*, é a necessidade. Esta é, como se mostrou, sempre hipotética. Da necessidade absoluta não temos um conceito lógico. A necessidade pode ser classificada em necessidade real e lógica. A necessidade lógica absoluta dos juízos é sempre uma necessidade hipotética dos predicados dos juízos ou uma necessidade submetida a condições precedentes. A necessidade real absoluta não pode ser elucidada por nenhum exemplo. É possível discernir apenas a necessidade hipotética.

Do mutável e do imutável

Levanta-se a pergunta sobre a quais categorias pertencem o conceito de *mutabilien* e *immutabilien* ou de imutável e imutável. Temos de explicar, primeiramente, o que significa mudança. A saber, trata-se da sucessão de determinações opostas na mesma coisa[179] [*successio determinationum oppositarum in eodem ente*]. Por exemplo, um corpo é mudado externamente, se é colocado em movimento a partir do repouso. O conceito // de mutável e imutável pertence, portanto, às categorias de existência. Coexistir quer dizer existir no mesmo e exato momento. As coisas sucedem ou

---

178. Em paralelo ao compêndio: "O NECESSÁRIO é aquilo cujo oposto é impossível e o que não é necessário é contingente" (Baumgarten, *Metaphysica*, § 101).

179. No manual encontramos definido: "Aquela coisa cujas determinações sucedem umas as outras é MUDADA. Assim MUTÁVEL (variável) é aquilo cujas determinações podem suceder umas as outras, enquanto que aquilo cujas determinações não podem suceder umas as outras é IMUTÁVEL (fixo, invariável, constante) [...]" (Baumgarten, *Metaphysica*, §125). Lemos, na *Crítica*, por conseguinte: "[a] modificação é um modo de existir que se segue a um outro modo de existir do mesmo e único objeto" (B 230).

seguem umas às outras se estão em momentos *diferentes*. Todas as coisas que colocamos no tempo e no espaço são consideradas fenômenos [Phänomena]. A existência de determinações opostas na mesma coisa é um conceito do entendimento. Existência, determinação, oposição, coisa são conceitos puros do entendimento. A possibilidade de mudança pressupõe o tempo. As determinações opostas [*determinationes oppositae*], *que sucedem umas às outras*, são contrariamente opostas [*contrarie oppositae*]. As determinações contrariamente opostas [*contrarie oppositae determinationes*] não se contradizem. É contingente a coisa em cujo lugar pode ser pensado o *oppositum* ou o oposto. A partir da existência dos opostos, que sucedem um ao outro, a contingência ainda não pode ser inferida. Inferir da mudança à contingência parece ser mais natural, pois o oposto da primeira[180] é, por certo, possível. Não obstante, não se pode inferir dessa maneira, uma vez que a mudança não prova o oposto contraditório[181]. A oposição lógica é uma negação que suprime a oposição anterior. Aqui muita coisa depende de como a mudança é possível, ou seja, de como pode haver determinações opostas em uma coisa. *Não se deve //* acreditar sempre que se tem discernimento [einsehen] de tudo que se entende [verstehe], pois discernir quer dizer conhecer algo *a priori* pela razão[182]. Em relação à experiência, temos sempre necessidade // da mudança. Existe um cânone metafísico universal "as essenciais das coisas são imutáveis"[183] [*essentiae rerum sunt immutabiles*] que tem como fundamento a proposição "as essenciais das coisas são necessárias"[184] [*essentiae rerum sunt*

---

180. Optamos, nesse ponto, por manter Pölitz em detrimento de Lehmann que torna o enunciado negativo nesse ponto.

181. Na tradução francesa, encontramos a seguinte adaptação: "[...] não prova que o contrário é contraditório".

182. Embora o termo alemão *einsehen* seja normalmente traduzido por compreender, como vemos, por exemplo, na tradução francesa e inglesa das *Lições de Metafísica* e também em outras traduções das obras de Kant, trata-se na verdade de um termo técnico que quer dizer, no contexto do pensamento de Kant em geral, compreender as coisas intelectualmente de uma maneira abrangente. Essa passagem do texto, em particular, nos mostra a necessidade de tal especificação.

183. "As essências das coisas [§. 106], aspectos essenciais e atributos [§. 107], [...] são absolutamente e internamente imutáveis [§. 130]" (Baumgarten, *Metaphysica*, § 132).

184. Baumgarten, *Metaphysica*, § 106. Como Kant afirma em uma reflexão da segunda metade de 1760: "Existem essências contingentes, a saber, a essência de todas as coisas contingentes, por exemplo, o movimento" (AA, Refl. 3551, XVII: 49).

necessariae]. Uma vez que da necessidade se segue, no entanto, a imutabilidade, logo as essências das coisas são imutáveis [*essentiae rerum sunt immutabiles*]. No mesmo sentido que a coisa é mutável, também é contingente e no mesmo sentido que a coisa é imutável, também é necessária. Mas necessária é a essência *lógica* das coisas; falamos aqui *não* da *essência real*, mas da *essência lógica*. Em vez de dizer "as essências das coisas são imutáveis", dever-se-ia dizer "a toda coisa condiz de maneira necessária a essência das coisas". Não podemos mudar a essência das coisas sem suprimi-la. Se se quer preservar a essência de uma coisa [*salva rei essentia*], não se pode mudar nada que pertence necessariamente à essência. Se, portanto, se diz "as essências das coisas são imutáveis", entende-se isso da imutabilidade lógica e não da real. Ao se ter investigado a metafísica, acreditou-se escutar muitas coisas novas, mas não se fez mais do que se obterem sempre proposições idênticas no lugar das hipotéticas. Uma proposição idêntica possui, no entanto, a aparência de conter algo de especial. A razão disso é porque a *palavra essência* é tomada em duplo sentido. No primeiro sentido, ela significa *substância*. Nesses termos já havia assumido *Aristóteles* quando disse que as substâncias são imutáveis. Mas na ontologia não se fala de uma essência nesse sentido, mas apenas do conceito primeiro que faço da coisa.

// Do real e do negativo

Em tudo de que se é consciente, distingue-se algo real e algo negativo. A negação é oposta à realidade[185]. A oposição é lógica ou real. Quando se nega algo, trata-se do oposto [*oppositum*] lógico. A realidade e a negação não podem ser colocadas em uma e mesma coisa[186]. A oposição *real* consiste na ligação de dois fundamentos reais em que um fundamento suprime a consequência do

---

185. Baumgarten, *Metaphysica*, § 136.

186. No compêndio, lemos: "Se a negação é colocada, a realidade é suprimida [§. 36, 10]. Assim negações e realidades são, por sua vez, opostas entre si [§. 81] [...]" (Baumgarten, *Metaphysica*, § 135).

outro[187]. Pode haver uma oposição entre realidades. À realidade não está contraposta unicamente a negação, mas ainda uma outra realidade que suprime a consequência da primeira. A oposição dos fundamentos reais // torna toda mudança possível. Se se encontra negação no mundo, há aí dois fundamentos, a saber, um fundamento real e um fundamento oposto. Todas as realidades concordam. A realidade [*realitas*] é fenômeno [*phaenomenon*] ou número[188] [*noumenon*]. Tudo o que se apresenta positivamente em nossos sentidos se chama realidade fenomênica [*realitas phaenomenon*] e tudo o que se apresenta positivamente em nosso entendimento puro é realidade numênica [*realistas noumenon*]. A *realitas phaenomenon* ou realidade fenomênica (ou realidade aparente) é aquela que se encontra apenas em nossos sentidos. As realidades fenomênicas constituem a maior parte de todas as coisas.

Podemos pensar em uma coisa *realidade, negação* e o terceiro aspecto que ainda se acrescenta à coisa é a *limitação* [limitation oder Einschränkung]. Esta última é a // negação que contém realidade. A limitação da limitação refere-se especialmente à quantidade. A realidade é aquilo cujo conceito já significa em si mesmo um ser; a negação é aquilo cujo conceito é em si mesmo um não ser. Toda coisa é realidade[189]. A coisidade [Dingheit], por assim dizer, baseia-se unicamente na realidade. A perfeição de uma coisa em geral não é nada além do que a grandeza [Grosse] da realidade. Absolutamente perfeito é, no entanto, aquilo sem qualquer negação e esta é a maior realidade. Um ser completamente real [*ens omnimode reale*] é, portanto, em sentido metafísico, o mais perfeito.

---

187. Esse tópico é abordado detalhadamente no escrito sobre as *Grandezas Negativas*: "[...] em toda oposição real, os predicados têm de ser ambos positivos, e de tal modo que na conexão no mesmo sujeito as consequências se suprimam reciprocamente" (AA II: 176). E, na mesma obra, Kant exemplifica mais à frente: "Assim se passa, por exemplo, com forças motrizes de um mesmo corpo que seguem direções exatamente opostas: os fundamentos, neste caso, suprimem efetivamente suas consequências recíprocas, isto é, os movimentos (AA II: 193).

188. Trata-se de uma referência à distinção fundamental sobre a qual se baseia o idealismo transcendental: "Chamam-se fenômenos as manifestações sensíveis na medida em que são pensadas como objetos, segundo a unidade das categorias. Mas, se admitirmos coisas que sejam meros objetos do entendimento e, não obstante, como tais, possam ser dados a uma intuição, embora não intuição sensível (por conseguinte, *coram intuitu intellectuali*), teremos de as designar por números (intelligibilia)" (*KrV*, A 249).

189. Baumgarten, *Metaphysica*, § 136.

O singular e o universal

Uma coisa universal [*ens universale*] não pode ser pensada e é apenas um conceito de uma coisa [*conceptus entis*]. Uma coisa completamente determinada é particular[190] [*ens omnimode determinatum est ens singulare*]. A disputa *escolástica* entre os realistas e os nominalistas foi sobre a questão a respeito de se os universais [*universalia*] eram meras coisas ou apenas nomes. Um indivíduo [*individuum*] ou uma coisa particular [*ens singulare*] é tal na medida em que é completamente determinado em si. Toda diferença é numérica (em relação ao mesmo ou a um número diferente [*eodem numero oder diverso*]), genérica [*generica*] ou específica[191] [*specifica*].

Do todo [totali] *e da parte* [partiali]

O conceito do todo encontra-se na quantidade. Muitas coisas, na medida em que são uma, é a totalidade [*Allheit*]. Aquilo no qual se encontra a totalidade de muitas coisas é o todo[192] [*id, in quo est omnitudo plurium, est totum*]. Tanto // o *quantum* quanto o composto [*compositum*] contêm o conceito de pluralidade. O conceito do composto [*compositi*] é, no entanto, universal, pois as partes podem ser aqui heterogêneas. Mas, no conceito do *quanti*, está sempre pressuposto que as partes são homogêneas. Portanto todo *quantum* // é um composto, mas nem todo composto é um *quantum*. Tanto cm relação ao *quantum* como ao composto eu pergunto: ele existe como um todo ou apenas como parte? Todas as partes que pertencem a um composto se chamam

51

561

---

190. Ao que parece, trata-se de uma crítica ao § 148 do manual de Baumgarten: "O conjunto de todas as determinações compossíveis em uma coisa é sua DETERMINAÇÃO COMPLETA. Assim a coisa é completamente determinada ou não [§. 10]. A primeira é PARTICULAR (um indivíduo), a segunda UNIVERSAL" (Baumgarten, *Metaphysica*, § 148).

191. Baumgarten, *Metaphysica*, § 151.

192. Lemos no § 155: "O um [*Unum*] que é inteiramente idêntico com muitos assumidos juntos é o TODO e os muitos assumidos juntos que são idênticos com o todo são as suas PARTES. Aquelas partes que devem ser assumidas juntas com uma parte dada de modo que seja inteiramente idêntica com o todo são suas partes componentes [*compartes*] ou COMPLEMENTOS PARA O TODO (suplementos)" (Baumgarten, *Metaphysica*, § 155).

partes componentes [*compartes*]. Uma coisa que pode ser pensada apenas como parte de um todo é uma coisa incompleta [*ens incompletum*]. Todo *quantum* é pluralidade [*multitudo*]. Então todo *quantum*[193] deve também consistir de partes homogêneas. Mas uma pluralidade [Menge] infinita é maior do qualquer número e não podemos ter dela nenhum conceito claro. Todo *quantum* é contínuo [*continuum*] ou discreto [*discretum*]. Um *quantum*, cuja grandeza não determina a quantidade das partes, chama-se contínuo. Ele consiste de tantas partes que eu quiser dar-lhe, mas não consiste de partes particulares. Em contrapartida, todo *quantum* que, por meio da grandeza, eu sou capaz de representar uma quantidade de suas partes é discreto[194]. Um *quantum* discreto deve ser distinguido do *quantum* contínuo que é representado como discreto. Um *quantum* no qual eu determino as partes é discreto, mas não *per se*, em si mesmo. Um *quantum* contínuo em si mesmo é aquele no qual o número de partes é indeterminada. Um *quantum* discreto em si mesmo é aquele no qual o número de partes // é determinado arbitrariamente por nós. O número [*numerus*] é chamado, por isso, de um *quantum* discreto. Por meio do número, representamos todo *quantum* como discreto[195]. Se eu formo um conceito do *quantum* discreto, penso um número. Partes atribuíveis [*partes assignabiles*] são as partes que, ligadas umas com as outras, formam um conceito de número. A pluralidade [*multitudo*], que se pode pensar em um *quantum* contínuo, é

---

193. Em uma reflexão da década de 1770, o *quantum* é representado como uma medida em sentido absoluto, enquanto a quantidade/grandeza [quantitas/Grosse] uma medida comparável e, portanto, relativa: "[...] podemos conhecer de maneira absoluta que algo é um *quantum*, enquanto que como quantidade [Grosse] (*quantitas*) apenas de maneira relativa" (Refl. 3541 AA XVII: 42).

194. Em Baumgarten § 159, lemos: "A pluralidade de partes é a GRANDEZA [*MAGNITUDE*] (absoluta [cf. §. 161]) ou quantidade [*quantitas*] contínua [§. 75]. A pluralidade do todo é o NÚMERO (absoluto [cf. §. 161]) ou quantidade discreta [§. 75]" (*Metaphysica*, § 159). Na *Crítica da Razão Pura*, a distinção entre *quantum* contínuo e discreto é apresentada a propósito da "solução da ideia cosmológica da totalidade da divisão de um todo dado na intuição": "A divisão infinita apenas designa o fenômeno como *quantum continuum* e é inseparável do preenchimento do espaço, pois é justamente neste que reside o fundamento da divisibilidade infinita. Tão logo, porém, algo é assumido como *quantum discretum*, a quantidade das unidades é assim determinada e, portanto, também é sempre igual a um número" (B 555).

195. Baumgarten, *Metaphysica*, § 159.

sempre maior que toda parte atribuível [*omni assignabili major*]. Uma coisa é maior do que a outra se a última é igual apenas a uma parte da primeira[196]. Modificar algo em uma coisa maior chama-se aumentar e modificar algo em uma coisa menor é diminuir[197]. Todo *quantum* pode ser aumentado ou diminuído. Um *quantum* que de modo algum pode ser diminuído chama-se mínimo[198] [*minimum*]. No *quantum* contínuo, não é possível pensar o mínimo, pois cada parte é, por sua vez, um quantum. Por conseguinte, não há um mínimo. Tampouco há um tempo mínimo, pois cada parte menor é, por sua vez, um *quantum* contínuo que consiste de partes. Leibniz denomina tais conceitos de conceitos enganosos [*conceptus deceptores*]. O espaço e o tempo são *quantum* contínuos. O máximo e o mínimo no espaço e no tempo não podem ser pensados. *O espaço no qual estão contidas todas as partes atribuíveis chama-se espaço infinito ou absoluto. O tempo no qual estão contidas todas as partes atribuíveis é a eternidade.* Mas estas são *ideias* que não podemos conceber.

// Das grandezas

Pode-se considerar todas as grandezas (*quantitates*) de duas maneiras: extensivamente [*extensiv*] ou intensivamente[199] [*intesiv*]. Há objetos nos quais não distinguimos nenhuma pluralidade [Menge] de partes homogêneas. Esta é a grandeza *intensiva*. Esta grandeza é o grau. Os objetos nos quais distinguimos uma plura-

---

196. Baumgarten, *Metaphysica*, § 160.

197. Baumgarten, *Metaphysica*, § 162.

198. Baumgarten, *Metaphysica*, § 161.

199. Na *Crítica da Razão Pura*, o tratamento das grandezas intensivas é o escopo da seção sobre os "axiomas da intuição" (B 202), enquanto que o das grandezas extensivas é apresentado na seção sobre as "antecipações da percepção" (B 207). Em relação à primeira, lemos: "Eu denomino quantidade extensiva àquela em que a representação das partes torna possível a representação do todo (e, portanto, antecede necessariamente a esta) [...] todo fenômeno, enquanto intuição, é uma quantidade extensiva, já que só pode ser conhecido na apreensão por meio de uma síntese sucessiva (de parte a parte). Consequentemente, todos os fenômenos já são intuídos como agregados" (B 203-304). Em adição, lemos: "denomino *quantidade intensiva* à quantidade que só é apreendida como unidade, e na qual a pluralidade só pode ser representada através da aproximação à negação = 0. Assim, toda realidade no fenômeno tem quantidade intensiva, i.e. um grau" (B 210).

lidade de partes homogêneas possuem uma grandeza *extensiva*. A grandeza intensiva é a grandeza do fundamento e a grandeza extensiva é a grandeza do agregado. Tudo que é representado no espaço e no tempo tem grandeza extensiva. Toda realidade no espaço e no tempo tem um grau. – Uma coisa simples pode ser pensada como grandeza, portanto como grandeza intensiva, embora não possa ter lugar nela nenhuma pluralidade.

Do grau da possibilidade

A possibilidade *interna* não tem nenhum grau, pois podemos conhecê-la apenas segundo o princípio de contradição. Mas a possibilidade *hipotética* tem um grau, uma vez que toda hipótese [*hypothesis*] é um fundamento e todo fundamento tem uma grandeza[200]. Todo fundamento tem uma grandeza, mas as consequências podem ser consideradas, por sua vez, de modo extensivo ou intensivo. Um fundamento que tem muitas consequências é chamado de um fundamento *fecundo*. Um fundamento, que tem grandes consequências, é chamado de um fundamento *importante*[201].

A possibilidade hipotética pode ser considerada evanescente [*verschwindend*], porque pode ser diminuída ao infinito //. Fala-se nas escolas filosóficas de grandeza da unidade, da verdade e da perfeição. A unidade, a verdade e a perfeição transcendental não têm em absoluto nenhuma grandeza e de modo algum podem ser comparadas segundo a grandeza. De acordo com a grandeza, as coisas podem ser comparadas apenas com um terceiro, mas não com sua própria essência, como na unidade, na verdade e na perfeição transcendental. Mas a concordância de uma coisa com um fundamento pode ser maior ou menor. A concordância com o fundamento *suficiente* é a maior conformidade[202].

---

200. Baumgarten, *Metaphysica*, § 165.
201. Baumgarten, *Metaphysica*, § 166.
202. Baumgarten, *Metaphysica*, § 169.

Da substância e do acidente

A relação é de três tipos: a relação dos juízos do sujeito com o predicado, a relação de um fundamento com a consequência e a relação dos membros da divisão com conceitos divididos. // Segundo a relação, os juízos são categóricos, hipotéticos e disjuntivos. A estes correspondem as categorias da subsistência, da inerência e da *interação*[203] [*commercii*]. A substância é aquilo que existe em si mesmo apenas como sujeito. O acidente é aquilo que existe como predicado ou determinação de uma coisa ou cuja existência é meramente inerência[204]. Aquilo cuja existência é meramente subsistência é substância. Se alguns acreditam que substâncias poderiam existir também como inerência, mas não sendo necessárias, isto é incorreto.

// Os *acidentes* [*accidentia*] são as maneiras de pensar a existência de uma coisa e não existências distintas. Nesse sentido, Locke diz que a substância é portadora de acidentes e, por isso, também é chamada de substrato[205] [*substratum*]. A relação dos acidentes com a substância não é a relação da causa com o efeito. A substância pode muito bem existir como consequência [*rationatum*], mas não como predicado. Estes são conceitos totalmente diferentes. Conhecemos, decerto, os acidentes, mas não o substancial[206] [*substantiale*]. Este último é o sujeito que existe *depois da*

---

203. Para começar a discussão sobre o conceito de substância, Kant faz uma referência à dedução metafísica das categorias e à correspondência entre as tábuas de juízos e de categorias: "Se fizermos abstração de todo o conteúdo de um juízo em geral, e tivermos aí em conta apenas a mera forma do entendimento, descobrimos que a função do pensamento no mesmo pode ser resumida sob quatro títulos, cada um dos quais contendo três momentos sob si. Eles podem ser representados, plausivelmente, na seguinte tábua" (*KrV*, B 95).

204. Lemos no manual: "Uma coisa não pode existir a não ser como uma determinação de outra (em relação à outra) ou pode [§. 10]. A primeira é um ACIDENTE (um predicável ou coisa física [cf. §. 50] cujo ser é pertencente, συμβεβηκος), enquanto a última é uma substância (uma coisa subsistente por si, uma forma, ἐντελέχεια, οὐσία, ὗττοστασις, ἐνεργεία), uma vez que pode existir mesmo que não esteja em relação com outra ou não seja determinação de outra" (Baumgarten, *Metaphysica*, § 191).

205. Locke, J. *Ensaio acerca do Entendimento Humano*, livro II, cap. 23, § 2.

206. Em definição: "Aquilo, em uma substância, cujos acidentes são capazes de inerir ou, em outras palavras, a substância, na medida em que é um sujeito (cf. §. 344) cujos acidentes são capazes de inerir, é chamado SUBSTANCIAL, e acidentes não existem fora do substancial [§. 194]" (Baumgarten, *Metaphysica*, § 196).

separação de todos os acidentes e isto nos é *desconhecido*, pois só conhecemos as substâncias através dos *acidentes*. Este substancial é o algo [das Etwas] em geral. Não posso conhecer algo de uma coisa senão pelos juízos e estes se fundamentam sempre em predicados. Só podemos conhecer as substâncias por meio de acidentes. Por meio da razão, não somos capazes de discernir *a priori* como algo pode existir só como sujeito ou, por sua vez, só como predicado de outra coisa. Não somos capazes de discernir *a priori* a possibilidade e a impossibilidade de subsistir e nem a necessidade de inerência. Mas não sermos capazes de discernir o substancial, mas meramente os *acidentes*, decorre do fato de que somos demasiadamente míopes e de que o entendimento só pode pensar por conceitos e conceitos não são nada mais do que predicados. *Descartes* disse: "substância é aquilo que não exige a existência de nenhuma outra coisa para a sua existência"[207], isto é, aquilo que existe sem ser a consequência de uma // outra coisa. Mas isso não é substância, mas um independente [*independens*]. *Espinosa* também seguiu este conceito[208], o que foi a causa de seu erro[209]. A existência de uma substância é a subsistência, enquanto a existência de um acidente é a inerência[210]. – Temos também um princípio subjacente às substâncias e acidentes. É o princípio da perduração da substância[211]. Todos os filósofos fizeram uso da proposição de perduração da substância. Essa proposição é de extrema importância, pois sem ela nenhuma física é possível. Vamos denominar *vicissitudo* a mudança // e *perduratio* ou *stabilitas* a perduração. Todas as mudanças pressupõem um sujeito do qual se seguem os predicados. O conceito de mudança pressupõe consistentemente a perduração da substância. Mas nós não compreendemos porque algo necessariamente perdura.

---

207. Descartes, R. *Princípios de Filosofia*, primeira parte, artigo 51.

208. Espinosa, B. *Ética*, primeira parte, proposição III.

209. Para a crítica à noção de substância de Espinosa, ver *Lições sobre a Doutrina Filosófica da Religião* (AA XXVIII: 1041-1042).

210. "A existência de um acidente como tal é INERÊNCIA, enquanto que a existência da substância como tal é SUBSISTÊNCIA" (Baumgarten, *Metaphysica*, § 192).

211. Ver a "primeira analogia da experiência" na *Crítica da Razão Pura*: "Princípio da perduração da substância. Em toda modificação dos fenômenos permanece a substância, e seu *quantum* na natureza não é nem aumentado nem diminuído" (B 224).

Da força

No conceito de força encontra-se o conceito de causa[212]. A substância é considerada como sujeito e este como causa. O acidente é, por isso, algo real, uma vez que existe de modo inerente [*inhaerendo*] e não por si mesmo. A causalidade é a determinação pela qual é colocada uma outra coisa de acordo com regras universais. O conceito de *respectus* ou da relação da substância com a existência dos acidentes, na medida em que a substância contém o fundamento dos acidentes, é a *força*[213]. Todas as forças são // classificadas em forças primitivas ou fundamentais e em forças derivativas ou derivadas. Tentamos reduzir as forças derivativas [*vires derivativae*] às forças primitivas. Toda a física – tanto a dos corpos quanto a do espírito, esta última chamada de psicologia – resume-se a isso: conduzir, tanto quanto possível, as diversas forças que conhecemos apenas pelas observações a forças fundamentais[214].

A qualidade oculta [*qualitas oculta*] é uma propriedade escondida das coisas, pois nos são desconhecidas muitas propriedades

---

212. Kant relaciona na *Crítica* os conceitos de causalidade, ação e força ao de substância: "Essa causalidade conduz ao conceito de ação, este ao conceito de força e, através disso, ao de substância [...] Onde há ação, portanto atividade e força, há também substância; e é apenas nesta que deve ser buscada a sede daquela frutífera fonte dos fenômenos" (*KrV*, B 249-250).

213. Basicamente no mesmo sentido, lemos no manual: "Se os acidentes são inerentes à substância, há algum fundamento de inerência [§. 20] ou força EM SENTIDO LATO (eficácia, energia, atividade [cf. §. 216]) e um fundamento suficiente [§. 22]. Este último é força EM SENTIDO ESTRITO (e chamado algumas vezes simplesmente de força por causa da brevidade)" (Baumgarten, *Metaphysica*, § 197).

214. Na *Crítica da Razão Pura*, levando em conta o princípio de economia das hipóteses, Kant explica: "Os diferentes fenômenos, inclusive da mesma substância, mostram tanta heterogeneidade à primeira vista que é preciso, em um primeiro momento, admitir quase tantas forças nos mesmos quanto são os efeitos que se apresentam [...]. A princípio, uma máxima lógica nos obriga a reduzir essa aparente variedade tanto quanto for possível [...]. A ideia de uma *força fundamental* – que a lógica, todavia, não nos diz se existe – é ao menos o problema de uma representação sistemática da diversidade de forças. O princípio lógico da razão exige que essa unidade seja levada a efeito na medida do possível, e, quanto mais fenômenos de uma ou de outra força forem considerados idênticos entre si, mais provável será que eles sejam diferentes expressões de uma única e mesma força, a qual poderia (comparativamente) denominar-se a sua *força fundamental* [...]. As forças fundamentais comparativas têm de ser, por seu turno, comparadas entre si para que, na medida em que se descubra a sua concordância, sejam aproximadas de uma única força fundamental radical, i.e. absoluta" (B 676-677).

das coisas, como, por exemplo, a verdadeira causa da força magnética, a causa pela qual salitre torna a água gelada e tantas outras.

Do estado

O estado significa a completa determinação de uma coisa no tempo[215]. Nenhum estado pode ser atribuído a um ser necessário, pois, se o estado externo é alterado, a coisa mesma se altera. De modo algum a palavra "estado" pode ser usada para Deus. Deus não tem nenhum estado. Ele encontra-se, decerto, na relação com coisas externas, mas estas não O afetam, mas afetam apenas o mundo e, por esta razão, Ele é imutável.

O que quer dizer agir?

O agir e o produzir efeito[216] [Wirken] podem ser atribuídos apenas a substâncias[217]. A ação é a // determinação[218] da força de uma substância como uma // causa de um certo acidente[219]. A causalidade [*causalitas*] é a propriedade de uma substância na medida em que é considerada como causa de um acidente. Por meio das mudanças, podemos conhecer as forças das coisas. A ação [*actio*] é imanente [*imanens*] ou transiente[220] [*transiens*]. Se uma ação *interna* ou *actio immanens* é realizada, quer dizer

---

215. Segundo a definição do compêndio: "Um suposto contingente é determinado por modos e relações [§. 184, 200]. Assim partes fixas ou intrinsecamente imutáveis [§. 107, 132] coexistem nele com partes mutáveis [§. 133]. Este tipo de coexistência é o estado" (Baumgarten, *Metaphysica*, § 205).

216. A tradução inglesa opta, nesse ponto, por "effecting", e a francesa, por "efficacité".

217. Em outras palavras, a *Crítica* explica que, "[c]omo todo efeito, contudo, consiste naquilo que acontece, portanto no cambiável que é caracterizado pelo tempo segundo a sucessão, então o sujeito último do mesmo é o *permanente* como substrato de tudo o que se modifica, i.e. a substância" (B 250). Ver também Baumgarten, *Metaphysica*, § 210.

218. Em Pölitz encontramos "aquela determinação" [diejenige Bestimmung]. Optamos, nesse ponto, por Lehmann.

219. Como Kant define na *Crítica*: "Ação já significa a relação do sujeito da causalidade ao efeito" (B 250). Ver também Baumgarten, *Metaphysica*, § 210.

220. "Uma substância que age em uma substância fora de si a INFLUENCIA e, de fato, o INFLUXO (ação transiente) é a ação de uma substância em uma substância exterior a si. A ação que não é influente é IMANENTE" (Baumgarten, *Metaphysica*, § 211).

que a substância age [*actuirt*]. A ação transiente é também denominada *influxus*, a influência [Einfluss]. O sofrer corresponde, de maneira evidente, à influência, mas não à ação interna. O sofrer é a inerência de um acidente de uma substância através de uma força que é externa a ela[221]. A interação é a relação das substâncias em influência mútua [*commercium est relatio substantiarum mutuo influxu*]. A *faculdade* e a *força* são distintas. Na faculdade, representamos apenas a possibilidade da força[222]. Entre faculdade e força encontra-se o conceito de *conatus*, de esforço. Se o fundamento de determinação é internamente suficiente para um efeito, trata-se, nesse caso, de força *morta*. Mas, se é internamente e externamente suficiente, trata-se, nesse caso, de força *viva*[223]. Está sempre oposta à força que é suficiente apenas internamente, sem que possa produzir o efeito, uma força contrária que impede seu efeito, um impedimento[224] [*impedimentum*]. Tão logo, portanto, o impedimento é suprimido, a força morta se torna viva.

Uma faculdade que é suficiente para todos os tipos de coisas é *habitus*, habilidade [Fertigkeit]. Tem de se distinguir aqui: *produzir efeitos, agir* e *fazer*. O *agir //* [*agere*] pode conter tudo que é possível relativamente [*respective*] à consequência da ação. A *ação* [*actio*] é quando dela nasce uma consequência real. O *fazer* [*facere*] significa agir *por liberdade*. Um fazer [*factum*] é sempre atribuído a uma substância agente. –

O impedimento é formal [*formale*] ou real [*reale*]. O impedimento formal ou negativo [*negativum*] é a falta. O impedimento real ou positivo [*positivum*] consiste em uma causa eficiente que está oposta à outra. –

---

221. Baumgarten, *Metaphysica*, § 210.

222. No mesmo sentido, lemos no manual: "Toda substância existente age [§. 210, 199] e assim tem a possibilidade ou FACULDADE [*FACULTAS*] de agir (potência ativa, força [cf. §. 197]) [...]" (Baumgarten, *Metaphysica*, § 216).

223. Em paralelo ao compêndio, lemos: "Embora com a colocação de uma faculdade e de uma receptividade não seja colocado uma ação ou um sofrer [§. 216, 259], isso é todavia colocado quando uma força em sentido estrito é colocada [§. 210, 30]. Isto será um complemento da faculdade para agir, isto é, aquilo que é acrescentado à faculdade de modo que a ação exista. Assim uma certa e dada força em SENTIDO ESTRITO é ou não é suficiente para uma dada e certa ação [§. 21, 210]. A primeira é chamada FORÇA VIVA, enquanto a última FORÇA MORTA ou solicitação" (Baumgarten, *Metaphysica*, § 220).

224. Baumgarten, *Metaphysica*, § 221-222.

Do simples e do composto

O conceito de um composto [*compositi*] pressupõe partes[225]. Se as partes de um composto podem ser dadas antes da composição, trata-se de um composto real[226] [*compositum reale*]. Mas, se as partes não podem ser dadas antes da composição, trata-se de um composto ideal [*ideale*]. Parece, decerto, que as partes sempre poderiam ser pensadas antes da composição e que, portanto, não há nenhum composto ideal [*composita idealia*], mas tais realmente existem como o *espaço* e o *tempo*. No espaço não se pode pensar quaisquer partes sem, primeiramente, pensar o todo.

566 // O composto substancial [*compositum substantiale*] é aquele que é composto de substâncias. A composição é uma relação. Antes da relação, devo ser capaz de pensar os correlatos [*correlata*]. O composto substancial é um conjunto de muitas substâncias em uma conexão [*complexus plurium substantia-*
60 *rum in uno nexu*]. Um // conjunto nem sempre já é um composto. Apenas me é permitido pensá-lo como um composto, por exemplo, uma igreja invisível. Aqueles que pertencem a ela são compostos na ideia. Um composto formal [*compositum formale*] é aquele cujas partes não podem ser representadas de outra maneira senão na composição. Elas não podem ser pensadas separadamente. Posso muito bem representar partes do espaço, mas a ideia do todo se encontra sempre como o fundamento disso. Há apenas um único espaço. –

---

225. Segundo a definição de Baumgarten: "UMA COISA COMPOSTA [*ENS COMPOSI-TUM*] (em sentido estrito e simples) é um todo de partes fora das partes, enquanto que uma coisa não composta é simples (em sentido simples e rigoroso). UMA COISA COMPOSTA EM SENTIDO AMPLO é qualquer uma que tenha partes [...]"(Baumgarten, *Metaphysica*, § 224).

226. "Ou as partes de um composto, assumidas juntas e singularmente, são acidentes ou algumas das partes do composto são substâncias [§. 10, 191]. Se é o primeiro caso, a coisa composta é um acidente [§. 224, 155]. Se é o segundo, é um COMPOSTO EM SENTIDO ESTRITO (real)" (Baumgarten, *Metaphysica*, § 225). Kant faz uso da definição de composto real, aos moldes de Baumgarten, na antítese do "Segundo conflito das ideias transcendentais": "Como, no entanto, todo real que ocupa um espaço abarca em si uma diversidade de elementos que se encontram fora um do outro diverso e, portanto, é composto; e, como um composto real, não é constituído de acidentes (pois estes não podem, sem substância, existir um fora do outro), mas de substâncias, então o simples teria de ser um composto substancial; o que é autocontraditório" (*KrV*, B 464).

O surgimento e o perecimento [*ortus et interitus*] não são mudanças[227]. A criação não é uma mudança. As determinações sucessivas na coisa são mudanças. Estas determinações na coisa surgem ou desaparecem. Isto é mudança [*mutatio*]. A coisa surge significa: o ser segue do não ser. Isso sempre pressupõe um tempo. O surgimento é a existência da qual se segue toda duração. O perecimento é o não ser do qual se segue toda duração.

A questão principal é se um composto substancial consiste de substâncias simples. Se quero pensar um composto substancial, como isso é possível senão através da interação, na medida em que as substâncias têm uma influência recíproca uma em relação à outra[228]? Pois a interação consiste na influência recíproca [*influxu mutuo*]. Em todo composto substancial existe matéria e forma. A matéria é a substância, enquanto a forma é a relação das substâncias. Portanto posso pensar, em todo composto substancial, partes simples. O princípio fundamental aqui é: em todas as mudanças // do mundo a matéria perdura, enquanto a forma é alterada. A substância não perece. Esta lei da perdurabilidade da substância é comparável com a lei da causalidade, segundo a qual nada acontece sem causa, e concerne aos mesmos pares[229]. Todas as mudanças são o surgimento ou o perecimento dos acidentes [*assidentium*], a saber, se consideramos as coisas no tempo e a mudança do tempo,

---

227. Certamente, trata-se de uma crítica à definição do compêndio: "SURGIMENTO é a mudança [*mutatio*] a partir do não existente para o existente. A mudança do existente para o não existente é o PERECIMENTO [...]"(Baumgarten, *Metaphysica*, § 227). Na *Crítica*, Kant discute esse ponto na segunda analogia da experiência: "O último princípio estabeleceu que todos os fenômenos da sucessão temporal são apenas *modificações*, i.e. um sucessivo ser e não-ser das determinações da substância que permanece, portanto o ser da própria substância que se segue ao seu não-ser, ou o não-ser que se segue à existência; em outras palavras, que o surgir ou o desaparecer da própria substância não acontecem" (B 232-233).

228. Trata-se da questão apresentada na terceira analogia da experiência: "A relação das substâncias, no entanto, em que uma contém as determinações cujo fundamento está contido na outra, é a relação de influência e, se aquela contém, reciprocamente, o fundamento das determinações nesta última, é a relação de comunidade ou reciprocidade. A simultaneidade das substâncias no espaço, portanto, só pode ser conhecida na experiência sob a pressuposição de uma reciprocidade entre elas; esta é também, portanto, a condição de possibilidade das próprias coisas como objetos da experiência" (B 257- 258).

229. Pode-se supor que ambas supõem a perduração e a mudança (sucessão). A permanência é discutida na primeira analogia da experiência, enquanto a mudança ou a modificação, na segunda.

podemos dizer que o estado de todas as coisas é fluente e tudo está no fluxo do tempo. Mas nunca poderíamos observar tal coisa se não houvesse algo que perdurasse. O tempo, a sucessão das diversas coisas, nunca poderia ser percebido, se tudo mudasse e nada fosse perdurável. Toda modificação [Wechsel], toda mudança exige ao mesmo tempo algo perdurável, caso nossa experiência dessa mudança deva ser possível. A substância perdura; apenas // os acidentes se modificam. O modificável [Wechselnd] está sempre ligado com o perdurável e a determinação da existência no tempo ou no espaço só é possível se algo é perdurável. Não há nenhuma possibilidade da experiência, de modo que mudanças aconteçam, se algo não perdura. Apenas para fazer uma comparação um pouco grosseira, o marinheiro no mar não poderia observar seus movimentos se o mar se movesse com ele e se não houvesse algo perdurável, algo como um ilha, a partir do qual ele pudesse notar como se deslocou.

Do espaço e do tempo

Se retiro das coisas toda a existência, ainda permanece, contudo, a forma da sensibilidade, isto é, o *espaço* e o *tempo*[230]. Pois tais não são propriedades das coisas[231], mas propriedades de nossos

---

230. Na *Crítica*, o espaço e o tempo são os objetos de investigação da *Estética Transcendental*, a ciência de todos os princípios da sensibilidade *a priori*: "O espaço não é um conceito empírico que tenha sido derivado de experiências externas [...]. O espaço é uma representação necessária a priori que serve de fundamento a todas as intuições externas. [...] Ele é considerado, assim, como a condição de possibilidade dos fenômenos, e não como uma determinação deles dependente; e é uma representação a priori que, necessariamente, serve de fundamento a todos os fenômenos externos" (B 38-39). Por sua vez, "[o] tempo não é algo que exista em si ou que seja inerente às coisas como uma determinação objetiva e que, por conseguinte, subsista, quando se abstrai de todas as condições subjetivas da intuição das coisas. [...] O tempo não é mais do que a forma do sentido interno, isto é, da intuição de nós mesmos e do nosso estado interior [...]. O tempo é a condição formal *a priori* de todos os fenômenos em geral [...]" (B49-B50).

231. Como Leibniz, Baumgarten assume o espaço e o tempo como conceitos relacionais vinculados à esfera das substâncias. Em uma seção dedicada às mônadas, Baumgarten esclarece no § 23: "Se colocada uma próxima a outra, coisas ligadas [*coniuncta*] são SIMULTÂNEAS; se colocadas uma depois da outra, elas são SUCESSIVAS [...]"(Baumgarten, *Metaphysica*, § 239). Este esclarecimento é uma preparação para a sua definição de espaço e tempo no § 239: "A ordem das coisas simultâneas mutuamente colocadas uma fora da outra é o ESPAÇO; a ordem das coisas sucessivas é o TEMPO" (Baumgarten, *Metaphysica*, § 239).

sentidos. Não são propriedades objetivas, mas subjetivas. Posso representar o espaço e o tempo *a priori*, pois eles precedem todas as coisas. O espaço e o tempo são as condições da existência das coisas, são intuições particulares e não conceitos. Essas intuições não se referem a nenhum objeto. São vazias, são meras formas de intuições. O espaço e o tempo não são coisas mesmas, nem propriedades, nem uma natureza das coisas, mas são a forma da sensibilidade. A sensibilidade é a receptividade, a suscetibilidade de ser afetado. As formas da intuição não têm nenhuma realidade objetiva, mas apenas subjetiva. Se assumo o espaço como um ser em si, o espinosismo é irrefutável, isto é, as partes do mundo são partes da divindade. O espaço é a divindade. Ele é único, onipresente, nada pode ser pensado fora dele e tudo está nele – O tempo é *protensivo*[232], *extensivo* ou *intensivo*. É *protensivo* na medida em que um segue depois do outro. O *extensivo* diz respeito à pluralidade das coisas existentes ao mesmo tempo, enquanto o *intensivo* diz respeito à realidade. O espaço apenas precede as coisas como fenômenos. Os fenômenos não nos ensinam // *como* 63 *as coisas são*, mas como elas afetam nossos sentidos. Uma substância simples não pode ser extensa. – A divisão [*dividio*] é *lógica*, *metafísica* ou *física*[233]. A divisão do conceito puro é lógica. Todo conceito tem uma esfera [*sphaeram*] e a esfera pode ser subdividida [eingetheilt]. Assim é o conceito de ser humano, mas o conceito de animal inclui, por sua vez, // mais dentro de si. Estas são sub- 568 divisões e não divisões. A divisão metafísica consiste na distinção das partes, enquanto a divisão física consiste na separação das partes. O *espaço* e *tempo* podem ser divididos metafisicamente, mas não fisicamente, isto é, não podem ser separados. A distinção das partes não é uma separação [Trennung]. Tudo que é extenso é divisível. Toda parte da matéria é móvel e todo movimento é separação. A divisão é quantitativa ou qualitativa. A primeira é a divisão das substâncias na medida em que consistem de partes homogêneas, a segunda a divisão das substâncias na medida em que dizem respeito a partes heterogêneas. Essa última é chamada

---

232. Estendido no comprimento ou em uma dimensão.

233. Baumgarten, *Metaphysica*, § 244.

de disjunção [Scheidung]. Tal disjunção deve às vezes acontecer em pensamento.

Do finito e do infinito

O conceito do máximo [*maximi*] pertence ao conceito do *quantum*, de quantidade, enquanto que a totalidade [*omnitudo*] pertence ao conceito do *totum*, do todo. O máximo é um conceito relativo, isto é, ele não me dá nenhum conceito determinado. Posso dizer, então, que esse homem é o // mais erudito, a saber, entre muitos eruditos. Mas, nesse caso, ainda não sei *quão* erudito ele é. Entre outros, ele pode ser, por sua vez, o mais ignorante. A totalidade é um conceito absoluto. O conceito do infinito [*infiniti*] é bem diferente de ambos. O infinito é uma grandeza para a qual não pode ser indicada nenhuma medida determinada[234]. Toda grandeza é infinita se é impossível medi-la e estimá-la. Mas a impossibilidade encontra-se no sujeito, isto é, em nós. Se queremos medir uma grandeza, ela deve nos ser dada, por exemplo, uma vara, uma milha. Um número sempre expressa o conceito de grandeza. Posso, decerto, tê-la em vista, mas, para expressar a grandeza por meio de um conceito, devo ter uma unidade que tomo diversas vezes para poder medir dessa forma a grandeza dada e alcançar um conceito determinado dela. O espaço sideral é o maior *quantum* para o qual não posso indicar qualquer conceito determinado e que não pode ser medido.

O infinito pode ser tomado, propriamente, em dois sentidos. No primeiro, o conceito do infinito é um conceito puro do entendimento e então se chama infinito real [*infinitum reale*], isto é, nele não há quaisquer negações, ou seja, quaisquer limitações. No segundo sentido, o conceito do infinito refere-se ao espaço e ao tempo, consequentemente, aos objetos dos sentidos. E esta é a *infinitude matemática* que surge através da adição sucessiva //

---

234. Os conceitos de finito e infinito são definidos por Baumgarten nos seguintes termos: "[...] Considerando que é chamado limite (fronteira [cf. §. 350], fim [cf. §. 341]) o grau de realidade em que um maior é possível ou que não é o máximo [§. 247], então aquele tem, contudo, um limite será FINITO ([cf. §. 341]), enquanto que aquele que não tem um limite será INFINITO (real, ilimitado)" (Baumgarten, *Metaphysica*, § 248).

de unidade a unidade[235]. Diz-se que o espaço é infinito //, isto é, o conceito da grandeza do espaço nunca é total. No infinito real, penso a totalidade e tenho, portanto, um conceito determinado. Mas, no infinito matemático [*mathematico*], nunca posso pensar a totalidade coletiva [*collectivam*]. O infinito matemático significa um *quantum* dado ou que pode ser dado ao infinito [*in infinitum datum s. dabile*]. O *quantum* dado refere-se ao espaço, e o *quantum* que pode ser dado [*dabile*], ao número[236]. A todo número posso acrescentar um ainda maior e pensá-lo. Mas o infinito matemático dado [*infintitum mathematicum datum*] ultrapassa toda capacidade humana de conhecimento. Ele deve ser a *totalidade dos fenômenos*[237]. A grandeza dos fenômenos não pode ser dada, pois o fenômeno não é nenhuma coisa em si mesma e não tem qualquer grandeza. Trata-se, portanto, meramente da grandeza de minha progressão [*progressus*] no espaço e no tempo[238]. Do conceito da coisa real [*entis realis*] e de sua infinitude real não se pode inferir sua infinitude matemática. Nesse caso, a palavra infinitude não é sequer apropriada. Mas a coisa real é denomina-

---

235. Para uma discussão sobre o conceito de infinito, levando em conta a distinção entre infinito matemático e metafísico, ver *Lições sobre a Doutrina Filosófica da Religião*: "O conceito do infinito é tomado da matemática e pertence tão somente a ela, pois ele nunca determina uma grandeza absoluta, mas sempre só uma grandeza relativa. [...] vemos também que o conceito do infinito expressa tão somente a proporção de nossa incapacidade para determinar o conceito de grandeza, uma vez que a grandeza mesma é maior do qualquer número que eu possa pensar e, por conseguinte, não me dá nenhum conceito determinado da grandeza mesma. Basicamente, portanto, quando denomino um objeto como *infinito*, não obtenho nenhuma vantagem com isso além do fato de que, dessa forma, aprendo a compreender minha incapacidade de expressar a sua grandeza por numeros" (AA XXVIII: 1017-1019).

236. Em Pölitz, lemos "ao tempo" [auf die Zeit]. Optamos, nesse ponto, por Lehmann.

237. Esse ponto parece se remeter, na *Crítica da Razão Pura*, ao "sistema das ideias cosmológicas": "Deve-se observar primeiramente que a ideia da totalidade absoluta não envolve outra coisa senão a exposição dos *fenômenos*, e não, portanto, o conceito inteligível puro de um todo das coisas em geral. Aqui, portanto, consideram-se os fenômenos como dados, e a razão exige a completude absoluta das condições de sua possibilidade na medida em que estas constituem uma série [...]" (B 443).

238. Na *Crítica*, ainda no sistema das ideias cosmológicas, Kant faz a seguinte distinção: "Nós temos duas expressões, *mundo* e *natureza*, que por vezes se confundem. A primeira significa o todo matemático dos fenômenos e a totalidade de sua síntese tanto no grande como no pequeno, i.e. tanto na sua progressão por meio da composição como por meio da divisão. Exatamente o mesmo mundo, porém, é denominado natureza quando se o considera como um todo dinâmico e se tem em vista não a agregação no espaço ou no tempo, para produzi-lo como uma grandeza, mas a unidade na *existência* dos fenômenos" (B 446-447).

da infinita porque essa palavra indica, ao mesmo tempo, nossa incapacidade. Mas *não podemos compreender* qual relação tem a infinitude real com a infinitude matemática ou com o número. Se o espaço e o tempo fossem propriedades das coisas em si mesmas, a infinitude do mundo seria, decerto, incompreensível, mas nem por isso impossível. Mas, como o espaço e o tempo não são propriedades das coisas em si mesmas, então do // incompreensível já resulta a impossibilidade de um mundo dado infinitamente. –

Da identidade e da diferença

Em última análise, estes conceitos pertencem à lógica. Mas eles aparecem aqui, por causa do princípio de *Leibniz*, o princípio de identidade dos indiscerníveis[239]. O princípio de identidade dos indiscerníveis [*principium identitatis indiscernibilium*] é o que se segue: "coisas que concordam em todas as características são numericamente idênticas" [*sunt numero eadem*]. Coisas totalmente idênticas internamente não são diferentes [*interne totaliter eadem non sunt diversa*]. (As determinações internas de uma coisa são a qualidade [*qualitas*] e a quantidade [*quantitas*]). Mas essa premissa é falsa. Se, *através do entendimento*, pensamos coisas que são idênticas por completo, concordando em todas as características, elas são, de maneira evidente, numericamente idênticas [*numero eadem*] enquanto númeno. Mas é diferente com os objetos *dos sentidos*, pois todas as partes do espaço são externas umas às outras e já são determinações externas[240]. Os objetos no

---

239. Leibniz, W. *Discurso de Metafísica*, Seção IX. Baumgarten, *Metaphysica*, § 269.

240. Esta mesma distinção, bem como a contestação do princípio de Leibniz, é reafirmada e desenvolvida na *Crítica da Razão Pura*: "Se um objeto nos é apresentado diversas vezes, mas a cada vez com as mesmíssimas determinações internas (*qualitas et quantitas*), e se vale como objeto do entendimento puro, então ele é sempre o mesmo e não muitas, mas apenas uma coisa (*numerica identitas*); se, no entanto, ele é um fenômeno, não se trata por certo de comparar os conceitos: por mais que tudo seja idêntico para estes, a diversidade de lugares desse fenômeno no mesmo tempo é uma razão suficiente para a *diversidade numérica* do próprio objeto (dos sentidos) [...]. Leibniz tomava os fenômenos como coisas em si mesmas, portanto como *intelligibilia*, i.e. como objetos do entendimento puro (embora, por uma confusão de suas representações, desse aos mesmos o nome de fenômenos (*Phänomene*)), e com isso o seu princípio dos *indiscerníveis* (*principium identitatis indiscernibilium*) não podia ser de modo algum refutado" (B 319-320).

espaço já são, por isso, diversos [*plura*], porque estão no espaço. Por exemplo, se duas gotas de água // ou dois ovos, segundo as determinações internas e segundo a quantidade e qualidade, fossem iguais por completo, concordando em tudo (embora isso não se encontre na natureza), eles seriam, contudo, diferentes (não idênticos numericamente), justamente porque estão em lugares diferentes, um externo ao outro, e não em um único e mesmo lugar [*in uno eodemque loco*]. – 570

O *momento*[241] é o *limite do tempo*. É // aquilo que determina a posição [*positum*]. É aquilo que é o *ponto* no espaço. Por isso, pode-se chamá-lo também ponto do tempo. Mas o tempo não consiste de momentos, pois não posso pensar estes últimos antes que tenha um tempo e nem o limite da coisa antes que tenha a coisa mesma. A determinação da grandeza de uma coisa através da comparação com a unidade se chama *medida*[242]. O conceito de dimensão também não pertence à metafísica. O espaço tem três dimensões, enquanto o tempo tem apenas uma. A dimensão é propriamente a representação da grandeza de uma coisa, que é, no entanto, diferente das outras segundo a forma. O tempo que é simultâneo aos pensamentos do tempo é o presente. O tempo que se segue aos pensamentos é o futuro e o que os precede é o tempo passado[243]. A existência que se segue ao não ser é o início. O não ser que se segue à existência é o fim. 67

Tudo que existe no tempo existe no instante [*in instanti*] ou de maneira permanente [*perdurabile*]. A duração é a grandeza da existência de uma coisa[244]. A existência que é menor do que todo tempo é um *momento*. É o limite do tempo. A existência maior do que todo o tempo ou o tempo sem limite é a *eternidade*. A *sempiternidade* [*sempiternitas*] é a duração futura infinita, embora não se veja o começo infinito[245]. A eternidade, como um conceito do

---

241. Segundo a definição escolástica: "O tempo simultâneo ao momentâneo é chamado INSTANTE (momento) [...]" (Baumgarten, *Metaphysica*, § 300).

242. Baumgarten, *Metaphysica*, § 291.

243. Baumgarten, *Metaphysica*, § 297.

244. "A continuação da existência é DURAÇÃO [...]" (Baumgarten, *Metaphysica*, § 299).

245. "ETERNIDADE (em sentido rigoroso [cf. §. 299]) é a duração sem início e fim. A duração na medida que é sem fim é EVITERNIDADE e a duração simultânea a todo tempo é SEMPITERNIDADE" (Baumgarten, *Metaphysica*, § 302).

entendimento, é apenas uma duração ilimitada, enquanto que a eternidade no tempo é sempiternidade. Com o conceito de barreiras [Shranken], que é um conceito puro do entendimento, está relacionado o conceito // de *limites*, que é um conceito matemático, bem como o conceito de infinitude. A medida de uma coisa em si mesma é a totalidade e esta é a grandeza absoluta, que é a escala própria das coisas, pois todas as coisas são possíveis pela restrição [Einschränkung] dessa totalidade. O conceito de limite pertence apenas aos fenômenos, enquanto que o de barreiras [Schranken], aos númenos. O espaço corpóreo tem como limite a superfície, o espaço da superfície tem como limite a linha, e a linha, o ponto. O ponto é a posição determinada do espaço. O ponto está no espaço, mas não é parte dele. O limite [*limes*] é a negação, cujo propósito é o de que a coisa não seja um máximo [*ut ens non sit maximum*]. Mas o tempo tem apenas um limite, a saber, o momento.

571 // *Da causa e do efeito*

É preciso distinguir entre causa e fundamento. Aquilo que contém o fundamento da possibilidade é o fundamento [*ratio*] ou princípio do ser [*principium essendi*]. O fundamento da realidade [*principium fiendi*] é a causa[246] [*causa*]. Aquilo que contém o fundamento de algo é chamado geralmente de princípio[247] [*prin-*

---

246. Em paralelo a Baumgarten: "O princípio da possibilidade é chamado PRINCÍPIO DO SER [*PRINCIPIUM ESSENDI*] (de composição). A causa é chamada PRINCÍPIO DO TORNAR-SE [*PRINCIPIUM FIENDI*] (de geração) e o princípio do conhecer é chamado de PRINCÍPIO DO CONHECIMENTO [*PRINCIPIUM COGNOSCENDI*]" (Baumgarten, *Metaphysica*, § 311). Kant apresenta uma discussão acerca destas noções na proposição IV de *Nova Dilucidatio*, defendendo que a *ratio essendi* e a *causa* são idênticas, mas ambas são diferentes da *ratio cognoscendi* (AA I: 391-393). Na *Crítica*, os conceitos de causa e efeito, enquanto conceitos puros do entendimento, são estabelecidos dentro da categoria de relação (B 106). Como Kant explica em sua "segunda analogia", "o princípio da sucessão temporal se dá segundo a lei da causalidade. [...] Todas as modificações acontecem segundo a lei da conexão de causa e efeito. O conceito, porém, que traz consigo uma necessidade da unidade sintética, só pode ser um conceito puro do entendimento, o qual não se localiza na percepção; e aqui ele é o conceito da *relação de causa e efeito*, pelo qual o primeiro determina o último como consequência [...]. A própria experiência, portanto, i.e. o conhecimento empírico da mesma, só é possível porque nós subordinamos a sucessão dos fenômenos, portanto toda modificação, à lei da causalidade (B 233-234).
247. "Aquilo que contém o fundamento de outro é seu PRINCÍPIO [...]" (Baumgarten, *Metaphysica*, § 307).

cipium]. A causa é aquilo que contém o fundamento da realidade da determinação ou da substância. As três linhas no triângulo são, decerto, o fundamento, mas não a causa. A causa é utilizada também a propósito da negação. Por exemplo, a falta de atenção é a causa dos erros. Toda causa deve ser em si mesma algo real, pois aquilo que é o fundamento da realidade é algo positivo //. A consequência [*rationatum*] da causa é o efeito [*causatum*]. Aquilo que é um efeito de uma causa é um dependente[248] [*dependens*]. A causa, na medida em que não é efeito de outra [*causatum alterius*], é um independente [*independens*]. Uma coisa independente [*ens independens*] é uma coisa por si mesma [*ens a se*]. Tal não se chama coisa por si mesma porque deveria existir a partir de si mesma, mas porque existe sem causa. É a primeira na série dos efeitos e causas. A coisa contingente não é uma coisa por si mesma, mas dependente de outra [*dependens ab alio*] e, portanto, é um efeito [*causatum*]. Ele é o membro subsequente na série dos efeitos e causas.

Um ser contingente é também necessário, mas apenas condicionalmente necessário, enquanto que as coisas por si [*entia a se*] são absolutamente necessárias. Portanto, tudo é absolutamente ou hipoteticamente necessário, pois se fosse contingente valeria apenas para o sujeito e não para o objeto. Contingente é aquilo cujo não ser é possível[249]. Não posso conhecer esse não ser segundo o princípio de contradição. Não somos capazes de discernir a contingência absoluta bem como a necessidade absoluta de uma coisa pela razão e nem pela experiência, mas apenas a sua contingência [*Contingenz*] ou necessidade relativa. Não se pode conhecer *a priori*, a partir de meros conceitos, se uma coisa é em si contingente, pois sou capaz de me abstrair de todas as coisas. O contrário de todas as coisas é possível, é pensável[250]. Nele nada se contradiz em meu conceito. A partir da mudança

---

248. Baumgarten, *Metaphysica*, § 313.

249. Em complemento, o compêndio conclui: "[...] Logo o fundamento suficiente da existência de uma coisa contingente e finita não está em suas determinações internas" (Baumgarten, *Metaphysica*, § 308).

250. Lemos em Pölitz, entre parênteses, "(por assim dizer, um eterno nada)". A linha foi retirada por Lehmann.

sucessiva da coisa ou a partir do não ser, não sou capaz de inferir a contingência, assim como não sou capaz de inferir a necessidade da existência a partir da existência. Aqui // está, pois, a questão sobre se uma coisa poderia, ao mesmo tempo, ser ou não ser no mesmo momento. Mas é impossível que eu tenha discernimento disto. Assumimos, decerto, um ser absolutamente necessário[251], mas não somos capazes de discernir como um Ser supremo pode existir de modo absolutamente necessário, pois o contrário, o não ser, é pensável, // isto é, nada disso se contradiz em meu entendimento. Podemos conhecer a contingência das coisas apenas em seu surgimento e perecimento e não a partir de meros conceitos. É contingente aquilo que se torna o que antes não era e vice-versa. Chama-se, propriamente, contingente aquilo que acontece e isso deve ter uma causa. Aquilo que acontece consiste em surgimento ou perecimento, ou na mera transformação de uma coisa. A transformação pertence meramente ao estado e, nesse caso, posso dizer que seu estado é contingente, mas nem por isso a coisa mesma é contingente. Posso inferir a contingência da coisa mesma somente a partir de seu surgimento e perecimento Os estados devem, portanto, ter uma causa, mas eu nunca me pergunto sobre a causa da matéria. Aquilo que contém o fundamento de alguma coisa, chama-se, como já lembramos, princípio. Aquilo que contém o fundamento da realidade chama-se *causa* ou *principium fiendi*. Aquilo que contém o fundamento da possibilidade, chama-se *principium essendi*. Aquilo que contém o fundamento do conhecimento, chama-se *principium cognoscendi*. Diversas causas juntas podem ser causas da realidade de uma coisa e, nesse caso, se chamam causas coexistentes [*concausae*]. A causa solitária [*causa solitaria*] é quando há apenas uma causa[252] //. As causas coexistentes são coordenadas ou subordinadas[253]. São subordinadas se uma causa coexistente é o efeito [*causatum*] das outras. Mas se diversas causas coexistentes são causas de um efeito [*causati*]

---

251. Baumgarten, *Metaphysica*, § 309-311.

252. No manual, lemos: "Muitas causas de um e mesmo efeito são CAUSAS COEXISTENTES [CONCAUSAE] e são chamadas CONCORRENTES no mesmo efeito. Uma CAUSA, que não tem uma causa coexistente, é uma CAUSA SOLITÁRIA" (Baumgarten, *Metaphysica*, § 314).

253. Baumgarten, *Metaphysica*, § 315.

elas são coordenadas. As causas coordenadas concorrem [*causae coordinatae concurrunt*], mas não as subordinadas. Toda causa é então um *complementum ad sufficientiam* e deve ser considerada como uma parte complementar do efeito [*causati*]. Elas são coordenadas umas com as outras. Só Deus é causa solitária. Todas as outras causas são subordinadas a Ele, mas nenhuma é coordenada.

A causa eficiente [*causa efficiens*]. Muitos elementos contêm, decerto, o fundamento de uma coisa [Sache], mas não é a sua causa real. Há tanto causas positivas quanto negativas. A causa eficiente é uma causa *mediante força eficiente*[254]. A condição necessária [*conditio sine qua non*] é uma determinação de coisas que não é, decerto, negativa, mas que também não é chamada causa *eficiente*, embora seja contada como causa. Nas bolas de canhão, a pólvora é a condição necessária, mas a causa eficiente é o soldado que coloca fogo no canhão. Entre as causas coordenadas, uma é a principal [*principalis*], enquanto as outras são secundárias[255] [*secundaria*]. Se uma é a causa principal e a outra menos principal [*minus principalis*], a última é uma causa auxiliar[256] [*causa auxiliaris*]. As causas instrumentais[257] [*causae instrumentales*] são causas subordinadas [*causae subordinatae*], na medida em que são determinadas em relação à causalidade [*quoad causalitatem*] pela causa principal, por exemplo, os soldados. Aquilo que é atribuído à causa instrumental é // imediatamente atribuído à causa principal, isto é, caso ela dependa completamente da causa principal. // Se ela não depende completamente da causa principal, então não é atribuída completamente à causa principal, mas nesse caso é uma causa espontânea [*causa spontanea*]. Por exemplo, o que o serviçal faz, na medida em que recebe de seu senhor uma ordem absoluta, atribui-se ao senhor como causa principal, mas não nos aspectos nos quais ele não depende do senhor.

---

254. "A CAUSA de uma realidade por meio de uma ação é uma CAUSA EFICIENTE; por meio de uma negação, no entanto, é uma CAUSA DEFICIENTE [...]" (Baumgarten, *Metaphysica*, § 319).

255. Baumgarten, *Metaphysica*, § 314.

256. Baumgarten, *Metaphysica*, § 320.

257. Baumgarten, *Metaphysica*, § 322.

Uma ação particular junto com seus efeitos chama-se *aconte-cimento*. A relação [Verhaltniss] na qual um acontecimento ocorre é a *circunstância*[258] [*circunstantia*]. Esta relação [Beziehung] externa é segundo o espaço ou o tempo. As circunstâncias constituem essa relação de espaço e tempo. A soma total de todas as relações do espaço e do tempo, que concorrem para o acontecimento, chama-se *ocasião*. Portanto existe uma ocasião de lugar e de tempo. A ocasião de lugar chama-se oportunidade [*opportunitas*], e a de tempo, temporalidade[259] [*tempestivitas*]. Da última se diz: deve ser aproveitada, porque o tempo passa.

Diz-se que *as circunstâncias modificam a coisa*. A menor circunstância muda a coisa[260] [*minima circunstantia variat rem*]. Se as circunstâncias não concorrem, elas não mudam o acontecimento. A partir do acima exposto, já resulta que colocada a causa é colocado o efeito[261] [*posita causa ponitur effectus*]. Mas, se é bastante certo que, quando a causa é suprimida, o efeito é suprimido[262] [*sublata causa tollitur effectus*], não é certo que, quando o efeito é suprimido, a causa é suprimida [*subleto effectu tollitur causa*], mas, em vez disso, que a causalidade da causa é suprimida [*tollitur causalitas causae*]. A expressão "tal causa, tal efeito" [*qualis causa, talis effectus*] não significa que a causa é semelhante ao efeito, pois causa e efeito não encerram uma relação de similaridade[263] ou // uma conexão nos conceitos, mas nas coisas [Sachen]. Isso significa que os efeitos se comportam como as suas causas ou que as denominamos apenas depois dos efeitos. Se, portanto, há um outro efeito, a causa também tem de ter um outro nome. Mas causas e efeitos não podem ser pensadas tautologicamente, pois são coisas totalmente diferentes. A proposição "o efeito deve ser *semelhante* à causa e vice-versa" só é aplicável à fisiologia

---

258. Baumgarten, *Metaphysica*, § 323.

259. Baumgarten, *Metaphysica*, § 323.

260. Baumgarten, *Metaphysica*, § 324.

261. Baumgarten, *Metaphysica*, § 326.

262. Baumgarten, *Metaphysica*, § 328.

263. Trata-se de uma crítica, a partir da perspectiva transcendental, ao ponto de vista escolástico de Baumgarten, para quem "todo efeito é similar à causa eficiente ou à causa deficiente [§. 265]. Isto é dizer: tal causa, tal efeito [*qualis causa, talis effectu*] [...]" (Baumgarten, *Metaphysica*, § 329).

dos seres organizados. O efeito atesta a causa [*effectus testatur de causa*]. Já somos capazes de ver uma coisa como efeito, antes de conhecer a causa, como, por exemplo, tudo que é contingente. Mas se deve entender dessa proposição apenas que o efeito atesta a causa no que diz respeito à qualidade da causalidade[264] [*effectus testatur de causa quoad qualitatem causalitatis*], pois conheço as forças eficientes da causa [*vires efficientes causae*] através do todo de todos os efeitos imediatos, mas apenas de acordo com a causalidade. Por conseguinte, não somos capazes de conhecer Deus totalmente, mas apenas na medida em que Ele se revelou no mundo, // segundo a proporção da grandeza do mundo. O conhecimento de Deus é, portanto, igual apenas ao conhecimento dos efeitos de Deus. Ora, isto depende de quão grande são meus conhecimentos dos efeitos de Deus. Portanto não é para se assumir a proposição "o efeito atesta a causa" estritamente.

574

Esta conexão [*nexus*] é a conexão causal [*nexus causalis*], em especial uma conexão efetiva [*effectivus*]. Esta conexão efetiva tem de ser distinguida, principalmente, da conexão de finalidade[265] [*nexu finali*] e, decerto, no método de filosofar, de modo a não substituirmos a conexão de finalidade pela conexão efetiva. Por que, por exemplo, // uma ferida se cicatriza no corpo? Se se quisesse responder que a providência já o predispôs dessa maneira, tratar-se-ia de uma conexão de finalidade, mas não de uma conexão efetiva. Aqui desejo saber a causa pela qual acontece. Discernir a conexão efetiva é a verdadeira filosofia. Se não faço progresso na investigação das causas e apelo para o princípio de conexão de finalidade, trata-se de uma petição de princípio [*petitio principii*]. Muitos filósofos adotaram o princípio de conexão de finalidade e acreditaram também ter descoberto muito em relação a ele. Assim *Leibniz* supôs, por exemplo, que um feixe de luz percorre o caminho menor de um lugar para outro. Daí

74

---

264. Outra crítica ao ponto de vista escolástico segundo o qual as "qualidades [§. 329] e as quantidades [§. 331] e assim as determinações de uma causa podem ser conhecidas a partir de um efeito [§. 70, 67]. Logo o efeito é o princípio cognoscente da causa [§. 311], isto é, o efeito atesta a causa" (Baumgarten, *Metaphysica*, § 333).

265. "A conexão causal de meio e fim é a CONEXÃO DE FINALIDADE [...]" (Baumgarten, *Metaphysica*, § 343).

ele deduziu depois as leis da dióptrica[266]. *Epicuro* rejeitou por completo a conexão de finalidade, enquanto *Platão*, por sua vez, a assumiu completamente. Ambos estão errados e precisam ser combinados[267]. Tanto quanto é possível, tenho de tentar sempre derivar tudo a partir de causas e, então, também assumir um Ser que dispôs tudo em conformidade a fins. – Se assumo unicamente a conexão de finalidade, não sou, contudo, capaz de conhecer todos os fins. Por certo, posso pensar mesmo fins que podem se fundar em quimeras e ignoro as causas. Mas isso é um grande prejuízo para a investigação. Apelar unicamente para a conexão de finalidade é *uma almofada da filosofia preguiçosa*[268]. Na filosofia, deve-se, primeiramente, tentar derivar tudo a partir de causas e, portanto, segundo o princípio da conexão efetiva. E, mesmo que, com muita frequência, isso falhe, não é, contudo, nenhum esforço em vão, pois o método e o caminho para investigar algo de *tal* maneira // está em conformidade com a filosofia e com o entendimento humano. Muitas pressuposições são falsas. Mas, se continuamos a investigá-las, descobrimos ocasionalmente, ao contrário das expectativas, outras verdades. *Rousseau*, por exemplo,

---

266. Leibniz, W. *Unicum opticae, catoptricae e dioptricae principium*, 1682.

267. A combinação das duas hipóteses é certamente um pressuposto do pensamento de Kant em geral, tanto em sua fase inicial, na qual Kant busca, como propôs na *História Natural Universal e Teoria do Céu*, uma justificativa para a ordem do mundo a partir das próprias leis naturais, leis as quais, por meio do comportamento mecânico da matéria, leva-nos a admitir fins perfeitamente ordenados (AA, I: 225-229), quanto no período crítico, no qual admite a conformidade a fins em referência a um princípio regulador que "exige que se pressuponha absolutamente, isto é, como resultante da essência das coisas, a unidade sistemática como *unidade da natureza*, que não é conhecida de maneira simplesmente empírica, mas que é pressuposta *a priori*, embora ainda de forma indeterminada" (B 721). Anos à frente, na *Crítica da Faculdade de Julgar*, Kant vai defender mais especificamente, partindo da concepção de juízos reflexionantes teleológicos, as razões pelas quais, na pesquisa natural e no que diz respeito a nossa faculdade de conhecimento, devemos pensar que a natureza é constituída segundo fins (AA VI: 437). Ver também *Lições sobre a doutrina Filosófica da Religião* (AA XXVIII: 1069-1070).

268. Como Kant constata nas *Lições sobre a Doutrina Filosófica da Religião*: "Esta é uma espécie de razão preguiçosa que gostaria de poder ser dispensada de toda investigação ulterior que, a partir causas naturais, descobre também efeitos naturais" (AA XXVIII: 1071). Na *Crítica da Razão Pura*, Kant faz uma referência à razão preguiçosa como "[o] primeiro vício que resulta do uso da ideia de um Ser supremo" (B 717) em sentido constitutivo. Dessa forma, "[e]fetivamente, todos os fins que se manifestam na natureza, e que muitas vezes são apenas invenção nossa, servem para nossa maior comodidade na investigação das causas, e assim, em vez de as procurarmos nas leis universais do mecanismo da matéria, apelamos diretamente para os decretos insondáveis da sabedoria suprema; e damos por terminado o trabalho da razão, porque nos dispensamos do seu uso" (B 719).

pressupôs que o ser humano é bom por natureza e que todo mal [Böse] emerge do fato de não o prevenirmos. Com efeito, a educação deve ser negativa e os seres humanos deveriam ser prevenidos do mal através da educação[269]. Isto é bastante agradável, embora // o princípio seja falso. Mas, se assumo que o ser humano é mau por natureza, ninguém se esforçará para impedir o mal, uma vez que, no fim das contas, ele já se encontra na natureza. Então a educação se baseará nas aspirações dirigidas ao Ser supremo, com o propósito de que Ele possa dar um fim ao mal por meio de uma força sobrenatural.

Deve-se, portanto, permanecer na conexão efetiva mesmo que se veja à frente que não se têm feito progressos em todas as áreas por este caminho.

Da matéria e da forma

Na natureza de nossa razão já se encontra essa diferença entre matéria e forma. A *matéria* é o *datum*, aquilo que é dado e, portanto, o material [Stoff]. – Mas a *forma* é a maneira como estes dados [data] são postos, como a diversidade se encontra em ligação[270]. Em todas as partes, vemos matéria e forma. Em nossos juízos e em nossas obras, encontramos matéria e forma. Os antigos diziam que o universal [*universale*] // ou o gênero [*genus*] seria a matéria, enquanto a diferença específica [*differentia specifica*], a forma[271]. Por exemplo, o ser humano seria o gênero e, portanto, a matéria, enquanto que o ser humano erudito, a diferença específica e, portanto, a forma. Os antigos consideravam muito a forma. Eles diziam que ela seria a essência das coisas [Sachen]. Isto é também bastante correto, pois em coisa alguma podemos produzir a matéria, mas apenas a forma, como, por exemplo, os artistas e artesãos. Em nossa alma, as sensações são a matéria, enquanto todos os nossos conceitos e juízos são a forma.

---

269. Rousseau, J. J. *Emílio*, Livro I e II.

270. Baumgarten, *Metaphysica*, § 345.

271. Lemos em paralelo na *Crítica*: "Antigamente, os lógicos denominavam matéria ao universal, e forma à diferença específica" (*KrV*, B 322).

A matéria, em sentido *físico*, é o substrato dos objetos extensos, a possibilidade dos corpos. Mas, em sentido *transcendental*, todo dado é uma matéria, enquanto a relação dos dados, a forma[272]. A matéria transcendental é o determinável [*determinabile*], enquanto a forma transcendental, a determinação ou a ação de determinar [*actus determinandi*]. A matéria transcendental é a realidade ou o dado de todas as coisas. A limitação da realidade, no entanto, constitui a forma transcendental. Todas as realidades das coisas se encontram, por assim dizer, na matéria infinita, onde se separa então algumas realidades para uma coisa, o que é a forma.

A matéria distingue-se em matéria a partir da qual [*ex qua*], na qual [*in qua*] e em torno da qual[273] [*circa quam*]. – A matéria a partir da qual é o determinável mesmo, uma coisa que já está determinada. A matéria em torno da qual significa a matéria no ato mesmo de determinação [*in ipso determinationis actu*]. Por exemplo, o texto de um sermão não é matéria a partir da qual, mas em torno // da qual algo se movimenta [*circa quam aliquis versatur*]. // – A matéria na qual significa o sujeito da inerência. A matéria em torno da qual significa propriamente os pensamentos mediante os quais é dada a forma a uma coisa. Por exemplo, o plano de um edifício é matéria em torno da qual, mas as pedras, a madeira etc. são as matérias a partir das quais. – A diferença é bastante sutil.

A filosofia transcendental

A filosofia transcendental é a filosofia dos princípios, dos elementos *a priori* do conhecimento humano[274]. Trata-se, ao mesmo tempo, do fundamento de como é possível uma geometria *a prio-*

---

272. Na estética transcendental, na primeira parte da doutrina transcendental dos elementos, lemos: "Àquilo que no fenômeno corresponde à sensação eu denomino a *matéria* do mesmo, mas àquilo que faz com que o diverso do fenômeno possa ser ordenado em certas relações eu denomino a *forma* dos fenômenos" (*KrV*, B 34). Ver também a distinção no apêndice sobre a anfibolia dos conceitos da reflexão (B 322).

273. No compêndio escolástico, define-se: "Se uma coisa é concebida como determinável é chamada MATÉRIA A PARTIR DA QUAL [cf. §. 295, 296]; se é concebida no ato mesmo de determinação é chamada MATÉRIA EM TORNO DA QUAL (um objeto, um sujeito de ocupação); se é concebida depois de feita a determinação é chamada MATERIAL NA QUAL [...]" (Baumgarten, *Metaphysica*, § 344).

274. Na *Crítica da Razão Pura*, Kant apresenta a seguinte definição: "Eu denomino *transcendental* todo conhecimento que se ocupe não tanto com os objetos, mas com o nosso modo de conhecer os objetos, na medida em que estes devam ser possíveis a priori. Um *sistema* de tais conceitos se denominaria *filosofia transcendental*" (B 25).

ri. É bastante necessário saber, no entanto, como uma ciência pode ser produzida a partir de nós mesmos. Essa investigação provavelmente não seria tão necessária em relação à geometria, se não tivéssemos outros conhecimentos *a priori* que nos são muito importantes e interessantes, como, por exemplo, o da origem das coisas, o do necessário e contingente e se o mundo é necessário ou não. Estes conhecimentos não possuem evidências tais como a geometria. Por isso, se queremos saber como é possível um conhecimento do ser humano *a priori*, temos de distinguir e investigar todos os conhecimentos *a priori*. Somos capazes, então, *de determinar os limites do entendimento humano* e todas as quimeras, que são normalmente possíveis na metafísica, são submetidas // a princípios determinados e regras. Agora, no entanto, vamos classificar os princípios do conhecimento humano:

78

1) em princípios *a priori* da sensibilidade e esta é a *estética transcendental*[275], a qual compreende em si o conhecimento e conceitos *a priori* de espaço e tempo e;

2) em princípios *a priori* do conhecimento intelectual humano e esta é a *lógica transcendental*[276]. Estes princípios *a priori* do conhecimento humano são as categorias do entendimento que, como tal, já foram demonstradas anteriormente, e estas esgotam tudo o que o entendimento compreende em si *a priori*; a partir delas, no entanto, podem ser derivados posteriormente ainda outros conceitos.

Se decompuséssemos os conceitos transcendentais dessa maneira, teríamos então uma *gramática transcendental* que contém o fundamento da linguagem humana[277], por exemplo, o modo como

---

275. Em definição, na *Crítica*: "A uma ciência de todos os princípios da sensibilidade a priori eu denomino *estética transcendental*" (B 35).

276. Em paralelo à *Crítica*, lemos: "Na expectativa, pois, de que talvez haja conceitos que, não como intuições puras ou sensíveis, mas apenas como ações do pensamento puro, possam referir-se a priori a objetos – conceitos, portanto, cuja origem não é nem empírica nem estética –, então podemos ter uma ideia antecipada de uma ciência do entendimento puro e do conhecimento racional por meio da qual nós pensemos objetos inteiramente a priori. Uma tal ciência, que determine a origem, o alcance e a validade objetiva de tais conhecimentos, teria de denominar-se *lógica transcendental* [...]" (B 81).

277. Com base nos princípios da filosofia transcendental, Kant posiciona-se diante do § 350 da seção VIII do manual que trata do signo e do significado: "[...] se eles [todos os signos e suas formas] podem ser lidos em toda linguagem particular, seu conjunto é uma LINGUAGEM UNIVERSAL" (Baumgarten, *Metaphysica*, § 350).

o presente [*praesens*], o pretérito perfeito [*perfectum*] e o mais que perfeito [*plusquamperfectum*] se encontram em nosso entendimento; o que são advérbios [*adverbia*] // etc. Se refletíssemos sobre isso, teríamos uma gramática transcendental. A lógica conteria o uso formal do entendimento. Então poderia se seguir a filosofia transcendental, a doutrina *a priori* dos conceitos universais.

Da ideia e do ideal

Há conhecimentos *a priori* por meio dos quais os objetos são possíveis. O fato de que um objeto seja possível meramente por meio de um conhecimento é estranho, mas todas as ordenações, todas as relações em conformidade a fins, são possíveis por meio de um conhecimento. Por exemplo, uma verdade não é possível sem um conhecimento que a preceda. O conhecimento *a priori* por meio do qual o objeto é possível é a *ideia*.[278] *Platão* disse que se deve estudar as ideias. Ele diz que, em Deus, as ideias são intuições, enquanto que nos seres humanos, reflexões. Por fim, ele falou sobre elas como se fossem coisas. – A ideia é imutável, ela é o essencial, o fundamento por meio do qual os objetos são possíveis.

Um *arquétipo* é, propriamente, um objeto da intuição, na medida em que é o fundamento da imitação. Então *Cristo* é o *arquétipo de toda moralidade*[279]. *Mas, para considerar algo como arquétipo, temos antes de ter uma ideia segundo a qual podemos conhecer o arquétipo* para sustentá-lo como tal, pois, caso contrário, não seríamos por certo capazes de conhecer o arquétipo e poderíamos, portanto, ser enganados. Mas, se temos uma ideia de alguma coisa – por exemplo, da moralidade suprema – e nos

---

278. Sobre isso, Kant esclarece na *Crítica da Razão Pura*: "Um conceito a partir de noções, que ultrapassa a possibilidade da experiência, é uma *ideia* ou conceito da razão" (B 377). E acrescenta: "As *ideias*, porém, estão ainda mais longe da realidade objetiva que as *categorias*; pois não se pode encontrar nenhum fenômeno capaz de representá-las *in concreto*. [...] Mais distante ainda da realidade objetiva do que as ideias, porém, parece ser aquilo que eu denomino *ideal*, e pelo qual entendo a ideia não apenas *in concreto*, mas *in individuo*, i.e. como uma coisa singular que só é determinável, ou mesmo determinada, através da ideia" (B 595-596). Ver também *Lições sobre a Doutrina Filosófica da Religião* (AA XXVIII: 995).

279. Ver *Religião nos limites da simples razão* (AA VI: 60-78).

é dado agora um objeto da intuição, nos é representado alguém como tal que é congruente com essa ideia e então podemos dizer: este é o arquétipo, siga-o! - Se não temos nenhuma ideia, então não podemos assumir qualquer arquétipo, // mesmo que viesse do paraíso. Devo ter uma ideia a fim de procurar o arquétipo *in concreto*. - O modelo é um fundamento de imitação. Podemos, decerto, realizar ações e objetos segundo um modelo, mesmo *sem ideia*, mas então tais concordam apenas *coincidentemente* com o modelo. Na moralidade, não se deve assumir nenhum modelo, mas seguir o arquétipo que se iguala à ideia de santidade.

80

2) Cosmologia//[280]

195

Conceito de mundo

Uma vez que a cosmologia toma seus princípios emprestados não da experiência, mas da razão pura, ela pode ser chamada de *cosmologia racional*[281]. Mas, uma vez que o objeto mesmo – e não unicamente os princípios – também é um objeto da razão pura e não da experiência, ela é chamada cosmologia transcendental [*transcendentalis*]. Já falamos, na ontologia, dos conceitos limites em que se constituem o limite na série dos conhecimentos. - Na relação [Relation], estes conceitos eram três: a relação [Verhält- niss] da substância com o acidente, da causa com o efeito e do todo com as partes[282]. - Em todos esses conhecimentos, podemos pensar um primeiro e um último, por meio do qual // surge uma completude [*completudo*] ou totalidade nesses conhecimentos. - Na relação da substância com o acidente, o substancial é aquilo

80

---

280. Começa aqui o texto *Metaphysik L1* da década de 1770 que foi incluído na *Akademie Ausgabe* como correspondente àquela parte do texto de Pölitz que traz as seções sobre cosmologia, psicologia e teologia (AA XXVIII: 195-301).

281. A primeira definição apresentada no prolegômeno da segunda parte do compêndio, acerca da cosmologia, especifica que: "A COSMOLOGIA GERAL é a ciência dos predicados gerais do mundo e é baseada ou na experiência mais próxima, sendo a COSMOLOGIA EMPÍRICA, ou no conceito de mundo, sendo a COSMOLOGIA RACIONAL" (Baumgarten, *Metaphysica*, § 351). Assim sendo, "[a] cosmologia ensina 1) o conceito 2) as partes e 3) a perfeição do mundo" (Baumgarten, *Metaphysica*, § 353). Na *Crítica*, "o conjunto completo de todos os fenômenos (o mundo) é o objeto da *cosmologia* [...]" (B 391).

282. Quase como na tábua de categorias (B 106).

que não é acidente de outro. – Na relação da causa com o efeito, a primeira causa que não é efeito de outra [*causatum alterius*] é o conceito limite. – Na terceira relação, do todo com as partes, aquele todo que não é parte do outro é o conceito limite e este é o conceito de *mundo*[283]. Este conceito é um conceito puro da razão[284] e não é arbitrário, mas necessário à razão humana. Nossa razão tem uma necessidade que ela não satisfaz até que encontre na série das coisas uma completude [*completudinem*] ou até que possa pensar uma totalidade completa[285]. – O mundo é um todo substancial [*totum substantiale*]. Logo um todo de acidentes não é um mundo. Os acidentes também não podem ser vistos como partes, como partes componentes do todo [*compartes*]. Por exemplo, os pensamentos e os movimentos não pertencem ao ser humano. Eles são partes de seu estado, mas não do todo. O todo do mundo não é, portanto, um todo de todos os estados, mas de todas as substâncias.

No todo do mundo, vemos dois aspectos:

1) a *matéria* e esta são as substâncias;

2) a *forma*, esta é a composição ou a conexão de muitas substâncias[286] [*nexus plurium*] //

A conexão pode ser de dois tipos, *unilateral* ou *recíproca*. É unilateral se o segundo aspecto depende do primeiro, mas não o primeiro do segundo. É recíproco se um determina o outro. No entanto, as substâncias não constituem um todo // por meio de co-

---

283. No manual, define-se: "Um MUNDO ([cf. §. 91, 403, 434] universo, παν) é uma série (pluralidade, todo) de coisas reais e finitas que não é parte de outra" (Baumgarten, *Metaphysica*, § 354). Ver também Kant, *Da Forma e Princípios do Mundo Sensível e do Mundo Inteligíve*l, § 1 (AA II: 387).

284. Optamos aqui por Lehmann, que substitui "conceito do entendimento" [Verstandesbegriff] no texto de Pölitz por "conceito da razão" [Vernünftbegriff], um termo mais adequado ao contexto.

285. Na "Dialética" da *Crítica da Razão Pura*, Kant destaca: "Vê-se facilmente que a razão pura não tem outra coisa por propósito senão a totalidade absoluta da síntese pelo *lado das condições* (seja da inerência, da dependência ou da concorrência) [...]" (B 393). E ele, posteriormente, completa: "Avançar do conhecimento de si mesmo (da alma) ao conhecimento do mundo, e através deste ao ser originário, é um movimento tão natural que ele se assemelha à progressão da razão desde as premissas até a conclusão" (B 395).

286. *Da Forma e Princípios do Mundo Sensível e do Mundo* Inteligível, § 2 (AA II: 389-391).

nexões e efeitos unilaterais, mas recíprocos, e isto é a interação[287] [*commercium*]. Para o composto substancial é necessária, portanto, uma interação. A forma do composto substancial baseia-se, portanto, na interação. – Por isso, Deus e o mundo não constituem um todo, uma vez que aqui não há nenhuma interação, nenhum efeito recíproco, mas apenas um efeito unilateral. Em contrapartida, os membros de um Estado constituem um todo, uma vez que aqui há um efeito recíproco, mas os membros não constituem um todo com o governante, uma vez que aqui o efeito é só unilateral. Por conseguinte, todas as substâncias se encontram em interação no mundo e constituem, por meio disso, um todo. Um agregado ainda não é um todo[288]. Aqui são pensadas apenas muitas coisas [*plura*] que não se encontram em conexão recíproca. A diferença do mundo de qualquer outro composto é que o mundo é um todo substancial que não é parte de outro [*quod non est pars alterius*]. – A pluralidade que não é subordinada a nenhuma maior é a *ominitudo*, a totalidade. Todo composto pode ser considerado como um todo, como, por exemplo, uma maçã. A Terra é um todo, mas também ao mesmo tempo uma parte de um todo ainda maior. Mas o mundo é também um todo absoluto. O todo do mundo é distinto do todo // dos estados[289], pois os estados estão no mundo em todas as mudanças, mas o mundo é um todo substancial. Não podemos sequer representar completamente as séries dos estados, uma vez que elas estão sempre seguindo adiante. Mas podemos pensar as substâncias juntas e isto então já é um todo. Tenho, portanto, um composto que não é parte de outro e isto é o mundo. As substâncias são contadas no mundo na medida em que estão em conexão real [*nexu reali*] e, portanto, se encontram em

---

287. Kant parece fazer aqui uma ponderação a Baumgarten, quem afirma: "Em todo mundo existem partes reais [§. 354, 155], cada uma das quais está conectada com o todo [§. 14, 157] e assim cada parte está conectada com todas as outras [§. 33]. Logo em todo mundo há uma conexão das partes e uma harmonia universal [...]" (Baumgarten, *Metaphysica*, § 357).

288. Uma provável crítica ao § 368, que considera o mundo, em sentido máximo, como "um agregado das maiores e numerosas partes entre as coisas finitas" (Baumgarten, *Metaphysica*, § 368).

289. Outra crítica à definição escolástica, desta vez dirigida ao § 369: "O ESTADO DO MUNDO é o todo de todos os estados simultâneos em suas partes. Ora, este mundo tem partes nas quais coexistem partes fixas com partes mutáveis [§ 367]. Logo este mundo tem um estado" (Baumgarten, *Metaphysica*, § 369).

interação. A agregação de substâncias na qual não há uma comunidade ainda não constitui um mundo. A determinação recíproca, a forma do mundo como um composto, baseia-se na interação[290]. Se pensamos substâncias sem conexão real [*absque nexu reali*] e sem uma interação, um estado onde toda substância existiria em e por si mesma e elas não teriam comunidade entre si, isso seria, decerto, uma pluralidade [*multitudo*], mas ainda não um mundo.

Portanto a conexão das substâncias que se encontram[291] em interação é a condição essencial do mundo.

Aqui é preciso distinguir bem duas questões: "além desse mundo é possível ainda um outro mundo? e, em vez deste mundo, é possível um outro mundo?" – Se alguém se perguntou se, além de um mundo, seriam possíveis outros mundos, isso não se contradiz em e por si mesmo[292]. A singularidade do mundo não pode ser demonstrada *a priori* a partir do conceito // de mundo. Pois, embora digamos que o mundo é um composto substancial, no qual as substâncias se encontram // em interação, tem de se seguir, certamente, que este mundo constitui um todo que não é parte de um outro. Mas isso não contradiz o fato de que não possa haver ainda diversos todos deste tipo, nos quais é encontrada uma interação. – Do conceito de mundo não segue, portanto, a sua unicidade[293] [Unität]. A unicidade pode, no entanto, ser demonstrada a partir de um outro fundamento, que é o seguinte: se todas as coisas existem, com exceção de Um [Einem], de modo que dependam de Um, tem de se seguir que todas as substâncias existentes, com exceção deste Um, estão ligadas e todas juntas constituem um todo, uma vez que elas dependem de Um. *Seguir-se-ia*, portanto, a

---

290. Segundo a seção III da Dissertação de 1770, *Da forma e princípios do mundo inteligível e sensível,* [p]rincípio da forma do universo é o que contém o fundamento da conexão [*rationem nexus*] universal pela qual todas as substâncias e seus estados são pertinentes ao mesmo todo, que se chama *mundo*. Princípio da forma do *mundo sensível* é o que contém o fundamento da *conexão universal* de tudo na medida em que é *fenômeno" (AA,* II: 398). Tradução de Paulo Licht dos Santos (Escritos pré-críticos, Unesp, 2005).

291. Optamos por Lehmann, que substitui, nesse ponto, "bestehen" [subsistir, consistir] em Pölitz por "stehen".

292. Baumgarten, *Metaphysica*, § 378.

293. Baumgarten, *Metaphysica*, § 362.

partir da causa comum e *de uma causa suprema, que há apenas um único mundo*, o que será demonstrado na sequência. A partir do conceito de mundo, de modo algum, decorre a sua unicidade.

Da progressão e regressão ao infinito [De Progressu et regressu in infinitum]

A progressão é a continuação da série se me distancio do limite [*termino*] *a priori*. A regressão é quando me aproximo do limite *a priori*. Quanto mais prossigo na série de coisas subordinadas, mais estou em progressão. Mas quanto mais retrocedo, mais estou em regressão. – Nossa razão não pode fazer qualquer representação da possibilidade das coisas, se não for assumida uma causa *primeira*, que não é efeito de outra [*causatum alterius*]. A causa deve ser completa e determinável. Mas, // se é uma causa subalterna, não é completa. Podemos ter uma causa primeira [*causa primam*] e uma causa subalterna [*subalternam*]. Sem causa primeira, a série de causas subalternas não é suficientemente determinada para a razão no propósito de produzir o efeito [*causatum*]. Portanto isso não é compreensível para a razão; isto é, ela não pode discernir completamente como a existência de uma coisa, na medida em que é fundada apenas em causas subalternas, é possível. – Mas, embora não sejamos capazes, sem assumir uma causa primeira[294], de discernir a regressão ao infinito[295], não podemos, contudo, dizer também que tal é apoditicamente impossível[296],

---

294. Kant está certamente se reportando, nesse ponto, à explicação de Baumgarten, para quem: "O progresso ao infinito, qualquer que seja sua extensão, seria uma coisa contingente [§. 380, 155] e assim teria uma causa eficiente colocada fora de si [§. 334]. Esta não poderia ser uma coisa contingente, pois, na medida em que fosse de novo uma coisa dependente [§. 308], ela não seria uma causa de uma progressão ao infinito, a não ser segundo algum aspecto [*secundum quid talis*] [§. 28]. Assim ela não seria colocada fora da progressão, mas seria parte dela [§. 155, 380]. Logo uma causa eficiente do progresso ao infinito deve ser um ser necessário [§. 109] e independente [§. 310] [...]" (Baumgarten, *Metaphysica*, § 381).

295. Na definição do compêndio: "O PROGRESSO (regresso) AO INFINITO seria uma série de coisas contingentes colocadas mutuamente uma fora da outra, cada uma da qual sendo causa em algum aspecto [*secundum quid*], sem ser causa absoluta [*simpliciter tali*] [...]" (Baumgarten, *Metaphysica*, § 380).

296. Kant nos alude à questão levantada e a resposta dada à primeira antinomia (*KrV*, B454-461).

mas apenas que não podemos discerni-la sem assumir uma causa primeira[297]. De maneira geral, se perguntamos se uma regressão ao infinito é possível, // trata-se de algo diferente do que se perguntamos se esta série não possui nenhuma causa primeira? O infinito [*infinitum*] é um conceito matemático // e significa uma quantidade que é maior que todo número, de tal modo que temos, portanto, de regressar sem fim. Mas isso não significa que não haja causa alguma. Esta série pode sempre depender de uma causa. Mas, uma vez que essa série é maior que todo número, simplesmente não somos capazes de chegar, na regressão, até a causa. A dificuldade encontra-se, portanto, na própria questão. Acredita-se discernir a progressão na série dos efeitos [*causatorum*]; representa-se a possibilidade da progressão ao infinito, mas // tal possibilidade existe também na regressão, pois uma quantidade que é maior que todo número não é impossível. – Mas uma quantidade *infinita* é impossível. A partir do infinito na série de efeitos [*serie causarum*], não podemos discernir o infinito e, dessa forma, não podemos inferir a causa primeira, mas a partir da contingência, pois o contingente tem uma causa que deve ser necessária e completa e, dessa forma, a série de efeitos tem como fundamento uma causa primeira. – Se perguntamos então se o mundo *existe desde a eternidade*, isso não é o mesmo que perguntar se ele não tem uma causa, mas de perguntar se ele não depende de uma causa desde a eternidade. Portanto trata-se da questão de se há a regressão do mundo ao infinito de modo que, se retrocedemos, não chegamos à causa, embora exista uma causa. – Portanto a regressão ao infinito na série de efeitos sem a causa primeira é confundida com a impossibilidade de subordinar, nessa série, sucessivamente o efeito à causa e, dessa forma, chegar ao fim.

Não raramente se confundiu a proposição de que não podemos chegar ao fim sucessivamente, ao regredir [*in regrediendo*], com a outra proposição, a saber, de que a série não tem nenhuma causa, o que, no entanto, são *duas coisas diferentes*. – Não podemos chegar ao fim, porque a série é interna, mas disso não se

---

297. Essa frase repete-se, por um equívoco, no texto de Pölitz. Lemos lá, na sequência: "Então também não podemos dizer, contudo, que ela é apoditicamente impossível, mas apenas que não podemos discerni-la".

segue que não haja nenhuma causa. O ser humano não é capaz de discernir, por certo, a menor quantidade, nem mesmo cinco linhas de uma vez, a não ser através de ações repetidas de colocar. Ele deve acrescentar sucessivamente um por um [*unum uni*]. Mas, uma vez que esta série é infinita, ele nunca chega //, por adição [*in addendo*], ao fim. Disso não se segue que tal série sem causa seja possível em si. Intelectualmente, sou capaz de discernir como Deus pode conceber completamente a eternidade, pois a causa suprema é a causa completa da série e, portanto, tal causa deve conhecer completamente a série. Mas, sensivelmente, isto é, mediante o tempo, eu não sou capaz de discernir tal coisa, pois um discernimento completo deve acontecer por contagem. Na contagem, no entanto, nunca chego ao fim. – Os efeitos [*causata*] possuem, dessa forma, uma causa primeira [*causam primam*]. O entendimento o diz. Por conseguinte o mundo tem uma // causa. Mas essa causa não pertence à série e, portanto, ao mundo. Ora essa série que lhe é subordinada pode ser finita ou infinita, tanto faz, contudo a série de efeitos [*causatis*] tem uma causa primeira. Se, então, é levantada a pergunta sobre se o mundo tem um início, a pergunta não deve ser vista tal como se se perguntasse se o mundo tem uma causa, pois ele deve ter uma causa de qualquer maneira, mas isso significa o limite do mundo, a partir de antes [*a parte ante*], quando ele teve seu início. Não podemos determinar, todavia, os limites do mundo, não porque não sabemos como determiná-los, mas porque ele é indeterminável. Há uma dificuldade de pensar como poderia ter existido um mundo desde a eternidade, embora também seja impossível pensar como uma série que teve um início, pode ser, contudo, infinita. Encontramo-nos, no entanto, no mesmo dilema quando perguntamos como Deus pode ter começado a agir.

// Do destino e do acaso

É preciso observar três proposições:

1) Todos os fenômenos no mundo não existem pelo destino [*omnia phaenomena in mundo non existunt per fatum*];

2) Eles não acontecem pelo acaso [*non fiunt per casum*];

3) Eles não estão ligados por um salto [*non connectuntur per saltum*].

Na relação das coisas existem dois aspectos que são contrários à razão e são eles:

1) a necessidade cega e;

2) a coincidência [Ungefähr] cega.

O termo "cego" significa o fato de alguém não poder ver por si mesmo, mas significa também algo por meio do qual nada se pode ver[298]. A necessidade cega é, portanto, o fato mediante o qual não podemos ver nada pelo entendimento. A necessidade cega é o *destino*[299]. A coincidência cega é o *acaso*[300]. Ambos são absurdos contrários à razão. A necessidade cega significa que algo não se funda nem na essência da coisa [Sache] mesma, nem em outra causa. A coincidência cega é um acontecimento que é contingente e, decerto, significa que a contingência ocorre em todos os sentidos. Mas algo pode ser contingente em um sentido e ser necessário em outro sentido. Apenas aquilo que é contingente em *todos* os sentidos é uma coincidência cega. O ser originário é oposto à necessidade cega, enquanto que a causa é oposta à coincidência cega. Ambos são contrários à razão, uma vez que se pensam acontecimentos, que, como tais, // de modo algum acontecem segundo as leis do entendimento e da razão. – Se assumo um // acaso cego, algo que é contingente em absoluto e em todos os sentidos, então isto é uma exceção de todas as leis e de todos os fundamentos. Se assumo uma necessidade cega sem uma necessidade originária e determinada por uma causa, então esta necessidade é uma ruptura das leis do entendimento e da razão. Por meio disso, nos é tirado todo o direito de julgar. Ambos não são, portanto,

---

298. Como, por exemplo, o vidro opaco, citado na metafísica *Mrongovius* (AA XXIX: 923).

299. No manual, define-se: "DESTINO é a necessidade dos eventos no mundo [...]" (Baumgarten, *Metaphysica*, § 382).

300. "Um evento no mundo, cuja razão suficiente é ignorada, é o ACASO. O ACASO, cuja razão suficiente não existe, seria um ACASO PURO, algo que é impossível [§. 22] e não deve ser colocado nem neste e nem em qualquer mundo [§. 354, 58]". [...]" (Baumgarten, *Metaphysica*, § 383).

nenhum fundamento explicativo de acontecimentos e servem apenas como almofada da ignorância, privando o entendimento de todo uso. Ambos, tanto o acaso quanto o destino, são opostos à *natureza* e à *liberdade*. Estes últimos são os dois fundamentos explicativos do entendimento que são opostos à coincidência cega. O destino é uma necessidade cega. Se contesto essa necessidade cega, derivo o acontecimento a partir da liberdade. Mas, se se trata de uma necessidade, a derivo ou a partir da necessidade absoluta, da causa suprema, ou a partir da necessidade hipotética, isto é, dos fundamentos da natureza[301]. – Mas a necessidade da natureza não pode ser sozinha o fundamento explicativo de tudo. O fundamento primeiro do surgir [Entstehung] tem de ocorrer por liberdade, uma vez que nada pode conceder um fundamento para o surgimento senão a liberdade, algo do qual será dito mais na teologia racional. – Aquele que exclui toda liberdade e assume a necessidade da natureza sustenta o destino estrito [*fatum strictum*]. Mas aquele que assume a necessidade absoluta // de que tudo é simplesmente necessário sustenta o destino espinosista[302] [*fatum spinozisticum*].

Do salto e da lei da continuidade [De saltu et lege continuitatis]

O salto é a transição de um fundamento mais distante, em ligação com muitos, para a determinação, sem passar pelo compo-

---

301. Do ponto de vista transcendental, no que diz respeito à unidade dos fenômenos da natureza, Kant certamente admite a necessidade, embora não enquanto destino, rejeitando a possibilidade do acaso cego: "Tudo o que acontece é hipoteticamente necessário; este é um princípio que submete a modificação no mundo a uma lei, i.e. uma regra da existência necessária, sem a qual a natureza jamais existiria. Daí que a proposição 'nada acontece por um mero acaso' (*in mundo non datur casus*) seja uma lei a priori da natureza; e, do mesmo modo, 'na natureza nenhuma necessidade é cega, mas sim condicionada e, portanto, uma necessidade compreensível' (*non datur fatum*). Ambas são daquelas leis por meio das quais o jogo das modificações é submetido a uma *natureza das coisas* (como fenômenos) ou, o que dá no mesmo, à unidade do entendimento, a única em que elas podem pertencer a uma experiência como a unidade sintética dos fenômenos" (*KrV*, B 280-281).

302. "[...] O DESTINO a partir da necessidade absoluta do mundo seria o DESTINO ESPINOSISTA e um não ser [§. 361, 105] que não deve ser colocado nem neste e nem em qualquer mundo [§. 354, 58]" (Baumgarten, *Metaphysica*, § 382).

nente intermediário[303] [*membra intermedia*]. O conceito de salto diz respeito não meramente a acontecimentos, mas também a coisas e é oposto à continuidade. Por isso temos de falar primeiramente da continuidade.

Toda grandeza, ou todo [Ganzes] como grandeza, pode ser considerado como um *quantum* contínuo ou descontínuo [*discretum*]. O contínuo é aquele no qual não é possível uma menor parte[304] e onde não se pode determinar em e por si mesmo quantas partes existem nele. A continuidade é, portanto, a absoluta indeterminabilidade da quantidade das partes em um todo. Onde, portanto, não é possível nada menor, há aí continuidade. // O espaço e o tempo, por exemplo, são *quanta* contínuos. Nenhuma linha menor é possível, pois os pontos são limites da linha. Mas entre dois limites deve sempre haver uma linha. Portanto dois pontos não podem justapor um ao outro imediatamente, mas há sempre espaço entre eles. Também é assim com o tempo. Entre dois momentos há um tempo, assim como entre dois pontos há uma linha. Todos os momentos são posições no tempo, assim como pontos são posições no espaço. Todas as partes entre os pontos são elas mesmas espaço e todas as partes entre os momentos // são elas mesmas partes do tempo. Por conseguinte a transição de um ponto para outro não pode ocorrer subitamente, mas de maneira contínua. Isto é, se um corpo passa de um ponto ao outro, ele deve atravessar infinitamente os diversos espaços intermediários. Tem de atravessar todos os lugares intermediários que se encontram entre um e outro ponto na linha. Se algo pudesse passar de um lugar sem percorrer todos os lugares intermediários, seria isso uma mudança de lugar por salto [*mutatio loci per saltum*]. Mas coisa alguma pode vir de um lugar a outro imediatamente

---

303. "Um evento sem qualquer razão suficiente próxima seria um SALTO ABSOLUTO. Um evento sem qualquer razão suficiente ordinária próxima seria um SALTO RESPECTIVO [*RESPECTIVUS*]" (Baumgarten, *Metaphysica*, § 386).

304. Seguimos a tradução francesa, nesse ponto, em verter a frase para o negativo, uma vez que apenas dessa forma o raciocínio se torna coerente. Na *Crítica*, ao referir-se aos fenômenos como quantidades contínuas, Kant nos apresenta o seguinte exemplo: "Se denomino 13 táleres um *quantum* em dinheiro, a denominação está correta se entendo por isso o conteúdo de um marco de prata fina, o qual, contudo, é sempre uma quantidade contínua em que nenhuma parte é a menor de todas [...]" (B 212).

senão através de todos os lugares intermediários[305]. Ela tem de percorrer infinitamente muitas partes do espaço. Ademais, coisa alguma vai de um estado ao outro imediatamente, isto é, por um salto, mas a transição de um estado ao outro acontece de modo que as coisas tenham de passar pelos pontos intermediários. Portanto pode-se dizer de modo geral [*generaliter*]: toda mudança [*mutatio*] é contínua. Todo estado tem dois limites: termo inicial [*a quo*][306] e termo final [*ad quem*][307]. Cada um desses estados é diferente em um momento particular. Em toda transição, a coisa está em dois momentos diferentes um do outro. O momento no qual a coisa está no primeiro estado é diferente do momento no qual a coisa chega em outro estado. Entre dois momentos, no entanto, existe um tempo, assim como existe um espaço entre dois pontos. Portanto a transição acontece no tempo, pois nos momentos nos quais a coisa[308] se move de A para B, há um tempo no qual ela // não é nem A nem B. Mas, nesse tempo, ela está na mutação, na transição. Portanto uma coisa nunca vai de um estado a outro imediatamente, mas por meio de todos os estados intermediários e, dessa forma, a mudança do estado de uma coisa é possível. As diferenças dos estados de uma coisa têm todas uma grandeza e nessa grandeza está a continuidade. A causa da lei da continuidade é o tempo. Esta lei da continuidade não é nenhuma extravagância metafísica, mas uma // lei que está espalhada por toda a natureza. O ânimo não chega, por exemplo, imediatamente em representações claras a partir das obscuras, mas através de todas as representações intermediárias que são mais claras do que as anteriores. Esta lei da continuidade é uma proposição proposta primeiramente por *Leibniz*[309], mas que até agora poucos já

92

202

---

305. À unidade sintética dos fenômenos é necessária, segundo os postulados do pensamento empírico, a lei da continuidade: "O princípio da continuidade proibiu qualquer salto na série dos fenômenos (modificações) (*in mundo non datur saltus*), mas também no conjunto completo de todas as intuições empíricas no espaço ele proibiu lacunas ou hiatos entre dois fenômenos (*non datur hiatus*)" (B 281).

306. Literalmente, "a partir do qual".

307. Literalmente, "para o qual".

308. No texto original alemão, Kant se refere, nesse ponto, ao termo "transição" [er/der Uebergang], mas o contexto parece se referir à "coisa".

309. Leibniz, W. *Novos Ensaios sobre o Entendimento Humano*, Prefácio: "Nada se faz de repente, e uma das minhas grandes máximas, e das mais comprovadas, é que a natureza nunca faz saltos: o que eu denominei Lei da Continuidade" (p. 10, 1992. Trad. Luiz João Baraúna, Abril Cultural).

compreenderam. Portanto, para fazê-la compreensível, queremos considerá-la a partir de uma outra perspectiva e, então, aplicar esses casos a ela. Todo fenômeno, enquanto representação do ânimo, está sob a forma do sentido interno, que é o tempo. Toda representação é constituída de modo que o ânimo passe através dela [durchgehet] no tempo. Isto significa que o ânimo expõe o fenômeno[310]. Portanto toda representação é suscetível de exposição [*exponibel*]. Se, por exemplo, o ânimo tem uma representação de uma linha, ele passa através de todas as partes da linha e expõe o fenômeno. Não representamos o corpo senão passando através de todas as suas partes e isto é a exposição do fenômeno. Não podemos, portanto, estar conscientes do objeto senão mediante a // exposição do fenômeno. A causa disso é que todas as nossas dadas representações acontecem no tempo. Todos os objetos dos sentidos são suscetíveis de exposição em nossa faculdade de representação [Vorstellungskraft]. Isto significa que somos capazes de determinar nosso ânimo gradativamente no tempo. Denomina-se isso também "passar através" [Durchgehen] do fenômeno, onde se vai sucessivamente de uma parte a outra. Disso se segue que não há nenhum fenômeno ou parte de um dado fenômeno que não poderia ser dividido ao infinito[311]. Não há, portanto, nada de simples no fenômeno, nem no fenômeno que se segue, nem onde há a diversidade no fenômeno, pois o presente só pode ser posto na medida em que o ânimo passa através dele e expõe o fenômeno.

Ora deve ser mostrado que, a partir desse fundamento, todo fenômeno não consiste de modo algum de partes simples. Todo

---

310. A exposição do fenômeno no tempo se remete à síntese do diverso segundo a lei de continuidade apresentada na segunda analogia: "A apreensão do diverso do fenômeno é sempre sucessiva [...] Agora, se os fenômenos não são coisas em si mesmas e, no entanto, são tudo o que pode ser-nos dado para o conhecimento, eu devo indicar o que pertence ao próprio diverso dos fenômenos, no que diz respeito à ligação no tempo, sendo que a sua representação na apreensão é sempre sucessiva" (B 235-236).

311. Na solução "da ideia cosmológica da totalidade da divisão de um todo dado na intuição", na Crítica *da Razão Pura*, Kant nos explica que a infinita divisibilidade do espaço implica a infinita divisibilidade do fenômeno: "Cada espaço intuído em seus limites é tal todo, e suas partes, por seu turno, são também espaços que, desse modo, podem ser divididos ao infinito. Disso se segue também, de maneira inteiramente natural, a segunda aplicação, a um fenômeno externo (corpo) encerrado em seus limites. A sua divisibilidade se funda na divisibilidade do espaço, que constitui a possibilidade do corpo como um todo extenso" (B 552-553).

fenômeno encontra-se e é exposto, como uma representação, no tempo. Uma parte do fenômeno por inteiro é exposto em uma parte do tempo por inteiro. Cada parte do fenômeno encontra-se, portanto, em uma parte do tempo. Ora, mas nenhuma parte do tempo é um momento, mas uma parte do tempo é ela mesma um tempo. Um momento é apenas o limite do tempo. Portanto a cada parte do fenômeno pertence uma parte do tempo. Por conseguinte não existe nenhuma parte do fenômeno que não esteja no tempo. Ora uma vez que o tempo é divisível ao infinito também não há nenhuma parte do fenômeno que não seria divisível ao infinito, pois cada parte do fenômeno está entre // dois limites do tempo, entre os quais ele // passa. O "passar através" [Durchgehen] de uma parte do fenômeno não pode acontecer em um momento. Mas aquilo que está incluído entre dois limites tem ele mesmo partes, pois entre dois momentos há sempre um tempo. Por isso, cada parte do fenômeno pode, por sua vez, ser exposta. Portanto não há nenhum fenômeno simples. Se houvesse um fenômeno simples, ele deveria ser, contudo, uma parte de um todo. Mas essa série de fenômenos tem um tempo e, portanto, cada parte do fenômeno tem também uma parte do tempo. – Ora nenhuma transição de um lugar para o outro, de um estado para outro, é possível de outro modo senão mediante muitos lugares e estados intermediários, cujas diferenças são menores do que as diferenças entre o primeiro e o último. Portanto dois lugares não são imediatamente adjacentes um em relação ao outro, mas entre eles são encontrados, infinitamente, muitos lugares intermediários. Por conseguinte, nenhum corpo pode se modificar imediatamente, mas deve passar por todas as mudanças intermediárias infinitas. Não há nenhum estado que segue imediatamente um outro[312]. Pois, se um corpo passa de um estado para o outro, deve haver um momento no qual ele sai de um estado anterior e um momento no qual ele chega no estado seguinte. Entre estes dois momentos há um tempo no qual o corpo não está nem em um nem no outro estado e, portanto, está em um estado intermediário que é um fundamento pelo qual ele // passa ao estado seguinte. Assim como isso é dito

---

312. Nós seguimos Lehmann aqui em substituir "um em relação ao outro" [aufeinander] em Pölitz por "um outro" [auf einen anderen].

das mudanças que são contínuas, também é assim com a velocidade. Nenhum corpo se movimenta logo, imediatamente, através da velocidade, mas tem de passar infinitamente por muitos graus da velocidade que sempre são maiores e sempre se aproximam da velocidade determinada.

Esta é a primeira lei da natureza cuja necessidade pode ser discernida *a priori*. Nessa lei baseia-se, além disso, o fato de que nenhum corpo pode ir imediatamente do repouso ao movimento e, por sua vez, do movimento ao repouso sem que passe infinitamente pelos pequenos graus do movimento e do repouso. Além disso, nenhum corpo muda imediatamente sua direção sem um repouso intermediário como, por exemplo, em um triângulo. Um ponto não se movimenta imediatamente de uma direção à outra sem um repouso intermediário. A presença em um lugar por um tempo é repouso. Mas, aquele // movimento que é interrompido entre aquelas partes é um repouso e, portanto, um corpo não muda imediatamente sua direção a não ser por meio de um repouso intermediário. Mas, se sua direção deve ser mudada sem um repouso intermediário, ele deve mudar sua direção continuamente e isso acontece em uma linha curva, mas não em um ângulo. Ele vai infinitamente, de maneira contínua, por meio de graus menores do desvio, da primeira direção para a outra. – Além disso, observa-se, na física, que nenhum raio de luz muda sua direção de repente (o que *Newton* demonstrou), mas // de maneira contínua. O raio de luz que cai em um espelho se refrata sob um ângulo agudo, mas, durante algum tempo, está no espelho. E então vale para ele o mesmo que antes foi dito do corpo no movimento do triângulo. Ele repousa, portanto, no espelho. Mas ele repousaria eternamente se uma nova força não lhe desse uma nova direção. – Por conseguinte, todo fenômeno tem uma grandeza. Com efeito, nada nele é simples. Nenhuma parte do fenômeno, nem do sentido interno e nem externo, nem na série e nem no agregado, é simples. Todos os fenômenos são, portanto, suscetíveis de exposição no tempo. A cada parte do fenômeno se atribui, na exposição, uma parte do tempo, assim como ao fenômeno como um todo se atribui o tempo como um todo, pois toda parte do tempo é ela mesma um tempo e cada parte do espaço é ela mesma um espaço. No espaço e no

tempo, parte alguma é simples. Existe decerto algo simples, isto é, um ponto no espaço e um momento no tempo, mas estes não são partes do espaço e do tempo, pois, se assim fossem, poderiam ser pensados antes do espaço e do tempo. Mas penso o momento no tempo e o ponto no espaço agora: eles são, assim, determinações e não partes. Ora, uma vez que não há nada de simples no tempo e a todo fenômeno se atribui um tempo, também não há nada de simples no fenômeno. Ora, uma vez que também não há nada de simples no espaço, então todo corpo e toda matéria são divisíveis ao infinito, pois cada parte do corpo se encontra entre dois limites do espaço, ocupando, portanto, sempre um espaço. Mas aquilo que // é infinitamente divisível é um *quantum* contínuo. Portan-   97
to todo fenômeno é um *quantum* contínuo.

Mas as substâncias são, afinal, simples[313]? Certamente! Mas, se vejo corpos, não vejo nenhuma substância, mas fenômenos. Não posso de modo algum perceber as substâncias, pois nenhum ser, além de apenas o Criador, pode perceber as substâncias de outra coisa. Portanto aquilo que está no espaço e no tempo é divisível ao infinito. Nenhuma parte é a menor das partes nem no espaço e nem no tempo. A lei // da continuidade baseia-se,   205
portanto, na continuidade do espaço e do tempo. Mas que esses *quanta* contínuos existem é provado pelo fato de que o ponto no espaço e o momento no tempo não são partes, mas limites do espaço e do tempo. Embora todas as experiências aconteçam através dos sentidos, podemos, contudo, antecipar os fenômenos através do entendimento e discernir *a priori* as condições dos

---

313. Toda essa discussão sobre a natureza do fenômeno, estruturada em sua amplitude a partir do ponto de vista transcendental, parece já ser uma reação à seção I do Capítulo II da *Metaphysica* de Baumgarten sobre "As partes do universo", que trata, sob a ótica do dogmatismo, da natureza e da função das mônadas na composição da totalidade do mundo: "As mônadas de todo mundo composto, e assim deste mundo, são coisas [§. 63] possíveis [§. 8], racionais [§. 24], unas [§. 73], verdadeiras [§. 90], objetivamente certas [§. 93], perfeitas [§. 99], boas [§. 100], contingentes [§. 257], imutáveis [§. 133], reais [§. 136] e universalmente conectadas [...]; não são extensas, nem preenchem individualmente espaço, mas são agregadas [§. 242] e nem possuem grandeza quantitativa [§. 243]; são indivisíveis [§. 244] finitas [§. 354] [...]" (Baumgarten, *Metaphysica*, § 396). Em um parágrafo subsequente, lemos: "As mônadas deste e de todo mundo composto, e por conseguinte extenso [§. 241, 393], são PONTOS [§. 286], mas de modo algum PONTOS MATEMÁTICOS, nos quais nada além da ausência de extensão é colocado [§. 396-398]" (Baumgarten, *Metaphysica*, § 399).

objetos. A continuidade de formas [*continuitas formarum*] consiste no fato de que, entre um conceito em gênero e espécie [*in genere et specie*] e também entre uma espécie [*specie*] e a outra, existem infinitamente muitas espécies intermediárias, cujas diferenças são sempre menores[314]. Por exemplo, entre um erudito e um ser humano do senso comum, existem infinitamente muitos graus de erudição que se aproximam sempre de um erudito. Isto é a continuidade das espécies [Arten] em sentido lógico[315]. A proposição física da continuidade das formas é bastante diferente da lógica[316]. A proposição física tem, decerto, um grande esplendor

98 // na razão, mas não na execução. Encontro, decerto, uma transição do reino mineral para o reino das plantas que já é um início da vida e, além disso, do reino das plantas para o animal, onde há também pequenos graus distintos da vida. Mas a vida suprema é a liberdade que encontro no ser humano. Se vou ainda mais longe, já estou entre seres pensantes no mundo ideal. Ora se levanta a questão sobre se este último determina a si mesmo ou se a série prossegue. Se se diz "Deus conclui a série", *Voltaire* diz corretamente "Deus não pertence à série, mas sustenta a série". Ele é, segundo a Sua natureza, completamente diferente da série e, se a série pudesse continuar ao infinito, não se poderia chegar, contudo, a seres tais que estivessem próximos de Deus e, a partir destes, imediatamente a Deus. *Voltaire* diz: "o ser humano gosta de imaginar tal série, por exemplo, do papa ao capucinho"[317]. Mas isso não seria, no fim das contas, nenhum *quantum* contínuo, mas

---

314. Na *Crítica da Razão Pura*, a lei de continuidade das formas é tratada, junto à relação entre razão e entendimento, a propósito das ideias regulativas da razão: "[...] todas as diferenças das espécies se limitam entre si e não permitem que se passe de uma à outra por um salto, mas apenas passando por todos os graus menores da diferença, de modo que se consiga avançar de um em um, em uma palavra, não há espécies ou subespécies que fossem (no conceito da razão) uma subsequente à outra, sendo sempre possíveis espécies intermediárias cuja diferença, em relação à primeira e à segunda, é menor do que a diferença entre estas" (B 687-688).

315. Em relação a isso, Kant acrescenta na *Crítica*: "Contudo, essa lei lógica do *continui specierum* (*formarum logicarum*) pressupõe uma lei transcendental (*lex continui in natura*) sem a qual o uso do entendimento, a partir daquela prescrição, seria equivocadamente conduzido, vindo a tomar talvez um caminho diametralmente oposto ao da natureza" (B 688).

316. A respeito do uso empírico desse princípio, lemos na *Crítica*: "Vê-se com facilidade, porém, que essa continuidade das formas é uma mera ideia para a qual não pode ser mostrado, de maneira alguma, um objeto congruente na experiência" (B 689).

317. Voltaire, *Dicionário Filosófico*, Escala dos Seres, 1764.

um quantum discreto [*discretum*] cujas partes são determináveis no espaço. Se as criaturas existem, deve haver, contudo, entre uma e outra criatura, um espaço no qual não há nenhum grau de criaturas intermediárias. Portanto a lei física da continuidade é apenas *comparativa*.

Das partes do universo

É muito bom pôr o dogmático em movimento[318] de modo que não acredite que está seguro e que // sua matéria é certa. Por isso é necessário um // certo tipo de método cético para incitar a dúvida com o propósito de melhor discernir e descobrir a verdade[319]. Ora quais dúvidas são estas? A primeira coisa que é totalmente certa é que eu sou, que sinto a mim mesmo, que sei com certeza que sou. Mas não sei, precisamente com tal certeza, que existem outros seres além de mim[320]. Vejo, decerto, fenômenos (Phänomena), mas não estou certo que esses fenômenos têm a mesma coisa como fundamento, pois, nos sonhos, tenho também representações e fenômenos e, se os sonhos fossem simplesmente ordenados de tal maneira que se começasse a sonhar toda vez que o sonho se findou, poder-se-ia sempre sustentar que se está no outro mundo[321]. Portanto também não sou capaz de saber aqui o que fundamenta o fenômeno. – Aquele que sustenta, então, que não existe nenhum ser além de si é um egoísta. Não se pode refutar egoístas pela demonstração e, decerto, devido ao fato de que não se pode inferir, a partir dos mesmos efeitos [*causatis*], a causa. Esses fenômenos podem, por certo, ter como fundamento muitas outras causas que produzem precisamente tais efeitos. A possibilidade de duas causas do mesmo efeito faz, portanto, com que não se possa prová-la, apoditicamente, ao egoísta.

---

318. Na adaptação proposta pela tradução francesa, lemos "sacudir o dogmático em sua convicção" [*d'ébrandler le dogmatique dans sa conviction*].

319. Ver nota 37 sobre o ceticismo. Como a sequência da passagem nos mostra, Kant parece se referir aqui ao ceticismo metodológico do tipo cartesiano. Ver Descartes, *Meditações sobre Filosofia Primeira*, primeira meditação, 1641.

320. Descartes, R. *Meditações sobre Filosofia Primeira*, segunda meditação, 1641.

321. Ver *Sonhos de um Visionário* (AA II: 342-344).

O fato de que fenômenos existem é certo. Mas que não podemos conhecer *o que* fundamenta os fenômenos decorre do fato de que nossas intuições não são intelectuais, mas sensíveis. *Não conhecemos das coisas nada além do que o modo como somos afetados por elas, mas // não o que está nas coisas*[322]. – Aquele que imagina que os corpos não possuem realidades, mas são apenas fenômenos; que não há objetos verdadeiros dos sentidos dos quais seres reais são o fundamento; aquele que assume, portanto, meros espíritos e não substâncias como fundamento do corpo é um *idealista*[323].

O egoísmo e o idealismo podem ser assumidos de duas maneiras na filosofia: de maneira *problemática* e *dogmática*[324]. A maneira *problemática* é apenas uma tentativa cética de provar a força da certeza e, decerto, do egoísmo em relação à existência de outros seres e do idealismo em relação a seres corpóreos fora de nós. É um teste cético da confiabilidade de meus sentidos. A confiabilidade do sentido interno é certa. Eu sou, eu sinto tal coisa e intuo a mim mesmo imediatamente. Essa proposição possui, portanto, a confiabilidade da experiência. Mas que algo é *exterior a mim*, disso os sentidos não podem dar nenhuma confiabilidade, pois os fenômenos podem ser, por certo, um // jogo da minha faculdade da imaginação [Einbuldungskraft]. – Além disso, os sentidos não podem proporcionar qualquer confiabilidade frente ao idealismo, pois os corpos poderiam, por certo, ser apenas o modo do fenôme-

---

322. Eis a distinção fundamental sobre o qual se baseia o idealismo transcendental expressa na *Crítica da Razão Pura* nas seguintes palavras: "Chamam-se fenômenos as manifestações sensíveis na medida em que são pensadas como objetos, segundo a unidade das categorias. Mas, se admitirmos coisas que sejam meros objetos do entendimento e, não obstante, como tais, possam ser dados a uma intuição, embora não intuição sensível (por conseguinte, *coram intuitu intellectuali*), teremos de as designar por númenos (intelligibilia)" (A 249).

323. No compêndio de Baumgarten, encontramos definido: "[...] Aquele que admite espíritos nesse mundo é um IDEALISTA" (Baumgarten, *Metaphysica*, § 402).

324. Esta distinção é explicada na seção sobre a *Refutação do Idealismo*, "[o] idealismo (eu penso aqui no *material*) é a teoria que explica a existência dos objetos no espaço, fora de nós, ou como apenas duvidosa e *indemonstrável*, ou como falsa e *impossível*; o *primeiro* é o idealismo *problemático* de Descartes, que explica uma única afirmação (*assertio*) empírica como indubitável, qual seja, '*eu sou*'; o *segundo* é o idealismo *dogmático* de Berkeley, que explica o espaço, com todas as coisas que ele engloba, enquanto condição inseparável, como algo que seria impossível em si mesmo, e as coisas no espaço, do mesmo modo, como meras imagens" (B 274).

no; como somos afetados por eles. Que corpos existem ainda não se prova pelo fato de que os vejo, pois tal fenômeno pode sempre acontecer também sem as coisas, assim como, por exemplo, a cor, o calor, o arco-íris não são propriedades dos corpos, mas apenas o modo como // somos afetados pelos objetos. Os sentidos provam apenas o *modo da afecção* [Art der Rührung] dos fenômenos em mim. Dessa forma o egoísmo e o idealismo são uma tentativa cética *na qual não se negam as coisas, mas se retira dos sentidos a sua confiabilidade*. O fato de que os sentidos não podem dar nenhuma prova (o que é muito bom na filosofia) serve para distinguir as investigações. O entendimento pode, decerto, acrescentar algo à confiabilidade dos sentidos, pois, se as coisas são modificadas, deve estar nelas o fundamento da mudança. Portanto, na filosofia, o egoísmo e o idealismo permanecem problemáticos.

O *egoísmo dogmático* é, no entanto, um espinosismo velado[325]. *Espinosa* diz: "há apenas um ser e todos os demais são modificações de um ser"[326]. O *idealismo dogmático* é místico e pode ser chamado de *idealismo platônico*. Intuo a mim mesmo, mas intuo os corpos apenas na medida em que me afetam. Esta maneira não me ensina, no entanto, a propriedade das coisas, por exemplo, como a cera colocada no fogo derrete e a argila seca. A diferença encontra-se aqui, portanto, nos corpos, no modo como eles são afetados. Os corpos são, todavia, puros fenômenos, dos quais algo deve ser o fundamento. Até esse ponto filosofei de maneira correta. Mas, se quero ir mais longe nas determinações, caio no idealismo místico. *Se sustento seres pensantes, dos quais tenho intuição intelectual, isto é // místico*. A intuição é, no entanto, unicamente sensível, pois apenas os sentidos intuem. O entendimento não intui, mas só reflete. O egoísmo e o idealismo devem ser banidos da filosofia porque não têm nenhuma utilidade. *Leibniz* estava comprometido com o idealismo platônico. Ele diz: "o mundo é um agregado de mônadas e sua força essencial é a força representativa[327] [*vis repraesentativa*]". Não posso imaginar,

---

325. Em uma reflexão ao compêndio de Baumgarten, lemos: "Todo espinosista é um egoísta. Levanta-se a pergunta se todo egoísta seria necessariamente um espinosista" (*Refl.* 3803, AA XVII: 297).

326. Espinosa, B. *Ética*, Proposições XIV-XVI, 1675.

327. Leibniz, W. *Monadologia* §2; §60, 1714.

nas substâncias, nenhuma outra força como essencial, senão a força pensante. Todas as demais são apenas modificações. A representação é, portanto, a única coisa que posso conhecer absolutamente como um acidente nas substâncias //. Por conseguinte, diz então *Leibniz*: "todas as substâncias são mônadas ou partes simples que possuem força de representação [*vim repraesentativam*] e aparecem entre todos os fenômenos [*phänomenis*]". Mas já foi dito justamente que todo fenômeno é contínuo e nenhuma parte do fenômeno é simples. Logo os corpos não consistem de partes simples ou mônadas. Os compostos substanciais [*composita substantialia*], se são pensados pelo entendimento, consistem, no entanto, de partes simples. Mas se todos os substanciais [*substantialia*] possuem força representativa é algo que não pode ser decidido aqui. Dessa forma a proposição que nos dirige ao mundo místico e inteligível é banida da filosofia.

Agora chegamos aos conceitos transcendentais dos corpos, isto é, na *impenetrabilidade* e *extensão*. Impenetrabilidade[328] significa a resistência daquilo que é extenso no espaço na medida em que é impossível // ocupar o espaço do objeto a não ser por meio de sua destruição: é algo que, portanto, pode preencher um espaço e resistir de modo que seja impossível impedir sua presença no espaço.

Do ponto matemático já se falou anteriormente. A matéria não[329] consiste de partes simples e, portanto, de pontos. Pontos físicos [*puncta physica*] são uma contradição[330] [*contraditio*]. Quer dizer fenômeno que é simples e imediato. Todos os pontos são matemáticos. Não são partes, mas determinações.

---

328. Na *Monadologia Física*, lemos: "A força de impenetrabilidade é a força repulsiva que impede qualquer coisa externa de se aproximar mais" (AA I: 484). Em virtude de duas forças juntas, a saber, da força de repulsão e de atração, é definido o limite "da extensão dos corpos" (AA I: 483). E, como Kant acrescenta em *Sonhos de um Visionário*, "[o]s limites da extensão determinam a figura" (AA II: 324). Lemos também nos escritos sobre as *Grandezas Negativas*: "Graças à impenetrabilidade, todo corpo resiste à força motora mediante a qual outro corpo penetra no espaço que ele ocupa" (AA II: 179).

329. Adicionou-se o negativo seguindo a tradução inglesa.

330. Uma crítica ao § 399 do manual: "[...] Se se diz PONTO FÍSICO uma coisa real e completamente determinada ao lado da simplicidade, então algumas mônadas desse universo são pontos físicos, certamente aqueles a partir do agregado do que é extenso" (Baumgarten, *Metaphysica*, § 399).

O lugar de cada coisa é um ponto. Se quero conhecer o lugar de uma coisa, por exemplo, o da lua, tenho de procurá-lo até o centro e lá um grão de areia não pode ser o lugar, pois assim sendo alguém poderia se perguntar de qual lado do grão de areia está o lugar, mas o lugar é um ponto. Portanto o espaço não consiste de pontos e muito menos a matéria de partes simples.

Da gênese dos corpos

A ligação das substâncias constitui o essencial no conceito de mundo. A ação recíproca [Wechselwirkung] constitui a forma do mundo. *Reactio* é a reação. A ação recíproca está no todo e aqui uma substância é agente [*agens*]. E então dever haver uma ação recíproca em qualquer todo. Nem toda reação é uma ação contrária [Gegenwirkung]. A ação contrária é resistência [*resistentia*], mas nem toda reação é resistência [*resistens*]. Embora // essa seja uma boa proposição da física[331] e seja muito bom envolver-se com tais considerações, ela não pertence, contudo, // à cosmologia transcendental. – As partes constitutivas [*constitutivae*] do universo, enquanto partes absolutamente primeiras, são partes simples ou substâncias. – Não podemos assumir partes absolutamente primeiras nem na matéria e nem no mundo material.[332] Um todo da matéria não tem partes constitutivas absolutamente primeiras [*partes constitutivas absolute prima*]. As partes primeiras simples são denominadas elementos[333]: a matéria não tem, dessa forma, quaisquer elementos. Decerto, de modo comparativo, no que diz respeito à divisão, denominamos algo na matéria de um elemento, mas tal coisa é, ela mesma, ainda uma matéria real, que apenas não pode ser estendida mais. E estes são elementos físicos que são eles mesmos matéria. Mas elementos metafísicos são simples. A matéria é possível através do fato de que preenche o

---

331. Lehmann substitui o termo "physischer" do texto de Pölitz por "physikalischer". Nesse ponto, contudo, conservamos o termo de Pölitz.

332. Seguimos a sugestão de Lehmann em verter a frase para o negativo.

333. Em paralelo ao manual de Baumgarten: "Os corpos têm partes fora de partes [§. 296, 224]. As partes primeiras reais dos corpos mutuamente fora uma das outras são chamadas ELEMENTOS" (Baumgarten, *Metaphysica*, § 399).

espaço. Portanto cada parte dela deve preencher um espaço, uma vez que está entre dois limites. E, portanto, a matéria não consiste de partes simples. A matéria também não é nenhuma substância, mas apenas um fenômeno da substância. Denominamos substância o permanente no fenômeno, aquilo que é fundamento da diversidade no corpo. Ora, pelo fato de que encontramos substâncias nos corpos, as quais denominamos substância apenas por analogia [*per analogiam*], não podemos inferir que a matéria consiste de partes simples, uma vez que ela é considerada não como substância, mas apenas como fenômeno. Não conheço nenhuma outra substância e tampouco tenho outro conceito de substância // senão por meio da intuição[334]. Portanto não podemos assumir na matéria quaisquer elementos metafísicos, mas apenas elementos físicos, os quais chamamos, de maneira comparativa, de elementos, uma vez que eles não podem mais ser divididos. Os elementos físicos podem ser de dois tipos: elementos segundo a espécie e elementos segundo a unidade. Assim a parte alcoólica da cerveja é um elemento segundo a espécie, posto que é composta por diversos tipos [Arten]. Mas a água não pode ser decomposta em matéria diversa de espécies diversas.

Chama-se decompor [Scheiden] quando espécies são separadas umas das outras, enquanto que dividir é quando se separa algo, segundo a matéria, em diversas partes. – O *átomo* é uma parte tal da matéria que não pode ser dividida por nenhuma força da natureza[335]. Muitos assumiram tais átomos. Entre os modernos, *Descartes* estava comprometido com essa opinião. Ele disse que, se estes corpos originários ou partes constituintes de toda a matéria pudessem continuar sempre a ser divididos, nenhuma espécie permaneceria perdurável. Então da água poderia sair as cinzas. Ora, mas, uma vez que toda espécie consiste de partes particulares, tem de haver certas partes originárias.

---

334. Esse ponto faz referência, na *Crítica da Razão Pura*, à primeira analogia da experiência: "O único permanente, portanto, em relação ao qual todas as relações temporais dos fenômenos podem ser determinadas, é a substância no fenômeno, i.e. o real do mesmo que, como substrato de toda modificação, permanece sempre o mesmo" (B 225).

335. "Uma coisa por si mesma indivisível é chamada ÁTOMO [...]" (Baumgarten, *Metaphysica*, § 424).

// O modo de explicação dos corpos baseia-se nas proprieda- 210
des do espaço, do tempo e do movimento. As propriedades universais dos corpos são impenetrabilidade, conexão e figura [Gestalt].
Essas propriedades universais dos corpos são o fundamento de
toda explicação física do corpo. Se alguma coisa é explicada a
partir dessas propriedades universais dos corpos, mediante *//* 106
um movimento comunicado[336], trata-se de um tipo de explicação
mecânica[337]. Mas, se alguma coisa é explicada por meio das forças da natureza que não discernimos, mas que a experiência nos
ensina, trata-se de um tipo de explicação física ou *dinâmica*. Por
exemplo, o ácido cítrico dissolve o cálculo. Se explico isso através
de átomos comunicados, é mecânico. – *Newton* foi o primeiro que
revogou o modo mecânico de explicação e tentou explicar através
de forças físicas. Ele deu à matéria uma força de *atração* que lhe
fundamenta de maneira essencial e originária, mas que de modo
algum depende da figura da matéria[338]. – O modo mecânico de explicação, no entanto, deve sempre, no fim das contas, vir primeiro.
Deve-se primeiramente provar mecanicamente e tentar explicar a
comunicação do movimento sem uma suposta força.

Não se deve assumir nenhuma força fundamental até que não
seja possível de outra maneira. *A suposição de forças fundamentais particulares dos fenômenos é o desespero na filosofia*[339].

Chamam-se qualidades ocultas [*qualitatem occultam*], quando se assume uma força originária sem ter um conceito dela. Por
exemplo, quando se perguntou, em tempos mais antigos, por que
a água na bomba segue o balde que está sendo puxado para cima
e foi dito que a matéria tem uma aversão ao espaço vazio. Eles
chamaram isso de horror do vazio[340] [*horror vacui*]. Eles acres-

---

336. Na tradução francesa, encontramos a seguinte adaptação: "para a comunicação de um
movimento" [*par la communication d'un mouvement*].

337. Baumgarten, *Metaphysica*, § 435.

338. Newton, I. *Princípios matemáticos da filosofia natural*. Livro III: Sobre o Sistema
do Mundo, 1687.

339. Nesse mesmo sentido, Kant faz a seguinte ponderação em *Sonhos de um Visionário*:
"Que diversos fenômenos reais ou supostos sejam compreensíveis a partir da admissão de
tais ideias fundamentais não redunda em proveito destas, pois pode-se facilmente dar uma
razão para tudo, desde que se esteja autorizado a inventar à vontade atividades e leis de
ação" (AA II: 371).

340. Aristóteles, *Física*, Livro IV.

centaram, portanto, um *desejo* à matéria e, dessa maneira, a razão
107 é muitas vezes iludida com uma palavra que // tem de assumir
ao invés do fundamento. Antes de fazer isso, prefiro tentar explicar *mecanicamente*. Aqueles que explicam *fisicamente* assumem
forças fundamentais. Aqueles que explicam *mecanicamente*[341]
assumem um movimento primeiro e figura básica da matéria fundamental e isto é o que fez *Epicuro*. Ele imaginou que estes átomos estão em um movimento no qual caem todos para baixo e, por
toda a eternidade, continuariam a cair se não colidissem[342]. Mas,
para isso acontecer, ele assumiu tais átomos que seriam a origem
da colisão. Como isso aconteceu, no entanto, ele não sabia. Ora,
211 visto que começaram a colidir juntos, // todos os átomos também caíram juntos, ao mesmo tempo, até que surgiram figuras,
animais, seres humanos e todas as coisas. Esta é a origem dos
corpos[343]. Aqueles que explicaram mecanicamente tomaram como
fundamento o movimento ou as partes. O melhor modo de explicação de todos os fenômenos dos corpos é o físico-mecânico. Este é
oposto ao modo de explicação *pneumática*[344], o qual não se deve
utilizar sem necessidade no mundo dos corpos.

Da natureza dos corpos

O primeiro fundamento interno que pertence à realidade da
coisa é a *natureza*, enquanto que o fundamento que pertence à
possibilidade e ao conceito da coisa é a *essência*. Um triângulo
não tem natureza, pois não é nenhuma realidade, mas só figura.
Logo não há natureza na geometria como um todo. Então à essên-
108 cia // ou ao conceito divino, por meio do qual Deus se distingue
de tudo, pertenceria, por exemplo, a necessidade de sua natureza,

---

341. Seguimos Lehmann em substituir o termo "metafisicamente" [*metaphysisch*] em Pölitz por "mecanicamente" [*mechanisch*].

342. Epicuro, *Carta a Heródoto*.

343. Nesse ponto, como Lehmann, substituímos "átomos" [*Atomen*] em Pölitz por corpos [*Körper*].

344. Tal como em *Sonhos de um Visionário*, ao falar de um modo de explicação pneumático, Kant está se referindo a um modo de explicação baseado em espíritos. Segundo o manual de Baumgarten: "A conexão dos espíritos uns com os outros em qualquer mundo é CONEXÃO PNEUMÁTICA [...]" (Baumgarten, *Metaphysica*, § 403).

a imutabilidade, a impassibilidade. – A essência do corpo é aquilo que pertence ao seu conceito enquanto que a natureza é aquilo por meio do qual todos os fenômenos podem ser explicados. O universal da natureza dos corpos, que contém o princípio de todos os fenômenos, reduz-se a poucas coisas, a saber, a impenetrabilidade, a conexão e a figura. Por isso, há ainda mais[345] na natureza do corpo do que aquilo que pode ser derivado a partir do conceito, porque, nesse último caso, isso não pode ser aplicado tão bem quanto na física.

Da perfeição do mundo

Ainda não se pode falar aqui do melhor dos mundos [*mundo optimo*], pois ainda não temos qualquer conceito de fins. Mas a perfeição metafísica pode muito bem ser tratada. A perfeição metafísica consiste na realidade. – A realidade ou a coisidade é o fato de que algo é perfeito como coisa. Uma coisa real é algo positivo no qual há também negações. A perfeição metafísica consiste, portanto, no grau de realidade. O mundo mais perfeito é, dessa forma, em sentido metafísico, aquele que tem o grau supremo de realidade que pode unicamente convir a um mundo, o grau supremo que é possível a um mundo[346]. Se pensamos todas as realidades que unicamente podem convir ao mundo, temos // o mundo sumamente perfeito [*mundum perfectissimum*] ou sumamente real [*realissimum*]. Mas o mundo sumamente real ainda não é o ser sumamente real[347] [*ens realissimum*]. – O mundo é um todo de substâncias que estão em conexão recíproca e constituem, por meio disso //, uma unidade, um todo, um todo de substâncias contingentes, posto que elas se determinam reciprocamente de modo que uma limita a outra[348]. Por conseguinte, o mundo mais perfeito de todos ainda é só um todo de substâncias contingen-

---

345. Assim como Lehmann, substituímos, nesse ponto, "não mais" [*nicht mehr*] em Pölitz por "ainda mais" [*noch mehr*].

346. Baumgarten, *Metaphysica*, § 436.

347. Baumgarten, *Metaphysica*, § 443.

348. *Da Forma e Princípios do Mundo Sensível e do Mundo Inteligível*, § 19 (AA II: 408).

tes[349]. – O mundo mais perfeito é, portanto, apenas um todo que possui maior perfeição do que qualquer outra coisa pode ter.

Da interação [commercio] das substâncias

O ser originário do mundo encontra-se, decerto, em conexão com as coisas do mundo, mas não em união, como se pertencesse a um todo; ele encontra-se, no entanto, apenas em ligação de derivação. Por conseguinte, o Ser do mundo não pertence ao mundo como a um todo[350], posto que em um todo há uma determinação recíproca, mas o ser originário não é suscetível de determinação [*indeterminabel*]. – No todo há, no entanto, uma conexão e uma relação [Zusammenhang]. As substâncias do mundo encontram-se, portanto, em uma conexão recíproca passiva [*in nexu mutuo passivo*] e isto é a interação, na qual o estado de uma depende do estado da outra e é, por sua vez, determinado por ele[351]. Mas entre Deus e o mundo não há tal interação, pois Deus não recebe, por sua vez, nada do mundo.

Mas como é possível uma interação em um todo em geral? Essa pergunta é idêntica à primeira, pois onde há um agregado de substâncias ainda não há um mundo, mas a interação das substâncias constitui primeiramente um mundo. A mera existência das substâncias, no entanto, ainda não constitui uma interação, mas à existência das substâncias tem também de ser acrescentado um outro fundamento através do qual surge uma interação[352]. –

---

349. "Ainda quando o mundo mais perfeito é colocado como o melhor dos mundos [§. 437], todavia ainda não é colocado o sumo bem [...]" (Baumgarten, *Metaphysica*, § 443).

350. *Da Forma e Princípios do Mundo Sensível e do Mundo Inteligível*, § 19 (AA II: 408).

351. Desde seu pensamento inicial, Kant assume um modelo de causalidade distinto do modelo proposto pela doutrina da harmonia estabelecida de Leibniz professado pela escolástica alemã. Assumindo o modelo do influxo físico, Kant ressalta em sua dissertação de 1755, *Nova Dilucidatio*, que "é preciso levar em consideração as mudanças produzidas pela relação entre as coisas, isto é, pela dependência mútua de suas relações "(AA I: 411). Segundo o manual de Baumgarten, "[o] INFLUXO FÍSICO é a influência real de uma substância que é parte do mundo sobre outra parte. Assim O INFLUXO FÍSICO UNIVERSAL é a harmonia universal das substâncias do mundo em que uma realmente influencia a outra [...]" (Baumgarten, *Metaphysica*, § 450). Ver também § 451 da *Metaphysica* e *Crítica da Razão Pura* (B 330-331).

352. *Da Forma e Princípios do Mundo Sensível e do Mundo Inteligível*, § 17 (AA II: 407).

Supondo [*posito*] que todas as substâncias fossem necessárias, elas não se encontrariam em nenhuma interação, pois cada uma existiria em e por si mesma como se nenhuma outra existisse. Sua existência seria completamente independente da existência das outras e então elas não se encontrariam em nenhuma interação. Por conseguinte, substâncias absolutamente necessárias não podem se encontrar em nenhuma interação[353]. Supondo que houvesse dois Deuses, cada qual tendo criado um mundo, o mundo de um não poderia se encontrar em interação com o mundo do outro, mas cada um teria de existir por si mesmo[354]. Nenhum parentesco [Bezieheung] e relação [Verhaltniss] seriam possíveis. Por esta razão também não podem existir dois Deuses. Mas poder-se-ia dizer: representamos todas as coisas no espaço e, então, as coisas já devem se encontrar em interação com outra pelo fato de que estão em um espaço. // Existir no espaço não é, no entanto, meramente existir, mas existir no espaço já significa estar em comunidade, pois o espaço é um fenômeno da conexão universal do mundo e, por meio do espaço // queremos ter precisamente o fundamento dessa conexão[355]. –

A interação pode ser:

1) originária [*originarium*] ou;

2) derivada [*derivativum*]. –

É originária quando já se funda na existência das substâncias. Ora já mostramos que não pode surgir nenhuma interação meramente da existência. Sustentar essa conexão das substâncias sem qualquer fundamento, meramente porque elas existem, é aquilo que a filosofia *wolffiana* chamou, em sentido vulgar, de influxo físico [*influxum physicum*], que poderia se chamar melhor de influxo cego [*coecum*]. – O espaço riria de nós certamente se lhe

---

353. *Da Forma e Princípios do Mundo Sensível e do Mundo Inteligível*, § 18 (AA II: 407-408).

354. *Da Forma e Princípios do Mundo Sensível e do Mundo Inteligível*, § 21 (AA II: 408).

355. Uma alusão à questão que seria enunciada na terceira analogia da experiência, que, na *Crítica da Razão Pura*, trata do "[p]rincípio da simultaneidade segundo a lei da reciprocidade ou comunidade": "Todas as substâncias, na medida em que podem ser percebidas como simultâneas no espaço, estão em completa reciprocidade" (B 256).

questionássemos sobre algo assim. – Ele diria que isto já existe assim, já tem de existir assim, mas que não é em si mesmo necessário. Por conseguinte, a interação originária não tem lugar.

Trata-se de uma interação derivada se, além da existência das substâncias, é necessário ainda um terceiro fundamento. A interação derivada pode ser de dois tipos: por influxo físico ou hiperfísico [*hyperphysicum*]. Mas temos de distinguir aqui o influxo físico do influxo físico originário em sentido vulgar [*in sensu crassiori*]. O primeiro é o influxo físico derivado [*influxis physicus derivativus*] que se refere às leis da natureza, tanto faz, aliás, no que ele se funda. Mas o influxo hiperfísico é de acordo com as leis que são colocadas por outro ser. – Poder-se-ia perguntar aqui sob quais condições as substâncias influenciariam originariamente uma à outra //. Visto que um influxo originário das substâncias acontece sem a mediação de um terceiro, então nenhuma substância pode influenciar originariamente [*origine*] a outra com exceção daquelas substâncias das quais ela mesma é uma causa. Por exemplo, a influência de Deus no mundo, a influência do Criador nas criaturas, só é possível originariamente. Mas a influência das substâncias, das quais nenhum outro ser é a causa, não pode acontecer originariamente entre elas. Por conseguinte, na medida em que as substâncias não dependem uma da outra, elas não influenciam originariamente uma à outra, mas mediante uma terceira substância a partir da qual todas elas são produzidas[356], pois, nesse caso, seus princípios [*principia*] são fundados todos em um princípio [*principium*].

// Mas, onde há simplesmente uma interação, não há apenas uma influência, mas também uma influência recíproca. Nesse caso, uma substância não pode influenciar originariamente a outra, posto que uma não pode ser reciprocamente a autora [Urheber] da outra, algo que é absurdo. Ora, uma vez que em qualquer mundo há uma interação, essa interação deve ser derivada. A interação das substâncias baseia-se, portanto, no fato de que elas todas existem através de uma e, por isso, a diversidade das substâncias possui uma unidade e, através disso, elas constituem um todo.

---

356. Tal como Lehmann, substituímos "trazidos" [hergebracht] no texto de Pölitz por "produzidos" [hervorgebracht].

Todos os seres necessários são *isolados* (não no espaço de tal modo que cada um ocupe um espaço diferente, pois o espaço já os conecta), mas em si mesmos. Não é por meio do espaço, portanto, que a interação é possível, mas // apenas pelo fato de que todos existem através de Um e dependem de Um, pois, caso contrário, aqueles que dependem de outro não se encontrariam em interação com os outros. Qualquer mundo, portanto, pressupõe um ser originário, pois nenhuma interação é possível exceto na medida em que todos[357] existam através de Um[358]. O espaço é, como fenômeno, a conexão infinita das substâncias umas com as outras. Por meio do entendimento, discernimos sua conexão apenas na medida em que elas todas se encontram na divindade. Na medida em que intuímos as substâncias, este é o único fundamento, por meio do entendimento, para o discernimento da conexão das substâncias, como se elas se encontrassem universalmente na divindade. Se representamos essa conexão de *maneira sensível*, isso acontece através do espaço. O espaço é, portanto, a condição suprema da *possibilidade* da conexão. Ora, se representamos de maneira sensível a conexão das substâncias que consiste no fato de que Deus está presente em todas as coisas, podemos dizer que *o espaço é o fenômeno da presença divina*[359]. – Para discernir melhor agora os sistemas de explicação da interação [*systemata commercium explicandi*], nota-se que a interação derivada que se baseia em um terceiro ser acontece ou por influxo físico ou hiperfísico. O influxo físico acontece segundo as leis universais da natureza das coisas. O influxo hiperfísico acontece não segundo leis universais, mas segundo determinações universais do ser extramundano [*entis extramundani*]. Por exemplo, se todos os membros no corpo humano // se movimentam de acordo com minha vontade segundo leis universais, trata-se do influxo físico. Mas se, quando quero mover o pé, um terceiro ser o movimenta, trata-se então do influxo hiperfísico. Este influxo é, por sua vez,

---

357. Substituímos aqui, segundo a sugestão de Lehmann, o termo "portanto" [also] do texto de Pölitz por "todos" [alle].

358. *Da Forma e Princípios do Mundo Sensível e do Mundo* Inteligível, § 20 (AA II: 408).

359. No entanto, como Kant pondera nas *Lições sobre a Doutrina Filosófica da Religião*: "Newton disse, em algum lugar, que o espaço é o *sensorium* da onipresença divina. [...] No entanto, tal representação da onipresença divina é extremamente inadequada, pois dessa forma Deus seria considerado como a *alma do mundo*, enquanto o espaço Seu *sensorium*. Mas isso contradiz o conceito da independência de Deus" (XXVIII: 1108).

de dois tipos: harmonia automática ou ocasionalista. A harmonia automática (pois, nesse caso, não se trata mais // de interação, mas de harmonia) é quando, em todo caso particular, a causa suprema tem de ter estabelecida uma concordância que não se baseia em leis universais, mas em uma instituição [Einrichtung] originária que Deus colocou na máquina do mundo. Por exemplo, se uma máquina que tocasse flauta fosse predisposta de modo que pudesse acompanhar apenas a peça que toquei, mas eu viesse a tocar uma nova peça, então uma nova instituição teria de ser implementada. Mas, se digo que o fundamento não está instituído no início de tal modo que Deus tenha, em cada ocasião, realizado continuamente o efeito no progresso do mundo, tratar-se-ia então do influxo hiperfísico ocasionalístico [occasionalisticam]. Ambos são hiperfísicos. Chama-se de harmonia automática a harmonia preestabelecida[360] [praestabilitam] e de harmonia não automática[361] a harmonia ocasionalista[362] [occasionalisticam]. *Leibniz* sustentou o primeiro sistema, *Descartes* o último. Ambas as interações, na medida em que são hiperfísicas, não proporcionam nenhuma outra conexão [nexum] além de uma conexão ideal e essa interação seria uma interação ideal. Mas o mundo é um todo [totum] e, por isso, a interação tem de ser *real*[363]. Por conseguinte, o sistema de explicação // da interação das substâncias [systema explicationis commercii substantialis] não é nenhum outro do

---

360. De acordo com o manual de Baumgarten: "Se as partes do mundo são colocadas em interação de tal modo que as mudanças em uma das partes da interação possam ser conhecidas a partir da força da outra parte, estas são chamadas MUDANÇAS HARMÔNICAS. A influência mútua ideal de todas as substâncias do mundo é a HARMONIA PREESTABELE-CIDA UNIVERSAL [...]" (Baumgarten, *Metaphysica*, § 448). Ver também § 449 e *Crítica da Razão Pura* (B 330-331).

361. Essa é uma adição feita por Lehmann.

362. "Aquele que coloca que a substância infinita sozinha influencia realmente todas as substâncias desse mundo, as quais parecem sofrer a partir de outra substância desse mundo, e que coloca que, segundo essa doutrina, elas realmente sofrem, é um OCASIONALISTA UNIVERSAL (um assistente) e este sistema é o SISTEMA UNIVERSAL DE CAUSAS OCA-SIONAIS (o sistema cartesiano, ou melhor, o malebranchiano, o sistema de assistência)" (Baumgarten, *Metaphysica*, § 452). Ver também § 453 e *Crítica da Razão Pura* (B 330-331).

363. Kant conclui na *Crítica*: "Os três sistemas habituais acima pensados, que são, de fato, os únicos possíveis, são o sistema da *influência física*, o da *harmonia pré-estabelecida* e o da *assistência sobrenatural* (B 390). Em paralelo, lemos no compêndio de Baumgarten: "Ao lado do sistema universal da harmonia pré-estabelecida, influxo físico e causas ocasionais, não é possível nenhum quarto sistema universal simples" (Baumgarten, *Metaphysica*, § 458). Ver também Kant, *Da Forma e Princípios do Mundo Sensível e do Mundo Inteligível*, § 22 (AA II: 409).

que o por influxo. Apenas, por influxo, as substâncias podem estar em conexão real [*nexu reali*]. Este influxo é físico e, decerto, derivado. Este é o conceito correto: que as substâncias, posto que elas todas existem através de Um, constituem uma unidade da substância e da diversidade da mudança. Trata-se de uma relação segundo leis necessárias universais. Nesse influxo, portanto, pode-se observar dois aspectos: que ele não é nem uma conexão cega [*nexus coecus*], nem um influxo hiperfísico e que, além disso, a representação real da conexão das substâncias umas com as outras consiste no fato de que, posto que elas existem através de Um, elas todas *perduram*. O conceito da unidade do mundo funda-se, portanto, na unidade do Ser originário. Se, na teologia natural [*theologia naturali*], esta unidade é discernida, a unidade do mundo se seguirá dela necessariamente.

Do natural e do sobrenatural

A natureza é o fundamento interno primeiro daquilo que pertence à realidade da coisa. Mas a essência é o princípio primeiro da possibilidade da coisa. Todas as coisas, todas as substâncias, têm natureza. A natureza tem de ser distinguida em: natureza particular de uma coisa e natureza como um todo. A natureza particular é o princípio primeiro a partir do qual surge aquilo que pertence à coisa. Por exemplo, a natureza do corpo // é aquilo que pertence ao corpo enquanto corpo. Assim há tantas coisas // quanto também há naturezas. Aquilo que pertence ao acidental das substâncias é atribuído à natureza. Mas a essência trata do predicado lógico, algo que pertence ao conceito da coisa. As diversas naturezas constituem a natureza como um todo, a unidade do mundo. A natureza como um todo é a natureza do mundo, que é chamada também *natureza em geral*. Mas apenas a soma das naturezas particulares e a natureza de todas as partes ainda não constituem a natureza como um todo, pois a isso tem de ser acrescentada também a *união*[364].

---

364. No compêndio de Baumgarten, lemos: "O conjunto de naturezas em todas as partes do mundo, assumidas individualmente e conjuntamente, é uma NATUREZA UNIVERSAL (natureza naturada [cf. §. 859]). Assim a natureza deste e do universo mais perfeito é um agregado ou conjunto de todas as determinações essenciais, essências, faculdades, receptividades, forças com as quais todas as suas partes, mônadas, elementos, espíritos, matérias e corpos são equipados [...]" (Baumgarten, *Metaphysica*, § 466).

Ao natural está oposto: o *contranatural* [Widernatürliche], o *sobrenatural* e o *não natural* [Unnatürliche]. - *Natural* é aquilo que pode ser explicado a partir da natureza particular da coisa e também a partir da natureza como um todo[365]. - *Contranatural* é aquilo que não decorre da natureza determinada de uma coisa. - *Não natural* é aquilo que contradiz a natureza particular da coisa[366]. - *Sobrenatural* é aquilo que não pode ser explicado a partir da natureza como um todo, mas cujo fundamento tem de ser buscado no ser extramundano[367]. A causa do contranatural é procurada na natureza como um todo. O curso da natureza é a série das mudanças dos acontecimentos. A ordem da natureza é justamente a mesma série das mudanças, embora na medida em que ela se encontra sob uma regra universal. O curso da natureza é diferente da ordem da natureza[368]. *O curso da natureza pode ser conhecido empiricamente, mas a ordem pode ser conhecida através do entendimento, posto que percebo a regra //.* O curso da natureza é sempre uma ordem da natureza, pois, na medida em que os acontecimentos se seguem naturalmente, eles possuem um princípio na natureza das coisas a partir do qual emergem. Toda natureza tem leis. As leis são fórmulas universais por meio das quais a diversidade é conhecida a partir do princípio universal, *pois a regra da ordem é uma fórmula.* Podemos pensar que o curso da natureza pode ser interrompido se alguma coisa sobrenatural é impingida nas diversas mudanças que emergem da natureza do mundo. O sobrenatural na série da ordem interrompe o curso e a ordem da natureza. -

Os acontecimentos ocorrem no tempo. Mas o tempo está no mundo. O começo da natureza é apenas a condição sob a qual os

---

365. No manual, lemos: "UM ACONTECIMENTO [*EVENTUS*] que é realizado [*actuandus*] pela natureza de uma coisa [*entis*] contingente é um ACONTECIMENTO NATURAL" (Baumgarten, *Metaphysica*, § 469).

366. Baumgarten, *Metaphysica*, § 480.

367. "UM ACONTECIMENTO SOBRENATURAL é um acontecimento no mundo não realizado pela natureza de qualquer coisa [*entis*] contingente" (Baumgarten, *Metaphysica*, § 474).

368. Assim, conforme define o compêndio, "a sucessão de coisas naturais em um mundo é o CURSO DA NATUREZA", enquanto que "[a] ordem das coisas naturais no mundo é a ORDEM DA NATUREZA" (Baumgarten, *Metaphysica*, § 471-472).

acontecimentos podem acontecer no mundo. *Por conseguinte, a Criação não é nenhum acontecimento*, mas apenas aquilo por meio do qual os acontecimentos [*eventus*] ocorrem. É, portanto, uma ação sobrenatural [*actio supernaturalis*] que, no entanto, // não pertence ao curso do mundo. Ela pertence ao sobrenatural que interrompe o curso da natureza.

217

Dos milagres

Um acontecimento no mundo, que não ocorre segundo a ordem da natureza, é um milagre[369]. A palavra *milagre* vem a significar um acontecimento que não ocorre em conformidade com a natureza conhecida //, embora pudesse estar em conformidade com uma ordem superior. Só nos surpreendemos quando acontece algo que não é habitual. Se acontecimentos sobrenaturais fossem habituais, ninguém se surpreenderia diante deles. Surpreendemo-nos, portanto, quando algo é contrário à ordem conhecida da natureza. Mas aqui não estamos levando em consideração a ordem conhecida da natureza, mas um acontecimento que é em e por si mesmo um milagre. – Os milagres são opostos aos acontecimentos naturais. Em relação aos milagres, observamos que podem acontecer *a partir das forças da natureza* e esta é a *matéria* do milagre. Mas o fato de que, a partir dessas forças da natureza, o acontecimento *não*[370] decorre *segundo a ordem das coisas* é a *forma* do milagre. A causa do milagre encontra-se, portanto, não meramente na matéria, mas também na forma. Os milagres são, por conseguinte, de dois tipos: milagre material [*miracula materialia*] e formal [*formalia*].

118

São materiais aqueles nos quais a causa do acontecimento não é natural [*metarialia, in quibus causa eventus non est naturalis*]. São formais aqueles nos quais a determinação da causa não toma lugar segundo a ordem da natureza [*formalia, in quibus*

---

369. Lemos em Baumgarten: "Um acontecimento sobrenatural, que é considerado como extraordinário, é um MILAGRE. [...]. Todo milagre é sobrenatural, mas nem todo sobrenatural é um milagre" (Baumgarten, *Metaphysica*, § 474). Uma discussão sobre os milagres é apresentada em uma das seções da *Religião nos Limites da Razão* (AA IV: 85-89).

370. O sentido negativo da sentença foi acrescentando por Lehmann.

determinatio causae non fit secundum ordinem naturae]. Um milagre material é um acontecimento no qual mesmo a causa está fora da natureza. Um milagre formal é aquele onde a causa está, decerto, na natureza, mas a determinação de seu efeito não acontece segundo a ordem da natureza. Os materiais são aqueles para os quais a força não é encontrada na natureza. Os formais são aqueles para os quais provavelmente as forças se encontram na natureza, mas // a determinação das forças para o acontecimento não ocorrem segundo o curso da natureza. Em relação à matéria [*quaod materiam*], algo pode, portanto, ser fundado na natureza, mas não em relação à forma [*quoad formam*]. O aspecto essencial do milagre baseia-se, portanto, na forma, na determinação da ordem da natureza. O delírio teológico é em grande parte destruído por meio disso, se nos esforçamos para explicar os milagres de uma maneira meio natural [halb naturlich] e procurar as forças na natureza. Mas o milagre não se torna menor dessa forma, pois, se é para ser um milagre, não podemos nos embaraçar em relação às causas intermediárias e // colocar nas mãos de Deus um meio natural, uma vez que a *determinação* desse meio natural não está, contudo, na natureza e, justamente por isso, se trata de um milagre. Por exemplo, se se explica a derrota de Senaqueribe através do anjo (através de um anjo todo efeito divino e execução dos decretos de Deus é compreendido) e através do vento mortal Samiel, então isso está certamente relacionado ao vento, mas se trata precisamente de um milagre que o vento tenha agido justamente naquela hora contra o exército de Senaqueribe[371]. Tenta-se explicar a passagem das crianças de Israel pelo mar vermelho exatamente da mesma maneira, posto que se diz que o vento despiu de água uma parte do mar vermelho de modo que as crianças de Israel pudessem passar através dele[372]. Aqui, decerto, a causa se

---

371. Senaqueribe, rei da Assíria entre 705 a 681 a.C. É conhecido por suas campanhas militares contra Babilônia e Judá. Eis aqui uma referência ao segundo livro dos reis: "Sucedeu, pois, que naquela mesma noite saiu o anjo do Senhor, e feriu no arraial dos assírios a cento e oitenta e cinco mil deles; e, levantando-se pela manhã cedo, eis que todos eram cadáveres"(2Rs 19,35). Kant também se utiliza de tal exemplo em uma nota de *O Único Argumento Possível para uma Demonstração da Existência de Deus* (AA II: 120)

372. Lemos um versículo do Êxodo: "Então Moisés estendeu a mão sobre o mar, e o Senhor afastou o mar e o tornou em terra seca, com um forte vento oriental que soprou toda aquela noite. As águas se dividiram, e os israelitas atravessaram pelo meio do mar em terra seca, tendo uma parede de água à direita e outra à esquerda" (Ex 14,21-23).

encontra na natureza, só que, de acordo com a ordem da natureza, não acontece, contudo, que um vento deveria soprar então quando um povo foi perseguido e oprimido por um rei estrangeiro //. Para isso, portanto, se requer uma direção especial. – Um milagre formal é um milagre tanto quanto um milagre material. O milagre formal [*miracula formalia*] divide-se ainda em preestabelecido e ocasional. O milagre preestabelecido [*miraculum praestabilitum*] é quando a instituição [Einrichtung] da natureza já é feita, desde o início, de modo que, em casos particulares, a causa não produza um efeito segundo leis universais. Por exemplo, se Deus já tivesse feito tal instituição, desde o início do mundo, de modo que o vento tivesse de soprar no caso particular da passagem das crianças de Israel pelo mar vermelho ou se Ele o tivesse criado por ocasião dessa passagem. Então os subterfúgios de considerar os milagres como formais e preestabelecidos não servem para nada mais do que tapar os olhos. O uso da razão é, dessa forma, ainda mais interrompido do que pelo milagre material. O uso da razão exige que devamos pensar que se trata de uma natureza, isto é, de um princípio do mundo de onde as determinações do mundo decorrem segundo regras universais. O uso da razão tem lugar, portanto, na medida em que existem a natureza e a ordem da natureza. A ordem é, portanto, a única condição do uso da razão. O entendimento assume como uma hipótese necessária o fato de que todos os fenômenos acontecem segundo regras. Toda interrupção da natureza é, portanto, um distúrbio do entendimento. – Mas milagres não são em si mesmos impossíveis, pois assumimos a ordem das coisas // como uma hipótese necessária por causa do estabelecimento [Einrichtung] do entendimento e da razão. Os milagres não podem ser assumidos, no entanto, se não na *mais extrema* // *necessidade. Mas a necessidade mais extrema é aquela na qual temos de suprimir o uso de nossa própria razão*. No caso, milagres devem ser reconhecidos apenas onde estamos autorizados a inibir o uso da razão na natureza. – A condição sob a qual é permitido admitir milagres é a seguinte: o curso da natureza não concorda com as leis morais[373]. Há,

120

121

219

---

373. Em um sentido próximo e em complemento a esta passagem, lemos no tratado de 1793, a *Religião nos Limites da Simples Razão*: "Mas, se se perguntar que importa entender pela palavra *milagre*, então (já que propriamente só nos interessa saber que é que eles são *para nós*, i.e., para o nosso uso prático da razão) pode explicar-se que há acontecimentos no mundo de cuja causa nos são e hão-de permanecer de todo desconhecidas as *leis de ação* [...]. No tocante aos milagres *teísticos*, podemos decerto fazer para nós

dessa forma, imperfeição no curso da natureza: ela não concorda com as condições que deveriam concorrer como motivos para as leis morais. Para complementar[374] essa imperfeição, milagres são possíveis. Mas não precisamos admitir milagres por causa disso, pois ainda podemos esperar, por certo, que a natureza um dia concordará com a moralidade. A moralidade suprema é, no entanto, a união com o ser supremo. Ora, se um caso é do tipo que não pode ser conhecido pela ordem natural, mas relaciona-se ao fim da moralidade, é permitido, nesse caso, admitir milagres. Ora, se o evangelho de Cristo possui tais fins, é permitido admitir milagres. Os milagres podem ser estritos [*rigorosa*] ou relativos[375] [*comparativa*]. – O milagre estrito é um acontecimento sobrenatural na medida em que interrompe a ordem da natureza [*miraculum rigorosum est eventus supernaturalis, quatenus interrumpit ordinem naturae*]. – O milagre relativo [*miraculum comparativum*] é quando um acontecimento é, decerto, natural em vista // da natureza como um todo, mas não pode ser reconhecido segundo a natureza conhecida. Pertence a isto tudo que é explicado pela influência dos espíritos. Isto pode certamente ser possível segun-

---

um conceito das leis de ação da sua causa (como um ser todo poderoso, etc., e ao mesmo tempo moral), mas só um conceito *universal*, na medida em que o pensamos como criador e governador do mundo tanto segundo a ordem da natureza como segundo a ordem moral" (AA IV: 85-89).

374. Certamente, Kant está fazendo aqui uma referência ao que poderíamos chamar de doutrina crítica da graça. Desde meados de 1760, Kant insiste no fato de que não há oposição entre religião natural e uma teologia sobrenatural. Esta posição é a base sobre a qual Kant busca estabelecer, já nesse contexto e em consonância com sua posição madura, uma doutrina da graça baseada nos pressupostos racionais da crença moral. Como lemos nas *Anotações às Observações do Sentimento do Belo e do Sublime* de 1764-65, "[u]ma teologia sobrenatural pode, todavia, estar ligada a uma religião natural" (AA XX: 57). Contudo, apenas em um caminho a teologia sobrenatural pode ser adequada à religião natural como um complemento: "[...] Começar pelo aperfeiçoamento da moralidade de acordo com a ordem natural e, depois de despender nisso a maior quantidade de esforço possível, esperar a ajuda sobrenatural de acordo com a ordem dos decretos divinos expressos na revelação" (AA XX: 190). Podemos observar o desenvolvimento dessa teoria nas *Lições de Ética* de meados de 1770 (Ed. Menzer, p. 104-106, p. 119, p. 134-135/ Unesp, 2018, p. 230-233, p. 248-249, p. 267-269 e outros). Por fim, na *Religião nos Limites da Simples Razão*, é notável o esforço de Kant em se dissociar da doutrina da graça, compreendida como aquela que reduz o homem a um estado de passividade moral (AA VI: 94), para aceitar que a doutrina da graça só se justifica enquanto uma doutrina interna à moral e como um adendo à hipótese do sumo bem. Por este caminho, o complemento da ajuda divina, a saber, o auxílio que visa suprir a debilidade humana, é sustentado por uma crença racional moral.

375. Baumgarten, *Metaphysica*, § 477.

do a natureza como um todo, mas ultrapassa os limites de nosso entendimento, posto que conhecemos a natureza dos espíritos tão pouco quanto a natureza de Deus. Por conseguinte, de acordo com as máximas da razão, é exatamente a mesma coisa se assumimos que algo acontece por meio de espíritos ou do Ser supremo mesmo, uma vez que não conhecemos a natureza de ambos os seres. E, caso queiramos já admitir milagres, é melhor admitir que tais milagres são causados pelo Ser supremo e não por espíritos.

Em geral, não estamos autorizados a isso. É um atrevimento sair da via que Deus nos prescreveu com o propósito de usarmos nosso entendimento. Temos de investigar as causas e não empurrar[376] tudo para a direção de Deus. Quem nos disse para atribuir tudo imediatamente a Deus? No final, decerto, tudo se dirige claramente para isso, mas devemos permanecer no círculo que nos é dado. É um atrevimento querer descobrir os segredos de Deus. Por conseguinte, não há nada de devoto // em evocar milagres, mas algo de condenável e repreensível[377]. – Os milagres devem ser *raros*. Muitos tentam sustentar isso, especialmente os teólogos. Mas a palavra *raro* é indeterminada aqui, pois não se sabe, contudo, se são raros cerca de dez milagres todo ano ou se já são muitos. Portanto não se pode provar isso objetivamente por meio do entendimento, mas, segundo princípios subjetivos, // podemos admitir os milagres como raros, pois o entendimento pode ser usado segundo regras. – As regras e as proposições podem ser encontradas através da experiência se vemos que certos acontecimentos concordam universalmente uns com os outros em certas relações e, assim, toda exceção do acontecimento suprime a regra. Ora, se ocorrem diversamente e com frequência exceções das regras, elas suprimem o uso das regras e, com efeito, também o uso da razão. – As exceções [Ausnahmen] são *exceptiones* da regra. Mas não deve haver mais exceções [*exceptionen*] do que os casos da determinação, pois, assim sendo, se existem mais exce-

---

376. Seguindo a sugestão de Lehmann, permutamos "escrever" [schreiben] em Pölitz por empurrar [schieben].

377. Trecho acrescentado por Lehmann por sugestão de Heinze, acrescentado a partir da *Metaphysik H* e/ou *Metaphysik K1*.

ções, elas suprimem a regra e, nesse caso, não são mais exceções. E então teriam de ser feitas outras regras a partir das exceções. Por conseguinte, as exceções sempre devem ser raras. Só há milagres justamente pelo fato de que também há uma ordem da natureza. Se não houvesse nenhuma ordem da natureza, também não poderia haver nenhuma interrupção. Mas os milagres são acontecimentos que interrompem a ordem da natureza. Pelo fato de que há, portanto, uma ordem, os acontecimentos em certa relação devem concordar segundo leis universais e os milagres devem ser admitidos apenas como uma exceção da ordem e da regra. Mas as exceções são raras. O motivo para admitir raramente milagres se encontra no uso do entendimento.

124

Há dois tipos de cabeças em relação aos milagres: aquelas que não negam decerto os milagres, mas acham eles difíceis e outras que, no entanto, são bastante inclinadas // a admiti-los. O motivo disso encontra-se no uso da razão. Aquele que é acostumado a se servir de sua razão encontra dificuldade em relação aos milagres, enquanto que aquele que não faz nenhum uso da razão gosta bastante de admitir milagres, pois nesse caso ele não precisa refletir e é, dessa forma, tão sábio quanto o outro. Inclina-se a reconhecer milagres em épocas passadas mais do que em épocas atuais, embora de modo algum se possa provar porque milagres não poderiam também acontecer agora assim como antes. O motivo disso é o seguinte: o que antes aconteceu por milagres de modo algum deturpa o uso atual da razão

221

// Também não devemos acreditar, no entanto, que os antigos deturparam o uso de seu entendimento através dos milagres. Naquela época reinou igualmente o princípio de não assumir aquilo que torna impossível o uso do entendimento em relação à ordem da natureza [378]. Portanto não podemos culpar ninguém de *tentar* dar uma explicação dos milagres se, dessa forma, nada é diminuído na moralidade.

---

378. Esta sentença também não está presente em Pölitz. Lehmann a acrescenta, seguindo a sugestão de Heinze, a partir da *Metaphysik H* e/ou *Metaphysik K1*. Em vez disso, lemos em Pölitz: "Eles devem tê-lo usado assim como nós".

3) Psicologia

Conceitos introdutórios

Nas partes precedentes da metafísica foi tratado da natureza em geral e os objetos foram considerados de maneira geral. Nessa consideração, a natureza significa a soma completa de todos os princípios internos e tudo aquilo que diz respeito à existência da coisa. Mas, quando se fala da natureza de maneira geral [*generaliter*], é apenas segundo a forma e, então, a natureza não significa nenhum objeto, mas apenas o modo *como* o objeto existe. – A natureza é, na existência, aquilo que a essência é no conceito. Na cosmologia, foi falado da natureza de cada coisa em geral, da natureza do mundo ou da natureza em sentido universal, onde ela significa a soma total de todas as naturezas e, nesse caso, a natureza é a soma total de todos os objetos dos sentidos. Este conhecimento dos objetos dos sentidos é a *fisiologia*. Ora, aquilo que não é nenhum objeto dos sentidos ultrapassa a natureza e // é hiperfísico. Por conseguinte, a natureza é a soma total de todos os objetos dos sentidos, e o conhecimento dessa natureza, a fisiologia. Esse conhecimento da natureza ou fisiologia pode ser de dois tipos: *empírico* e *racional*. Essa classificação da fisiologia só diz respeito à forma. – A fisiologia *empírica* é o conhecimento dos objetos dos sentidos na medida em que são extraídos de princípios da experiência. A fisiologia *racional* é o conhecimento dos objetos na medida em que não são extraídos da experiência, mas de um conceito da razão. O *objeto* é sempre um objeto dos sentidos e da experiência, só o *conhecimento* dele é que pode ser obtido pelos conceitos puros do entendimento, pois, dessa forma, distingue-se a fisiologia da filosofia transcendental, // onde o objeto também não é emprestado da experiência, mas da razão pura[379]. À fisiologia racional [*physiologia rationalis*], portanto, pertencerá, por exemplo, o fato de que um corpo é divisível ao infinito, pois um todo da matéria pertence ao conceito de corpo. Mas a matéria ocupa um espaço e o espaço é divisível ao infinito

---

379. Lehmann substitui, nesse ponto, "de uma razão" [einer] em Pölitz por "pela razão pura" [reiner].

e, logo, também todo fenômeno no espaço. Além disso, à matéria pertence uma certa inércia (força de inércia [*vis inertiae*]), pela qual ela se distingue dos seres pensantes. Por conseguinte, não se pode mover uma matéria senão impulsionada por uma força externa. Tudo isso pertence à fisiologia racional e, em geral, pode-se discernir toda teoria do movimento a partir do conceito do corpo. Mas o fato de que os corpos // se atraem mutuamente, de que são pesados e de que os corpos são fluidos, tudo isso pode ser conhecido só pela experiência. Com efeito, isto pertence à fisiologia empírica [*physiologia empirica*]. Mas a fisiologia também pode ser classificada segundo o objeto ou a matéria. Visto que a fisiologia é um conhecimento dos objetos dos sentidos, discernimos facilmente a *classificação* se observamos que possuímos dois tipos de sentidos, a saber, um sentido *externo* e um *interno*. Por conseguinte, há uma fisiologia de objetos do sentido *externo* e uma fisiologia de objetos do sentido *interno*. A fisiologia do sentido externo é a *física* e a fisiologia do sentido interno é a *psicologia*[380]. Ambas as divisões, tanto a física quanto a psicologia, podem ser, de acordo com classificação anterior, de dois tipos segundo a forma: empírica e racional. Há, por conseguinte, uma física e psicologia empírica e racional. A determinação universal da ação ou o caráter universal do objeto do sentido interno é o *pensamento* e o caráter universal do objeto do sentido externo é o *movimento*. Na psicologia geral [*psychologia generalis*] é tratado, portanto, do ser pensante em geral, o que é a *pneumatologia*. Mas na psicologia especial [*psychologia speciali*] é tratado do sujeito pensante que conhecemos e isto é a *nossa alma*. Do mesmo modo, também são tratados na física geral [*physica generali*] os objetos do sentido externo ou os corpos em geral e na física especial [*physica speciali*] os corpos que conhecemos //. A psicologia empírica

---

380. Na *Crítica da Razão Pura*, especificamente no capítulo sobre a *Arquitetônica da Razão*, lemos: "A fisiologia imanente, pelo contrário, considera a natureza como o conjunto completo de todos os objetos dos sentidos, portanto tal como *nos* são dados, mas o faz apenas segundo condições a priori sob as quais eles podem, em geral, ser dados a nós. Mas há apenas dois tipos de objetos nessa fisiologia: 1) aqueles dos sentidos externos, portanto o seu conjunto completo, i.e. a *natureza corpórea*; 2) o objeto do sentido interno, a alma, e, segundo os conceitos fundamentais da mesma, a *natureza pensante*. A metafísica da natureza corpórea se denomina *física* [...]. A metafísica da natureza pensante se denomina *psicologia*" (B 874).

[*psychologia empírica*] é o *conhecimento dos objetos do sentido interno na medida em que esse conhecimento é extraído da experiência.* A física empírica [*physica empirica*] é o conhecimento dos objetos do sentido externo na medida em que é emprestado da experiência. A psicologia racional é o *conhecimento dos objetos do // sentido interno na medida em que esse conhecimento é emprestado* da *razão pura*[381]. – Assim como a física empírica não pertence à metafísica, tampouco *a psicologia empírica pertence à metafísica.* Pois a doutrina da experiência do sentido interno é o conhecimento dos fenômenos do sentido interno, assim como os corpos são fenômenos do sentido externo. Portanto acontece na psicologia empírica o mesmo que acontece na física empírica, com a diferença de que a matéria na psicologia empírica é dada pelo sentido interno e na física empírica pelo sentido externo. Ambas são, portanto, doutrinas da experiência.

A metafísica distingue-se, dessa forma, da física e de toda doutrina da experiência pelo fato de que ela é uma ciência da razão pura[382], enquanto a física pega seus princípios [*principia*] emprestados da experiência. É bastante adequado determinar os limites das ciências e discernir o fundamento das classificações de modo a se ter um sistema, pois, sem ele, se é sempre um aprendiz e não se sabe como uma ciência – por exemplo, a psicologia – pertence à metafísica e se não seria possível // que mais ciências pudessem ser introduzidas. Por conseguinte, discernimos bem que a psicologia racional e a física racional pertencem à metafísica, uma vez que seus princípios são emprestados da razão pura. Mas a psicologia empírica e a física de modo algum pertencem a ela.

O motivo pelo qual a psicologia empírica tem sido colocada na metafísica é, provavelmente, o fato de que nunca se soube ao

---

381. Na introdução à psicologia, Baumgarten apresenta as suas definições básicas da disciplina: "A PSICOLOGIA é a ciência dos predicados gerais da alma" (Baumgarten, *Metaphysica*, § 501). Em adição: "A PSICOLOGIA deduz suas asserções 1) a partir da experiência mais próxima, sendo PSICOLOGIA EMPÍRICA e 2) a partir do conceito de alma através de uma longa série de argumentos, sendo PSICOLOGIA RACIONAL" (§ 503).

382. Segundo a *Crítica da Razão Pura*: "Agora, a filosofia da razão pura é ou uma *propedêutica* (exercício preparatório), que investiga a faculdade da razão em relação a todos os conhecimentos a priori, e se denomina *crítica*; ou o sistema da razão pura (ciência), i.e. o conhecimento filosófico total a partir da razão pura em uma concatenação sistemática (tanto o verdadeiro como ilusório), e se denomina *metafísica*" (B 869).

certo o que é a metafísica, embora por muito tempo ela tenha sido tratada. Não se soube determinar os seus limites. Por isso se introduziu muita coisa que não lhe dizia respeito, algo que foi baseado em sua definição, posto que ela foi definida como "os primeiros princípios do conhecimento humano"[383]. Ora, mas nada em absoluto é determinado por meio disso, pois em todos os campos há sempre um primeiro. O segundo motivo foi, provavelmente, o fato de que a doutrina da experiência dos fenômenos da alma não chegou a ser nenhum sistema de tal modo que pudesse ter se constituído em uma disciplina acadêmica particular. Se ela fosse tão grande quanto à física empírica, teria se separado da metafísica pela sua grande extensão. Mas, pelo fato de ser pequena e de que não queriam omiti-la completamente, então a empurraram para a metafísica na psicologia racional e esse uso não pode ser abolido de maneira tão breve[384]. Mas, agora ela já está se tornando bem extensa e vai alcançar quase a mesma dimensão da física empírica //. *Ela merece ser exposta também separadamente assim como // a física empírica*[385], pois o conhecimento do ser humano não é nada inferior ao conhecimento dos corpos. Por certo, segundo o valor, ele é bem preferível ao último. Se ela se torna uma ciência acadêmica, está em condição de alcançar a sua dimensão completa, pois um professor acadêmico tem mais prática nas ciências do que um estudioso independente. O primeiro tem discernimento das lacunas e do aspecto indistinto graças à palestra frequente sobre tais questões e, em cada nova palestra, tem uma nova determinação para aprimorar tais questões. *Por conseguinte, com o tempo, serão empreendidas exatamente as mesmas expedições, com o propósito de conhecer o ser humano, que as empreendidas para*

---

383. Embora a crítica se dirija à definição wolffiana em geral, Kant está se referindo mais especificamente ao § 502 do manual de Baumgarten que diz: "Uma vez que ela contém os primeiros princípios da teologia, da estética, da lógica e das ciências práticas, a psicologia pertence [§. 2], com razão [§. 501], à metafísica [§. 1]" (Baumgarten, *Metaphysica*, § 502).

384. Ver *Crítica da Razão Pura* (B 877) e nota 61.

385. Como Kant vai observar na *Crítica*, essa exposição deverá encontrar o seu espaço com o estabelecimento de uma antropologia: "Ela é tão somente um estranho, portanto, que foi acolhido até agora, e ao qual se pode continuar a dar asilo por um tempo, até que possa encontrar sua própria morada em uma antropologia completa (a contraparte da doutrina empírica da natureza)" (B 877).

conhecer plantas e animais[386]. A psicologia é, portanto, uma fisiologia do sentido interno ou dos seres pensantes, assim como a física é uma fisiologia do sentido externo ou dos seres corpóreos. Considero os seres pensantes meramente por conceitos e esta é a psicologia racional ou pela experiência, que, em partes, acontece internamente em mim mesmo ou percebo externamente em outras naturezas e conheço segundo a analogia que elas possuem comigo e esta é a psicologia empírica na qual considero naturezas pensantes através da experiência. O substrato que fundamenta e expressa a consciência do sentido interno é o *conceito de Eu*, que é meramente um conceito da psicologia empírica. A proposição "eu sou" foi assumida por *Descartes* como a primeira proposição da experiência que é evidente, pois eu poderia ter as representações do corpo, mesmo que não existisse corpo algum. Mas, ao intuir a mim mesmo, sou imediatamente consciente de mim. Eu não sou, no entanto, consciente da existência de todas as coisas fora de mim, mas apenas da representação. Não se segue, todavia, que tais representações sempre tenham também coisas como fundamento[387]. São apenas análogos [*analoga*] da experiência[388]. Eu infiro da experiência à existência. Esse *Eu* pode ser assumido em dois sentidos: *Eu como ser humano* e *Eu como inteligência*. *Como ser humano*, sou um objeto do sentido *interno* e *externo*. *Como inteligência*, sou um objeto do *sentido interno apenas*. Eu não digo "sou um corpo", mas que "isto que está ligado a mim é um corpo". Essa inteligência que está ligada com o corpo e constitui o ser humano chama-se *alma*[389]. *Considerada sozinha*, sem o corpo, chama-se, no entanto, inteligência. A alma, portanto, não é meramente substância pensante //, mas constitui uma uni-

225

---

386. Seria exatamente o que aconteceria, a partir do século XIX, com as diversas expedições antropológicas que tinham como propósito estudar os chamados povos "primitivos".

387. Descartes, R. *Meditações sobre Filosofia Primeira*, segunda meditação, 1641.

388. Na *Crítica da Razão Pura*, Kant esclarece que: "[u]ma analogia da experiência, portanto, será apenas uma regra segundo a qual a unidade da experiência deve originar-se das percepções (não como percepção mesma, enquanto intuição empírica em geral) e valer como princípio dos objetos (fenômenos) não *constitutiva*, mas apenas *regulativamente*" (B 222-223).

389. "Se existe algo em um ser [*ente*], que pode ser consciente de alguma coisa, tal é a ALMA. Existe algo em mim [§. 55] que pode ser consciente de alguma coisa [§. 57]. Logo existe em mim uma alma (Eu, a alma, existo)" (Baumgarten, *Metaphysica*, § 504).

dade na medida em que está ligada ao corpo. Por conseguinte, as mudanças do corpo são as minhas mudanças.

Como alma, estou determinado pelo corpo e me encontro em interação com ele. *Como inteligência*, não estou em lugar algum, pois o lugar é uma relação da intuição externa. Mas, como inteligência, não sou um objeto externo que pode ser determinado em vista da relação. Meu lugar no mundo é determinado, portanto, por meio do lugar do meu corpo no // mundo, pois aquilo que deve aparecer [erscheinen] e se encontrar em relação externa deve ser um corpo. Portanto, não poderei determinar meu lugar de forma imediata, mas, como alma, determino meu lugar no mundo por meio do corpo, embora não possa determinar meu lugar no corpo, pois, caso contrário, eu teria de poder intuir a mim mesmo em uma relação externa. O *lugar* que representamos *da alma no cérebro* é apenas a consciência da dependência mais próxima da posição [Stelle] do corpo onde a alma mais atua[390]. É um análogo do lugar, mas não sua posição. A mera consciência já me dá a diferença de alma e corpo, pois aquilo de externo que vejo em mim é claramente diferente do princípio pensante que está em mim. E este princípio pensante é, por sua vez, diferente de tudo aquilo que pode ser apenas um objeto do sentido externo.

Um ser humano que teve seu corpo aberto pode ver suas vísceras e todas as suas partes internas. *Este* interior é, portanto, meramente um ser corpóreo e totalmente diferente do ser pensante. Um ser humano pode perder muitos de seus membros, mas ele persiste sem eles e pode dizer "eu sou". O pé o pertence. Mas, se é arrancado, ele o vê exatamente como qualquer outra coisa que não pode mais usar tal como uma bota velha que deve jogar fora. Mas ele mesmo permanece sempre inalterado e seu Eu pensan-

---

390. Em uma nota de seu opúsculo de 1766, *Sonhos de um Visionário Elucidados por Sonhos da Metafísica*, Kant explica melhor esse ponto: "A causa que faz com que se acredite sentir a alma *pensante* sobretudo no cérebro é talvez esta: toda meditação requer a mediação dos *sinais* para as ideias a ser despertadas, para em sua companhia e com seu apoio dar a estas o devido grau de clareza. Mas os sinais de nossas representações são sobretudo aqueles que são recebidos ou através do ouvido ou através da visão, sentidos estes que são movidos pelas impressões no cérebro, na medida em que seus órgãos também se encontram o mais próximos desta parte" (AA II: 326). Tradução de Joãosinho Beckenkamp (Escritos pré-críticos, Unesp, 2005).

te nada perde. Portanto, todo mundo compreende facilmente //,   133
mesmo pelo mais comum entendimento, o fato de que tenho uma
alma que é diferente do corpo.

O mero conceito de Eu, que é imutável e que não se pode, em
absoluto, descrever mais na medida em que expressa e distingue
o objeto do sentido interno, é o fundamento de muitos outros
conceitos. Pois este conceito de Eu expressa:

1) *a substancialidade*. – A substância é o sujeito primeiro de
todos os acidentes inerentes. Mas este Eu é um sujeito absoluto
// ao qual todos os acidentes e predicados são atribuídos e que   226
de modo algum pode ser um predicado de uma outra coisa[391].
Portanto o Eu expressa o substancial [*substantiale*], pois aquele
substrato [*substratum*] ao qual todos os acidentes são inerentes é
o substancial. Este é o único caso no qual podemos intuir imediatamente a substância. Não podemos intuir o substrato e o sujeito
primeiro de coisa alguma, mas em mim eu intuo a substância imediatamente. Portanto o Eu não expressa unicamente a substância,
mas também a substancialidade mesma. Por certo, além do mais,
pegamos emprestado desse Eu o conceito que temos em geral de
todas as substâncias. Este é o conceito originário das substâncias.
Esse conceito do Eu expressa:

2) *a simplicidade*, de modo que a alma que penso em mim
constitua uma unidade absoluta, um singular em sentido absoluto [*singulare in sensu absoluto*], e, logo, a simplicidade[392]. Pois
muitas substâncias não podem // constituir juntas uma alma. –   134
Muitos não podem, por certo, dizer: "Eu". Portanto este é o singular [*singularis*] mais estrito. – Finalmente este conceito de Eu
também expressa:

---

391. Na seção dedicada ao primeiro paralogismo, lemos: "Aquilo cuja representação é o
sujeito absoluto de nossos juízos e, portanto, não pode ser usada como determinação de
outra coisa, é a *substância*" (*KrV* A 348). Lemos ainda na *Crítica*, "substância, i.e. algo que
só pode existir como sujeito, não como mero predicado" (B 289). E também nas *Lições
sobre a Doutrina Filosófica da Religião*: "Por substância se compreende uma realidade
que existe meramente por si mesma sem ser uma determinação de outra coisa. A substância é oposta ao acidente que não pode existir senão inerente a outra coisa" (AA XXVIII:
1037). Isto é, "todo o real que *existe por si, sem ser uma determinação de outra coisa*, é
uma *substância*. Consequentemente, todas as coisas são substâncias" (AA XXVIII: 1042).

392. Como lemos na seção sobre o segundo paralogismo: "Aquela coisa cuja ação não pode
jamais ser considerada como a concorrência de muitas coisas atuantes é *simples*" (A 351).

3) *a imaterialidade*. A causa pela qual os seres humanos pensam a si como seres espirituais é a análise de si mesmos. Por meio da análise, aquilo que eles pensaram toma lugar ao terem representado a si mesmos como objetos do sentido interno, pois, de acordo com a sua consciência, teria de lhes ser óbvio que esta não pode ser nenhum objeto do sentido externo. Mas aquilo que não é objeto do sentido interno é imaterial. – Algo é *imaterial*, no entanto, se está presente no espaço sem ocupar um espaço e sem impenetrabilidade[393].

Como inteligência, sou um ser que pensa e que quer. Mas *o pensar e o querer não podem ser intuídos*. Logo também não sou nenhum objeto de intuição externa. Aquilo que, no entanto, não é objeto da intuição externa é imaterial. Este ser pensa[394] apenas na medida em que esta categoria principal prova a consciência de um sujeito que é diferente do corpo e, portanto, prova uma alma. Assim, já podemos falar, nessa medida, de uma alma. Sou consciente de dois tipos de objetos:

1) De minha subjetividade [Subjects] e de meu estado;

2) Da coisa fora de mim. –

227 135 // Minha representação é dirigida para objetos // ou para mim mesmo. No primeiro caso, sou consciente de outros conhecimentos. No segundo caso, de minha subjetividade. Por exemplo, um ser humano que está contando é consciente dos números. Mas no tempo em que está contado de modo algum é consciente de sua subjetividade. Esta é a consciência lógica [*conscientia logica*] que é distinta da consciência psicológica [*conscientia psychologica*] na qual se é consciente apenas de sua subjetividade. A consciência *objetiva* ou o conhecimento de objetos com consciência é uma condição necessária para ter um conhecimento de todos os objetos. A consciência *subjetiva* é, no entanto, um estado forçado

---

393. No mesmo sentido, lemos em *Sonhos de Visionário*: "Só podereis manter, portanto, o conceito de um espírito, se pensardes em seres que poderiam estar presentes mesmo em um espaço cheio de matéria,* portanto seres que não possuem em si a propriedade da impenetrabilidade e que nunca constituiriam um todo sólido [...]. Seres simples desta espécie serão chamados seres imateriais [...]" (AA II: 321).

394. Seguimos Lehmann, que opta por substituir, nesse ponto, "serve" [dient] em Pölitz por "pensa" [denkt].

[gewaltsammer]. É uma observação voltada para si mesmo. Não é discursiva, mas intuitiva. A consciência dos objetos exteriores é um estado mais saudável[395]. Contudo o estado da percepção ou da consciência de si mesmo é igualmente necessário e, decerto, necessário como uma revisão[396]. A consciência é um saber daquilo que pertence a mim. É uma representação de minhas representações[397]. É uma autopercepção[398]. No que diz respeito à consciência objetiva, chamamos aquelas representações que temos dos objetos, das quais se é consciente, de representações *claras*; aquelas de cujas marcas se é consciente chamamos de *distintas* e aquelas das quais não se é de modo algum consciente chamamos de *obscuras*[399]. Esta distinção diz respeito, propriamente, à lógica. Tanto quanto é parte da psicologia, observa-se aqui que existem representações obscuras. *Leibniz* disse que o maior tesouro da alma consiste nas representações obscuras que se tornam distintas apenas através da consciência da alma //. Se pudéssemos nos tornar conscientes, de uma vez, de todas as representações obscuras e de toda extensão da alma imediatamente por meio de uma relação[400] sobrenatural, surpreenderíamo-nos em vista de nós mesmos e do tesouro em nossa alma da abundância de conhecimentos que ela contém em si. Se lançamos nossos olhos aos corpos celestes mais distantes por meio de um telescópio, o telescópio não faz nada mais do que despertar em nós a consciência de incontáveis corpos celestes que não podem ser vistos a olhos nus, mas que já se encontravam obscuramente em nossa alma. Se o ser humano pudesse ser consciente daquilo que ele percebe dos corpos por meio do

---

395. Literalmente, nessa passagem, lemos: "O estado mais saudável é a consciência dos objetos exteriores".

396. A tradução francesa apresenta, nesse ponto, a seguinte adaptação: "é igualmente indispensável e o é como reflexão".

397. Assim como Leibniz e Wolff, Baumgarten encontra-se na referência da doutrina da alma como faculdade de representação, que o leva, com efeito, a assumir a doutrina da faculdade única: "Os pensamentos são representações. Logo minha alma é uma força representativa" [§. 505] (Baumgarten, *Metaphysica*, § 506). E ele prossegue: "Minha alma pensa, ao menos, sobre algumas partes desse universo [§. 354]. Logo minha alma é uma força representativa desse universo, pelo menos parcialmente [§. 155]" (Baumgarten, *Metaphysica*, §507).

398. No original, lemos "Es ist eine Selbstwahrnemung, Perception".

399. Baumgarten, *Metaphysica*, § 514.

400. Na tradução em língua inglesa, lemos "revelação".

microscópio, ele possuiria um grande conhecimento dos corpos, o qual ele, de fato, também já tem agora, mas do qual ele apenas não está consciente. Além disso, tudo que é ensinado na metafísica e na moral, todo ser humano já sabe. Ele apenas não está consciente disso e aquele // que nos explica e expõe tal coisa não nos diz propriamente nada de novo que ainda não soubéssemos, mas ele faz apenas com que eu me torne consciente daquilo que já estava em mim. Se Deus trouxesse de repente uma luz imediata em nossa alma de modo que pudéssemos ser conscientes de todas as nossas representações, veríamos todos os corpos do mundo de maneira completamente clara e distinta precisamente como se os tivéssemos diante dos olhos. Por conseguinte se, na vida futura, nossa alma tornar-se consciente de todas as suas representações obscuras, o mais sábio não irá mais longe // do que o ignorante, com a diferença de que o sábio já está aqui consciente de algumas coisas a mais. Mas, se uma luz é lançada em ambas as almas, as duas são igualmente claras e distintas. Portanto, encontra-se no campo das representações obscuras um tesouro que constitui o abismo profundo dos conhecimentos humanos que não podemos alcançar[401].

Da classificação geral das faculdades espirituais

Sinto a mim mesmo como *passivo* ou como *espontâneo* [selbstthätig]. O que pertence a minha faculdade na medida em que sou passivo pertence a minha faculdade inferior. O que pertence a minha faculdade na medida em que sou ativo [thätig] pertence a minha faculdade superior.

Três coisas pertencem a minha faculdade:

1) *representações*;

2) *desejos* e;

---

401. Para a questão das representações obscuras no contexto das *Lições* de Kant, ver *Lições de Antropologia Friedländer* 1775/76 (AA XXV.1: 479-482) e *Lições de Antropologia Mrongovius* 1784/85 (AA XXV.2: 1221-1224). Tradução de Fernando M. F. Silva. Em: *CONTEXTOS KANTIANOS International Journal of Philosophy.* N. 4, 2016, pp. 296-304.

3) o *sentimento de prazer e desprazer*[402].

A *faculdade das representações* ou faculdade do conhecimento é ou a faculdade *inferior* de conhecimento ou a faculdade *superior* de conhecimento. A faculdade *inferior* é um poder de ter representações na medida em que somos afetados por objetos. A faculdade *superior* de conhecimento é um poder de ter representações a partir de nós mesmos.

A *faculdade de apetição* [Begehrungsvermögen] é ou uma faculdade superior ou inferior de apetição. A // faculdade *inferior* de apetição é um poder de desejar algo na medida em que somos afetados por objetos. A faculdade *superior* de apetição é um poder de desejar algo, independente de objetos, a partir de nós mesmos.

Da mesma forma, a *faculdade do prazer e desprazer* é também ou uma faculdade *superior* ou *inferior*. A faculdade *inferior* de prazer e desprazer é um poder de encontrar um comprazimento [Wohlgefallen] ou desprazimento [Missgefallen] nos objetos que nos afetam //. A faculdade *superior* do prazer e desprazer é um poder de sentir um prazer e desprazer em nós mesmos independente dos objetos. Todas as faculdades inferiores constituem a *sensibilidade* e todas as faculdades superiores constituem a *intelectualidade*. A *sensitividade* é uma condição dos objetos, uma condição para conhecer algo na medida em que se é afetado por objetos e para desejar algo ou ter um comprazimento e desprazimento em algo na medida em que se é afetado por objetos. – A *intelectualidade* é, no entanto, uma faculdade de representação, de apetição ou de sentimento de prazer e desprazer na medida em que se é totalmente independente de objetos. Os conhecimentos sensíveis *não* são sensíveis *pelo fato de que* são confusos[403],

---

402. Em oposição à teoria da faculdade única dos wolffianos, segundo a qual todas as demais forças da alma são gradações relacionadas à clareza e a distinção da faculdade de representação, Kant já apresenta a tradicional distinção das faculdades do ânimo que seria apresentada na *Crítica da Faculdade de Julgar*: "Podemos reduzir todas as faculdades do ânimo, sem exceção, às três seguintes: a *faculdade de conhecimento, o sentimento de prazer e desprazer* e a *faculdade de desejar*" (AA V: 205-206).

403. Kant está se contrapondo ao ponto de vista wolffiano apresentado no § 521 do manual de Baumgarten: "A REPRESENTAÇÃO que não é distinta é chamada de SENSÍVEL [SENSITIVA]. Logo a força da minha alma representa as percepções sensíveis por meio da faculdade inferior [§. 520, 51]" (Baumgarten, *Metaphysica*, § 521).

mas pelo fato de que ocorrem no ânimo [Gemüth] na medida em que este é afetado por objetos. Os conhecimentos intelectuais, por sua vez, *não* são intelectuais *pelo fato de que* são distintos, mas porque nascem de nós mesmos[404]. Por conseguinte, as representações intelectuais podem ser confusas, e as representações // sensíveis, distintas. Pelo fato de que algo é intelectual ainda não é distinto e pelo fato de que algo é sensível ainda não é obscuro. Portanto existe a distinção sensível e a intelectual. A sensível consiste na intuição, a intelectual, nos conceitos. A sensibilidade é a propriedade passiva de nossa faculdade de conhecimento na medida em que somos afetados por objetos[405]. A intelectualidade é, no entanto, a espontaneidade de nossa faculdade na medida em que nós mesmos conhecemos, desejamos algo ou temos um comprazimento ou desprazimento em algo[406]. – A razão pela qual *Wolff* e outros sustentam os conhecimentos obscuros como sensíveis é a seguinte: porque, antes de ser tratado pelo entendimento, o conhecimento não tem nenhuma distinção, mas ainda é logicamente confuso, isto é, ele não pode ser discernido por meio de conceitos. Esteticamente[407] confuso é, no entanto, aquele que não

---

404. Como Kant esclarece na *Crítica da Razão Pura*, contudo, "[a] filosofia leibniz-wolffiana adotou por isso um ponto de vista inteiramente equivocado, em todas as investigações sobre a natureza e a origem de nossos conhecimentos, ao considerar meramente lógica a diferença entre a sensibilidade e o intelecto, quando ela é na verdade transcendental e não diz respeito somente à forma da clareza ou obscuridade, mas sim à origem e ao conteúdo dos mesmos" (B 61-62).

405. Dito de outro modo, a *Crítica* sustenta que "[a] capacidade (receptividade) de receber representações através do modo como somos afetados por objetos denomina-se *sensibilidade*. Os objetos nos são *dados*, assim, por meio da sensibilidade [...]" (B 34).

406. "Se denominarmos *sensibilidade* à *receptividade* de nossa mente para receber representações, na medida em que ela é afetada de algum modo, então o *entendimento*, por outro lado, é a faculdade de produzir representações por si mesma, ou a *espontaneidade* do conhecimento" (*KrV* B 75).

407. Como fundador da estética enquanto disciplina filosófica, Baumgarten estava comprometido com a fundação de uma ciência da perfeição do conhecimento sensível: "A ciência do conhecimento e da apresentação sensível é a ESTÉTICA (a lógica da faculdade de conhecimento inferior, a filosofia das graças e musas, a gnosiologia inferior, a arte de pensar de maneira bela, a arte do análogo da razão)" (Baumgarten, *Metaphysica*, § 533). Embora a resposta de Kant a Baumgarten se apresente efetivamente na *Crítica da Faculdade de Julgar*, Kant vai criticar o empreendimento de Baumgarten já na *Crítica da Razão Pura*, ao fazer uma reflexão sobre a terminologia: "Os alemães são os únicos a empregar hoje a palavra estética para denotar aquilo que os outros denominam crítica do gosto. Na base disso há uma esperança frustrada, que o brilhante analista Baumgarten abraçou, de submeter o julgamento crítico do belo a princípios racionais e elevar as regras do mesmo à

pode ser compreendido distintamente através dos sentidos. Ora, se o conhecimento é confuso, a razão não é porque ele é sensível, mas porque é logicamente confuso e o entendimento ainda não o tratou. Todos os conhecimentos que vêm dos sentidos são, em primeira instância, logicamente confusos se ainda não foram tratados pelo entendimento. Pelo simples fato de que eles ainda são confusos, não são sensíveis, mas, em vez disso, se eles são retirados dos sentidos, permanecem sensíveis de acordo com a sua origem mesmo que eles sejam tratados e tornados distintos pelo entendimento. Pois a distinção e a obscuridade são apenas formas que pertencem tanto // // às representações sensíveis quanto às intelectuais. Mas elas são sensíveis ou intelectuais segundo a sua origem, sejam elas distintas ou confusas.

140 230

Da faculdade sensível de conhecimento em detalhes

A faculdade sensível de conhecimento contém aquelas representações que temos de objetos na medida em que somos afetados por eles.

Mas distinguimos a faculdade sensível de conhecimento em: a faculdade dos sentidos mesmos e o conhecimento imitado dos sentidos[408]. O conhecimento sensível surge ou totalmente por meio da impressão do objeto e, então, este conhecimento sensível é uma representação dos sentidos mesmos ou o conhecimento sensível surge do ânimo, embora na condição sob a qual o ânimo é afetado por objetos e, entao, o conhecimento sensível é uma representação imitada dos sentidos. Por exemplo, a representação daquilo que vejo e, além disso, a representação do amargo, do doce etc. são representações dos sentidos mesmos. Mas, se me re-

---

condição de ciência. Mas essa tentativa é vã. Pois as ditas regras ou critérios são, segundo suas fontes mais importantes, meramente empíricas e não podem jamais servir, portanto, como leis determinadas a priori pelas quais o juízo de gosto tivesse de pautar-se [...] Por isso é aconselhável ou deixar essa denominação novamente de lado e mantê-la naquela primeira acepção (com a qual estaríamos mais próximos da linguagem e do sentido dos antigos [...]" (B 35-36).

408. Na versão francesa, lemos "conhecimento dos sentidos por imitação" [*connaissance des sens par imitation*].

cordo de uma casa que vi outrora, a representação surge agora do ânimo, embora, contudo, sob a condição de que o sentido tenha sido antes afetado por este objeto. Tais conhecimentos sensíveis que surgem da espontaneidade do ânimo se chamam *conhecimentos do poder de formação* [der bildenden Kraft] e os // conhecimentos que surgem por meio da impressão do objeto se chamam *representações dos sentidos mesmos.*

Pode-se também classificar a sensibilidade da seguinte maneira: todos os conhecimentos sensíveis são *dados* ou *formados* [gemachte]. Nos conhecimentos dados, podemos contar o sentido em geral ou a representação dos sentidos mesmos. Nos formados, podemos contar:

1) Faculdade de ficção [*facultatem fingendi*];

2) Faculdade de composição [*facultatem componendi*];

3) Faculdade de designação [*facultatem signandi*].

Mas pertencem à faculdade de ficção:

1) Faculdade de ilustração [*facultas formandi*];

2) Faculdade de imaginação [*facultas imaginandi*];

3) Faculdade de previsão [*facultas praevidendi*].

As representações da faculdade de formação [der bildenden Kraft] são, então, classificadas:

1) Na faculdade de formação em si, que é o gênero [*genus*]; //

2) Na faculdade de ilustração [Abbildungskraft], *facultas formandi;*

3) Na faculdade de imitação [Nachbildungskraft][409], *facultas imaginandi;*

4) Na faculdade de previsão [Vorbildungskraft] [410], *facultas preavidendi.*

---

409. Mais literalmente poder-se-ia traduzir *Nachbildungskraft* por "faculdade de pós-formação".

410. Levando em conta o termo latino *praevisio*, uma tradução mais literal seria "faculdade de previsão", mas seria mais adequada aqui a palavra "prefiguração", uma vez que o termo alemão "Vorbildung" sugere uma figura [bild] prévia [vor]. A tradução inglesa opta por "faculty of antecipation", e a francesa por "faculté de la préfiguration".

Todas essas faculdades pertencem à faculdade [Kraft] de formação da faculdade [Vermögens] sensível. Essa faculdade de formação que pertence à sensibilidade é diferente da faculdade de pensar que pertence ao entendimento.

// Das representações dos sentidos mesmos[411]

142

As representações dos sentidos mesmos são possíveis na medida em que somos afetados por objetos. Mas podemos ser afetados por objetos de diversas maneiras. Isto é, as representações dos objetos que surgem por meio da impressão são diferentes umas das outras. Por exemplo, o paladar é diferente do olfato. Na medida em que os diversos sentidos não possuem nenhuma similaridade, os denominamos sentidos específicos, dos quais temos cinco: visão, audição, olfato, paladar e tato. A razão pela qual temos uma quantidade certa de sentidos é porque temos um certo número de órgãos do corpo por meio do qual recebemos a impressão dos objetos e, portanto, classificamos os sentidos segundo a divisão dos órgãos do corpo[412]. Mas temos também outras impressões sensíveis para as quais não temos quaisquer órgãos particulares e que, portanto, também não podemos distinguir. Por exemplo, a sensação de frio e calor, de ressonância[413] etc. está espalhada por nosso corpo todo. Portanto, uma vez que não temos mais do que cinco órgãos, assumimos também apenas cinco sentidos.

Alguns desses sentidos são objetivos; outros, subjetivos[414]. Os sentidos objetivos estão, ao mesmo tempo, ligados com os subjetivos. Portanto os sentidos objetivos não são apenas objetivos, mas também subjetivos. Nos sentidos, ou o aspecto objetivo é maior

---

411. Em referência à "seção III. Os Sentidos" do manual.

412. Baumgarten, *Metaphysica*, § 536.

413. Lehmann propõe a substituição de "Schall" [ressonância] em Pölitz por "Druck" [pressão]. Contudo, aqui mantivemos a opção de Pölitz.

414. Sobre isso, lemos no § 16 da *Antropologia do ponto de vista pragmático*: "Não se pode contar, propriamente, nem mais nem menos do que cinco sentidos orgânicos na medida em se referem a sensações externas. Mas *três* deles são mais objetivos do que subjetivos, ou seja, como *intuição* empírica contribuem para o *conhecimento* do objeto externo mais do que despertam a consciência do órgão afetado" (AA VII: 154).

do que o subjetivo ou o subjetivo é maior do que o objetivo. Por exemplo //, na visão, o aspecto objetivo é maior do que o subjetivo e, na forte ressonância, que penetra nos ouvidos, o subjetivo é maior. Mas, se vemos não a intensidade, mas a qualidade dos sentidos, observamos que a visão, a audição e o tato são sentidos mais objetivos do que subjetivos, enquanto o olfato[415] e o paladar[416], mais subjetivos do que objetivos. Os sentidos subjetivos são sentidos do gozo[417] [Genusses]. Em contrapartida, os sentidos objetivos são sentidos instrutivos. Os sentidos instrutivos são refinados, se eles atuam em nós à distância mediante uma matéria refinada //, ou grosseiro, se atuam em nós e nos afetam por meio de uma matéria grosseira. Então, o sentido da visão[418] é o mais refinado porque a matéria da luz mediante a qual os objetos nos afetam é a mais refinada. A audição[419] é algo mais grosseiro, enquanto o tato[420] é o mais grosseiro. A visão e o tato são representações completamente objetivas. Mas o tato é o aspecto fundamental das representações objetivas, pois, pelo tato posso perceber figuras, posto que sou capaz de tocá-las de todos os lados. Trata-se, portanto, da arte de interpretação das figuras. Pela visão, conheço apenas a superfície do objeto.

Não devemos acreditar que todos os conhecimentos dos sentidos vêm dos sentidos, mas eles vêm também *do entendimento*, que reflete sobre os objetos que os sentidos nos apresentam, por meio dos quais obtemos então os conhecimentos sensíveis. De tal maneira surge em nós o vício de subrepção[421] [*vitium su-*

---

415. *Antropologia do ponto de vista pragmático*, § 20.

416. *Antropologia do ponto de vista pragmático*, § 19.

417. Seguindo a sugestão de Lehmann, permutamos a expressão "da consciência" [Gewissens] por "do gozo" [Genusses].

418. *Antropologia do ponto de vista pragmático*, § 19.

419. *Antropologia do ponto de vista pragmático*, § 18.

420. *Antropologia do ponto de vista pragmático*, § 17.

421. No § 24 da *Dissertação*, ao tratar do método da metafísica, Kant alerta para a necessidade de se "evitar cuidadosamente que *os princípios próprios [principia domestica] do conhecimento sensitivo ultrapassem os seus limites e afetem os princípios Intelectuais*". Como ele explica: "Ora, já que o vício de ilusão do entendimento, por contrabandear um conceito sensitivo como nota característica intelectual, pode ser chamado (por analogia com o significado aceito do termo) *vício de sub-repção*, permutar o que é intelectual e o que é sensitivo será *vício de sub-repção metafísico*" (AA II: 411-412).

breptionis], posto que //, uma vez que nos acostumamos desde a juventude a representar tudo pelos sentidos, não observamos as reflexões do entendimento sobre os sentidos e sustentamos os conhecimentos como intuições imediatas dos sentidos.

Os filósofos antigos como Aristóteles e depois dele os escolásticos diziam que todos os nossos conceitos provêm dos sentidos, algo que eles expressaram pela proposição "nada está no entendimento que antes não estivesse nos sentidos"[422] [*nihil est in intellectu, quod non antea fuerit in sensu*]. O entendimento não pode conhecer nada que os sentidos não tenham antes experimentado. Nisto, Aristóteles falou contra *Platão*, que, como um filósofo místico, sustentou o contrário e considerou os conceitos não apenas como inatos, mas também como aspectos tais que restaram a partir da intuição anterior de Deus, da qual estamos impedidos agora pelo corpo. – Epicuro, por sua vez, foi mais longe e disse que todos os nossos conceitos são conceitos da experiência dos sentidos. A fim de conhecer e discernir de maneira determinada até que ponto a proposição de Aristóteles pode ser admitida, deve-se limitar a proposição em alguma medida e dizer "nada existe como matéria no entendimento que antes não estivesse nos sentidos" [*nihil est quoad materiam in intellectu, quod non antea fuit in sensu*]. Os sentidos devem nos dar a *matéria* e o material e esta matéria é tratada pelo entendimento. Mas, no que diz respeito à *forma* dos conceitos, ela é intelectual. A primeira fonte do conhecimento se encontra, portanto, na matéria que os sentidos oferecem. A segunda fonte do conhecimento encontra-se na espontaneidade do entendimento[423]. Se o ser humano // possui, em primeira instância, o material, pode sempre formar para si novas representações. Por exemplo, se ele já possui, de pronto, a representação de cor, ele pode formar novas representações //

---

422. Aristóteles, *De Anima* III, cap. 5-6.

423. Como Kant esclarece na *Crítica da Razão Pura*, "[o] conhecimento de todo entendimento, portanto – pelo menos o do entendimento humano –, é um conhecimento por conceitos, um conhecimento não intuitivo, mas sim discursivo. Todas as intuições, enquanto sensíveis, baseiam-se em afecções; e os conceitos, portanto, em funções. Eu entendo por função, todavia, a unidade da ação de ordenar diferentes representações sob uma representação comum. Os conceitos se fundam, portanto, na espontaneidade do pensamento, assim como as intuições sensíveis se fundam na receptividade das impressões" (B 93).

por meio da transposição das cores que não existem em absoluto na natureza. Mas de modo algum se pode representar novos sentidos, porque nos falta o material para isso. Os sentidos são, portanto, um princípio necessário do conhecimento.

Também temos, no entanto, um princípio do conhecimento por meio de conceitos que não obtêm nada, em absoluto, dos sentidos. Isto é, temos conhecimentos dos objetos na medida em que não somos de tudo afetados pelos sentidos e estes são conceitos *intelectuais*[424]. Existem, portanto, conceitos sensíveis e intelectuais. Podemos dizer, por isso, que, segundo a matéria, nada está no entendimento que não estivesse nos sentidos. Mas, segundo a forma, há conhecimentos que são intelectuais e que de modo algum são objeto dos sentidos. Por exemplo, na moralidade, os conhecimentos sensíveis formam a base *a posteriori*, mas o entendimento possui os conceitos fundamentais[425]. Mas deve-se mencionar que mesmo os conceitos do entendimento, embora não sejam retirados dos sentidos, nascem, contudo, na ocasião da experiência. Por exemplo, ninguém possuiria o conceito de causa e efeito se não tivesse percebido as causas pela experiência. Ser humano algum possuiria o conceito de virtude se estivesse sempre entre patifes genuínos[426]. Por conseguinte, os sentidos constituem decerto, nessa medida, o fundamento de todos os conhecimentos, embora nem todos // os conhecimentos tenham sua origem neles. – Embora eles não sejam nenhum princípio do ser [*princi-*

---

424. Embora Kant use logo em seguida um exemplo de conhecimento *a priori* retirado da moralidade, ao falar de conceitos intelectuais, Kant parece estar fazendo uma referência aos conceitos puros do entendimento, ou seja, às categorias (*KrV*, B 105-106).

425. Kant está fazendo uma sutil referência à distinção entre os imperativos hipotéticos e categóricos que ele vai apresentar integralmente, em sua doutrina moral madura, na *Fundamentação da Metafísica dos Costumes* de 1785. Algo sobre isso já é dito, não obstante, no "cânone da razão pura": "Eu suponho que realmente há leis morais puras determinando inteiramente a priori (sem referência aos móbiles empíricos, i.e. à felicidade) o fazer e o deixar de fazer, i.e. o uso da liberdade de um ser racional em geral, e suponho que essas leis comandam *absolutamente* (não apenas hipoteticamente, sob a pressuposição de outros fins empíricos)" (*KrV*, B 835).

426. Do ponto de vista da *Fundamentação da Metafísica dos Costumes*, o exemplo é bastante inadequado, visto que, como Kant esclarece lá em uma nota de rodapé, "[v]er a *virtude* na sua verdadeira figura não é mais do que representar a moralidade despida de toda a mescla de elementos sensíveis [...]" (AA IV: 426).

pium essendi], são, contudo, condição necessária [*conditio sine qua non*].

Mas como eles chegam ao entendimento? Não se deve assumi-los como naturais e inatos, pois isso põe um fim a toda investigação e é bastante não filosófico. Se eles são inatos, são então revelações. – *Crusius*[427] tinha a cabeça cheia de tais delírios [Schwärmereien] e estava bastante satisfeito de que poderia pensar plenamente algo assim. Mas os conceitos nascem do entendimento, segundo a sua natureza, na ocasião da experiência, pois o entendimento forma, na ocasião da experiência e dos sentidos, conceitos que não são extraídos dos sentidos, mas da reflexão sobre os sentidos. – *Locke*[428] se equivocou bastante em relação a isso quando acreditou extrair *todos* os seus conceitos da experiência, visto que os extraiu, contudo, da reflexão que é aplicada aos objetos dos sentidos. Portanto, segundo a matéria, todos nascem dos sentidos, enquanto que, segundo a forma, nascem do entendimento. Eles não são, todavia, inatos ao entendimento, mas nascem na ocasião da experiência por meio da reflexão. Exercemos essa ação da reflexão, assim // como possuímos impressões dos sentidos. Por meio do hábito, essa reflexão se torna familiar para nós de modo que não notamos que refletimos e, então, acreditamos que ela se encontra na intuição sensível.

234

---

427. Christian Ausgust Crusius (1715-1775), filósofo e teólogo pietista. Teve grande influência na formação das concepções filosóficas de Kant sobre metafísica e ética. No contexto alemão, Crusius era considerado o verdadeiro adversário de Christian Wolff. Como vemos na *Nova Dilucidatio*, uma das acusações mais sérias feitas em direção ao princípio da razão suficiente de Leibniz-Wolff remonta a Crusius, que aponta, com uma notável força de argumentação, o fato de que tal princípio "traz de volta a imutável necessidade de todas as coisas e a fatalidade estoica" (AA I: 399). Embora Kant demonstre grande estima por Crusius na década de 1750, ele assume uma posição mais crítica em relação a sua filosofia na década de 1760, como observamos, por exemplo, na *Investigação sobre a Evidência*: "Sustento, porém, que diversas proposições, entre as aduzidas por *Crusius*, ainda admitem dúvidas consideráveis" (AA II: 295). Ou ainda em *Sonhos de um Visionário*, onde Kant acusa Crusius de ter construído "mundos do pensamento [...] a partir do nada pela força mágica de algumas fórmulas do *pensável* e *impensável*" (AA II: 342). Para comentário, ver Cunha, B. *A Gênese da Ética de Kant* (São Paulo: LiberArs, 2017) e Cunha, B. Sobre a Distinção entre Prudência e Moralidade em Kant e Crusius. (*Studia Kantiana*, v. 17, n. 1, 2019, pp. 101-126).

428. Em outras palavras "***Locke** sensualizava* todos os conceitos do entendimento em seu sistema da *noogonia* (se me for permitido empregar esta expressão), i.e. tomava-os por meros conceitos de reflexão, quer empíricos ou abstratos" (*KrV*, B 327).

147 Ora queremos ver em qual medida os // conceitos dependem da reflexão[429]. Em particular, podemos ter conhecimentos de objetos dos quais não temos em absoluto nenhuma sensação pelos sentidos. Então um cego de nascença, exatamente como alguém que vê, pode ter o conhecimento da luz que o entendimento lhe apresenta, com a diferença apenas de que não tem a sensação e sobre o que nós também não podemos falar, pois aqui cada uma tem sua própria sensação com a palavra luz. Podemos, portanto, separar as impressões dos juízos. O conhecimento dos sentidos através do entendimento é algo diferente do conhecimento através da impressão. Ora, se sustentamos as reflexões sobre a sensação como impressões, cometemos um erro de distinção. Os objetos dos sentidos nos induzem a julgar. Estes juízos são experiências na medida em que são verdadeiros. Mas, se são juízos provisórios, são uma aparência [Schein]. A aparência precede à experiência, pois é um juízo provisório, por meio do entendimento, sobre o objeto dos sentidos. A aparência não é verdadeira e também não é falsa, pois é a incitação a um juízo a partir da experiência. A aparência deve, portanto, ser distinguida do fenômeno [Erscheinung]. O fenômeno encontra-se nos sentidos, enquanto que a aparência é apenas a incitação a julgar a partir da experiência. A percepção refere-se tanto à aparência quanto a objetos reais da experiência. Por exemplo, que o sol nasce, se põe, designa uma aparência. A partir da aparência dos objetos nasce uma ilusão e também um

148 engano dos sentidos. A ilusão não é ainda engano // dos sentidos[430]. É um juízo precipitado que o juízo seguinte imediatamente contradiz. Amamos bastante ilusões desse tipo. Por exemplo, não somos enganados por uma caixa ótica, pois sabemos que as coi-

---

429. Como Kant comenta no apêndice dedicado à anfibolia dos conceitos da reflexão na *Crítica da Razão Pura*: "A reflexão (*reflexio*) não tem de lidar com os próprios objetos, para diretamente deles receber conceitos, mas é antes o estado da mente em que primeiramente nos preparamos para descobrir as condições subjetivas sob as quais podemos chegar a conceitos. Ela é a consciência da relação das representações dadas com as nossas diferentes fontes de conhecimento, a única por meio da qual pode ser corretamente determinada a relação delas entre si. [...] todos os juízos, e mesmo todas as comparações, necessitam de uma *reflexão* [...]" (B 316-317).

430. De acordo com o § 13 da *Antropologia*: "A *ilusão* é aquela aparência enganosa que permanece, ainda que se saiba que o suposto objeto não é efetivamente real. [...] Mas o engano dos sentidos é quando a aparência ilusória cessa, tão logo se sabe o que efetivamente ocorre com o objeto" (AA VII: 149-150). Baumgarten, *Metaphysica*, § 545-547.

sas não são dessa maneira, mas somos movidos a um juízo que é imediatamente contradito pelo entendimento. As desilusões [Blendwerke] são distintas do engano dos sentidos. Na desilusão, descubro o engano. Uma vez que os objetos dos sentidos nos incitam a julgar, os erros são atribuídos falsamente aos sentidos, mas eles são na verdade aqui atribuíveis à reflexão sobre os sentidos. Por conseguinte, observaremos a proposição "os sentidos não enganam" [*sensus non fallunt*]. Isso acontece não pelo fato de que eles julgam corretamente, mas porque de modo algum julgam[431]. Contudo, nos sentidos encontra-se a aparência. Eles induzem a julgar, embora não enganem. A // proposição nos dá a oportunidade de examinar os fundamentos dos juízos e descobrir, por meio de sua dissolução, o engano [Trug]. Essa proposição nos dá, portanto, ocasião de descobrir o fundamento dos erros. Os conceitos[432] universais nascem não da experiência, mas do entendimento.

Por meio dos sentidos nascem apenas juízos particulares. Não obtemos, portanto, por meio deles, nem o conceito de causa e efeito e tampouco o conceito de falta [Mangel], pois a negação não pode afetar os sentidos e não posso dizer "eu vi que não há ninguém no quarto", pois não sou capaz de ver o nada.

Depois de termos considerado, com a sensibilidade, as representações dos sentidos mesmos, algo que pode ser chamado também de faculdade da sensação [Empfindungsvermögen] e também faculdade dos sentidos[433], na medida em que obtemos representações e conhecimentos quando somos afetados pelos objetos (os conhecimentos são possíveis apenas na medida em que os objetos têm uma influência em nossos sentidos), queremos então considerar agora o *conhecimento imitativo dos sentidos*, algo que é chamado também de maneira bem conveniente de *poder de*

---

431. Na introdução à dialética transcendental, Kant enfatiza que "a verdade e a ilusão não estão no objeto enquanto intuído, mas sim no juízo sobre ele enquanto pensado. Assim, pode-se corretamente dizer, de fato, que os sentidos nunca erram, mas não porque sempre julgam corretamente, e sim porque nunca julgam [...] Por isso tanto a verdade quanto o erro, portanto também a ilusão, como o descaminho que nos leva ao último, estão apenas no juízo, i.e. apenas na relação do objeto ao nosso entendimento" (*KrV*, B 350).

432. Na tradução francesa, lemos "juízos universais" [les jugements universels].

433. Acatamos a sugestão de Lehmann nesse ponto, substituindo "do sentido" [Sinnes] por "dos sentidos" [Sinne].

formação [bildende Kraft], uma faculdade [Vermögen] de formar conhecimentos a partir de nós mesmos que possuem, não obstante, a forma em si segundo a qual os objetos afetariam nossos sentidos. Esta faculdade de formação, portanto, pertence, de fato, à sensibilidade. Ela produz representações do *tempo presente*, do *tempo passado* ou também representações do *tempo futuro*. Por conseguinte, a faculdade de formação consiste:

1) Na faculdade de *ilustração* [Abbildung], cujas representações são do tempo presente, *facultas formandi*;

2) Na faculdade de *imitação* [Nachbildung], cujas representações são do tempo passado, *facultas imaginandi*;

3) Na faculdade de *previsão*, cujas representações são do tempo futuro, *facultas praevidendi*.

Meu ânimo está sempre ocupado em formar a imagem da diversidade ao passar através dela[434] //. Por exemplo, se vejo uma cidade, o ânimo forma para si, a partir do objeto que tem diante de si, uma imagem ao passar através da diversidade. Por isso, se um ser humano chega em uma sala que está sobrecarregada com figuras [Bildern] e decorações, ele não é capaz de formar para si nenhuma imagem [Bild] dela, posto que seu ânimo não é capaz de passar através da diversidade. Ele não sabe a partir de qual fim deve começar para ilustrar para si o objeto //. Relata-se, assim, que, quando um estrangeiro chega à igreja de São Pedro em Roma[435], fica totalmente estarrecido devido à diversidade do esplendor. A razão disso é que sua alma não pode passar através da diversidade para ilustrá-la para si. Essa faculdade de ilustração

---

434. Kant parece se referir aqui ao processo que ele identifica na *Crítica* como a síntese da apreensão: "Para, pois, que desse diverso se forme uma unidade da intuição (como, por exemplo, na representação do espaço), é necessário, primeiro, percorrer a diversidade e, então, apreendê-la conjuntamente – uma ação a que denomino a *síntese da apreensão*, pois ela é dirigida diretamente à intuição e esta, mesmo oferecendo de fato o diverso, não pode jamais contê-lo como tal, em uma representação, sem uma síntese que aí se apresente" (*KrV*, A 99). À síntese da apreensão vai se ligar a síntese da reprodução e do reconhecimento. Posteriormente, Kant conclui, por fim, que: "Há em nós, portanto, uma faculdade ativa da síntese desse diverso, à qual denominamos imaginação e a cuja ação, exercida imediatamente nas percepções, eu denomino apreensão. A imaginação deve, com efeito, colocar o diverso da intuição em uma imagem; antes disso, no entanto, ela tem de captar as impressões em sua atividade, i.e. apreendê-las" (A 120).

435. O mesmo exemplo é utilizado na *Crítica da Faculdade de Julgar* (AA V: 252).

é a faculdade de formação da intuição. O ânimo tem de fazer muitas observações para ilustrar para si um objeto, posto que ilustra o objeto para si de maneira diferente de cada lado. Por exemplo, uma cidade parece diferente do lado leste em relação ao oeste. Existem, portanto, muitos fenômenos de uma coisa de acordo com os diversos lados e pontos de vista. A partir de todos estes fenômenos, o ânimo tem de formar para si, ao tomá-los todos juntos, uma ilustração.

A *segunda* faculdade é a faculdade de *imitação* segundo a qual meu ânimo traz à tona as representações dos *sentidos* a partir de tempos passados e as liga com as representações do presente. Reproduzo as representações do tempo passado por meio de uma associação segundo a qual uma representação // evoca outra representação, porque lhe era acompanhante. Esta é a faculdade da imaginação reprodutiva [Vermögen der Imagination]. É chamada normalmente, de maneira equivocada, de faculdade da imaginação[436] [Einbildungsvermögen], a qual, no entanto, é de outro tipo, pois é algo totalmente diferente quando imagino um palácio que vi antes e quando formo para mim *novas* imagens. O último caso é a faculdade de imaginação da qual se tratará mais tarde.

A *terceira* faculdade é a faculdade de *previsão*[437]. Embora uma coisa futura não forme em mim nenhuma impressão e, portanto, nenhuma imagem, mas só a coisa presente, pode-se contudo formar para si, por previsão, uma imagem do futuro. Por exemplo, alguém imagina a aparência [Gestalt] em que vai estar quando quer prenunciar um discurso. – Mas como é possível uma previsão de uma coisa futura? O fenômeno presente tem representações do tempo passado e do tempo subsequente. Mas, em minhas representações, há uma série de representações subsequentes, na qual as representações do passado se relacionam ao presente, assim

---

436. Essa distinção fica mais clara a partir do § 28 da *Antropologia*: "A imaginação (*facultas imaginandi*), como faculdade das intuições mesmo sem a presença do objeto é produtiva, isto é, uma faculdade da apresentação originária do objeto (*exhibitio originaria*) a qual então precede a experiência ou é *reprodutiva*, da apresentação derivada (*exhibitio derivativa*), que traz de volta ao ânimo uma intuição empírica tida anteriormente" (AA VI: 167).

437. Baumgarten, *Metaphysica*, § 595-605; Kant, *Antropologia do ponto de vista pagmático*, § 35 (AA VII: 185-187).

como as representações do presente se relacionam ao futuro. Da mesma maneira que posso ir do presente para o passado, posso também ir do presente para o futuro. Assim como o estado presente se segue do passado, o estado futuro se segue do presente. Isso acontece segundo as leis da imaginação reprodutiva.

237
152
// Essa diferenciação do poder de formação diz respeito ao // tempo. Mas há ainda uma outra diferenciação segundo a qual obtemos duas faculdades a partir do poder de formação. Essas faculdades são a *faculdade da imaginação* [Einbildung] e a *faculdade de correlação* [Gegenbildung]. A faculdade da *imaginação* é a faculdade de produzir imagens a partir de si mesmo, independente da realidade dos objetos, na qual as imagens não são tomadas emprestadas da experiência[438]. Por exemplo, um arquiteto pretende construir uma casa que ele ainda não viu. Chama-se essa faculdade de a faculdade da *fantasia*[439] e ela não pode ser confundida com a imaginação reprodutiva [Imagination]. A capacidade de imaginação [Einbuldungskraft] é uma capacidade de invenção sensível, embora também tenhamos ainda uma capacidade de invenção do entendimento.

A *faculdade de correlação*[440] é a faculdade da característica[441]. A característica é o correlato [Gegenbild][442] de outro. O correlato é um meio para produzir a imagem de outra coisa. Assim palavras são correlatos das coisas com o propósito de se conceber a representação da coisa. Portanto, uma vez que ela representa imagens,

---

438. De acordo com a definição que Kant apresenta mais tarde na *Crítica*: "*Imaginação* é a faculdade de representar um objeto mesmo *sem a sua presença* na intuição. Como, no entanto, toda a nossa intuição é sensível, a imaginação pertence então à *sensibilidade* devido à única condição subjetiva sob a qual ela pode dar uma intuição correspondente aos conceitos do entendimento [...]" (B 151-152).

439. No manual, Baumgarten chama a faculdade de imaginação de faculdade da fantasia. Considerando as imaginações como "percepções de coisas" e "percepções dos sentidos", Baumgarten distingue entre a percepção produtiva, a qual compreende como aquela que é "menos obscura na alma", e percepção reprodutiva, a qual concebe como aquela que trata com percepções "mais obscuras" que estão "encobertas" (Baumgarten, *Metaphysica*, § 558-559).

440. O termo alemão "Gegenbildung", mais literalmente, poderia ser traduzido por "faculdade de contraposição de imagens", o que nos alude, em outros termos, a uma correlação.

441. Baumgarten, *Metaphysica*, § 619-623.

442. Poderíamos ler, literalmente, "contraimagem".

pertence à sensibilidade, embora as imagens não cheguem mediante a influência dos objetos, mas a partir de nós mesmos. Mas, segundo a forma, ela pertence, afinal, à sensibilidade.

Por fim, pode-se acrescentar ainda uma *faculdade de cultivo* [Ausbildung]. Não temos apenas uma faculdade, mas também um impulso para cultivar e completar tudo. Então, se as coisas, as histórias, as comédias etc. // nos parecem ser deficientes, esforçamo-nos continuamente para trazê-las ao fim. Aborrecemo-nos com o fato de que a coisa não esteja completa. Isto pressupõe uma capacidade de formar para si uma ideia do todo e de comparar os objetos com a ideia do todo.

Todas essas ações [*actus*] do poder formativo podem acontecer *voluntariamente* e também *involuntariamente*. Na medida em que elas acontecem *involuntariamente*, pertencem completamente à sensibilidade. Mas, na medida em que acontecem *voluntariamente*, pertencem a faculdade superior de conhecimento. A *memória*[443] é, dessa forma, uma faculdade de imaginação voluntária[444] ou imitação. Portanto não há entre a memória e a faculdade de imitação nenhuma diferença essencial. Também é assim com outras faculdades formativas. As pessoas hipocondríacas possuem imaginações involuntárias. A faculdade de imaginação voluntária é a faculdade de ficção[445].

// Da faculdade de correlação ou *facultate characteristica* ainda temos algo para observar mais detalhadamente: uma[446] representação que serve como um meio de reprodução através da associação é um *símbolo*[447]. A maioria das representações simbólicas ocorre no conhecimento de Deus. Em seu conjunto, estas exis-

---

443. Baumgarten, *Metaphysica*, § 579-588.

444. No § 34 da *Antropologia*, lemos: "A memória se distingue da imaginação meramente reprodutiva, pois tem a faculdade de reproduzir *voluntariamente* a representação passada" (AA, VII: 182).

445. Baumgarten, *Metaphysica*, § 589-594.

446. O artigo é acrescentado por Lehmann.

447. A *Antropologia* acrescenta: "As figuras das coisas (intuições), na medida em que só servem como meios para a representação por conceitos, são *símbolos* e o conhecimento por meio deles se chama simbólico ou *figurativo* (*speciosus*) (§ 38 AA VII: 191). Ver também §10 da *Dissertação* (AA II: 396-397).

tem por analogia [*per analogiam*], isto é, por meio de uma concordância das relações. Por exemplo, o sol foi um símbolo para os povos antigos, uma representação da perfeição divina, posto que, presente em todas as partes da estrutura do mundo, ele concede muito (luz e calor) sem receber. Assim o corpo humano, no qual todos os membros constituem um todo, pode servir como símbolo de uma república //. Um conhecimento[448], que é indiretamente intelectual e conhecido pelo entendimento, mas é produzido através de um análogo do conhecimento sensível, é um conhecimento simbólico que é oposto ao conhecimento lógico, assim como o conhecimento intuitivo ao discursivo. O conhecimento do entendimento é simbólico[449] se é indiretamente intelectual e produzido através de um análogo do conhecimento sensível, mas conhecido pelo entendimento. O símbolo é apenas um meio para promover a intelecção. Ele serve apenas ao conhecimento imediato do entendimento, mas deve desaparecer com o tempo. Os conhecimentos de todas as nações orientais são simbólicos. Portanto onde não nos é permitida imediatamente a intuição, temos aí de nos contentar por analogia com o conhecimento simbólico. Podemos dizer também que o conhecimento é simbólico, quando o objeto é conhecido no sinal. No conhecimento discursivo, no entanto, os sinais não são símbolos [*symbola*], posto que não conheço o objeto no sinal, mas o sinal produz em mim apenas a representação do objeto. Por exemplo, a palavra mesa não é um símbolo, mas apenas um meio para produzir a representação do entendimento por meio de associação.

155 // Da faculdade superior de conhecimento

Depois de termos tratado da faculdade inferior do conhecimento ou das representações que temos dos objetos na medida em que somos afetados por eles (portanto nos comportamos passivamente), chegamos agora à faculdade superior de conhecimento

---

448. Literalmente, lemos "um conhecimento do entendimento". Optou-se por evitar a redundância.

449. Seguindo Lehmann, substituímos "lógico" [logisch] em Pölitz por "simbólico" [symbolisch].

ou às representações que temos por meio do exercício voluntário no qual somos autores das representações.

// Consideração geral sobre isso: 239

O entendimento[450] não é apenas uma faculdade de regras, mas seu princípio é também que todos os nossos conhecimentos e objetos devam se encontrar sob uma regra[451]. Todos os fenômenos encontram-se sob uma regra, pois todos os objetos, na medida em que *aparecem*, aparecem em relação ao tempo e ao espaço. Mas na medida em que são *pensados*, devem se encontrar sob uma regra, pois, caso contrário, não poderiam ser pensados. Portanto o que torna uma regra impossível é contrário ao entendimento.

A máxima do entendimento é: "tudo que acontece, acontece segundo regras e todos os conhecimentos estão sob uma regra". Quanto mais conhecimentos podem ser derivados a partir de um princípio *a priori*, mais unidade tem a regra. Mas como os conceitos puros do entendimento chegam à cabeça? Temos conhecimentos de objetos da intuição, em virtude do poder de formação [bildenden Kraft], que está entre o entendimento e a // sensibilidade. 156 Se este poder de formação existe *in abstracto*, trata-se do entendimento[452]. As condições e ações do poder de formação tomadas *in abstracto* são conceitos puros do entendimento e categorias do

---

450. Segundo a definição do compêndio: "Minha alma conhece algumas coisas de maneira distinta [§. 522]. A faculdade de conhecer algo de maneira distinta é a FACULDADE SUPERIOR DE CONHECIMENTO (a mente [*mens*]), o entendimento [*intellectus*] [§. 402] e ele me pertence [§. 216]" (Baumgarten, *Metaphysica*, § 624).

451. Em paralelo, lemos nas palavras apresentadas, tempos depois, na *Crítica da Razão Pura*: "explicamos o entendimento, acima, de muitas maneiras: [...] Nós podemos, agora, caracterizá-lo como a faculdade das regras. [...] A sensibilidade nos dá formas (da intuição), o entendimento nos dá regras. Este está sempre ocupado em examinar os fenômenos com o intuito de encontrar-lhes alguma regra. Na medida em que são objetivas (e, portanto, necessariamente inerentes ao conhecimento do objeto), as regras se denominam leis" (A 126).

452. Esse ponto nos faz lembrar, certamente, da mudança de perspectiva apresentada entre as deduções A e B da *Crítica da Razão Pura*, segundo a qual a imaginação, antes supostamente dotada de alguma independência, parece ser assimilada pelo entendimento: "[...] na medida, porém, em que a sua síntese é um exercício da espontaneidade, o qual é determinante e não, como o sentido, apenas determinável, e pode, portanto, determinar a priori o sentido de sua forma conformemente à unidade da apercepção, a imaginação é então uma faculdade de determinar a sensibilidade *a priori*; e a sua síntese das intuições, *conforme às categorias*, tem de ser a síntese transcendental da *imaginação*, que é um efeito do entendimento sobre a sensibilidade e a primeira aplicação sua (também fundamento de todas as demais) aos objetos da intuição possível para nós" (B 151-152).

entendimento. Por exemplo, os conceitos puros do entendimento de substância e acidente vêm do poder formativo da seguinte maneira: algo permanente deve ser colocado como fundamento do poder formativo ao lado da diversidade que se modifica, pois, se não houvesse nada como fundamento do poder de formação, ele também não poderia modificar nada. Ora o permanente é o conceito puro de substância e a diversidade do acidente. Todos os princípios superiores *a priori* do entendimento são regras universais que expressam as condições do poder de formação em todos os fenômenos, condições com as quais podemos determinar como os fenômenos estão conectados uns com os outros. Pois aquilo que torna o conhecimento possível, que é sua condição, é também a condição das coisas. Temos princípios *a priori* que se fundam na condição da intuição, como, por exemplo, todas as proposições da geometria. Da mesma forma temos também estabelecidos princípios *a priori* do pensamento. O que é a condição necessária do pensamento pertence ao aspecto objetivo e, de igual modo, o que é a condição necessária da intuição pertence às coisas. Os objetos devem estar em conformidade com as condições sob as quais eles podem ser conhecidos. Esta é a natureza do entendimento humano. O entendimento *a priori* é, portanto, a // faculdade de refletir sobre objetos //. O entendimento não vai além dos limites dos objetos dos sentidos, a saber, Deus e o mundo futuro, mas *até o limite*[453]. A faculdade superior do conhecimento é chamada assim pelo fato de que nela se considera a espontaneidade, uma vez que na faculdade inferior de conhecimento estava a passividade. A faculdade superior de conhecimento é chamada também entendimento em sentido geral. Nesse sentido, o entendimento é a faculdade dos conceitos ou também a faculdade dos juízos, mas também a faculdade das regras[454]. Todas essas três definições são a mesma coisa, pois um conceito é um conhecimento que pode servir de predicado em um juízo possível. Mas um juízo[455] é uma

---

453. Fizemos uma pequena modificação na passagem que mais literalmente seria lida da seguinte maneira: "[...] não vai além dos limites dos objetos dos sentidos, mas *até o limite*, a saber, Deus e o mundo futuro."

454. O plural foi acrescentado por Lehmann.

455. Nesse ponto, levando em conta o sentido da passagem, Lehmann substitui "conceito" [Begriff] por "juízo" [Urtheil].

representação da comparação com uma nota [Merkmal] universal e um conceito é uma nota universal. Um juízo[456] é também, no entanto, sempre uma regra, pois uma regra proporciona a relação do particular com o universal[457]. Por exemplo, Cícero é erudito. Nessa proposição, o predicado *erudito* serve para julgar as ações de Cícero. Logo ele serve como regra. Por conseguinte as três definições culminam em uma. Podemos também dizer que o entendimento é a faculdade dos conhecimentos universais. Os conhecimentos universais, enquanto representações, são conceitos e os conhecimentos universais, enquanto comparação de representações, são juízos. Todo juízo universal é, portanto, uma regra. – A sensibilidade é uma faculdade da intuição. Paralelo à sensibilidade está o entendimento como a faculdade dos conceitos. A sensibilidade possui formas originárias, enquanto que o entendimento // é a faculdade das regras[458]. Por meio disso, ele se distingue da sensibilidade que consiste apenas em formas. Os sentidos são uma faculdade de percepção, enquanto que o entendimento é uma faculdade de reflexão. Quando se diz que o entendimento é uma faculdade de conhecimentos distintos[459], ele é definido de maneira equivocada, pois a sensibilidade se funda, contudo, em última instância, na consciência. A consciência é, no entanto, necessária

---

456. Baumgarten trata desse aspecto na Seção VIII de sua *Metaphysica* intitulada Juízo [*Iudicium*] § 606-609: "Eu percebo a perfeição e imperfeição das coisas, isto é, eu JULGO. Logo, tenho uma faculdade de julgar [...]. A aptidão para julgar uma coisa é o JUÍZO [...]" (Baumgarten, *Metaphysica*, § 606). No próximo parágrafo, ele prossegue: "A lei da faculdade de julgar é. *quando muitos aspectos de uma coisa são percebidos estando em concordância ou discordância, é percebida sua perfeição ou imperfeição*. Uma vez que isso acontece de maneira distinta ou indistinta, a faculdade de julgar, e assim o juízo [§. 606], serão sensíveis ou intelectuais [...]" (Baumgarten, *Metaphysica*, § 607).

457. Em definição apresentada na seção sobre a dedução metafísica das categorias na *Crítica da Razão Pura:* "O juízo é, portanto, o conhecimento mediato de um objeto, portanto a representação de uma representação do mesmo. Em cada juízo há um conceito que vale por muitos, e sob estes muitos ele abarca ainda uma representação dada que, por sua vez, refere-se imediatamente ao objeto. Assim, por exemplo, no juízo '*todos os corpos são divisíveis*', o conceito de divisível se refere a diversos outros conceitos; dentre estes, porém, ele se refere particularmente, aqui, ao conceito de corpo, e este, por seu turno, a certos fenômenos que se apresentam a nós" (B 93) No §17 da *Lógica*, Kant apresenta uma definição similar: "um juízo é uma representação da unidade da consciência de diversas representações ou da representação da relação entre elas, na medida em que constituem um conceito" (AA IX:101). Ver também o § 19 da dedução transcendental edição B.

458. Lehmann passa o termo para o plural [Regeln].

459. Uma crítica ao § 624 da *Metaphysica* de Baumgarten.

a todos os conhecimentos e representações. Por conseguinte conhecimentos sensíveis também podem ser distintos. Mas, uma vez que a consciência é uma condição necessária [*conditio sine qua non*] dos conhecimentos, é contada como faculdade superior do conhecimento. A distinção não é, no entanto, uma condição necessária dos conhecimentos do entendimento, posto que pode haver também uma distinção da intuição. A distinção dos conceitos é, todavia, a distinção do entendimento. – Mas quando definimos o entendimento // de maneira negativa, em oposição à sensibilidade, então o entendimento é uma faculdade de conhecer coisas independente do modo como elas nos aparecem. O entendimento é a faculdade de conhecer coisas tal como elas são[460]. Parece, decerto, que se defino o entendimento como uma faculdade de conhecer coisas tal como são, tal definição não é negativa. Mas, se o considero em oposição à sensibilidade (ou seja, se a sensibilidade conhece as coisas tal como elas aparecem, enquanto o entendimento tal como elas são), não sei, contudo, *como* o entendimento as conhece. Tanto quanto sei, sei apenas *que ele não as conhece tal como elas aparecem*. Essa definição tem sua utilidade, posto que // é universal e é dirigida não apenas ao entendimento humano, mas ao entendimento em geral. – Mas como posso conhecer coisas tal como elas são[461]? Por meio de intuição ou conceito. O entendimento humano é apenas uma faculdade de conhecer coisas mediante conceitos e reflexão e, portanto, é meramente discursivo. Todos os nossos conhecimentos são unicamente lógicos ou discursivos e não ostensivos e intuitivos. Mas podemos pensar um entendimento que conhece coisas tal como elas são, mas pela intuição. Tal entendimento é intuitivo. *Pode haver um entendimento desse tipo, mas não é o humano*[462]. Essa definição

---

460. Kant remete-se aqui à problemática concepção apresentada no § 4 da *Dissertação*: "é manifesto, então, que o que é pensado sensitivamente é representação das coisas *como aparecem*, o que é intelectual, porém, é representação das coisas *como são*" (AA II: 392).

461. Como Kant responderá tempos depois na *Crítica*: "Se os objetos com que lida nosso conhecimento fossem coisas em si mesmas, nós não poderíamos ter deles quaisquer conceitos a priori. Pois de onde deveríamos extraí-los?" (A 128).

462. A caracterização do entendimento humano é explicitada em contraposição ao entendimento divino nas *Lições sobre a Doutrina Filosófica da Religião*: "No que diz respeito ao *entendimento* de Deus, temos de pensá-lo como intuitivo, já que ele é oposto ao nosso entendimento discursivo, que, a saber, não é capaz de formar o conceito das coisas a não ser

deu ocasião para a *representação mística do entendimento*. Isto é, se pensamos o entendimento humano como uma faculdade de conhecer coisas pela intuição tal como elas são, trata-se de *um entendimento místico*. Por exemplo, se acreditamos que se encontra na alma uma faculdade de intuições intelectuais, trata-se de um entendimento místico. Temos uma faculdade de conhecer coisas tal como elas são, mas não pela intuição, mas através de conceitos. Se estes conceitos são conceitos puros do entendômento, eles são transcendentais. Mas, se eles são aplicados a fenômenos, são conceitos empíricos e o uso do entendimento é um uso empírico[463].

A maneira como consideramos o entendimento até agora é oposta à sensibilidade e se chama faculdade superior do conhecimento[464]. Este entendimento //, tomado universalmente, como a faculdade superior de conhecimento, é de três tipos: *entendimento, faculdade de julgar* [Urtheilskraft] e *razão*[465]. O entendimento

160

---

a partir de marcas universais" (AA XXVIII: 1017). E Kant ainda acrescenta: "o fato de que nosso entendimento não pode inferir de outro modo do que do universal para o particular é uma limitação que de modo algum podemos atribuir a um Ser realíssimo. Ao contrário, tal Ser deve intuir todas as coisas imediatamente pelo entendimento e conhecer tudo de uma vez. Não podemos, decerto, formar qualquer conceito de um entendimento intuitivo desse tipo porque não podemos intuir de outra maneira senão pelos sentidos. Mas o fato de que deve haver esse entendimento em Deus é consequência de sua realidade suprema e originalidade" (AA XXVIII: 1051).

463. Em relação ao uso puro do entendimento, que se ocupa com o conhecimento das coisas em si mesmas, Kant apresenta a seguinte ponderação na *Crítica da Razão Pura*: "Se dizemos, pois, que os sentidos nos representam os objetos *tal como aparecem*, e o entendimento, *tal como são*, esta última afirmação não deve ser tomada em sentido transcendental, mas apenas empírico, i.c. no sentido de que eles têm de ser representados como objetos da experiência em uma concatenação completa dos fenômenos, e não segundo o que poderiam ser fora da referência à experiência possível e, portanto, aos sentidos em geral, i.e. como objetos do entendimento puro" (B 313-314).

464. Esse ponto de vista também é explicitado no § 40 da *Antropologia*: "O *entendimento*, como faculdade de *pensar* (de representar algo mediante *conceitos*) é chamado também de faculdade *superior* de conhecimento (para diferenciá-lo da sensibilidade, que é *inferior*), uma vez que a faculdade das intuições (puras ou empíricas) contém só o singular dos objetos, enquanto que a dos conceitos contém o universal de suas representações, a *regra*, à qual deve se subordinar o diverso das intuições sensíveis" (AA VII: 196).

465. Na *Antropologia*, essa divisão é assumida exatamente nos mesmos termos: "Mas a palavra *entendimento* é assumida também sem sentido particular, a saber, quando ele, como um membro da divisão, é subordinado com os outros dois ao entendimento em sentido universal e a faculdade superior de conhecimento (considerada materialmente, isto é, não por si mesma, mas em relação ao *conhecimento* dos objetos) consiste em *entendimento, faculdade de julgar* e razão" (AA VII: 196-197). Ver também a primeira introdução à *Crítica da Faculdade de Julgar* (AA V: 201).

é tomado aqui estritamente, de modo a ser uma espécie do significado geral do entendimento e significa a faculdade superior de conhecimento. Essa faculdade superior de conhecimento consiste, portanto:

1) de um juízo universal;

2) da subsunção sob este juízo e;

3) da conclusão. –

242 // O princípio do juízo universal ou da regra é o *entendimento* tomado em sentido estrito. O princípio da subsunção sob essa regra é a *faculdade de julgar* e o princípio *a priori* da regra é a *razão*. – Aquilo que não pode ser subsumido sob um juízo empírico é um juízo *a priori*. A faculdade dos juízos que não podem ser subsumidos sob nenhum juízo empírico é a razão. Pode-se dizer também que a razão é a faculdade da regra *a priori* ou dos conceitos *a priori*.

Em todos os aspectos, mesmo em conhecimentos empíricos, preciso de meu entendimento e este é o uso empírico do entendimento. Mas podemos ter também um uso *a priori* do entendimento e esta é a razão. Por exemplo, todo contingente tem uma causa. Aqui há o uso *a priori* do entendimento, pois nenhuma experiência me ensina isso. O entendimento e a razão se distinguem, portanto, apenas em vista do uso empírico e puro[466]. Mas temos também uma faculdade intermediária entre ambos para, a

161 saber, // subsumir sob um juízo universal e uma regra universal e esta é a faculdade de julgar. Primeiramente pergunto se a regra universal é *a priori* ou *a posteriori* e, então, se o caso pertence à regra. Por exemplo, "tudo que é simples pensa" é uma regra *a priori*. Agora vejo que se a alma do ser humano pertence a esta regra e pode ser subsumida nela. Esta faculdade de subsumir sob

---

466. Na seção que disserta, na *Crítica da Razão Pura*, sobre "a razão pura como sede da ilusão transcendental", Kant explica que, "[s]e o entendimento é uma faculdade da unidade dos fenômenos por meio de regras, então a razão é a faculdade da unidade das regras do entendimento sob princípios. Assim, ela nunca se refere primeiro à experiência ou a algum objeto, mas ao entendimento, de modo a fornecer aos diversos conhecimentos deste, por meio de conceitos, uma unidade a priori, que se pode denominar unidade da razão e é de um tipo inteiramente distinto daquela que pode ser produzida pelo entendimento" (B 359).

regras é bem separada de outras faculdades de modo que os seres humanos podem ter, decerto, uma faculdade da regra universal, sem, no entanto, ter integralmente essa faculdade de subsumir sob a regra e aplicar a regra *in concreto*.

O entendimento é a faculdade de conhecer o particular a partir do universal; – a faculdade de julgar, de conhecer o universal a partir do particular; – e a razão, de conhecer o universal *a priori* e de reunir regras a partir dos fenômenos diversos[467]. Aqui é dado o particular a partir do qual se pode formar uma regra universal. A faculdade de julgar é, no entanto, invertida. É dada, nesse caso, uma regra universal a partir da qual o particular deve ser determinado. Para saber, portanto, se um particular se encontra sob a regra universal a faculdade de julgar é necessária. Esta tem em si a particularidade de *que não pode ser aprendida através da instrução*, mas que a habilidade em relação a ela deve ser alcançada através do exercício. O entendimento pode ser instruído, mas não a faculdade de julgar. A razão[468] é a faculdade de conhecer regras universais *a priori* totalmente separadas da experiência[469] //. // Por exemplo, tudo que é contingente deve ter uma causa primeira. Isso a experiência não ensina.

162
243

A grandeza do entendimento baseia-se em dois aspectos, na faculdade dos conceitos e na relação dos conceitos universais com casos particulares. Quanto mais os juízos possuem uma relação com casos particulares, mais expansivo e extensivamente claro [klarer] é o entendimento e quanto mais o entendimento está ligado com intuições, mais expansivo e claro [heller] ele é. Por conseguinte, aquele que pode aplicar bem as regras universais

---

467. Na primeira Introdução à *Crítica da Faculdade de Julgar*, esta distinção é apresentada nos seguintes termos: "[...] a representação sistemática da faculdade de pensar se divide em três: em primeiro lugar, a faculdade de conhecer o *universal* (as regras), o *entendimento*; em segundo lugar, a faculdade de *subsumir o particular* sob o universal, a *faculdade de julgar*; e, em terceiro lugar, a faculdade de *determinar* o particular por meio do universal (derivação a partir de princípios), isto é, a *razão*." (AA V: 201). Tradução de Fernando Mattos (Vozes/São Francisco, 2016).

468. Segundo a definição escolástica: "Percebo a conexão de algumas coisas de maneira confusa e a conexão de algumas coisas de maneira distinta. Logo, tenho um entendimento que discerne a conexão das coisas [§. 402, 216] i. e. RAZÃO" (Baumgarten, *Metaphysica*, § 640).

469. Ver *Crítica da Razão Pura* (B 355-359).

em exemplos, comparações e casos particulares da vida cotidiana possui um entendimento expansivo. O entendimento é, portanto, instruído de duas maneiras:

a) pelo fato de o acostumarmos com regras universais ou o usarmos *in abstracto* e;

b) pelo fato de aplicarmos essas regras universais na experiência e o usarmos *in concreto*.

Aqui não se deve acreditar que se trata da mesma coisa que a faculdade de julgar, pois a faculdade de julgar é apenas uma faculdade para saber se um caso dado se encontra sob a regra, algo que se distingue do entendimento *in concreto* que é aplicado aos casos empíricos da vida. O entendimento *in concreto* é apenas uma faculdade de recordar [Erinnerungsvermögen] da regra universal. Mas, por meio dele, ainda não se pode distinguir se dado caso encontra-se sob a regra. A faculdade de julgar é, no entanto, uma faculdade de diferenciação.

O uso da razão é também de dois tipos:

// a) um uso puro e;

b) um uso empírico.

O uso puro da razão[470] é aquele que diz respeito a objetos que de modo algum são objetos dos sentidos. O uso empírico[471] é quando conheço algo *a priori*, que é confirmado *a posteriori*, como, por exemplo, na física experimental. Um uso puro da razão é aquele onde a regra não é confirmada pela experiência. Onde, no entanto, a regra mesma é tomada da experiência não há nenhum uso da razão.

Podemos ainda distinguir todas essas três faculdades que constituem a faculdade superior de conhecimento em faculdades *saudáveis*[472] e faculdades *eruditas*. Temos então, pois, um enten-

---

470. Ver a seção "Do uso puro da razão" (*KrV*, B 362-366).

471. "O uso empírico da razão" é aquele "em relação às condições da existência no mundo sensível" (*KrV*, B 592).

472. O termo alemão "gesunde Verstand" é normalmente traduzido por "senso comum". Aqui ele foi utilizado como termo técnico, uma vez que as faculdades saudáveis são aquelas faculdades que, em distinção às especulativas, caracterizam-se pelo uso natural e universal direcionado aos seus verdadeiros fins.

dimento saudável, uma faculdade de julgar saudável e uma razão saudável, mas também um entendimento especulativo, uma faculdade de julgar e uma razão especulativa. O uso saudável dessas faculdades mostra-se *in concreto* nos casos // nos quais a experiência pode formar a prova da exatidão dessa capacidade de conhecer [Erkenntnisskraft]. Se uso meu entendimento, minha faculdade de julgar e razão de tal modo que possa ser estabelecido pela experiência que uma coisa é verdadeira, então tenho um entendimento saudável, uma faculdade do juízo e razão saudáveis. Se, com minhas capacidades de conhecimento, não vou mais longe do que unicamente a experiência pode confirmar, trata-se então do uso saudável das capacidades de conhecimento. O uso especulativo do entendimento e da razão é, na medida em que ambos possuem uma faculdade, o de usar a regra sem a experiência. A faculdade especulativa de julgar é onde // o fundamento do uso correto se encontra não na experiência, mas em fundamentos universais. –

No que diz respeito aos conhecimentos, distinguem-se o *natural* e o *gênio*. – O natural é uma inclinação para aprender, enquanto o gênio para encontrar conhecimentos que de modo algum podem ser aprendidos. A *mente* [Kopf] é o talento dos conhecimentos. Em relação à habilidade, as mentes se distinguem em refinada e obtusa[473] e, em relação aos objetos, em mente matemática e filosófica. Disso trataremos mais detalhadamente na antropologia.

Antes de passarmos para a faculdade de prazer e desprazer, temos ainda (como uma transição da faculdade superior de conhecimento para a faculdade de diferenciação do objeto segundo o sentimento, o prazer e desprazer) de tratar da faculdade de *comparar* e de conhecer objetos pela comparação. A faculdade formativa ou a faculdade do conhecimento são faculdades de produzir representações. Ora mas também temos ainda uma faculdade de comparar representações e isto é o *engenho* [Witz] e a *perspicácia*[474]. O engenho (*ingenium*) é a faculdade de comparar objetos

---

473. *Antropologia do Ponto de Vista Pragmático*, § 46 (AA VII: 204).

474. Na *Antropologia*, lemos: "Assim como a faculdade de encontrar o particular para o universal (para a regra) é a faculdade de julgar, aquela de conceber o universal para o particular é o ingênio (*ingenium*). A primeira se ocupa em observar a diferença no diverso que é, em parte, idêntico; a segunda se ocupa da identidade do múltiplo que, em parte,

de acordo com a diferença. A faculdade de concordância ou de uniformidade é o fundamento de nossos conceitos universais. Em todo juízo, reconheço que algo pertence ou não ao conceito universal. Este é o engenho [*ingenium*]. Por exemplo, se as raposas pertencem ao conceito universal de cão. Então, em toda natureza, pode-se buscar comparação // e concordância. Mas se tenho um juízo negativo quando acho que algo não pertence ao conceito universal, mas é distinto dele, trata-se então de perspicácia (*acumen*). As manifestações de perspicácia são aquelas por meio das quais protegemos nossos conhecimentos de erros e os purificamos quando dizemos o que as coisas não // são. Pelo engenho, no entanto, não estendemos nossos conhecimentos. O engenho é, assim, o primeiro aspecto. Primeiramente, faço todos os tipos de comparações. Mas, em seguida, vem a perspicácia e distingue uma coisa da outra. Em primeira instância, os seres humanos sustentaram todas as coisas duras como pedras segundo o engenho, mas depois gradualmente distinguiram uma coisa da outra. Não se sabe com exatidão onde propriamente esta faculdade deve ser enquadrada, se na faculdade inferior ou superior de conhecimento. Em geral, a faculdade superior de conhecimento é aplicada à inferior. Então, provavelmente, elas pertencem à faculdade superior de conhecimento.

Da faculdade de prazer e desprazer

A segunda faculdade da alma é a faculdade de distinguir as coisas de acordo com o sentimento de prazer de desprazer ou de comprazimento e desprazimento. A faculdade de prazer e desprazer não é uma faculdade de conhecimento, mas se distingue totalmente dela[475]. As determinações das coisas em vista das quais

---

é diferente. O talento principal em ambas é observar inclusive as mínimas semelhanças e dessemelhanças. A faculdade para isso é a *perspicácia* (acúmen) e as observações desta classe se chamam *sutilezas*" (AA § 44 VII: 201).

475. Na *Crítica da Faculdade de Julgar*, Kant vai explicar que "a *faculdade de conhecer* por conceitos tem seus princípios a priori no entendimento puro (em seu conceito de natureza), a *faculdade de desejar* na razão pura (em seu conceito de liberdade) e só resta então, entre as propriedades do ânimo em geral, uma faculdade intermediária ou receptividade, a saber, *o sentimento de prazer e desprazer* [...]" (AA V: 207).

manifestamos prazer e desprazer não são determinações que // dizem respeito meramente aos objetos, mas que se referem à constituição [Beschaffenheit] do sujeito. Por meio da faculdade de conhecimento, não posso ter representações das coisas a não ser segundo a determinação que teria de ser encontrada nelas, ainda que estas coisas não tenham sido de tudo representadas. Por exemplo, eu reconheceria a figura arredondada em um círculo sem que o círculo fosse representado. Mas as determinações do bem e do mal, do belo e do feio, do agradável e do desagradável são determinações que de modo algum poderiam ser percebidas nas coisas se elas não fossem conhecidas por meio da representação. Assim, determinações tais que não podem ser conhecidas nas coisas, sem representação, não pertencem à faculdade de conhecimento, porque esta, mesmo sem a representação das coisas, pode conhecer as determinações pertencentes a elas, mas deve haver em nós uma faculdade *especial* para perceber tais determinações nas coisas. Portanto não são determinações que se referem, na relação, a nossa faculdade de conhecimento, mas a uma faculdade totalmente diferente, cuja condição é reconhecidamente a faculdade de conhecimento, pois sem ela eu não posso ter nenhum prazer e desprazer no objeto. Mas é uma faculdade especial que é distinta da faculdade de conhecimento. Se falo do objeto, na medida em que é belo ou feio, agradável ou desagradável, não conheço // o objeto em si tal como ele é, mas como ele me afeta. Quando *Euclides* fala do círculo, ele não o descreve na medida em que belo //, mas o que ele é em si. Mas para conhecer algo como belo etc., é exigida para isso uma faculdade especial em nós, mas não no objeto[476]. Se suprimimos, em todos os seres racionais, a faculdade de prazer e desprazer e ampliamos ainda mais sua faculdade de conhecimento, eles conheceriam todos os objetos sem serem estimulados [gerührt] por eles. Tudo seria a mesma coisa para eles, pois

---

476. Kant refere-se aqui à faculdade de julgar e àquilo que ele chama de juízos de gosto. Como lemos na *Analítica do Belo*, primeira parte da *Crítica da Faculdade de julgar*, "[p]ara distinguir se algo é belo ou não, não relacionamos a representação ao objeto através do entendimento, visando o conhecimento, mas sim ao sujeito e ao seu sentimento de prazer e desprazer, através da imaginação (talvez ligada ao entendimento). O juízo de gosto não é, portanto, um juízo de conhecimento, um juízo lógico, mas sim um juízo estético, pelo qual se entende aquilo cujo fundamento de determinação *só pode ser subjetivo*" (AA V: 203).

lhes faltaria a faculdade de ser afetado por objetos. Todo prazer e desprazer pressupõe conhecimento do objeto, ou conhecimento da sensação ou da intuição, ou dos conceitos e assim como se diz "não se tem prazer naquilo que não se conhece"[477] [*ignotti nulla cupido*], poder-se-ia também dizer "não se tem comprazimento naquilo que não se conhece" [*ignoti nulla complacentia*]. Mas não é o conhecimento aquilo no qual é encontrado o prazer, mas o *sentimento*, para o qual o conhecimento é a condição. – Todos os predicados das coisas que expressam prazer e desprazer não são predicados que pertencem ao objeto em e por si ou predicados que se encontram em relação a nossa capacidade de conhecer, mas são predicados da faculdade, em nós, de ser afetado pelas coisas. Tem-se dito que esta faculdade seria um conhecimento da perfeição e imperfeição do objeto[478]. Mas a perfeição não é o sentimento do belo e do agradável, mas é a completude do objeto[479]. Ora é verdade, decerto, que toda completude agrada e que temos uma faculdade para aplicar a ideia da completude em tudo e para cultivar tudo de maneira integral. Mas conhecer a completude //, isto é, a perfeição do objeto, não é um conhecimento oriundo do prazer, mas ainda se deve perguntar se a perfeição está ligada, em certos casos, com prazer e desprazer. Pressupondo que o objeto [Gegenstand] é um objeto [Object] de prazer, então a perfeição algumas vezes agrada e algumas vezes a completude não é exigida para o prazer. O prazer e o desprazer não dependem do objeto,

---

477. Ovídio, *A Arte de Amar*, III.

478. Trata-se de uma crítica direta a Wolff e Baumgarten. A concepção wolffiana segundo a qual o prazer ou o comprazimento é sempre um produto derivado da intuição intelectual e do discernimento da perfeição do objeto é resumida satisfatoriamente no § 655 da *Metaphysica* de Baumgarten: "[o] estado da alma decorrente da intuição da perfeição é prazer [*voluptas*] (comprazimento [*complacentia*]) e o estado da alma decorrente da imperfeição é desprazer [*taedium*] (desprazimento [*displicentia*]). Baumgarten discute o prazer e o desprazer na seção XV de seu livro, § 655-662. Ver a crítica de Kant no § 15 da *Crítica da Faculdade de Julgar*, que consiste em um rompimento com a concepção estética de Baumgarten: "o juízo de gosto é inteiramente independente do conceito de perfeição" (AA V: 226).

479. Kant remete-se aqui a outra premissa fundamental do pensamento Leibniz-wolffiano, a de que perfeição é "concordância na variedade". Como explica Baumgarten, "[s]e diversas coisas assumidas juntas constituem o fundamento suficiente de uma única coisa, elas concordam. A concordância em si é PERFEIÇÃO [...]" (*Metaphysica* § 94). Da mesma forma, para Wolff, "[a] concordância na variedade constitui a perfeição de uma coisa" (*Metafísica Alemã*, § 152).

mas de *como* o objeto afeta o ânimo. O prazer e o desprazer são faculdades através das quais são distinguidos objetos, não pelo que é encontrado neles mesmos, mas pela maneira como a representação deles causa uma impressão em nossa subjetividade e pela maneira como nosso sentimento é estimulado [gerührt] por isso.

Mas o que é um sentimento? Isto é algo difícil de determinar[480]. Sentimos nós mesmos. As representações podem ser de dois tipos: representações // do objeto e do sujeito. Nossas representações podem ser comparadas com os objetos ou com o todo da vida [gesammten Leben] do sujeito. A representação subjetiva da força vital como um todo para acolher ou rejeitar os objetos é a relação de comprazimento e desprazimento. Portanto o sentimento não é a relação do objeto com a representação, mas com a força do ânimo como um todo para intimamente acolhê-los ou rejeitá-los. O acolhimento é o sentimento de prazer e a rejeição o de desprazer. *O belo é, portanto, não a relação do conhecimento com o objeto*[481], *mas com o sujeito*. Não se pode dizer mais nada sobre isso aqui. Por // conseguinte temos duas perfeições: a *lógica* e a *estética*. A primeira perfeição é quando meu conhecimento concorda com o objeto e a segunda perfeição é quando meu conhecimento concorda com o sujeito.

Temos um princípio interno de agir a partir de representações e isto é a vida[482]. Ora se uma representação concorda com a força do ânimo como um todo, com o princípio da vida, trata-se do *prazer*. Mas, se a representação é do tipo que resiste ao princípio da vida, então essa relação de conflito em nós é o *desprazer*[483]. Os

---

480. Lemos na *Crítica da Faculdade de Julgar*: "[...] designaremos com o nome sentimento, de resto tão usual, aquilo que tem que permanecer meramente subjetivo e jamais constituir a representação de um objeto. A cor verde dos prados pertence à sensação *objetiva* como percepção de um objeto do sentido; o agradável desses prados, porém, pertence à sensação *subjetiva* [...]" (AA V: 206). E também na *Metafísica dos Costumes*: "À capacidade de sentir prazer ou desprazer em uma representação chama-se, por isso, *sentimento*, pois ambos contêm o *meramente subjetivo* em relação à nossa representação e nenhuma referência a um objeto para o conhecimento possível do mesmo" (AA VI: 211). Tradução de C. Martins, B. Nadai, D, Kosbiau e M. Hulshof (Vozes/São Francisco, 2013).

481. Baumgarten, *Metaphysica* § 662.

482. Na Introdução à *Metafísica dos Costumes*, lemos: "A faculdade de um ser de agir conforme suas representações chama-se *vida*" (AA VI: 211).

483. Conforme o § 1 da *Crítica da Faculdade de Julgar*: "Aqui [na sensação de satisfação] a representação se relaciona tão somente ao sujeito, mais especificamente ao seu sentimento de vida, sob o nome de prazer e desprazer [...]" (AA V: 204).

objetos são, por conseguinte, belo, feio etc. não em e por si mesmos, mas em relação ao seres viventes. *Mas aquilo que acontece apenas em relação a seres viventes deve ter seu fundamento no ser vivente.* Por conseguinte, deve haver no ser vivente uma faculdade para perceber tais propriedades nos objetos. O prazer e o desprazer são, portanto, uma faculdade de concordância ou de conflito do princípio da vida diante de certas representações ou impressões dos objetos.

A vida é o princípio interno da espontaneidade. Os seres viventes que agem segundo este princípio interno devem agir segundo representações. Ora pode haver uma promoção, mas também um impedimento da vida. O sentimento de promoção da vida é o prazer e o sentimento de impedimento da vida é // o desprazer[484]. O prazer é, portanto, um fundamento da atividade, e o desprazer, um impedimento da atividade. O prazer consiste, dessa forma, no desejo, enquanto o desprazer, no repúdio[485]. – Agora vemos qual conexão prazer e desprazer tem com seres pensantes. Apenas seres ativos podem ter prazer e desprazer. Os sujeitos que são aqui ativos segundo representações possuem prazer // e desprazer. Portanto uma criatura, que não é ativa segundo representações, não tem nenhuma faculdade de prazer e desprazer.

A vida é de três tipos:

1) A vida *animal*;

2) A vida *humana* e;

3) A vida *espiritual*.

Há, portanto, um prazer de três tipos. O *prazer animal* consiste no sentimento dos sentidos privados. O *prazer humano* é o sentimento segundo o sentido universal, mediante a faculdade sensível de julgar. Trata-se de uma coisa intermediária e ele é conhecido, por meio da ideia, a partir da sensibilidade. O *prazer espiritual* é ideal e conhecido a partir dos conceitos puros do entendimento. O prazer ou desprazer, o comprazimento ou

---

484. Na *Antropologia*, lemos: "O deleite é o sentimento de promoção, enquanto a dor o sentimento de um impedimento da vida" (AA, § 60 VII: 229).

485. Baumgarten, *Metaphysica*, § 655.

desprazimento, é objetivo ou subjetivo. Se o fundamento do comprazimento ou desprazimento do objeto concorda com determinado sujeito, trata-se do comprazimento e desprazimento subjetivo. Isso nasce dos sentidos. Cada sentido particular é um fundamento de comprazimento subjetivo. Portanto o que agrada ou desagrada segundo fundamentos privados do sentido de um sujeito é comprazimento e desprazimento subjetivo //. O comprazimento a partir de fundamentos privados do sentido de um sujeito é o *deleite* [Vergnügen] e o objeto é agradável[486]. O desprazimento a partir de fundamentos privados do sentido do sujeito é o *dissabor*[487] [Mißvergnügen] ou a *dor* e o objeto é desagradável[488]. Mas, se digo "algo é agradável ou desagradável", isso expressa apenas um comprazimento ou desprazimento subjetivo a partir de fundamentos privados válidos do comprazimento e desprazimento. Porque certo objeto sempre me parece agradável e desagradável, ainda não resulta que ele deva parecer assim para todos. Por isso não se pode discutir sobre isso[489]. O comprazimento ou desprazimento *objetivo* consiste no prazer e no desprazer no objeto, não em relação a condições particulares do sujeito, mas, independente das condições particulares do sujeito, em relação ao juízo universal que tem uma validade universal e é válido para qualquer um. Portanto aquilo que é um fundamento universal de comprazimento ou desprazimento válido universalmente é comprazimento ou desprazimento *objetivo*. Este comprazimento e desprazimento objetivo é de *dois tipos*: algo agrada ou desagrada *ou* segundo a sensibilidade universal *ou* segundo a capacidade universal de conhecimento. Aquilo que aqui agrada a partir da concordância com o sentido universal // é belo e se desagrada a partir do mesmo fundamento é feio[490]. Aquilo que agrada a partir da concordância

171

249

---

486. Segundo o § 60 da *Antropologia*, "[o] *deleite* é um prazer por meio do sentido e o que apraz a este é *agradável*" (AA VII: 230). A *Crítica da Faculdade de Julgar* acrescenta: "Agradável é aquilo que apraz aos sentidos na sensação" (AA V: 205). Baumgarten, *Metaphysica*, § 640.

487. Lemos nas traduções inglesa e francesa, respectivamente, "non-gratification" e "mécontentement".

488. Ainda na *Antropologia*: "A *dor* é o desprazer por meio do sentido e o que a produz é *desagradável*" (AA VII: 230).

489. *Crítica da faculdade de Julgar*, §. 56.

490. *Crítica da faculdade de Julgar*, § 8.

da capacidade universal de conhecimento é *bom* e se desagrada a partir do mesmo fundamento é *mal*[491] [böse]. //

Aquilo com o qual o sentido dos seres humanos concorda é o sentido *universal*. Mas como pode um ser humano pronunciar um juízo segundo o sentido universal, visto que, contudo, ele considera o objeto segundo seu sentido individual? A comunidade entre os seres humanos constitui um sentido comunitário. A partir do trato com seres humanos surge um sentido comunitário que vale para qualquer um. Portanto aquele que não entra em nenhuma comunidade não tem nenhum sentido comunitário. Do trato entre os seres humanos nasce um sentido comunitário que é válido para todos. Portanto aquele que não entra em uma comunidade não tem nenhum senso de comunidade. – O belo e o feio só podem ser distinguidos por seres humanos na medida em que estes estão na comunidade. Dessa forma, a quem algo agrada, segundo um sentido comunitário e universalmente válido, possui *gosto* [Geschmack]. O gosto é, por isso, uma faculdade de julgamento [Beurtheilung] através do comprazimento e desprazimento de acordo com o sentido comunitário e universalmente válido[492]. Mas o gosto é, no fim, sempre só um julgamento através da relação dos sentidos e, por esta razão, esta faculdade é uma faculdade de prazer e desprazer. O comprazimento e desprazimento objetivo, ou julgar [beurtheilen] objetos segundo fundamentos universalmente válidos da capacidade de conhecer, é a faculdade superior de prazer e desprazer. Esta é a faculdade de julgar se o objeto agrada ou desagrada, a partir do conhecimento do entendimento, segundo princípios universalmente válidos. Se algo é um objeto

---

491. *Crítica da faculdade de Julgar*, § 7: "No que diz respeito ao bom, é certo que juízos também têm pretensão legítima à validade para todos; mas o bom só é representado como objeto de satisfação *por meio de um conceito*, o que não é o caso nem no agradável nem no belo" (AA V: 213).

492. Segundo a definição apresentada na *Terceira Crítica*: "Gosto é a faculdade de julgamento de um objeto ou modo de representação através de uma satisfação ou insatisfação, *sem qualquer interesse*. O objeto de tal satisfação se denomina *belo*" (AA V: 211). A *Metafísica dos Costumes* o define, por sua vez, nos seguintes termos: "O prazer, pelo contrário, que não está necessariamente ligado à apetição do objeto e que, portanto, no fundo, não é um prazer na existência do objeto da representação, mas simplesmente adere à representação, pode ser denominado prazer meramente contemplativo ou *satisfação inativa*. A este último tipo de prazer denominamos *gosto*" (AA VI: 212). Ver também *Antropologia do Ponto de Vista Pragmático*, § 67.

de comprazimento intelectual é bom. Se é um objeto de desprazimento intelectual é mau. – O bom é aquilo que deve agradar necessariamente a qualquer um. – No entanto, o belo // não agrada necessariamente a qualquer um; em vez disso, a concordância do juízo é contingente. Mas *a* concordância dos juízos de comprazimento ou desprazimento através do entendimento, de acordo com a qual o objeto é bom ou mau, é necessária. Como, todavia, o bem pode agradar, visto que não desperta, contudo, nenhum deleite? Se a virtude fosse agradável, qualquer um seria virtuoso. Hoje em dia, no entanto, todo mundo deseja ser virtuoso, se possível, apenas uma só vez. Ele tem discernimento de que isso é bom, mas isso não o deleita. A *liberdade* é o maior grau de atividade e de vida[493]. A vida animal não tem nenhuma espontaneidade. Ora, se sinto que algo concorda com o grau supremo de liberdade e, portanto, com a vida espiritual, então me agrada. Este prazer é o prazer intelectual[494]. // Tem-se um comprazimento nela, sem que haja deleite. Tal prazer intelectual existe *apenas na moralidade*. Mas de onde a moralidade retira tal prazer? Toda moralidade é a concordância da liberdade consigo mesma[495]. Por exemplo, nesse caso, aquele que mente não concorda com a sua liberdade, porque

---

493. Em uma das reflexões kantianas de filosofia moral, lemos: "A liberdade é a vida originária e em sua conexão [encontra-se] a condição da concordância de todo o [ser] vivente" (AA Refl. 6862.1776-78? 1780-89 XIX: 183). Entre outras, ver também Refl. 6870 (AA, XIX: 187), Refl. 567 (AA XV: 246) e Refl. 583 (AA XV: 251).

494. Ver *Metafísica dos Costumes* (AA VI: 212) e *Antropologia do Ponto de Vista Pragmático* (AA VII: 230).

495. A ideia da concordância da liberdade consigo mesma é a base sobre a qual Kant vai desenvolver o conceito do imperativo categórico apresentado em 1785 na *Fundamentação da Metafísica dos Costumes*. De um modo geral, os contornos dessa ideia já podem ser observados desde meados de 1760, naquelas reflexões intituladas *Anotações às Observações sobre o Sentimento do Belo e do Sublime* (AA XX: 146; 161). No entanto, maiores esforços em relação ao desenvolvimento dessa hipótese serão observados a partir da década de 1770, como nos testemunham as *Lições de Ética* e as *Reflexões de Filosofia Moral*. Lemos, por exemplo, nas *Lições de Ética*: "A bondade moral é, portanto, o governo de nosso arbítrio através de regras por meio das quais todas as ações de meu arbítrio concordam de forma universalmente válida. E tal regra, que é o princípio da possibilidade da concordância de todo livre arbítrio, é a regra moral" (Ed. Menzer, 1924, p. 21/ Unesp, 2018, p. 115). Lemos, em outro lugar: "A moralidade é a concordância da ação com uma lei do arbítrio válida universalmente" (Ed. Menzer, 1924, p. 51/ Unesp, 2018, p. 160). Nas *Reflexões*, Kant escreve: "Aquilo que não pode estar sob uma regra universal da vontade pura é moralmente incorreto. A concordância da ação livre com a universalidade da vontade pura é a moralidade" (AA, Refl. 6762, XIX: 153). Para comentário, ver Bruno Cunha, *A Gênese da Ética de Kant* (2017).

está vinculado [gebunden] através da mentira[496]. *Mas aquilo que concorda com a liberdade concorda com a vida como um todo. E aquilo que concorda com a vida como um todo agrada*[497]. Todavia, este é apenas um prazer reflexivo. Não encontramos aqui nenhum deleite, mas aprovamos por meio da reflexão. A virtude não possui, portanto, nenhum deleite, mas, em vez disso, aprovação //, pois o ser humano sente sua vida espiritual e o grau supremo de sua liberdade.

Ora podemos fazer ainda a seguinte classificação: algo é um objeto de prazer na sensação ou um objeto de prazer na intuição ou ainda da capacidade de julgar sensível universal, isto é, um objeto de prazer segundo conceitos do entendimento. Se algo agrada na sensação, *deleita* e o objeto é agradável. Aquilo que é um objeto da intuição ou da faculdade de julgar sensível *agrada* e o objeto é belo. Aquilo que é um objeto de prazer segundo conceitos do entendimento é *aprovado* e o objeto é bom[498]. Para distinguir o agradável e o desagradável, precisamos do sentimento. Para distinguir o belo e o feio, precisamos do gosto e, para distinguir o mal do bem, precisamos da razão. Para investigar o agradável e o desagradável, não temos nenhuma escala de medida comum, uma vez que isso se refere à sensação privada do sujeito. Por isso, não se pode envolver em qualquer discussão sobre o agradável e o desagradável, pois uma discussão é um esforço para fazer o outro concordar com o nosso juízo. Ora, uma vez que cada um tem sua sensação privada, ninguém pode ser necessitado [genöthiget] a aceitar a sensação do outro. Mas com o belo é diferente. Nesse caso, não é belo aquilo que agrada a um, mas aquilo que tem a

---

496. O exemplo da mentira é recorrente nos textos kantianos. O exemplo clássico está na *Fundamentação da Metafísica dos Costumes* (AA IV: 419), mas Kant o utiliza já em 1764-65 nas *Anotações* (AA XX: 24;156-157) e também na década de 1770, tanto nas *Lições de Ética* (Ed. Menzer, 1924, p. 21; 53/ Unesp, 2018, p. 114-115; 165 e outros) quanto nas *Reflexões de Filosofia Moral* (AA, Refl. 6735, XIX: 144).

497. Em uma reflexão de filosofia moral dos anos de 1780, lemos: "Mas as leis que conduzem à concordância a liberdade de escolha consigo mesma em consideração a tudo aquilo que nos agrada, contêm – para qualquer ser racional que tenha uma faculdade de apetição – o fundamento de um comprazimento necessário" (AA, Refl. 7202, XIX: 276-278). Reflexões de Filosofia Moral [seleção de notas]. Tradução de Bruno Cunha (*Estudos Kantianos*, v. 7, n. 1, p. 81-102, Jan./Jun., 2019).

498. *Crítica da Faculdade de Julgar*, § 5 (AA V: 210).

aprovação de todos, embora agrade também através do sentido, mas através de um sentido universal[499]. Para a // investigação do belo e do feio, temos, portanto, uma escala de medida comum. Esta é o sentido comunitário[500]. Este sentido comunitário surge pelo fato de que toda sensação privada de alguém não é, contudo, uma sensação totalmente particular, mas a sensação privada de alguém deve concordar com a sensação privada do outro e por meio dessa concordância obtemos uma // regra universal. Este é o sentido comunitário ou o *gosto*. O que então concorda é belo. Ora, isto pode, decerto, muito bem não agradar a um sentido privado, mas agrada, contudo, de acordo com a regra universal. Àquele – cujo sentido privado não concorda com a regra universal – que isso não agrada, não tem gosto. O gosto é, portanto, a faculdade de julgar dos sentidos, por meio da qual se conhece o que concorda com o sentido de outros. Trata-se, portanto, de um prazer e desprazer em comunidade com outros. A concordância universal da sensibilidade é o que constitui o fundamento do comprazimento no gosto. Por exemplo, uma casa é bela não porque deleita pela intuição (pois nesse caso a barraca de comida talvez deleite melhor a alguns), mas porque é um objeto de comprazimento universal e porque centenas podem ter um deleite em um e mesmo objeto. É também a mesma coisa com a música. A visão e a audição são, por conseguinte, sentidos do gosto e sentidos comunitários. Mas o olfato e o paladar são apenas sentidos privados da sensação. O agradável é aquilo que concorda com o sentido individual, mas o belo // é aquilo que concorda com o sentido comunitário. Sobre a beleza é possível discutir porque a concordância de muitos seres humanos proporciona um juízo que pode ser colocado em oposição a um juízo particular. O gosto tem sua regra, pois toda concordância universal em uma nota [Merkmal] é o fundamento da regra. Estas regras não são *a priori*, nem em si e por si mesmas, mas são empíricas e a sensibilidade deve ser conhecida *a posteriori*. Pode-se muito bem, por conseguinte, discutir sobre uma regra *a posteriori*, mas não colocá-la em disputa. Pois

---

499. *Crítica da Faculdade de Julgar*, § 8 (AA V: 213-216).
500. *Crítica da Faculdade de Julgar*, § 20; 21; 22. (AA V: 237-240).

disputar significa contestar os fundamentos do outro a partir de princípios da razão. É falso quando se diz que o ser humano tem um gosto totalmente particular, pois, se ele escolhe aquilo que desagrada todos os outros, de modo algum possui gosto, uma vez que o gosto deve ser julgado segundo o sentido comunitário. Se um ser humano estivesse completamente sozinho em uma ilha, ele não escolheria segundo o gosto, mas segundo o apetite. Portanto, apenas em comunidade com outros, ele possui gosto. O gosto não produz nada de novo, mas apenas modera aquilo que é produzido de modo que agrade a todos.

Poder-se-ia dizer também que algumas regras do gosto seriam *a priori*, embora não imediatamente *a priori*, mas comparativamente, de modo que estas regras *a priori* são fundadas, por sua vez, em regras universais da experiência. A ordem, a proporção, a simetria, a harmonia na música são, por exemplo, regras que conheço e // tenho discernimento *a priori* de modo que agradem a todos, mas que se fundam, por sua vez, em regras universais *a posteriori*. Poderíamos sustentar também um gosto necessário, por exemplo, que todos têm um gosto por *Homero*, *Cícero* e *Virgílio* etc.

O bom[501] é um objeto do entendimento e é julgado pelo entendimento. Denominamos bom um objeto *em si* e não em relação. Se digo que uma coisa é *boa*, digo isso sem relação a outros objetos[502]. Mas, se digo que uma coisa é *bela*, digo apenas como eu a sinto e como ela aparece para mim. Portanto o bem deve agradar mesmo seres tais que não possuem tal sensibilidade como nós, algo que, no entanto, não é o caso com o agradável e o belo. Algo é bom de *maneira mediata* ou *imediata*. Algo é bom de *maneira mediata* se concorda com alguma outra coisa como um *meio* para

---

501. Baumgarten, *Metaphysica*, § 660.

502. Kant parece se referir aqui à concepção do bem em si mesmo como um bem irrestrito, incondicional. Esta perspectiva vai se materializar, já em suas *Lições de Ética* de meados de 1770, no conceito de boa vontade, muito embora esta concepção só vá ser apresentada efetivamente na *Fundamentação* de 1785. É notável, contudo, que Kant já estava refletindo sobre isso desde meados de 1760 como suas *Anotações* nos sugerem (AA XX: 136-7; 138, 144-145; 146; 148; 157; 161).

um *fim*. É bom de *maneira imediata* aquilo que agrada em e por si mesmo universalmente e de maneira necessária[503].

Para resumir brevemente tudo que foi dito de prazer e desprazer, observa-se que todo prazer ou desprazer é sensível ou intelectual. A faculdade inferior ou o prazer e desprazer sensível baseia-se na representação do objeto através da sensibilidade. A faculdade superior de prazer e desprazer ou o prazer e desprazer intelectual baseia-se nas representações do objeto através do entendimento. O prazer e desprazer sensível são de dois tipos. Eles baseiam-se na relação da impressão [Empfindung] sensível ou // da intuição sensível. O prazer está em relação à impressão sensível quando concorda com o estado do sujeito na medida em que este último é modificado pelo objeto. Ele agrada sensivelmente, embora subjetivamente, e o objeto é, nesse caso, agradável. – O prazer está em relação à intuição sensível na medida em que concorda meramente com a faculdade da sensibilidade em geral, isto é, agrada sensivelmente e objetivamente e então o objeto é belo. Nisso se baseia, portanto, a distinção entre belo e agradável, entre os deleites sensíveis e os deleites segundo o gosto. Se o objeto concorda apenas com o estado do sujeito, ele não pode agradar universalmente, mas segundo o comprazimento individual do sujeito. Mas, se o objeto concorda com as leis universais da sensibilidade em geral, também deve agradar universalmente. Às leis universais // da sensibilidade pertence, por exemplo, o fato de que, no objeto, é percebido ordem, ideia do todo etc. Ora aquilo que é válido para qualquer um em relação a um juízo universal agrada objetivamente. Mas aquilo que é válido em relação a um juízo privado agrada subjetivamente. O sentimento não é, por isso, para ser cultivado

178

253

---

503. Podemos ver essa distinção entre os tipos de bondade explicitada nas *Lições de Ética*: "Os imperativos enunciam a necessitação objetiva e, uma vez que existem três tipos de imperativos, existem também três tipos de bondade: I. O *Imperativus problematicus* diz: algo é bom como um meio para um fim qualquer e isso é a *bonitas problematica*. II. O imperativo pragmático é um imperativo segundo o juízo de prudência e diz que a ação é necessária como um meio para nossa felicidade [...]. Dessa forma essa é uma necessitação da ação sob uma condição, embora, de fato, uma condição necessária e universalmente válida e isso é a *bonitas pragmatica*. III. O imperativo moral enuncia a bondade da ação em e por si mesma. Dessa forma a necessitação moral é categórica e não hipotética. A necessidade moral consiste na bondade absoluta da ação livre e isso é a *bonitas moralis*" (Ed. Menzer, 1924, p. 18-19/ Unesp. 2018, p. 111-112). Ver também a primeira seção da *Fundamentação da Metafísica dos Costumes* (AA IV: 393-405).

como o gosto, uma vez que o sentimento é válido apenas para mim, enquanto o gosto, universalmente. O prazer intelectual é aquilo que agrada universalmente, não segundo as leis universais da sensibilidade, mas segundo as leis universais do entendimento. O objeto do prazer intelectual é bom. O belo é, decerto, também um // objeto que agrada universalmente, mas segundo leis universais da sensibilidade, enquanto que o bem segundo leis universais do entendimento. O bom é independente do modo como o objeto aparece aos sentidos. Deve ser assumido como é em e por si mesmo. Por exemplo, a veracidade.

Um objeto é indiferente na medida em que não é nem um objeto de prazer nem de desprazer. Tais objetos denominam-se *coisas indiferentes*[504] [*adiaphora*]. As coisas indiferentes podem ser estéticas ou lógicas. As coisas esteticamente indiferentes [*adiaphora aesthetica*] são aquelas que não são nem agradáveis nem desagradáveis, nem belas nem feias. As coisas logicamente indiferentes [*adiaphora logica*] são aquelas que não são nem boas nem más. Alguns dizem que não haveria quaisquer coisas indiferentes. Certamente não há coisas absolutamente indiferentes[505] [*adiaphora absoluta*], nas quais uma coisa não deveria ser boa ou má em uma relação. Mas, afinal, ela existe em certos casos. Por exemplo, se devo dar a esmola a um pobre com a mão direita ou esquerda etc. Mas seria altamente prejudicial se se quisesse colocar entre as coisas indiferentes uma ação que se encontra sob uma lei da moralidade. Onde há uma determinada lei universal não há quaisquer coisas indiferentes. Mas onde não uma lei universal que determina algo pode haver coisas indiferentes.

Da faculdade de apetição[506]

A terceira faculdade de nossa alma é a faculdade de apetição[507]. A faculdade de prazer e desprazer // era a relação do

---

504. Baumgarten, *Metaphysica*, § 651-654.

505. Baumgarten, *Metaphysica*, § 654.

506. Baumgarten, *Metaphysica*, § 663-675

507. Na *Metafísica dos Costumes*, lemos: "A faculdade de apetição segundo conceitos se chama faculdade de *fazer ou não fazer a seu bel prazer*, na medida em que o seu fundamento de determinação para a ação se encontra nela mesma, não no objeto" (AA VI: 213).

objeto com nosso sentimento de atividade, ou de promoção ou de obstáculo à vida. Mas, na medida em que a faculdade de prazer e desprazer é uma faculdade para certas atividades e ações que lhes são conformes, é nessa medida um // *desejo. O desejo é,* 254 *portanto, um prazer na medida em que é um fundamento de atividade para determinar certas representações do objeto.* Se a representação é um fundamento para nos determinar ao objeto, então *desejamos* o objeto. O desprazimento em um objeto na medida em que ele pode ser a causa da representação é o *repúdio*[508]. O prazer da atividade para produzir a representação é de dois tipos: ou determinamos essa atividade, por assim dizer, problematicamente sem avaliar se ela está em conformidade com a produção da representação ou determinamos a representação na medida em que avaliamos o fundamento de sua faculdade para produzir a representação. O primeiro é um desejo [Begierde] inativo ou anseio [Wunsch]. Mas há ainda dois tipos de atividades: uma delas é mecânica e é produzida por uma força externa, a outra é animal ou prática. Aqui a força é determinada por um princípio interno. A faculdade de agir segundo comprazimento e desprazimento é a faculdade de apetição ativa-prática. A faculdade de apetição deve ser, portanto, ativa e consistir na ação. Mas nossa faculdade de apetição vai ainda mais longe. Nós desejamos // mesmo sem 181 estarmos ativos, sem agirmos. Este é um desejo inativo ou ânsia [Senhsucht] onde se deseja algo sem poder alcançar[509]. Mas o desejo ativo ou a faculdade de fazer e deixar de fazer, segundo o comprazimento ou desprazimento no objeto, na medida em que é uma causa da força ativa para produzi-lo, é o *livre arbítrio*[510] (*arbitrium liberum*). Este desejo é ativo e poderoso e tem o poder de alcançar o que é desejado. Em todo livre arbítrio existem

---

508. Em Baumgarten, lemos: "Se me esforço ou faço um esforço para produzir alguma perfeição, isto é, se determino a força da alma, ou a mim mesmo, a produzir certa percepção, eu DESEJO [*APPETO*]. Aquilo que é o oposto do que desejo, eu REPUDIO [*AVERSOR*]. Logo tenho uma faculdade de desejar [*appetendi*] e repudiar [§. 216], isto é, UMA FACULDADE DE APETIÇÃO [*APPETITIVAM*] (vontade, em sentido geral [cf. §. 690])" (Baumgarten, *Metaphysica*, § 663).

509. Baumgarten, *Metaphysica*, § 669.

510. "Na medida em que [a faculdade de apetição] está ligada à consciência da capacidade de sua ação para a produção do objeto ela se chama *arbítrio* [...]. O arbítrio que pode ser determinado pela *razão pura* se chama livre-arbítrio" (AA, *MS* VI: 213).

causas impulsivas [*causae impulsivae*]. – As causas impulsivas[511] são representações do objeto segundo o comprazimento e desprazimento, na medida em que elas são as causas da determinação de nossa força. Toda ação do arbítrio [*actus arbitrii*] tem uma causa impulsiva [*causam impulsivam*]. – As causas impulsivas são sensíveis ou intelectuais. As sensíveis são estímulos [*stimuli*] ou *causas motrizes* [Bewegursachen], *impulsos*. As intelectuais são *motivos* [motive oder Bewegungsgründe]. As primeiras são para os sentidos, as últimas, para o entendimento. Se as causas impulsivas são representações do comprazimento e desprazimento, que dependem do modo como somos afetados pelos objetos, são estímulos. Mas se as causas impulsivas são representações do comprazimento e desprazimento, que dependem de como conhecemos objetos por meio de conceitos e do entendimento, são motivos[512]. Os estímulos são causas // que impelem o arbítrio[513] na medida em que o objeto afeta nossos sentidos. Essa força motriz do arbítrio pode necessitar ou também pode só impelir. Os estímulos possuem, portanto, força necessitante [*vim necessitantem*] ou força impulsiva [*vim impellenten*]. Em todos os animais irracionais, os estímulos possuem força necessitante, enquanto que em todos os seres humanos os estímulos não possuem força necessitante,

---

511. Baumgarten, *Metaphysica*, § 669.

512. Kant já está apresentando aqui a distinção entre faculdade inferior e superior de apetição que seria característica de sua ética madura. Para tanto, contudo, será de fundamental importância a separação crítica das faculdades do ânimo que se estabelece em oposição à teoria da faculdade única dos wolffianos. Como Wolff, Baumgarten acredita que "a intuição [§. 620], os juízos [§. 608], e assim o prazer e desprazer [§. 655], previsões [§. 595] e presságios [§. 610] são realizados pela força da alma de representar o universo de acordo com a posição do meu corpo e, por meio de tais, o desejo e o repúdio são realizados". Isto é "eles são realizados através da força da alma de representar o universo de acordo com a posição de meu corpo" (Baumgarten, *Metaphysica*, § 667). Kant vai criticar duramente esse ponto de vista na *Crítica da Razão Prática*: "É surpreendente que homens, de resto perspicazes, acreditem poder encontrar uma distinção entre a *faculdade de desejar inferior* e a *superior* a partir das com base nas **representações** [...]" (AA V: 22-23). Traduzido por Monique Hulshof (Vozes/São Francisco, 2016). Como Kant assevera, não se trata de uma distinção quantitativa, mas qualitativa. É nesse sentido que ele vai distinguir, logo à frente nas *Lições de Metafísica*, estímulos e motivos. O desenvolvimento dessa perspectiva já é apresentado nas *Lições de Ética*: "O *motivum morale*, portanto, deve ser considerado bastante puro em si e por si mesmo e separado de outros *motivis* da prudência e dos sentidos" (Ed. Menzer, 1924, p. 22/ Unesp, 2018, p. 117). Para comentário, ver Cunha, *A Gênese da Ética de Kant* (São Paulo: LibeArs, 2017).

513. Baumgarten, *Metaphysica*, § 708-718.

mas apenas força impulsiva. Por conseguinte o arbítrio humano [*arbitrium humanum*] não é bruto [*brutum*], mas livre[514]. Este é o livre-arbítrio na medida em que é definido psicologicamente ou praticamente. Mas aquele arbítrio que de modo algum é necessitado ou impelido por estímulos, mas por motivos [Motiven], por motivos [Bewegungsgründe] do entendimento, é o livre-arbítrio intelectual [*intellectuale*] ou transcendental [*transcendentale*]. O arbítrio sensível [*sensitivum*] pode muito bem ser livre[515], mas não o bruto. O arbítrio sensível só é afetado ou impelido pelos estímulos, enquanto o bruto é necessitado. O ser humano tem, portanto, um livre-arbítrio e tudo que nasce de seu arbítrio nasce de seu *livre*-arbítrio. Todos os tipos de tormentos não podem compelir seu livre-arbítrio. Ele pode suportar todos estes tormentos e pode, ainda assim, estar apoiado em sua vontade[516]. Apenas em alguns casos ele não tem livre-arbítrio, por exemplo, na mais tenra infância ou se está louco, bem como em profunda tristeza, algo que, no entanto, também é um tipo de loucura [Wahnsinn]. Portanto o ser humano sente uma faculdade em si de não se deixar ser compelido a algo por nada no mundo. Muitas vezes, por causa de outros motivos, tal coisa é decerto difícil, mas não é, afinal, impossível que ele tenha, contudo, força para isso. As causas impulsivas são, no entanto, // subjetivas ou objetivas [*vel subjectivae vel objectivae*], segundo as leis da sensibilidade e segundo as leis do entendimento. As causas impulsivas subjetivas são estímulos e as objetivas são motivos. – A necessitação por motivos [*necessitatio per motiva*] não é contrária à liberdade, mas a necessitação por

---

514. Em paralelo à *Metafísica dos Costumes*: "O que só é determinável pela *inclinação* (impulso sensível, *stimulus*) seria arbítrio animal (*arbitrium brutum*). O arbítrio humano, pelo contrário, é um arbítrio tal que é certamente *afetado*, mas não *determinado*, pelos impulsos" (AA VI: 213). Ver também *Crítica da Razão Pura* (B 562).

515. Baumgarten, *Metaphysica*, § 719-732: "A faculdade de desejar ou repudiar de acordo com o seu agrado [*lubitu*] é o ARBÍTRIO SENSITIVO. A faculdade de querer e não querer de acordo com seu agrado é LIBERDADE (livre-arbítrio) [cf. §. 707; 708; 710] (liberdade moral, em sentido absoluto). A liberdade pura de querer e não querer é a LIBERDADE PURA [...]" (*Metaphysica*, § 719).

516. Trata-se do lugar proeminente da virtude que, segundo o ponto de vista kantiano, é indispensável à vida moral. Em uma discussão sobre os cuidados para com nossa vida nas *Lições de Ética*, Kant enfatiza que, "[n]ão obstante, em meio a todos os suplícios, eu ainda posso viver moralmente. Eu prefiro ter que suportar todos esses tormentos, mesmo a própria morte, antes que cometa um ato infame" (Ed. Menzer, 1924, p. 196/ Unesp, 2018, p. 347).

estímulos [*per stimulos*] é totalmente contrária a ela. O livre-arbítrio, na medida em que age segundo motivos do entendimento, é a liberdade que é boa em todos os sentidos. Esta é a liberdade absoluta [*libertas absoluta*], que é a liberdade moral[517].

O arbítrio humano é livre, seja ele sensível ou intelectual. Ora o que acontece do lado da sensibilidade é que os estímulos, na medida em que são conforme as representações obscuras, são chamados *instintos*. Por exemplo, tem-se um instinto para comer. Os instintos são apetição ou aversão. Por exemplo, os pintinhos já possuem, por natureza, um instinto de aversão diante // do falcão, ao qual temem tão logo veem algo no ar voar.

256

No que diz respeito ao grau dos impulsos sensíveis, nós os denominamos *afetos* e *paixões*[518]. Os afetos dizem respeito ao sentimento, as paixões, aos desejos. Somos afetados pelos afetos, mas somos levados [*fortgerissen*] pelas paixões. Tudo aqui depende do grau de liberdade[519]. O grau do estímulo que é um obstáculo à liberdade é o afeto. Na medida em que os estímulos não apenas impedem a liberdade //, mas também predominam, chamam-se paixões.

184

Agora queremos considerar os estímulos em colisão com a liberdade, ou a sensibilidade [*Sensualität*] com a intelectualidade, os impulsos sensíveis com os motivos.

O entendimento apresenta motivos para deixar de fazer uma ação, enquanto a sensibilidade motivos para cometê-la. Mas este conflito cessa se os estímulos não mais impelem (pois vence a faculdade superior [*facultas superior*] e os motivos têm a predo-

---

517. Em uma seção das *Lições de Ética*, Kant explica melhor esse ponto de vista: "Nenhuma outra necessitação além da necessitação prática *per motiva* concorda com a liberdade. Esses *motiva* podem ser *pragmatica* e *moralia*. Os *pragmatica* são retirados da bondade mediata, enquanto os *moralia* o são da bondade absoluta do arbítrio livre" (Ed. Menzer, 1924, p. 35-36/ Unesp, 2018, p. 137). Não é difícil perceber que se trata de um aspecto fundamental da doutrina do imperativo categórico de 1785.

518. Baumgarten não faz distinção: "Os (fortes) desejos e aversões a partir do conhecimento confuso são os AFETOS (paixões, afecções, perturbações da alma) [...]" (Baumgarten, *Metaphysica*, § 678). Ver também o § 73 da *Antropologia do Ponto de Vista Pragmático*.

519. Ainda na seção das *Lições de Ética* que versa sobre a "necessitação prática", lemos: "Quanto mais um homem pode ser coagido moralmente, tanto mais livre ele é [...]. A capacidade de ser livre pode ser maior, embora a condição seja menor. Quanto maior é a capacidade de ser livre e maior é a liberdade em relação aos *stimulis*, mais livre é o ser humano" (Ed. Menzer, 1924, p. 36-37/ Unesp, 2018, p. 138-139).

minância). Ou se o entendimento não apresenta nenhum motivo em absoluto, então a sensibilidade adquire a predominância. Ora aquele que tem a sensibilidade e o entendimento em seu poder, de modo que a sensibilidade não predomine, tem o domínio sobre si mesmo[520] [*imperium in semetipsum*].

A maior liberdade é estimada no ser humano de acordo com o grau de predominância dos obstáculos. Nossa escala de medida para determinar a magnitude da liberdade baseia-se, portanto, no grau de predominância dos impulsos sensíveis. Mas há seres que não possuem impulsos sensíveis em absoluto e cuja liberdade não podemos estimar, porque não temos nenhuma escala de medida para isso, pois nossa escala de medida para estimar a liberdade é retirada dos impulsos sensíveis. Essa liberdade suprema em geral estaria, portanto, onde a liberdade é completamente e independente de todos os estímulos em absoluto.

Os animais podem ser necessitados estritamente por estímulos [*per stimulos*], enquanto os seres humanos, apenas comparativamente. Esta coerção [*coactio*] pode ser externa ou interna. // A coação externa[521] é a coação do livre-arbítrio intelectual. Pode-se ser compelido pela sensibilidade a agir contra a intelectualidade, mas também se pode ser compelido pela intelectualidade a agir contra a sensibilidade. Quanto mais o ser humano tem força, mediante o arbítrio superior, para reprimir o arbítrio inferior, mais livre ele é. Mas, quanto menos ele pode compelir a sensualidade pela intelectualidade, menos // liberdade tem. Se alguém compele a si mesmo segundo regras da moralidade e reprime o arbítrio inferior por meio do arbítrio superior, isto é a *virtude*[522]. – A *liberdade*

---

520. Nas *Lições de Ética*, Kant vai identificar o domínio sobre si mesmo com a virtude: "Virtude significa força no autodomínio e autocontrole em relação à disposição moral" (Ed. Menzer, 1924, p. 172-184/ Unesp, 2018, p. 316-332). Ver também *Metafísica dos Costumes* (AA V: 407-408). Baumgarten, *Metaphysica*, § 730.

521. "Coerção interna" seria o termo adequado, nesse caso, como pode nos comprovar, por exemplo, a seguinte passagem das *Lições de Ética*: "Toda obrigação é um tipo de coerção. Se essa coerção é moral, somos coagidos internamente ou nos autocoagimos, tratando-se de uma *coactio interna*" (Ed. Menzer, 1924, p. 37/ Unesp, 2018, p. 139).

522. A ideia de uma autocoerção a partir de princípios internos é uma característica fundamental do conceito kantiano de virtude. Na *Metafísica dos Costumes*, a virtude é definida como "a faculdade e o propósito refletido de opor resistência a um adversário forte [...], em relação ao adversário da intenção moral *em nós*" (AA VI: 379). Kant constata, por conse-

prática ou a liberdade da pessoa deve ser diferenciada da liberdade física ou da liberdade de sua condição. A liberdade pessoal pode subsistir, mesmo que falte a física, como, por exemplo, em *Epiteto*. Essa liberdade prática baseia-se na independência do arbítrio da necessitação por estímulos [*independentia arbitrii a necessitatione per stimulos*]. Mas aquela liberdade que é totalmente e absolutamente independente de todos os estímulos é a liberdade transcendental da qual falaremos na psicologia racional. Tudo o que acontece no todo da natureza acontece ou segundo leis físico-mecânicas ou segundo leis do livre-arbítrio. Na natureza inanimada tudo acontece segundo leis mecânicas, enquanto que na natureza animada, segundo leis do livre-arbítrio. O que acontece segundo leis do arbítrio acontece de *maneira patológica* ou *prática*. Por conseguinte, algo é patologicamente necessário ou possível segundo // leis do arbítrio sensível. – E algo é praticamente necessário ou possível segundo leis do livre-arbítrio. Com efeito, a necessitação [*necessitatio*] é patológica ou prática[523].

A necessitação prática pode ser de muitos tipos[524]:

1) A necessitação problemática, na qual o entendimento conhece a necessidade do uso dos meios sob a condição de qualquer fim, como, por exemplo, na geometria.

---

guinte, que a virtude é "conhecida apenas por meio de obstáculos que ela pode superar" (AA VI: 394). Nas *Lições de Ética*, do mesmo modo, "Virtude significa força no autodomínio e autocontrole". Nela está incluída "uma certa autocoerção e domínio sobre si mesmo" (Ed. Menzer, 1924, p. 91/ Unesp, 2018, p. 214). A virtude leva em conta, portanto, tanto o autodomínio, que é a capacidade de "ser senhor de si mesmo" (Ed. Menzer, 1924, p. 175/ Unesp, 2018, p. 320), quanto a autocracia, que é "[o] poder que a alma tem sobre todas as faculdades e toda a sua situação com o propósito de submetê-las ao seu livre arbítrio" (Ed. Menzer, 1924, p. 175/Unesp, 2018, p. 320).

523. O conceito de necessitação considera o fato de que o dever e a obrigação se referem sempre à vontade de seres finitos: "O *conceito de dever* (*Pflicht*) já é em si o conceito de uma *necessitação* (coerção) do livre arbítrio por meio da lei; essa coerção pode ser ou uma *coerção externa* ou uma *autocoerção*. [...] Dado que, entretanto, o ser humano é um ser *livre* (moral), o conceito de dever não pode então conter nenhuma outra coerção senão a *autocoerção* (por meio tão-somente da representação da lei), se se leva em conta a determinação interna da vontade (o móbil), pois somente através disso torna-se possível unificar aquela *necessitação* (ainda que ela seja uma externa) com a liberdade do arbítrio, pelo que, no entanto, o conceito de dever torna-se um conceito ético" (AA, *MS* VI: 379-380).

524. Ver a seção sobre o "Princípio da Moralidade" nas *Lições de Ética* (Ed. Menzer, 1924, p. 13-25/ Unesp, 2018, p. 101-120) e também a segunda seção da *Fundamentação da Metafísica dos Costumes* (AA IV: 406-445).

2) A necessitação pragmática, na qual o entendimento conhece a necessidade do uso dos meios em vista do fim universal de todo ser pensante.

3) A necessitação moral[525]. Esta é a necessidade do uso do livre-arbítrio não como meio para um fim, mas porque ela é em si mesma necessária. –

Todas as proposições de necessitação prática são expressas através de imperativos de que a ação *deve* acontecer, ou seja, de que é bom que a ação aconteça. Não há aí nenhum estímulo e esta necessitação prática é objetiva. Uma necessitação objetiva pode ser também subjetiva (a patológica é sempre subjetiva): a saber, se o mero conhecimento *de que* a ação é boa move minha subjetividade a executá-la, trata-se então de um móbil [Triebfeder]. Se o conhecimento do entendimento tem uma força para mover o sujeito à ação *meramente pelo fato* de que a ação é boa *em si //*, então essa força movente é um // móbil, algo que também denominamos *sentimento moral*[526]. Portanto o sentimento moral deve ser aquilo pelo qual surge uma força movente mediante os motivos do entendimento. Mas esse móbil do ânimo não deve necessitar patologicamente e não na medida em que ele afeta nossos sentidos, posto que discernimos o bem através do entendimento. Devemos, portanto, pensar um sentimento, mas um sentimento que

---

525. Na *Metafísica dos Costumes*, lemos: "Dado que, entretanto, o ser humano é um ser *livre* (moral), o conceito de dever não pode então conter nenhuma outra coerção senão a *autocoerção* (por meio tão-somente da representaçao da lei), se se leva em conta a determinação interna da vontade (o móbil), pois somente através disso torna-se possível unificar aquela *necessitação* (ainda que ela seja uma externa) com a liberdade do arbítrio, pelo que, no entanto, o conceito de dever torna-se um conceito ético" (AA VI: 379-380). Ver Baumgarten, *Metaphysica*, § 723.

526. Estamos diante de uma formulação que se conforma, certamente, com aquela do período crítico. Essa formulação já pode ser observada, no mesmo contexto, nas *Lições de ética*: "O sentimento moral é uma capacidade de ser afetado através de um juízo moral. Quando eu julgo pelo entendimento que a ação é moralmente boa, ainda falta muito para que eu pratique a ação a respeito da qual julguei. Porém se esse juízo me move a praticar a ação, estamos diante do sentimento moral" (Ed. Menzer, 1924, p. 54/ Unesp, 2018, p. 166). Cerca de duas décadas depois, em um sentido similar, Kant assume o sentimento moral como "um sentimento do efeito que a vontade nele próprio legisladora exerce sobre a faculdade de agir em conformidade com a lei (AA, *MS* VI: 379-387). Em outras palavras, "[e]le é a receptividade para prazer ou desprazer proveniente apenas da consciência da conformidade ou do conflito de nossa ação com a lei do dever. (AA, *MS* VI: 399). Para Comentário, Cunha, *A Gênese da Ética de Kant* (2017).

não necessita patologicamente e este deve ser o sentimento moral. Deve-se reconhecer o bem pelo entendimento e, contudo, ter um sentimento disso. Isto é certamente algo que não se pode compreender com exatidão[527] e sobre o qual ainda há muita discussão. Devo ter um sentimento daquilo que não é objeto do sentimento, mas daquilo que conheço objetivamente por meio do entendimento. Há sempre uma contradição nisso. Pois, se devemos fazer o bem por meio do sentimento, o fazemos porque é agradável. Mas o bem não pode ser agradável, pois de modo algum afeta nossos sentidos. Chamamos o agrado no bem de sentimento, no entanto, porque não podemos expressar de outra maneira a força movente subjetiva da necessitação prática objetiva. É um infortúnio para o gênero humano que as leis morais, que, nesse caso, necessitam objetivamente, não necessitem ao mesmo tempo subjetivamente. Se fôssemos, ao mesmo tempo, também necessitados subjetivamente, ainda assim seríamos livres, porque esta necessitação subjetiva nasce da objetiva. Somos necessitados subjetivamente pela condição de que a ação é objetivamente boa. A necessitação [Nöthigung] moral // é sempre prática[528], mas nem toda necessitação prática é moral. Se os motivos enunciam uma bondade absoluta [bonum absolutum], são motivos morais [motiva moralia]. Mas, na medida em que os motivos enunciam uma bondade relativa [bonum comparativum], na medida em que dizem apenas o que é bom de maneira condicionada, são motivos pragmáticos [motiva pragmatica]. Portanto os motivos morais não devem ser confundidos com os pragmáticos.

Chama-se de índole [indoles] ou caráter[529] [Gemüthsart] a proporção dos princípios e fontes de nossos desejos. A índole honesta [erecta] é o caráter nobre no qual domina a faculdade superior de apetição, enquanto que a índole abjeta [abjecta] é o caráter ignóbil no qual domina a faculdade inferior de apetição, a sensibilidade[530].

---

527. Este é o motivo pelo qual Kant se refere, ao tratar do sentimento moral em suas *Lições de Ética*, ao mistério da "pedra filosofal" (Ed. Menzer, 1924, p. 54/ Unesp, 2018, p. 166).

528. "A necessitação moral é OBRIGAÇÃO. A obrigação para uma ação à contra gosto é COERÇÃO [COATIO]" (Baumgarten, *Metaphysica*, § 723).

529. Lemos nas traduções inglesa e francesa respectivamente "disposition" e "naturel designe".

530. Ver *Lições de ética* (Ed. Menzer, 1924, p. 67/ Unesp, 2018, p. 184-185). Baumgarten, *Metaphysica*, § 732.

Artes nobres [*ingenuae*] e liberais [*liberales*] são aquelas que nos leva dos desejos do gozo [Genuss] para os desejos da intuição que tornam os seres humanos livres da servidão dos sentidos, pois aquele que, por exemplo, encontra um deleite em coisas poéticas já está livre da sensibilidade grosseira //. A proporção entre os impulsos sensíveis é o *temperamento*.

Da interação da alma com o corpo[531]

Se consideramos a alma do ser humano, a levamos em conta não meramente como inteligência, mas como alma que *se encontra em uma ligação com o corpo*. Mas ela não está meramente em // ligação, mas também *em comunidade*, pois também podemos estar em ligação com outros corpos, por exemplo, com nossos filhos. Mas isso não é comunidade. *A comunidade é a ligação na qual a alma constitui uma unidade com o corpo e na qual as mudanças do corpo são, ao mesmo tempo, as mudanças do alma e as mudanças da alma são, ao mesmo tempo, as mudanças do corpo.* No ânimo não acontece quaisquer mudanças que não correspondam com as mudanças do corpo. Além disso, não só as mudanças correspondem, mas também a *constituição* [Beschaffenheit] do ânimo com a constituição do corpo[532]. No que diz respeito à correspondência das mudanças, nada pode acontecer na alma se o corpo não tivesse de entrar em jogo[533].

Isto acontece:

1) Por meio do *pensamento*. A alma não pensa nada se o corpo não tivesse sido afetado pelo pensamento. Pela reflexão, o corpo sofre muitas investidas e é, por meio dela, bastante fatigado. Quanto mais a alma é ativa, mais o corpo é desgastado. As ideias da alma correspondem a algo corpóreo. Essas condições do corpo, sob as quais unicamente podem acontecer os pensamen-

---

531. Baumgarten, *Metaphysica*, § 733-739.

532. Posição assumida também na *Antropologia do Ponto de Vista Pragmático*: "[...] os temperamentos, que atribuímos só a alma, podem ter, no entanto, secretamente, o corpóreo do ser humano como causa concorrente [...]" (AA VII: 286).

533. Baumgarten, *Metaphysica*, § 738.

tos, são chamadas de ideias materiais ou correlatos materiais das ideias. Assim como não somos capazes de realizar imediatamente um grande cálculo de cabeça (algo que, decerto, pode ser feito com cálculos menores), mas temos de usar números que // correspondem aos nossos pensamentos, também deve haver no corpo impressões que correspondem aos pensamentos e acompanham a ideia, pois, caso contrário, não seríamos capazes de pensar. No cérebro, deve, portanto, haver impressões daquilo que se pensou. Deve haver algo corpóreo no pensar. Portanto, a alma afeta intensamente o cérebro por meio do pensar. O cérebro, decerto, não elabora os pensamentos, mas é apenas o quadro onde a alma registra seus pensamentos. Portanto o cérebro é a condição // do pensamento, pois todo o nosso pensamento diz respeito a objetos. Os objetos são, no entanto, aquilo que me afeta. Por conseguinte o pensamento diz respeito a coisas que afetam meu corpo. Assim meu pensamento será dirigido a impressões do cérebro que meu corpo recebe. Essas impressões corpóreas são as ideias materiais[534] [*ideae materialies*]. Disso resulta, portanto, que o corpo é afetado pelo pensamento. Não podemos aqui ir mais longe na investigação.

2) O *querer* afeta ainda mais nosso corpo do que o pensamento. O livre-arbítrio move o corpo segundo a sua preferência. A influência voluntária dos desejos em nosso corpo é totalmente clara, o que é também influência deliberada. Mas se, contra a nossa intenção, nossos desejos produzem movimentos no corpo que, todavia, têm sua origem natural (por exemplo, quando alguém se assusta diante de algo e quer fugir, mas não é capaz ou acaba caindo devido ao medo), então houve, contudo, a intenção de correr, mas aqui o tombo // teria decorrido naturalmente do medo. Então, o corpo também é bastante afetado quando o ser humano se entrega aos afetos e paixões. Por exemplo, a raiva pode, muitas vezes, adoecer alguém. Esse sentimento afeta bastante o corpo.

---

534. Em *Sonhos de um Visionário*, Kant identifica esse ponto de vista com o de Descartes e o critica levando em conta a limitação de nosso sistema nervoso. Lemos em uma nota de rodapé do referido texto: "Se então a evocação destes sinais, chamados de *ideae materiales* por Descartes, é propriamente uma excitação dos nervos para um movimento semelhante àquele que a sensação provocou antes, então, na meditação, a teia do cérebro será forçada sobretudo a vibrar harmonicamente com impressões anteriores e com isso ficará fatigada" (AA II: 326).

Assim alguém pode, por exemplo, empalidecer diante de uma carta em que se relata uma triste notícia.

3) Os *objetos externos* também afetam meus sentidos. Por meio deles, os nervos são afetados e, através dessa afecção dos nervos, acontece o jogo da sensação na alma de acordo com a faculdade de prazer e desprazer através do qual o corpo inteiro é, em seguida, colocado em movimento.

Por outro lado, o corpo afeta, por sua vez, o ânimo por meio de sua constituição corpórea. Essa constituição corpórea é a causa da índole e do temperamento do ânimo. Depende muito do corpo que temperamento o ser humano tem. Também a cabeça e mesmo as forças do ânimo parecem depender bastante do corpo. Então, em uma pessoa, já se vê em seus olhos a vivacidade de seu entendimento e gênio [Witzes] e, em outra, a estupidez já brilha na testa. Por conseguinte também muita coisa em relação a nossos desejos e da faculdade de prazer e desprazer se baseia no corpo.

Por outro lado, a constituição e também o estado do ânimo baseiam-se na constituição e no estado do corpo. Pode-se, por exemplo, incitar o ânimo, por meio do movimento corpóreo e //, ao inverso, por meio dos movimentos do ânimo (por exemplo, na // sociedade), animar, por sua vez, o corpo. Podemos, portanto, influenciar o corpo através do ânimo e o ânimo através do corpo.

A questão é: de qual lado é para derivar a *maior* parte das coisas, do corpo ou da alma? Além disso: seria a alma a mesma se chegasse a outro corpo ou ela teria outra constituição e outro estado? Sobre isso *nada* podemos dizer, pois consideramos aqui a alma em comunidade com seu corpo e não podemos saber o que seria a alma *sem* o corpo e o corpo *sem* esta alma. Muitos sustentaram que todas as almas seriam todas uma só e a diferença na variedade origina-se meramente do corpo. Estas pessoas chegam ao *materialismo*. Se, por outro lado, colocamos na alma todo poder, chegamos ao *estalianismo*. *Stahl*[535] foi um médico que sustentou

---

535. Georg Ernst Stahl (1660-1734), químico e médico alemão que propôs, no começo do século XVIII, a teoria do flogisto na qual sustentava que os corpos possuem uma matéria especial que era liberada durante a combustão, argumento refutado posteriormente por Lavoisier. Ao mencionar o estalianismo, Kant refere-se à teoria animista de Stahl que vi-

essa posição. Não se pode contradizer essa opinião totalmente e em absoluto, pois todas as propriedades da alma já estão legíveis nas expressões do corpo e traços faciais. Portanto a alma deve ter colocado suas propriedades nos corpos. Alguns acreditaram que ela mesma também *forma* seu corpo.

Para concluir a psicologia empírica levantamos ainda a pergunta: *se todas as forças da alma são unificadas e podem ser derivadas a partir de uma força fundamental // ou se é para assumir diversas forças fundamentais para explicar, dessa forma, todas as ações da alma?* Wolff assume uma força fundamental e diz: "a alma mesma é uma força fundamental que representa para si todo o universo"[536]. Tal definição já está errada quando se diz: "a alma é uma força fundamental". Isto decorre do fato de que, como a ontologia ensina, a alma foi definida de maneira errada. A força não é o que contém em si o fundamento da representação real, mas sim a relação [*respectus*] da substância com o acidente, na medida em que nela está contido o fundamento da representação real. *A força é, portanto, não um princípio particular, mas uma relação.* Assim aquele que diz "a alma é força" [*anima est vis*] sustenta que a alma não é uma substância particular, mas apenas uma força e, portanto, um fenômeno e acidente. Ora, para responder e tratar com a pergunta sobre se todas as forças da alma podem ser derivadas de uma força fundamental ou se diversas delas devem ser assumidas, devemos certamente dizer que, uma vez que a alma é afinal uma unidade, algo que será exposto depois e que o Eu já comprova, então é evidente que há apenas uma força fundamental na alma a partir da qual emergem todas

---

sava explicar a manutenção da composição instável do organismo por meio de uma ação da alma. Admitindo sua inclinação ao imaterialismo, Kant se mostra simpático à posição de Stahl em *Sonhos de um Visionário*: "Ainda assim estou convencido de que Stahl, que prefere explicar organicamente as alterações animais, muitas vezes se encontra mais próximo da verdade do que Hofmann, Boerhaave e outros mais, que deixam de lado as forças imateriais, atêm-se a fundamentos mecânicos [...]" (AA II: 331).

536. Como Wolff esclarece no § 747 da *Metafísica Alemã*: "[p]or conseguinte, os sentidos [...], a força da imaginação [...], a memória [...], a capacidade de refletir [...], o entendimento [...], o desejo sensível [...], a vontade e o que mais, além disso, ainda se pode distinguir através das mudanças que devem ser percebidas na alma, não podem ser forças distintas. Por essa razão, a única força da alma deve produzir ora sensações, ora imaginações, ora conceitos claros, ora silogismos da razão, ora desejos, ora querer e não querer e ainda outras mudanças" (*Metafísica Alemã*, § 747, 1720).

as mudanças // e determinações. Mas *é uma questão totalmente* 262
diferente se somos capazes de derivar todas as ações da alma e
suas diversas forças e faculdades a partir de uma força funda-
mental[537]. De modo algum estamos em condição disso, pois não
podemos, por certo, derivar efeitos que // são realmente distintos 194
um dos outros a partir de uma força fundamental. Por exemplo,
a força movente e a força do conhecimento não podem possivelmente ser derivadas de uma força fundamental, pois a causa de
uma força é diferente da causa da outra. Ora, visto que encontramos na alma humana determinações reais ou acidentes de tipos
essencialmente diferentes, todo filósofo se esforça em vão para
derivar tais de uma força fundamental. Decerto esta é a regra
principal do filósofo: que ele se esforce, tanto quanto é possível,
para trazer tudo a um princípio de modo que os princípios do
conhecimento[538] não sejam multiplicados em demasia. Mas não se
segue daí que temos também razão para reduzir diversas forças
a uma força no ânimo humano. Por exemplo, a memória é apenas uma imaginação reprodutiva de coisas passadas e, portanto,
nenhuma força fundamental particular. Não podemos derivar, no
entanto, a imaginação reprodutiva mesma de algo mais. Por conseguinte, a faculdade formativa já é uma força fundamental. Além
disso, a razão e o entendimento são *a priori*. Constatamos, com
efeito, que devemos assumir diversas forças fundamentais e que
não devemos explicar todos os fenômenos da alma a partir de uma,
pois quem desejaria tentar derivar, com alguma probabilidade, o
entendimento a partir dos sentidos? *Por conseguinte, a faculdade*
de conhecimento, a faculdade de prazer e desprazer e de apeti-
ção são forças fundamentais. Esforça-se em vão de tentar derivar
as forças da alma a partir de uma e menos ainda que a força representativa // do universo [*vis repraesentativa universi*] poderia ser 195
assumida como força fundamental. Mas a proposição de que todas

---

537. Na *Crítica*, Kant salienta, levando em conta o princípio de economia da razão, que
as "forças fundamentais comparativas têm de ser, por seu turno, comparadas entre si para
que, na medida em que se descubra a sua concordância, sejam aproximadas de uma única
força fundamental radical, i.e. absoluta. Essa unidade da razão, contudo, é meramente hipotética. Não se afirma que ela possa ser de fato encontrada, mas que tem de ser buscada
em benefício da razão" (B 677).

538. Seguimos a sugestão de Lehmann que substitui, nesse ponto, "fontes de conhecimento" [Erkenntnissquellen] em Pölitz por "conhecimento" [Erkenntniss].

as diversas ações do ser humano devem ser derivadas de diversas forças da alma serve para tratar tanto mais sistematicamente a psicologia empírica.

// b) A psicologia racional

Visão geral dela

Na psicologia racional, a alma humana não é conhecida a partir da experiência, como na psicologia empírica, mas *a priori* a partir // de *conceitos*. Devemos investigar *aqui o quanto podemos conhecer da alma humana por meio da razão*. O maior anseio do ser humano é ter ciência [wissen] não das ações da alma que ele conhece por meio de experiências, mas de seu estado futuro. As proposições particulares da psicologia racional não são aqui tão importantes *quanto à consideração universal da alma em relação a sua origem, seu estado futuro e duração*. Devemos investigar aqui o quanto podemos conhecer disso pela razão.

O conceito da alma em si mesma é um conceito da experiência. Na psicologia racional, no entanto, não assumimos nada mais da experiência do que o mero conceito de alma; *que* temos uma alma[539]. O resto deve ser conhecido pela razão pura //. Aquele conhecimento no qual abandonamos o fio condutor da experiência é o *conhecimento metafísico* da alma.

A alma é considerada, por conseguinte, a partir de três pontos de vista:

---

539. Na *Crítica da Razão Pura*, Kant esclarece que "[p]or isso a expressão 'eu', como um ser pensante, já designa o objeto da psicologia, que pode ser denominada doutrina racional da alma se sobre esta só quero saber aquilo que, independentemente de toda experiência (que me determina de maneira mais precisa e *in concreto*), pode ser inferido desse conceito *eu* enquanto presente em todo pensamento A doutrina *racional* da alma é de fato, pois, um empreendimento desse tipo; pois se o mínimo elemento empírico de meu pensamento, alguma percepção de meu estado interno, ainda se misturasse aos fundamentos cognitivos dessa ciência, ela já não seria racional, mas uma doutrina *empírica* da alma. [...] Ninguém deve espantar-se com o fato de eu também ter nessa proposição, que exprime a percepção de si mesmo, uma experiência interna, e de, portanto, a doutrina racional da alma, construída a partir dela, não ser nunca pura" (B 400-401).

1) *Absolute, absolutamente em e por si mesma*, segundo seu sujeito, a partir de meros conceitos racionais apenas. A primeira parte abarca em si, portanto, a consideração absoluta da alma. Esta é a parte *transcendental* da psicologia racional.

2) *Em comparação com outras coisas em geral*, com corpos ou com outras naturezas pensantes fora dela, e em que medida ela se distingue das naturezas corpóreas e concorda com as naturezas pensantes. No primeiro caso, investigamos se a alma é material ou imaterial e, no segundo, em que extensão ela concorda com as almas animais ou com outros espíritos superiores.

3) Em relação *à conexão da alma com outras coisas* e, decerto, uma vez que pertence ao conceito de alma que ela está ligada a um corpo, portanto, em relação à conexão da alma com o corpo ou interação entre ambos. Ora nesse ponto é tratado:

a) Da *possibilidade* dessa interação[540];

b) Do *início* da conexão da alma com o corpo ou de nosso nascimento[541];

// c) Do *término* dessa conexão da alma com o corpo ou do estado da alma com a nossa morte. Com o // início da conexão, investiga-se o estado da alma *antes* da conexão, se ele ocorre. E, finalmente, na ocasião da morte ou com o término da conexão, investiga-se o estado da alma *depois* da conexão, se também haverá a sua continuação[542]. Portanto, isto está estreitamente relacionado dessa maneira.

Mas, posto que consideramos a alma de acordo com três aspectos, então muitos outros assuntos ainda devem ser introduzidos. A saber, se, na primeira seção, consideramos a alma *absolutamente* e, portanto, a partir de conceitos transcendentais da ontologia, então examinaremos, por exemplo, se a alma é uma substância ou um acidente; se uma alma individual ou muitas almas estão no ser humano (a unidade não é idêntica à simplicidade); se ela é uma substância espontânea [*substantia spontanea*] ou é necessitada a partir de

---

540. Baumgarten, *Metaphysica*, § 733-739.

541. Baumgarten, *Metaphysica*, § 770-775.

542. Baumgarten, *Metaphysica*, § 776-791.

fora. Então aqui é tratada a *liberdade transcendental*: se a alma é um ser que é independente e não é necessitada por nada. Tudo isso é tratado e provado na primeira seção. – Se, na segunda seção, tratamos da *comparação* da alma com outras coisas, a imaterialidade é provada lá pelo fato de que a alma não é apenas uma substância simples, mas também é distinta de todas as partes simples dos // corpos. Além disso, em *comparação com as naturezas pensantes*, é mostrado o grau de sua perfeição; em qual extensão esse grau ultrapassa a alma animal e em qual extensão ele se encontra sob a perfeição mais elevada dos espíritos. Mas essa parte só pode ser tratada hipoteticamente, ou seja, é mostrado o que se pode razoavelmente pensar e conhecer disso por meio da razão. – Na terceira seção, na qual é tratada da *conexão* e decerto de seu início, é considerado e visto o estado da alma *antes* da conexão: se podemos conhecer algo em relação a isso, a partir de conceitos, através da razão. Mas a partir daí vamos ver que nossos conceitos transcendentais não vão mais longe do que nos conduz a experiência e que eles dirigem apenas o conhecimento *a posteriori*. Podemos chegar, decerto, *até os limites* da experiência, tanto do antes quanto do depois [*a parte ante – post*][543], mas *não além dos limites* da experiência. Mas aqui filosofaremos com proveito, posto que, dessa forma, mantemos dentro dos limites o falso sofisma que só mina o conhecimento verdadeiro. *Não* falaremos *dogmaticamente* aqui // do estado da alma antes do nascimento e depois da morte, *embora se possa falar muito mais daquilo que nada se sabe do que daquilo que se sabe alguma coisa.* Por conseguinte, determinaremos aqui os limites da razão humana de modo que o falso sofisma não possa minar, sob a aparência do // conhecimento racional, nossos verdadeiros princípios em relação ao que é prático.

Primeira seção da psicologia racional

Se, na parte transcendental da psicologia racional, consideramos a alma *absolutamente*, então lhe aplicamos os conceitos transcendentais da ontologia.

---

543. Essas duas expressões da filosofia escolástica se referem à eternidade que é representada como consistindo de duas partes, uma sem limites no passado, *a parte ante*, e a outra sem limites no futuro, *a parte post*.

Esses conceitos são:

1) Que a alma é uma substância;

2) Que ela é simples;

3) Que ela é uma substância individual e;

4) Que ela é um agente absolutamente espontâneo [*simpliciter spontanea agens*]. Estes são os conceitos transcendentais segundo os quais consideramos a alma[544].

Quando falo da alma, falo do Eu em sentido estrito [*sensu stricto*]. Só obtemos o conceito de alma mediante o Eu e, portanto, por meio da intuição interna do sentido interno, posto que sou consciente de todos os meus pensamentos de modo que posso, por conseguinte, falar de mim como um estado do sentido interno. Este objeto do sentido interno, *este sujeito, a consciência* em sentido estrito é a alma[545]. Em sentido estrito, assumo o "si mesmo"[546] [das Selbst] na medida em que omito tudo o que, em sentido amplo [*sensu latiori*], // pertence ao meu "si mesmo". Mas o Eu [Ich], em sentido amplo, me expressa como um ser humano por inteiro, com alma e corpo. Mas o corpo é um objeto do sentido externo. Posso perceber cada parte individual do corpo por meio do sentido externo, assim como todos os outros objetos. Mas a alma é um objeto do sentido interno. Ora, na medida em que me sinto como um objeto e sou consciente disso, isto significa o Eu em sentido estrito ou unicamente a ipseidade [Selbstheit], a alma. Não teríamos esse conceito da alma se não pudéssemos abstrair

544. Na *Crítica da Razão Pura*, os três primeiros conceitos transcendentais aplicados à alma expostos acima, a partir do fio condutor das categorias, dão origem aos três primeiros paralogismos, a saber, o da substancialidade, da simplicidade e da personalidade. O quarto paralogismo é aquele relacionado à idealidade da relação, que é substituído aqui pela perspectiva da alma em relação à liberdade transcendental. Ver esses conceitos transcendentais em Baumgarten, *Metaphysica*, § 756.

545. Como Kant explica na seção sobre os paralogismos: "Ao mesmo tempo, por mais purificado que ele [o Eu] seja do empírico (da impressão dos sentidos), ele serve, ainda assim, para diferenciar dois tipos de objetos a partir da natureza de nosso poder de representação. *Eu*, enquanto pensante, sou um objeto do sentido interno e me denomino alma. Aquilo que é um objeto dos sentidos externos se denomina corpo" (*KrV*, B 401).

546. Nas traduções inglesa e francesa, lemos "myself" e "Le Moi". A distinção entre "Ich" e "Selbst" é pouco usual na filosofia kantiana. Optamos pelo termo "si mesmo" seguindo as traduções usuais para língua portuguesa do termo "das Selbst" em outros autores alemães como Nietzsche e Heidegger.

do objeto do sentido interno tudo que é externo. Por conseguinte, o Eu expressa, em sentido estrito, não o ser humano por inteiro, mas unicamente a alma.

266 // Ora, quando falamos da alma *a priori*, não vamos falar dela senão na medida em que podemos derivar tudo do conceito do Eu e na medida em que podemos aplicar os conceitos transcendentais a esse Eu[547]. E essa é a *verdadeira filosofia para mostrar a fonte do conhecimento*, pois de outro modo não se poderia saber como posso conhecer algo *a priori* da alma e porque conceitos transcendentais podem não mais ser aplicados a ela. –

Portanto não conheceremos *a priori* da alma nada mais do que o Eu nos permite conhecer. Conheço da alma, no entanto:

1) Que ela é uma substância ou que eu sou uma substância. 202 O *Eu* significa o sujeito, na medida em que // ele não é predicado de uma outra coisa. O que não é um predicado de uma outra coisa é uma substância. O Eu é *o sujeito universal* de todos os predicados, de todo pensamento, de todas as ações, de todos os juízos possíveis que podemos emitir de nós mesmos como um ser pensante. Posso somente dizer: "eu sou", "eu penso", "eu ajo". Portanto de modo algum seria possível que o Eu fosse um predicado de algo diferente. Não posso ser um predicado de outro ser. Os predicados adéquam-se decerto a mim, mas não posso predicar o Eu a partir de outra coisa. Não posso dizer: um outro ser é o Eu. Com efeito, o Eu, ou a alma que é expressa por meio do Eu, é uma substância.

2) A alma é *simples*, isto é, *o Eu significa um conceito simples*. Muitos seres, assumidos juntos, não podem constituir um Eu. Se digo "eu penso", expresso não representações que são partilhadas entre muitos seres, mas expresso uma representação que tem lugar em um sujeito. Pois todos os pensamentos só podem ser simples ou compostos. Um único e mesmo pensamento simples

---

547. Na *Crítica*, o eu penso deve ser, como acrescenta Kant, contado na lista dos conceitos transcendentais, "sem que aquela tábua seja por isso minimamente mudada ou tomada por defeituosa. [...] Vê-se facilmente, contudo, que ele é o veículo de todos os conceitos em geral e, portanto, também dos transcendentais, devendo ser sempre compreendido entre estes e, assim, ser também transcendental, ainda que sem poder ter qualquer título especial, visto servir apenas para apresentar todo pensamento como pertencente à consciência" (B 399-400).

pode ter lugar apenas em um sujeito simples. Pois, se as partes das representações tivessem de ser partilhadas entre muitos sujeitos, cada sujeito teria apenas uma parte da representação. Por conseguinte, nenhum sujeito individual teria a representação por inteiro. Mas, pelo fato da representação inteira estar totalmente no sujeito, todas as partes da representação devem também // estar no sujeito único. Pois, se elas não estão ligadas juntas no sujeito único, a representação não é completa. Por exemplo, se o ditado "o que quer que faças" [*quidquid agis*] tivesse de ser partilhado entre muitos sujeitos de modo que cada um tivesse uma parte, ou seja, se se dissesse a um deles no ouvido as palavras "o que quer que" [*quidquid*] e ao outro "faças" [*agis*] de modo que nenhum escutasse o ditado inteiro //, então não se poderia dizer que o pensamento inteiro está reunido nas diversas cabeças de tal modo que cada um teria uma parte do pensamento, mas não existe em absoluto nenhum pensamento, posto que cada tem apenas o pensamento de uma palavra e não uma parte da representação inteira. Por conseguinte, diversos seres podem, decerto, ter um único e mesmo pensamento ao mesmo tempo, mas cada um tem o pensamento inteiro. Mas diversos seres não podem ter juntos uma representação inteira. Consequentemente, aquele sujeito que tem uma representação inteira tem de ser *simples*[548]. A alma é, portanto, uma substância simples ou um composto [*compositum*] de substâncias. Se ela é o último, então de modo algum pode pensar. Pois, ainda que uma parte pense, todas as partes não podem juntas ter contudo um pensamento. Portanto um composto de substâncias, que é uma pluralidade de substâncias, de modo algum pode pensar[549]. Por conseguinte, a alma deve ser uma substância simples.

---

548. Na *Crítica da Razão Pura*, na seção dedicada ao segundo paralogismo, Kant usa um exemplo similar: "Com os pensamentos, porém, enquanto acidentes internamente pertencentes a um ser pensante, passa-se algo diverso. Pois suponham que o composto pensasse: cada parte do mesmo conteria uma parte do pensamento, e apenas todas elas tomadas em conjunto conteriam o pensamento inteiro. Mas isto é contraditório. Pois, uma vez que as representações, distribuídas entre os diferentes seres (as palavras singulares de um verso, por exemplo), jamais constituem um pensamento inteiro (um verso), o pensamento não pode ser inerente a um composto enquanto tal. Ele só é possível, assim, em uma substância que não é um agregado de muitas, mas sim, portanto, uma substância absolutamente simples" (A 352).

549. Baumgarten, *Metaphysica*, § 742.

3) A alma é uma *alma individual* (a unidade [Unität/Einheit] da alma). Isto é, *minha consciência é a consciência de uma substância individual*. Eu não sou consciente de várias substâncias em mim //. Pois, se houvesse vários seres pensantes no ser humano, também deveríamos estar, contudo, conscientes de vários seres pensantes. Mas o Eu expressa a unidade. Eu sou consciente de um sujeito em mim.

4) A alma é um ser que age espontaneamente em absoluto [*simpliciter spontan*]. Isto é, a alma humana é livre em sentido transcendental [*sensu transcendentali*]. A liberdade prática ou psicológica era a independência do arbítrio da necessitação dos estímulos[550] [*stimulorum*]. Esta é tratada na psicologia empírica e este conceito de liberdade também foi suficiente para a moralidade. Mas agora segue o conceito transcendental de liberdade. Este conceito significa a espontaneidade absoluta e é a autoatividade[551] [Selbstthätigkeit], a partir do *princípio interno*, de acordo com o livre-arbítrio[552]. A espontaneidade é ou absoluta, sem qualificação [*simpliciter talis*], ou qualificada sob certo aspecto[553] [*secundum quid talis*]. – A espontaneidade é qualificada em relação a alguma coisa quando algo age espontaneamente *sob uma condição*. Então, por exemplo, um corpo que foi lançado se movimenta espontaneamente, embora sob certo aspecto. Denomina-se essa espontaneidade também espontaneidade automática [*spontaneitas*

---

550. Embora Kant apresente, na *Crítica da Razão Pura*, uma definição similar para a liberdade prática, que faz referência ao seu sentido negativo (o positivo consiste em autonomia), é certo que não se trata de um conceito psicológico. Lemos lá: "A *liberdade em sentido prático* é a independência do arbítrio em relação à *necessitação* pelos impulsos da sensibilidade" (B 562). Mas, enquanto a liberdade prática se relaciona estritamente com a razão prática, a liberdade psicológica é assumida na *Crítica da Razão Prática* como "o mero encadeamento interno das representações da alma" (AA V: 96).

551. O termo também pode ser traduzido por espontaneidade.

552. Se o conceito transcendental de liberdade está certamente ligado ao de espontaneidade, dando ênfase ao seu sentido positivo, ele não diz respeito propriamente ao livre arbítrio. Como Kant explica na *Crítica da Razão Pura*, na seção da terceira antinomia, a liberdade transcendental é um conceito teórico de "uma causalidade pela qual algo acontece sem que a sua causa também seja determinada por uma outra causa anterior segundo leis necessárias, i.e. uma *espontaneidade absoluta* das causas; uma série de fenômenos, que operam segundo leis da natureza, começando *por si mesma*". Sem a liberdade transcendental "a sequência dos fenômenos, mesmo no curso da natureza, não seria jamais completa pelo lado das causas" (B 474).

553. A edição francesa traduz o termo técnico latino *secundum quid talis* por "condicional".

automatica], a saber, como quando uma máquina se move por si mesma segundo o princípio interno, como, por exemplo, um relógio, uma assadeira. Mas esta espontaneidade não é sem qualificação, porque nesse caso o princípio interno foi determinado por um princípio externo [*principium externum*]. O princípio interno no relógio é a mola, na assadeira o peso, mas o princípio externo é o artesão, quem determina o princípio interno //. A espontaneidade // sem qualificação é uma espontaneidade absoluta. –

268
205

Mas se levanta a pergunta: as ações da alma, seus pensamentos, vêm do princípio interno que não é determinado por quaisquer causas ou suas ações são determinadas por um princípio externo? Se fosse o último, ela só teria espontaneidade sob algum aspecto, mas não sem qualificação e, portanto, nenhuma liberdade em sentido transcendental. Se é assumido (algo que é feito, no entanto, somente na teologia racional) que a alma tem uma causa, que ela é um ser dependente [*ens dependens*], um efeito de outro, então aqui a questão é se a espontaneidade absoluta pode ser atribuída à alma, enquanto um ser que possui uma causa. Esta é uma dificuldade que nos detém aqui. Se ela fosse um ser independente [*ens independens*], poderíamos pensar nela, em todos os casos, espontaneidade absoluta. Mas, se assumo que ela é um ser derivado de outro [*ens ab alio*], parece ser bastante provável que ela seja também determinada a todos os seus pensamentos e ações por esta causa e que, portanto, tenha apenas espontaneidade sob algum aspecto, de modo que aja decerto livremente segundo o princípio interno, mas seja determinada por uma causa. Agora a questão é: se posso pensar a mim mesmo como alma, se tenho espontaneidade transcendental ou liberdade absoluta.

Aqui o Eu deve mais uma vez nos auxiliar. É verdade que a espontaneidade absoluta não pode ser compreendida, por meio da razão, em um ser dependente. A espontaneidade [Selbstthätigkeit] pura em um ser que // é efeito não pode ser discernida. *Mas, embora a espontaneidade absoluta não possa ser compreendida, ela também não pode, contudo, ser refutada*[554]. Por conseguinte,

206

---

554. Eis, em suma, a resposta para a questão fundamental que Kant precisa resolver para preservar a possibilidade da liberdade prática. Uma vez que "sobre essa ideia *transcendental* da *liberdade*" está "fundado o conceito prático da mesma" (B 561), a resolução do conflito da razão consigo mesma em relação à liberdade transcendental, que se enuncia

teremos de ver apenas o fato sobre se a espontaneidade pode ser atribuída ao Eu; se posso agir livremente, por mim mesmo, sem toda determinação de uma causa. Quando faço alguma coisa, eu mesmo a faço ou um outro a leva a efeito em mim? Se o último é o caso, então não sou livre, mas determinado por uma causa fora de mim. Mas, se faço a partir de um princípio interno que não é determinado por nada de exterior, então existe em mim a espontaneidade absoluta em sentido transcendental. O Eu prova, todavia, que eu mesmo ajo, que sou um princípio e não algo que é principiado[555] [*principiatum*], que sou consciente das determinações e das ações em mim e tal sujeito que é consciente de suas determinações e ações tem liberdade absoluta. Pelo fato de que o sujeito tem liberdade absoluta porque // é consciente de si, prova-se que ele não é um sujeito passivo [*subjectum patiens*], mas é um agente[556] [*agens*]. Na medida em que sou consciente de uma ação ativa em mim, ajo a partir do princípio interno da atividade, de acordo com o livre arbítrio, sem uma determinação externa. Apenas assim tenho espontaneidade absoluta. Se digo "eu penso", "eu ajo" etc. ou a palavra Eu é empregada erroneamente ou eu sou livre. Se eu não fosse livre, não poderia dizer "*eu* faço", mas deveria dizer "eu sinto em mim uma vontade de fazer que alguém // incitou em mim". Mas se digo "eu faço", isso significa uma espontaneidade em sentido transcendental. Ora mas sou consciente de mim de tal

---

na terceira antinomia, nos permite supor que a causalidade por "meio da liberdade não é pelo menos incompatível com a natureza" (B 476). A razão teórica nos permite "pensar a liberdade como possível", embora não nos permita conhecê-la efetivamente e, dessa forma, ela deixa em aberta a possibilidade para que a razão prática confira "realidade a um objeto suprassensível da categoria de causalidade, a saber, a *liberdade* e, portanto, confirme mediante um fato aquilo que ali só podia ser *pensado*" (AA, *KpV* V: 6).

555. Como a tradução francesa sugere, evocando a distinção latina *ratio et rationatum* em analogia a *principium et principiatum*, o termo também poderia ser traduzido por "resultado". Na tradução inglesa, lemos "uma coisa que tem um princípio" [*thing which has a principle*].

556. Se, na *Crítica da Razão Prática*, Kant pressupõe a liberdade [*ratio essendi*] a partir do reconhecimento de um fato da razão que é a lei moral [*ratio cognoscendi*] (AA V: 4), ele parece acreditar ser possível assumir aqui, em contraste, a experiência interna do "eu penso" ou da autoconsciência como um pressuposto para provar a espontaneidade absoluta. A despeito da ambiguidade ou da incorreção dessa hipótese em comparação com a sua perspectiva madura, é importante observar que Kant enfatiza aqui não apenas a consciência de si, mas a autoconsciência de si nas "ações por princípio interno" e sem determinação externa.

modo que possa dizer "eu faço". Com efeito, não sou consciente de nenhuma determinação e, portanto, ajo de maneira *absolutamente livre*. Se eu não fosse livre, mas apenas um meio através do qual o outro faz imediatamente [*immediate*] em mim algo que eu faço, eu não poderia dizer "eu faço". O "eu faço", enquanto ação [*actio*], não pode ser empregado de outra maneira senão como absolutamente livre. Todas as proposições práticas objetivas não teriam nenhum sentido se o ser humano não fosse livre[557]. Todas as prescrições práticas seriam inúteis. Não se poderia dizer, nesse caso, "você deve fazer isso ou aquilo". Ora, mas existem tais imperativos segundo os quais devo fazer algo. Por conseguinte, todas as proposições práticas, tanto problemáticas quanto pragmáticas e morais, devem pressupor uma liberdade em mim. Com efeito, devo ser a *causa primeira* de todas as ações. Mas visto que, na psicologia empírica, provamos a liberdade prática, pela qual somos livres da necessitação por estímulo [*necessitatione a estimuli*], então, dessa forma, as proposições práticas já podem ter lugar. *Por conseguinte, em vista disso, a moral, que também é nosso mais nobre fim, está assegurada.* Mas devemos pensar sempre que estamos na psicologia racional. Aqui não devemos apelar a qualquer experiência, mas demonstrar a espontaneidade absoluta a partir de princípios da razão pura. *Então aqui eu vou além do prático* e pergunto "como tal liberdade prática //, segundo a qual eu ajo a partir do princípio interno sem ser determinado por nenhuma causa exterior, é possível?". Então aqui o discurso não é sobre a vontade. Posteriormente, isto pode muito bem ser aplicado ao livre-arbítrio, mas aqui eu coloco o Eu como fundamento ou substrato [*substratum*] de toda a experiência e afirmo seus predicados transcendentais puros. Estou então na psicologia racional. O Eu, ou a alma, tem uma espontaneidade absoluta das ações [*spontaneitatem absolutam actionum*]. Estes são concei-

208

---

557. Em paralelo, lemos nas *Lições sobre a Doutrina Filosófica da Religião*: "O ser humano age segundo a ideia de uma liberdade, *como se ele fosse livre e eo ipso ele é livre*". Ambas as passagens parecem se remeter ao ponto de vista que seria apresentada em 1785 na terceira seção da *Fundamentação da Metafísica dos Costumes*: "[t]odo o ser que não pode agir senão *sob a ideia da liberdade*, é por isso mesmo, em sentido prático, verdadeiramente livre, quer dizer, para ele valem todas as leis que estão inseparavelmente ligadas à liberdade, exatamente como se a sua vontade fosse definida como livre em si mesma e de modo válido na filosofia teórica" (AA IV: 448). Tradução de Paulo Quintela (Edições 70, 1986).

tos transcendentais puros. Mas, para continuar examinando essa proposição, temos ainda de esperar // até o momento no qual a *liberdade divina* é discutida na teologia natural. É difícil discernir, mesmo pelo entendimento especulativo, como um ser derivado [*ens derivativum*] pode executar ações originárias [*actus originarios*]. Mas a razão pela qual não somos capazes de discernir tal coisa encontra-se no entendimento, *pois não podemos nunca compreender o início*, mas apenas o que acontece na série das causas e efeitos. O início é, no entanto, o limite da série, mas a liberdade simplesmente produz novos seguimentos para um novo início e, por este motivo, é difícil de discernir. Mas, porque a possibilidade de tal liberdade não pode ser discernida, não se segue disso ainda que, porque não podemos discernir, também não há nenhuma liberdade[558]. *A liberdade é, no entanto, uma condição necessária para todas as nossas ações práticas.* Assim como há também outras proposições que não podemos discernir, mas que pressupõem uma condição necessária, // somos também independentes através do conceito de liberdade transcendental.

Levanta-se, no entanto, a questão sobre se pode haver um destino estoico [*fatum stoicum*] segundo o qual as nossas ações, as quais denominamos livres, são necessárias em virtude de sua relação com a causa suprema, na medida em que cada membro já está determinado na ordem. Se isso fosse assim, nesse caso nenhuma imputação poderia ser válida. Um estoico diz, por exemplo, que, pela fatalidade, ele deveria obedecer seu senhor, embora, pela fatalidade, seu senhor o tenha enforcado. Mas isto é um sofisma e, embora não possamos refutar o fatalismo, o outro não

---

558. Esse ponto de vista acerca da *incompreensibilidade* teórica do conceito de liberdade mostra-se *essencialmente crítico*. Ele aparece também no conjunto de *Reflexões de Metafísica* compiladas no *Legado Manuscrito* [*handschriftlicher Nachlaß*]. Lemos, por exemplo, em uma reflexão de 1764-1768: "[a] liberdade é um conceito prático necessário fundamental. O necessário primário não é compreensível, uma vez que nenhum fundamento a partir dele está disponível" (AA, Refl. 3859, XVII: 315). Em uma reflexão de 1769 lemos algo no mesmo sentido: "A ideia de uma liberdade indeterminada de modo algum pode ser pensada segundo as leis de nosso entendimento; no entanto nem por isso ela é falsa" (AA, Refl. 3988, XVII: 377). Em outra reflexão, Kant também afirma: "A liberdade, na medida em que é um conceito racional, é inexplicável (também não é objetivo); na medida em que ela mesma é um conceito da atividade e causalidade da razão, ela não pode ser, decerto, esclarecida como um primeiro princípio, mas é uma autoconsciência a priori" (AA, Refl. 5440, XVIII: 182).

pode, contudo, prová-lo. De qualquer maneira, não encontramos aqui nenhuma saída e fazemos bem *em permanecermos parados quando não podemos seguir adiante*. Mas, em vista do prático, não podemos admitir o fatalismo, posto que descobrimos em nós que não somos determinados às nossas ações por nenhum causa.

Por conseguinte, a religião e a moral permanecem seguras. – O conceito de liberdade é suficiente do ponto de vista prático, mas não do ponto de vista especulativo. Se pudéssemos explicar a ações livres originárias a partir da razão, o conceito seria suficiente do ponto de vista especulativo. Mas não somos capazes disso, porque ações livres são aquelas que nascem do princípio interno de todas as ações sem qualquer determinação de uma causa estranha. Ora não somos capazes de discernir como a alma pode executar tais ações. Essa dificuldade não é nenhuma objeção //, mas uma dificuldade subjetiva de nossa razão. Uma objeção é uma dificuldade objetiva, mas aqui // a razão encontra obstáculos para discernir a matéria [Sache]. A matéria em si nada sofre, todavia, *se a dificuldade se encontra em nós*. Faltam aqui as condições sob as quais a razão pode discernir algo: os fundamentos determinantes[559]. Mas nossas ações livres não possuem fundamentos

---

559. Na *Nova Dilucidatio*, em 1755, Kant assume a ideia leibniz-wolffiana de mundo como um todo racional constituído por uma série de determinações. Na cadeia de todas as determinações possíveis, o princípio de razão determinante opera a causalidade natural, determinando e trazendo cada estado de coisas à existência através de outros estados que são as suas causas. A consequência disso é que, necessariamente, todos os eventos da natureza devem acontecer tendo causas determinantes antecedentes como fundamento. Apesar das cadeias de determinação, "o que acontece pela vontade de seres inteligentes e dotados da faculdade de autodeterminação livre origina-se, indubitavelmente, de um princípio interno de desejos conscientes e na escolha de uma alternativa de acordo com a força do arbítrio" (AA I: 404). Kant insere, assim, entre os fundamentos de determinação existentes desde o início do mundo, o direcionamento voluntário das ações. Mas, em 1763, em *O Único Argumento Possível para uma Demonstração da Existência de Deus*, Kant já se mostra ciente da impossibilidade de discernir os fundamentos das ações livres junto aos eventos da natureza. Ele admite, nesse ponto, que as ações livres parecem ser totalmente independentes dos fundamentos determinantes e das leis necessárias. Seria mais adequado admitir, segundo ele, que as ações livres "não estão emancipadas de todas as leis, mas sempre estão sujeitas, senão a fundamentos necessitantes, ainda assim aos fundamentos que, segundo as regras do arbítrio, tornam a execução certa, ainda que de forma diferente" (AA II: 111). Eis a questão fundamental que Kant precisa resolver: a liberdade é destituída de fundamentos de determinação e, portanto, é liberdade de indiferença ou admite fundamentos de determinação que são, porém, específicos? Dessa resposta depende a fundamentação da ética crítica. Para comentário ver, Cunha, *A Gênese da Ética de Kant* (2017). Schneewind, *A Invenção da Autonomia* (2001).

determinantes e, portanto, também não somos capazes de discerni-los. Esta é uma razão [Grund] para discernir os limites do entendimento, mas não para negar a matéria. Em relação a nós, no entanto, a dificuldade subjetiva é igualmente como se fosse uma dificuldade objetiva, *embora os obstáculos subjetivos da incompreensibilidade sejam essencialmente distintos dos obstáculos objetivos da impossibilidade.*

Segunda seção da psicologia racional

Na segunda seção da psicologia racional, a alma humana é considerada em *comparação com outras coisas.*

Consideramos a alma aqui, no entanto, em comparação:

1) Com corpos naturais e;

2) Com outras naturezas pensantes;

211 Se comparamos a alma, enquanto um objeto do // sentido interno, com os objetos do sentido externo, ela é material ou imaterial? Ela é um objeto do sentido externo ou interno? O Eu mostra que não tenho nenhum outro conceito de alma senão o de um objeto do sentido interno. Todos os objetos do sentido externo são materiais e, dessa forma, sou consciente dos objetos do sentido externo, por meio da impenetrabilidade, quando eles estão presentes no espaço. Mas sou consciente da alma em mim por meio do sentido interno e não do externo. Portanto tenho discernimento de que a alma me é dada como um objeto do sentido interno. Além disso, vemos que todas as ações da alma, o pensamento, o querer etc. não são objetos do sentido externo. Um ser pensante como tal de modo algum pode ser um objeto do sentido externo. Não podemos perceber o pensar, o querer e nem a faculdade de prazer e desprazer por meio do sentido externo e não podemos imaginar como a alma, como um ser pensante, poderia ser um objeto do sentido externo. Mas, como ela não o é, também não é material. Se a alma fosse um objeto do sentido externo, 272 ela deveria ser tal // em virtude da força da impenetrabilidade no espaço, pois apenas dessa forma nos tornamos conscientes de objetos através do sentido externo. Mas, uma vez que conhecemos

as ações da alma da parte que não é, em absoluto, qualquer objeto do sentido externo, então a alma também não deve ser nenhum objeto do sentido externo, mas deve ser imaterial. No entanto // 212 também não podemos afirmar isso de maneira tão firme e certa, mas só na medida em que somos capazes de conhecê-la.

Já demonstramos, no entanto, que a alma é uma substância e, então, que ela é uma substância simples. A partir disso, *Wolff* já acreditou provar a sua imaterialidade. Mas isso é falso. Da simplicidade ainda não se segue a imaterialidade, pois a menor parte de um corpo é, contudo, algo de fato material e um objeto do sentido externo. Embora ela não seja um objeto real do sentido externo, ela pode, contudo, se tornar um objeto visível do sentido externo por meio da composição de muitas pequenas partes desse tipo. Portanto, mesmo a alma sendo simples, ela poderia ser, contudo, material e, se ela fosse reunida com outras partes simples desse tipo, poderia se tornar um objeto real do sentido externo. Se imaginamos, por exemplo, que uma polegada cúbica fosse preenchida com matéria e alguém perguntasse: "se a alma é simples meramente, ela teria um espaço aí de modo que tivesse de ser removida justamente uma parte simples desse tipo, em cuja posição ela deveria entrar? Ou ela teria lugar aí sem que tal coisa tivesse de acontecer?"[560], se o primeiro é afirmado, então deveria se seguir que se continuo esse processo com a segunda, terceira, quarta e com as almas seguintes, removo, em última instância, toda matéria da polegada cúbica e tenho a polegada cúbica inteira cheia de almas, que estariam no espaço por meio da impenetrabilidade

---

560. Trata-se do mesmo experimento apresentado em *Sonhos de um Visionário* para o conceito de espírito. Em busca de uma explicação para o conceito de espírito, Kant sugere o procedimento de comparação do "conceito mal entendido com todo tipo de casos da aplicação" (AA II: 319), pois talvez tal procedimento pudesse tornar possível o desdobrar de seu sentido oculto. Assim, a problemática da simplicidade da alma, sugerida antes na *Preisschrift* de 1764 (AA II: 243), é retomada por Kant através da comparação entre espírito e matéria mediante a possibilidade de sua ocupação *espacial:* "E agora pergunto: caso eu queira pôr essa substância simples naquele espaço de um pé cúbico cheio de matéria, terá então um elemento simples dele de desocupar o espaço, para que este espírito o preencha? Sois de opinião que sim? Pois bem, então o mencionado espaço, para admitir um segundo espírito, terá de perder uma segunda partícula elementar, e assim, finalmente, se se prosseguir, um pé cúbico de espaço será preenchido por espíritos, cujo amontoado resistirá por impenetrabilidade tão bem quanto se estivesse cheio de matéria e tanto quanto esta terá de ser capaz das leis do choque" (AA II: 321).

213 sem ocupar um espaço. A alma pode, portanto, sempre ser simples e, ainda sim, material[561]. Mas aquilo que não // é um objeto do sentido externo não deve ser também, no mínimo grau, algo corpóreo e mesmo que muitas partes simples desse tipo ainda sejam reunidas, isso não deve, contudo, tornar-se nenhum objeto visível do sentido externo, pois é imaterial. –

Ora qual é a fonte desse conhecimento? (O filósofo deve retornar sempre à fonte desse conhecimento. Isso é melhor do que conhecer todas as provas de cor). *A partir do que* um filósofo pode provar a imaterialidade da alma e *quão longe* ele pode ir? Ele não pode retirar os pensamentos de nada além do que da expres- 273 são "eu" que expressa o objeto do sentido interno. // Portanto, a imaterialidade encontra-se no conceito de Eu. – Não *podemos provar a priori* a imortalidade da alma, mas apenas, quando muito, *que todas as propriedades e ações da alma não podem ser conhecidas a partir da materialidade*. Mas essas propriedades ainda não provam que nossa alma não deveria ter nada de exterior, mas apenas, quando muito, que a materialidade não pode ser assumida como um fundamento de explicação das ações. Excluo, portanto, apenas a materialidade. Pois, se eu quisesse[562] assumi-la, não conheceria nada mais da alma. Não se pode, portanto, assumir arbitrariamente a materialidade. *Mas, para a imaterialidade, eu tenho um fundamento*. Já se poderia aqui enganar alguém e provar, a partir disso, a imaterialidade, embora ela não resulte daí. 214 No entanto, tem-se ainda um fundamento para // a imaterialidade e é o seguinte: tudo o que constitui uma parte no todo do espaço está entre dois limites. Os limites do espaço são os pontos. O que está entre dois pontos está no espaço. Aquilo que está no espaço é divisível. Por conseguinte não há nenhuma parte simples da matéria, mas toda matéria está no espaço e, portanto, é divisível ao infinito. Ora, se a alma fosse material, ela deveria ser, contudo, ao menos

---

561. Assumir a possibilidade da ocupação espacial da alma, segundo as leis da impenetrabilidade e do choque, conduziria Kant ao materialismo, uma vez que, como ele observa em *Sonhos de um Visionário*, "[...] de acordo com os pressupostos recomendados, minha alma não seria diferente, em relação à sua presença no espaço, de qualquer elemento da matéria" (AA II: 326). Para comentário, ver Cunha, *A Gênese da Ética de Kant* (2017).

562. Seguimos a sugestão de Lehmann que substitui aqui "devesse" [sollte] por "quisesse" [wollte].

uma parte simples da matéria (porque já foi, contudo, provado que a alma é simples). Ora mas nenhuma parte da matéria é simples, pois isto é uma contradição[563]. Portanto a alma também não é material, mas imaterial.

Agora vamos considerar a alma *em comparação com as naturezas pensantes* e, decerto, sua concordância com almas animais e com outros espíritos. A partir do conceito de imaterialidade da alma se chega ao conceito de espírito. Um ser imaterial, que é considerado separado de toda matéria e pode pensar por si mesmo, é um *espírito*. O conceito e a doutrina dos espíritos entraram na psicologia dessa maneira. O caminho que assumimos em consideração à alma é o que nos mostrou que a alma é uma substância, uma substância simples e que age livremente, uma substância imaterial. Ora a questão que se levanta é: *a alma é também um espírito?* Para o espírito se é exigido nada mais do que ser um ser imaterial, mas também um ser em si pensante[564] separado de toda matéria. – Se confiro ao meu ser intelectual o nome alma, segue-se do sentido da palavra que é um ser que está não apenas em ligação, mas também em interação // com um corpo. *Agora se este ser está separado do corpo, o nome alma também desaparece.* Ora levanta-se a pergunta: a alma é meramente um ser

274

---

563. Desde o período pré-crítico, Kant tem se ocupado com a aporia suscitada pela divisibilidade do espaço e a indivisibilidade da substância. Na *Monadologia Física*, Kant argumenta que a necessidade geométrica da infinita divisibilidade do espaço é plenamente compatível com a noção da substância simples e indivisível necessária à metafísica, uma vez que o espaço não é uma propriedade inerente à substância, mas é compreendido, nesse contexto, como um fenômeno decorrente do modo como se dá a relação entre as substâncias. Contudo, nas *Lições*, Kant já está fazendo uma referência ao problema que seria apresentado na *Crítica da Razão Pura*, segunda antinomia crítica sobre a divisibilidade e não divisibilidade da substância, cuja solução se dá, a partir do idealismo transcendental, assumindo a falsidade de ambas as proposições, uma vez que os princípios da experiência possível tornam impossível que sejam dados à intuição os objetos correspondentes às ideias cosmológicas em geral e, em particular, a da simplicidade da substância.

564. Em *Sonhos de um Visionário*, Kant critica a definição escolástica de espírito e tenta delimitar melhor o sentido desse conceito: "Um espírito, diz-se, é um ser que possui razão. [...] Muito bem, pois: antes que demonstreis, portanto, que só um ser espiritual pode possuir razão, cuidai para que eu entenda antes que conceito devo fazer de um ser espiritual" (AA II: 319). E, após sua investigação, ele conclui: "Só podereis manter, portanto, o conceito de um espírito, se pensardes em seres que poderiam estar presentes mesmo em um espaço cheio de matéria,* portanto seres que não possuem em si a propriedade da impenetrabilidade e que nunca constituiriam um todo sólido, estejam reunidos no número que se quiser. Seres simples desta espécie serão chamados seres imateriais e se possuírem razão, espíritos" (AA II: 321).

imaterial que pode ser pensado apenas em interação com o corpo ou *ela é um espírito* que também é capaz de pensar separado do corpo? Não é investigado aqui se ela é realmente assim no presente momento, mas se ela tem uma faculdade (a despeito de que ela se encontre agora em interação com o corpo) para pensar mesmo sem comunidade com o corpo, isto é, se ela pode perdurar e viver como um espírito mesmo separada do corpo. Vamos comparar, portanto, a alma humana, que está ligada com o corpo, com seres que de modo algum se encontram em uma comunidade com corpos *e estes são espíritos*. Ou vamos compará-la com seres tais que se encontram em uma mesma comunidade com o corpo que a alma humana, seres que possuem meramente sensibilidade e capacidade de representação e estas são as almas animais. Falaremos, portanto:

a) Da alma do bruto[565] [*de anima bruti*], cuja comunidade depende dos corpos;

b) Do espírito[566] [*de spiritu*], que de modo algum está em uma comunidade com o corpo e;

c) Da alma humana[567] [*de anima humana*], da qual nós já // falamos principalmente antes e que, decerto, encontra-se em comunidade com o corpo, mas é independente, posto que pode viver e pensar, como um espírito, mesmo sem corpo.

Mas, se comparamos a alma do ser humano com as almas animais e com outros espíritos, não se deve esperar aqui escutar

---

565. No compêndio, lemos: "Uma vez que toda alma é aquela que pode ser, em um ser, consciente de alguma coisa [§. 504], ela tem uma faculdade de conhecimento [§. 519] e esta é inferior ou superior [§. 520; 524]. A primeira seria uma ALMA MERAMENTE SENSITIVA. Um animal que tem alma sensitiva é BRUTO; aquele animal cuja alma é um espírito é um ANIMAL RACIONAL. Logo, o ser humano é um animal racional [§. 754; 740]" (Baumgarten, *Metaphysica*, § 792).

566. "A alma humana é um espírito [§. 754]. Logo, ela tem liberdade [§. 755]. E uma vez que espiritualidade, intelectualidade, personalidade, [§. 641; 754], liberdade, simplicidade absoluta [§. 744] e incorruptibilidade lhe convêm de modo absolutamente necessário [§. 746], eles não são seus modos [§. 108] Assim eles são aspectos essenciais ou atributos [...]" (Baumgarten, *Metaphysica*, § 756).

567. "Uma ALMA HUMANA é uma alma que está na mais próxima interação com o corpo. E uma vez que uma alma que está na mais próxima relação com o corpo constitui um ANIMAL, uma alma humana que está na mais próxima relação com corpo o constitui o animal que é chamado SER HUMANO [*HOMINEM*]" (Baumgarten, *Metaphysica*, § 740).

muitos segredos e descobertas que habitualmente ninguém mais sabe e que o filósofo teria criado a partir de uma fonte secreta. Mas ter-se-á de esperar aqui, ao fim e ao cabo, uma descoberta que custou muito esforço e que apenas poucos sabem, a saber, *discernir e conhecer os limites da razão e da filosofia* e quão longe a razão pode ir aqui. Portanto aprenderemos aqui a conhecer nossa *ignorância*[568] e a discernir *seu fundamento*: porque é impossível que qualquer filósofo possa ir mais longe nisso e porque também não irá. *E, se sabemos isso, já sabemos muito.*

Os animais não são meras máquinas ou matéria, mas eles possuem almas, pois tudo, no todo da natureza, é animado ou inanimado. Toda matéria, enquanto matéria (matéria como tal [*materia, qua talis*]), é inanimada. A partir de onde sabemos isto? O conceito que temos da matéria // é o seguinte: a matéria é algo extenso, inerte e impenetrável [*matéria est extensum impenetrabile iners*]. Se percebemos, por exemplo, um grão de poeira sobre o papel, vemos se ele se move. Se ele não se move por si mesmo, o consideramos matéria inanimada que é inerte e que poderia por toda eternidade // permanecer em repouso se não fosse movida por algo diferente. Mas, tão logo uma matéria se movimenta, vemos se ela se movimenta voluntariamente por si mesma. Se estamos cientes disso no grão de poeira, dizemos que é *animado* e é um *animal*. Um animal é, portanto, uma matéria animada, pois a vida é a faculdade de determinar a si mesmo a partir de um princípio interno segundo o arbítrio. Mas a matéria, enquanto matéria, não tem um princípio interno de auto-atividade [Selbständigkeit], nenhuma espontaneidade, para se mover, mas toda matéria que é animada tem um princípio interno que é separado do objeto do sentido externo e é um objeto do sentido interno[569]. Nela está um

---

568. Na *Crítica da Razão Pura* é possível perceber como isso se constitui como uma premissa fundamental do criticismo: "Aquele primeiro conhecimento da ignorância, portanto, que só é possível através da crítica da razão, é uma *ciência*" (B 786-787). A ignorância também assume uma importante função no que diz respeito à esfera prática: "a doutrina da moralidade afirma assim o seu lugar, e a da natureza o seu, o que não teria ocorrido se a *Crítica* não nos tivesse instruído antes sobre a nossa inevitável ignorância quanto às coisas em si mesmas, e se não tivesse limitado tudo aquilo que podemos conhecer de um modo teórico aos meros fenômenos" (B XXIX).

569. No mesmo sentido, lemos em uma nota de *Sonhos de um Visionário*: "O que contém no mundo um princípio da *vida* parece ser de natureza imaterial. Pois toda *vida* repousa sobre a capacidade interna de se determinar a si mesma segundo o *arbítrio*. Pelo contrário, a nota característica essencial da matéria consiste no preenchimento do espaço através de

princípio particular do sentido interno. Apenas o pensar e o querer são um princípio interno de espontaneidade [Selbständigkeit] e apenas, por meio deles, algo pode ser movido através do sentido interno. Trata-se unicamente de um princípio de agir de acordo com o agrado [Belieben] e o arbítrio. Portanto, se uma matéria se move, segue-se que nela está tal princípio particular de espontaneidade. Mas só um ser que tem conhecimento é capaz desse princípio do pensar e do querer. A matéria só pode se mover mediante tal princípio. Tal princípio da matéria é, no entanto, a alma da matéria. Portanto toda matéria que vive, vive não enquanto matéria, mas tem um princípio de vida e está animada. Na medida em que a matéria está animada, no entanto, ela também é *dotada de alma* [beseelt]. Portanto um princípio de vida é encontrado como fundamento nos animais e isto é a alma. –

218 // Devemos empreender uma comparação *a priori*, sem nenhuma experiência, entre essas almas dos animais e nossa alma e ver em que consiste a diferença. Mas se temos de conhecer – e decerto *a priori* – seres que possuem capacidade de representação, de onde obtemos as diferenças quando elas não nos são dadas em absoluto? Temos de conhecer almas que nos são exteriores e não temos, em absoluto, quaisquer dados disso? Tomemos mais uma vez, no entanto, essa distinção e os dados [*data*] para ela de nós mesmos e do conceito de Eu. Conhecemos nossa alma simplesmente pelo sentido interno, mas temos também um sentido externo. Por conseguinte, qualquer distinção é baseada meramente em nosso sentido externo e interno. Quando representamos *a priori* seres,

276 não observaremos a distinção segundo o grau, mas // segundo a espécie. A distinção e a comparação devem se basear, portanto, em nosso sentido externo e interno. Por conseguinte, podemos representar seres que têm uma faculdade de sentido externo, mas prescindem da faculdade de sentido interno e estes são os animais.

Consequentemente, os animais possuirão todas as representações do sentido externo, prescindindo apenas daquelas repre-

---

uma força necessária que é limitada por uma reação externa; por isso, o estado de tudo aquilo que é material é *dependente* e *necessitado*, mas aquelas naturezas que devem ser *elas mesmas ativas* e conter o fundamento da vida efetivamente a partir de sua força interna" (AA II: 328).

sentações que se baseiam no sentido interno, na consciência de si mesmo, em suma, no conceito de Eu. Eles não possuirão, por conseguinte, nenhum entendimento e nenhuma razão, pois todas as ações do entendimento e da razão[570] são possíveis apenas na medida em que se é consciente de si mesmo. Eles não possuirão nenhum // conhecimento universal através da reflexão, nem a identidade das representações e tampouco as ligações das representações segundo o sujeito e o predicado, segundo fundamento e consequência, segundo o todo e segundo as partes, pois estas são todas consequências da consciência da qual os animais carecem[571].

Podemos atribuir aos animais um análogo da razão [*analogon rationis*], que são conexões das representações segundo as leis da sensibilidade a partir das quais se seguem os mesmos efeitos que aqueles a partir da conexão segundo conceitos[572]. Por conseguinte, os animais não são diferentes da alma humana segundo o grau, mas segundo a espécie, pois por mais que as almas animais cresçam em sua faculdade sensível, a consciência de si mesmo, o sentido interno, não pode, contudo, ser alcançada dessa forma.

---

570. Como Kant esclarece na *Crítica da Razão Pura*, a exclusividade do sentido interno nos seres humanos também vai elevá-los ao status de objeto inteligível, já que eles são capazes de se autodeterminar por meio das faculdades do entendimento e da razão: "Na natureza inanimada ou meramente animal, nós não encontramos qualquer fundamento para conceber alguma faculdade além da que é sensivelmente condicionada. O ser humano, contudo, que de resto conhece toda a natureza apenas através dos sentidos, também se conhece a si mesmo através da mera apercepção, mais precisamente em ações e determinações internas que ele absolutamente não pode contar entre as impressões dos sentidos" (B 574).

571. Em um opúsculo de 1762, *A Falsa Sutileza das Quatro Figuras Silogísticas*, Kant já reconhece o sentido interno como um pressuposto do pensamento ou, em outras palavras, da faculdade de julgar: "Se formos capazes de ver que espécie de faculdade secreta é aquela pela qual o julgar é possível, então se desatará o nó. Minha opinião atual é a de que essa faculdade ou capacidade nada mais é que o poder do sentido interno, isto é, o poder de fazer de suas próprias representações objetos de seus pensamentos" (AA II: 60). Tradução de Luciano Codato (*Escritos Pré-críticos*, Unesp, 2005).

572. Nesse sentido, é válido resgatar um exemplo apresentado por Kant em *A Falsa Sutileza*: "*Diferenciar logicamente* significa reconhecer que uma coisa A não é B e é sempre um juízo negativo; *diferenciar fisicamente* significa ser impelido a ações diversas por representações diversas. O cão diferencia o assado e o pão porque é estimulado pelo assado de outra maneira que pelo pão (pois coisas diversas causam sensações diversas), e as sensações do primeiro são um fundamento de outro apetite nele que as sensações do último,* segundo o nexo natural de seus impulsos com suas representações. Pode-se tirar daí o ensejo de melhor repensar a diferença essencial entre os animais racionais e os sem-razão" (AA II: 60).

Embora eles experimentem melhor do que nós os fenômenos na sensibilidade, falta-lhes, contudo, o sentido interno.

Visto que inferimos, a partir da natureza do espírito, que tudo aquilo que é um princípio de vida também tem de viver, temos de reconhecer tal coisa também nas almas dos animais. Por conseguinte, da mesma forma que nossa intelectualidade vai aumentar no outro mundo, a sensibilidade nos animais também pode aumentar, mas eles nunca chegarão a ser iguais a nós. Ora podemos pensar problematicamente que seres tais que não possuem nenhum sentido interno existem, pois não é nenhuma contradição admitir tais. Ora quantos fenômenos podem ser explicados em seres tais que não possuem nenhum sentido interno, a partir // da faculdade da sensibilidade externa, sem assumir um sentido interno? A consciência de si mesmo, o conceito de Eu, não tem lugar em seres tais que não possuem um sentido interno. Por conseguinte, nenhum animal irracional pode pensar "Eu sou". Daí provém a diferença // de que seres que têm um tal conceito de Eu possuem *personalidade*.

Na medida em que podem dizer "eu sou", eis a personalidade psicológica[573]. Além disso, segue-se que tais seres possuem *liberdade* e que tudo pode lhes ser imputado. E esta é a *personalidade prática* que tem consequências na moral. Mas, se se quisesse citar fenômenos que podem ser explicados meramente a partir da sensibilidade externa, poder-se-ia muito bem expor aqui toda a psicologia empírica dos animais. Mas, uma vez que isto está entrelaçado com a física, acabamos por nos distanciar, dessa forma, da psicologia racional. Vemos, no entanto, ações empreendidas pelos animais que não seríamos capazes de realizar senão através do entendimento e da razão. Por conseguinte, a sensibilidade é em nós um estado tal como o dos animais, exceto pelo fato de que a deles vai bem além da nossa. Mas compensamos essa privação por meio da consciência de nós mesmos e do entendimento que resulta dela. Somos tampouco necessitados [genöthiget] a admitir reflexão nos animais, mas podemos derivar isso tudo do poder for-

---

573. Assim como Lehmann, substituímos "física" [physikalische] em Pölitz por "psicológica" [psychologische].

mativo. Por conseguinte, atribuímos a estes seres uma faculdade de sensação, imaginação reprodutiva etc. mas tudo // apenas sensivelmente, enquanto faculdade inferior, e não ligado com consciência. Podemos explicar, a partir dessa sensibilidade externa e de fundamentos mecânicos de seu corpo, todos os fenômenos dos animais, sem assumir a consciência ou o sentido interno. O filósofo não deve ampliar os princípios dos conhecimentos sem motivo. 221

Ora, uma vez que comparamos nossa alma com seres que estão *abaixo* dela, queremos compará-la agora com seres que estão *acima* dela. Visto que temos um sentido externo e interno e podemos pensar seres que possuem meramente um sentido externo, também podemos pensar, por outro lado, seres que não possuem, em absoluto, nenhum sentido externo, que de modo algum se submetem aos sentidos, e eles são, portanto, imateriais. Por conseguinte, podemos imaginar seres imateriais que são dotados de consciência de si mesmo. Um ser imaterial pensante que é dotado de consciência (de onde já se segue que ele é também um ser racional) é um espírito. Aquilo que é *espiritual* deve ser distinguido do espírito. *Seres espirituais* são aqueles que estão ligados com o corpo, mas que suas representações, seu pensar e querer podem continuar mesmo que eles estejam também separados do corpo. Ora levanta-se a questão: // a alma do ser humano é um ser espiritual? – Se ela pode continuar a viver mesmo sem o corpo, então ela é espiritual. E, se as almas dos animais também são capazes de tal coisa, são naturezas espirituais. Mas um espírito é aquele // que realmente é separado do corpo e que pode, não obstante, pensar e querer sem ser um objeto do sentido externo. Ora o que podemos conhecer *a priori* dos espíritos? Só *podemos pensar espíritos de maneira problemática, isto é, não é possível citar nenhum fundamento a priori para rejeitá-los*[574]. A experiência nos ensina que, quando pensamos, nosso corpo entra, dessa forma, em jogo, mas não discernimos que ele é necessário. Podemos muito bem imaginar seres que não têm, em absoluto, nenhum 278 222

---

574. No mesmo sentido, lemos em *Sonhos de um Visionário*: "Pode-se, pois, assumir a possibilidade de seres imateriais sem a preocupação de ser refutado, mas também sem a esperança de poder demonstrar essa possibilidade mediante fundamentos racionais" (AA II: 323).

corpo e que, ainda assim, podem pensar e querer. Por conseguinte, podemos assumir de maneira problemática seres pensantes e racionais, com consciência de si mesmos, que são imateriais. Algo pode ser assumido de maneira problemática se é absolutamente claro que é *possível*. Não podemos prová-lo apoditicamente, mas ninguém também pode nos contestar que tais espíritos não deveriam existir. Da mesma forma, não podemos demonstrar a existência de Deus, mas ninguém também está em condições de me provar o contrário, pois de onde ele pode retirar essa prova[575]? – Ora, não podemos dizer nada mais desses espíritos senão o que pode fazer um espírito que é separado do corpo. Eles não são nenhum objeto do sentido externo e, portanto, não estão no espaço. *Não podemos dizer nada mais. Caso contrário, caímos em ficções*[576] [Hirngespinste]. O conceito de almas animais e de seres superiores é apenas um jogo de nossos conceitos. O resultado é o seguinte: experimentamos em nós que somos um objeto // do sentido externo e interno. Ora podemos imaginar seres que possuem meramente um sentido externo e estes são as almas animais. Mas também podemos imaginar seres que possuem meramente um sentido interno e estes são espíritos. Se imaginamos seres que possuem tanto um sentido interno quanto um externo, estes são as *almas humanas*.

Não podemos provar nada disso, mas apenas assumir de maneira problemática, posto que a impossibilidade disso não pode ser demonstrada. Felizmente, a experiência ainda nos ensina que tais seres, dos quais falamos na psicologia racional, existem realmente e que eles possuem meramente um sentido externo. Mas existem seres que possuem meramente um sentido interno, *dos quais a experiência não pode possivelmente nos instruir*.

---

575. É dessa forma que Kant pretende responder ao ateu dogmático em suas *Lições sobre a Doutrina Filosófica da Religião*: "os mesmos fundamentos, por meio dos quais salta aos nossos olhos a incapacidade da razão humana em vista da afirmação da existência de tal Ser, são necessariamente suficientes para provar a inviabilidade de toda afirmação contrária. Em suma, é impossível provar que Deus é impossível. [...] segue precisamente dessa incapacidade de minha razão a impossibilidade de provar alguma vez que um Ser perfeitíssimo não é possível. E então cai por terra o edifício do ateu dogmático" (AA XXVIII: 1026).

576. A ultrapassagem dos limites acerca do que pode ser "especulado" é que dá a ocasião para Kant apresentar, em seu opúsculo de 1766, um paralelo entre os "sonhos de um visionário" e os "sonhos da metafísica".

// Terceira seção da psicologia racional

Na *terceira* seção da psicologia racional é tratada da *conexão da alma com outras coisas*.

Primeiramente, vamos tratar da *conexão da alma com o corpo* ou da interação [*commercio*] entre ambos[577].

Uma interação é uma determinação recíproca //. A dependência da determinação que não é recíproca não é uma interação, mas uma *ligação*. Em tal ligação unilateral se encontra Deus com o mundo. Mas a interação entre alma e corpo é uma dependência recíproca de determinação. Por conseguinte, levantamos primeiramente a questão: como é possível uma interação tal entre um ser pensante e um corpo? (Não posso dizer entre a *alma* e o corpo, pois o conceito de alma já pressupõe uma interação). O fundamento para discernir a dificuldade dessa interação se baseia no fato de que a alma é um objeto do sentido interno e o corpo é um objeto do sentido externo. Não sou consciente de nada de interno no corpo e de nada de externo na alma. Ora não é possível compreender por meio da razão como aquilo que é um objeto do sentido interno pode ser um fundamento daquilo que é um objeto do sentido externo. O pensar e o querer são meros objetos do sentido interno. Se o pensar e o querer fossem[578] uma força movente[579], eles seriam um objeto do sentido externo mesmo. Ora mas uma vez que o pensar e o querer são meramente objetos do sentido interno (portanto um fundamento de determinação interna) é difícil de discernir como tal coisa pode ser um fundamento de determinação externa. E visto que, por outro lado, o movimento, como um objeto do sentido externo, é um fundamento de determinação externo, é difícil de determinar como então este pode ser um fun-

---

577. Baumgarten, *Metaphysica*, § 761-767.

578. Lehmann substitui "fosse" [wäre] por "fossem" [wären].

579. A afirmação de que o querer não é uma força movente nos alude à importante questão sobre a motivação moral com a qual Kant estava ocupado nesse contexto. A dificuldade em relação à questão é colocada, em suas *Lições de Ética*, nos seguintes termos: "O entendimento pode, certamente, julgar, mas conceder força a seu próprio juízo de modo que se torne um móbil para mover a vontade a executar a ação, essa é a pedra filosofal" (Ed. Menzer, 1924, p. 54/ Unesp, 2008, p. 166).

225 damento de determinação interno e // de representações. Não podemos discernir por meio da razão a determinação recíproca entre o pensar, o querer e o mover[580]. *Mas a impossibilidade de discernir isso por meio da razão não prova de modo algum a impossibilidade interna da coisa mesma.* Podemos, no entanto, discernir tal coisa através da experiência e, por certo, isso não tem lugar apenas aqui, mas todas as forças fundamentais nos são dadas pela experiência e nenhuma pode ser discernida através da razão. Portanto conhecemos no corpo apenas aquelas forças cujos efeitos são fenômenos do sentido externo e na alma não conhece-

280 mos quaisquer // forças senão aquelas cujos efeitos são fenôme-nos do sentido interno. Ora de modo algum pode ser discernido como as forças do sentido externo do corpo podem ser fundamen-tos dos fenômenos da alma e como as forças da alma podem ser fundamentos dos fenômenos do corpo[581]. No entanto, não é difícil discernir só a interação entre a alma e o corpo, mas também a interação entre os corpos uns com os outros. Podemos, decerto, discerni-la, apenas se, contudo, já assumimos antes forças de inte-ração. Se, por exemplo, assumo a impenetrabilidade, isto já é uma força fundamental de interação. Nenhum ser, cuja a razão não é intuitiva, mas discursiva, pode discernir essa força fundamental de interação entre os corpos[582]. Por conseguinte todos os sistemas

---

580. Uma crítica ao § 750 do manual: "A alma humana move [§. 740, 734] seu corpo. Logo ela tem uma FACULDADE de mover aquilo que é colocado fora dela, isto é, uma FACUL-DADE DE LOCOMOÇÃO [*LOCOMOTIVAM*] [§. 216] que, como as faculdades da alma restantes [§. 744], é realizada através de sua força de representar o universo de acordo com a posição do corpo [§. 741, 417]" (Baumgarten, *Metaphysica*, § 750).

581. Essa dificuldade em relação à "comunidade" já tinha sido suscitada antes em *So-nhos de um Visionário*: "quão misteriosa não se torna a comunidade entre um espírito e um corpo! No entanto, quão natural não é ao mesmo tempo essa incompreensibilidade [...]. Pois como poderia uma substância imaterial ficar no caminho da matéria, para que esta se chocasse em seu movimento com um espírito, e como podem coisas corporais causar efeitos em um ser estranho que não lhes opõe impenetrabilidade ou que não os impede de modo algum de se situarem no mesmo espaço em que ele está presente?" (AA II: 327-328).

582. Tal afirmação diz muito sobre o diagnóstico de Kant sobre os pressupostos de sua própria filosofia inicial: a dedução das leis dinâmicas de interação das substâncias no es-paço, que sustentam a hipótese do influxo físico no pensamento pré-crítico, dependem da apreensão de certos fenômenos empíricos, tais como a impenetrabilidade e a gravitação. Para esta hipótese, ver Friedman, M. *Kant and the Exact Sciences* (Cambridge, Mass.: Harvard University Press, 1992, p. 26-27).

de explicação da interação da alma com o corpo[583] [*systemata explicandi commercium animae cum corpore*] são infrutíferos e vãos, pois nenhum sistema pode // explicar como surge o movimento a partir do pensar e, ao contrário, o pensar a partir do movimento, uma vez que não se pode discernir nenhuma força fundamental. Já se filosofou o suficiente apenas ao se chegar *até a força fundamental*. Todos os sistemas de explicação da interação [*systemata explicandi commercium*] terminam nisso, uma vez que veem a disparidade entre o pensar e o mover. Por isso eles se robuscam de todas as formas, uma vez que imaginam que a influência natural é impossível. Mas, em relação à alma, os fenômenos mostram que a vontade tem uma influência sobre o corpo e, ao contrário, que a alma tem uma força para mover o corpo. Disso, no entanto, não podemos indicar nenhum fundamento, pois se trata de uma força fundamental, de uma faculdade fundamental. Por conseguinte, uma vez que acontece segundo leis determinadas, a interação é uma influência natural e a comunidade é natural. Como se acreditou que a interação poderia ser naturalmente impossível, colocou-se um terceiro ser em jogo e se falou ou, como *Leibniz*, que Deus já estabeleceu as ações da alma e do corpo no início de modo que elas concordem ou, como *Descartes*, que Deus estabelece as ações de ambos em qualquer ocasião de modo que concordem. Mas, tanto a interação entre os corpos uns com os outros quanto entre a alma e o corpo, nós não podemos discernir de nenhuma outra maneira senão a partir do fato de que ela é possível na medida em que todas as substâncias existem por meio de Um. Por este motivo, elas se encontram em comunidade. Mas não é discernível // como acontece isto entre a alma e o corpo. 227

Ora, visto que a alma encontra-se em interação com o corpo, então levantamos a questão: onde a alma tem sua *sede* no corpo? O lugar da alma no // mundo é determinado pelo lugar do 281

---

583. "Os SISTEMAS PSICOLÓGICOS são doutrinas que parecem aptas para explicar a interação da alma e do corpo no ser humano. Logo os sistemas psicológicos são sistemas particulares [§. 462] simples ou compostos [§. 457]. Não são possíveis quaisquer outros senão o sistema de harmonia pré-estabelecida, influxo físico e talvez o de causas ocasionais [§. 458]" (Baumgarten, *Metaphysica*, § 761).

corpo. *Minha alma está aí onde meu corpo está*[584]. Mas onde a alma tem sua sede no corpo? O lugar do corpo no mundo é determinado apenas pelo sentido *externo*. Ora, visto que a alma é um objeto do sentido *interno*, mas pelo sentido interno nenhum lugar pode ser determinado, *então o lugar da alma no corpo também não pode ser determinado*, pois por meio de ações internas nenhuma relação externa pode ser determinada. Mas a alma intui a si mesma apenas pelo sentido interno e, portanto, ela não pode intuir a si mesma em um lugar[585] e ser consciente de um lugar. Não posso sentir no corpo o local onde a alma reside, pois caso contrário eu teria de intuir a mim mesmo pelo sentido externo. Mas intuo-me pelo sentido interno. Da mesma forma que um olho não pode intuir a si mesmo, tampouco a alma pode intuir-se externamente. Mas ela pode ser consciente de partes externas do corpo, sobretudo daquelas que contêm a maioria das causas de suas sensações. A causa de todas as sensações é, no entanto, o sistema nervoso. Sem os nervos, não podemos sentir nada de externo. A raiz de todos os nervos é, todavia, o cérebro. Em toda sensação, por conseguinte, o cérebro é estimulado, uma vez que // os nervos se concentram no cérebro. Consequentemente, todas as sensações se concentram no cérebro. Portanto a alma deve colocar a *sede de sua sensação* no cérebro, enquanto *o lugar de toda condição* das sensações. *Mas este não é o lugar da alma mesma*, mas o lugar a partir do qual nascem todos os nervos e, com efeito, todas as sensações. Constatamos que o cérebro se harmoniza com todas as ações do arbítrio da alma. Eu sinto cada parte particularmente. Se, por exemplo, coloco o dedo no fogo, experimento a dor nele[586].

---

584. Mais uma vez, Kant se reporta a sua investigação em *Sonhos de um Visionário*: "Por isso eu exigiria uma demonstração rigorosa para achar absurdo aquilo que os escolásticos diziam: *minha alma está toda em todo o corpo e toda em cada uma de suas partes*. O senso comum muitas vezes percebe a verdade antes de compreender as razões pelas quais pode demonstrá-la ou elucidá-la" (AA II: 325).

585. Tal como em *Sonhos*, Kant está criticando a hipótese cartesiana da morada da alma: "Proposições deste tipo só se deixam demonstrar de forma superficial ou então de forma alguma e porque, no fundo, a natureza da alma não é suficientemente conhecida, também só podem ser refutadas de forma igualmente fraca" (AA II: 326).

586. Em *Sonhos de um Visionário*, esta posição é identificada com a do senso comum: "Ater-me-ia, portanto, à experiência comum e diria por enquanto: lá onde eu sinto, aí eu *sou*. Eu sou tão imediatamente na ponta dos dedos quanto na cabeça. Sou eu mesmo que sofro no calcanhar e cujo coração bate na emoção [...]" (AA II: 324).

Mas, no fim, todas as sensações de cada parte particular do corpo se concentram no cérebro, no tronco de todos os nervos, pois, se os nervos de uma parte do corpo são cortados, certamente não sentimos, nesse caso, nada da parte. Por conseguinte, o princípio de todas as sensações deve estar no cérebro. Ora imagina-se que a alma tem sua sede aí no cérebro de modo que ela pode mover todos os nervos e pode, por sua vez, ser afetada pelos nervos[587]. Mas, no fim das contas, não sentimos a sede da alma no cérebro, mas apenas que o cérebro se harmoniza com todas as mudanças da alma. Por exemplo, a cabeça dói devido à reflexão. Por certo, não intuímos o lugar, mas inferimos apenas que o cérebro é a sede da alma porque a alma age, sobretudo, nele. // Se imaginamos uma localidade no cérebro que é o primeiro princípio do tronco de nervos, onde todos os nervos convergem e culminam em um ponto que é denominado o lugar comum das sensações [*sensorium commune*], mas que nenhum médico [*medicus*] // viu, então se levanta a pergunta: a alma reside nesse lugar comum das sensações? Ela tem ocupado um lugarzinho aí de modo a dirigir daí o corpo inteiro, assim como, por assim dizer, um organista pode dirigir a partir de um lugar o órgão inteiro? Ou de maneira alguma ela tem um lugar no corpo de modo que o corpo mesmo seja seu lugar? Supondo que a alma ocupasse um lugarzinho no cérebro, onde toca em nossos nervos como em um órgão, poderíamos acreditar que se percorrêssemos todas as partes do corpo, teríamos de chegar finalmente ao lugarzinho onde reside a alma. Ora se se remove esse lugarzinho, o ser humano como um todo ainda poderia decerto existir, mas faltaria o lugar onde o organista deveria, por assim dizer, tocar o órgão[588]. No entanto, isto é pensar

---

587. Com o propósito de levar adiante sua crítica, Kant também tenta explicar melhor a hipótese cartesiana em *Sonhos de um Visionário*: "alma do homem tem sua sede no cérebro e um lugar indescritivelmente pequeno nele é sua morada.* Ali ela se sente como a aranha no centro de sua teia. Os nervos do cérebro a empurram ou a sacodem, mas com isso fazem com que seja representada não esta impressão imediata, mas aquela que ocorre em partes bem afastadas do corpo, e isso como um objeto presente fora do cérebro. A partir desta sede, ela move também as cordas e alavancas de toda a máquina e causa movimentos arbitrários a seu bel-prazer" (AA II: 325-326).

588. Essa posição nos remete a um exemplo de *Sonhos de um Visionário*: "Existem exemplos de ferimentos nos quais uma boa parte do cérebro foi perdida sem que o homem tenha perdido a vida ou os pensamentos. De acordo com a representação comum, que exponho aqui, teria bastado remover um átomo dele ou ser deslocado de sua posição para que o homem perdesse instantaneamente a alma" (AA II: 325-326).

demasiadamente de maneira materialista. Mas, se a alma não é um objeto dos sentidos externos, as condições das intuições externas também não se adequarão a ela. A condição da intuição externa é, todavia, o espaço. Ora, visto que ela não é um objeto da intuição externa, também *não está no espaço*, mas atua unicamente no espaço. – E, embora digamos analogamente [*analogice*] que ela está no espaço, não devemos, contudo, assumir isso de maneira corpórea. Igualmente se diz que Deus está em uma igreja. Por conseguinte, sustentamos o segundo ponto de vista, a saber, que a alma não tem um lugar particular no corpo, mas seu lugar no mundo é determinado pelo corpo e ela está ligada imediatamente com o corpo. Não discernimos a possibilidade dessa interação. Não devemos, todavia, colocar as condições dessa interação // unicamente no modo como elas estão nos corpos um em relação aos outros, a saber, através da impenetrabilidade, pois, dessa forma, a interação se torna material[589]. Indicar um lugar [Ort] e uma posição [Platz] no corpo para ela é algo absurdo e materialista.

Agora vamos considerar a interação *da alma com o corpo* segundo o tempo. E, decerto, o estado da alma no *início* dessa interação ou no *nascimento*, esse estado na interação mesma ou na *vida* e no *término* da interação ou na *morte*[590].

A vida consiste na interação da alma com o corpo. O início da vida é o início da interação. O término da vida é o término da interação. O início da interação é o nascimento e o término da interação a morte. A *duração* da interação // é a vida. O início da vida é o nascimento. Mas este não é o início da vida da alma, mas do ser humano. O término da vida é a morte. Mas esta não é o término da vida da alma, mas do ser humano. O nascimento, a vida e a morte são, portanto, apenas *estados* da alma, pois a alma é uma substância simples e, portanto, ela também não pode ser gerada quando o corpo é gerado e também não pode ser dissolvida quando o corpo é dissolvido, *pois o corpo é apenas a forma da alma*.

---

589. Certamente, uma importante conclusão que antes fora apresentada em *Sonhos de um Visionário*: "Toda matéria exerce resistência no espaço que ocupa e por isso se chama impenetrável. Que isto acontece, a experiência nos ensina, e a abstração dessa experiência origina em nós também o conceito geral de matéria" (AA II: 322).

590. Baumgarten, *Metaphysica*, § 770-791.

O início ou o nascimento do ser humano é, portanto, apenas o início da interação ou do estado mutável da alma. E o término ou // a morte do ser humano é apenas o término da interação ou do estado mutável da alma. Mas o início da interação ou o nascimento do ser humano não é o início do princípio da vida e o término da interação ou a morte do ser humano não é o término do princípio da vida, pois o princípio da vida não surge pelo nascimento e também não cessa pela morte[591]. O princípio da vida é uma substância simples. Mas da substancialidade ou simplicidade de modo algum se segue que o nascimento do ser humano é o início da substância e a morte do ser humano é o término da substância, pois uma substância simples nasce e perece não segundo leis da natureza. Consequentemente, a substância permanece mesmo que o corpo pereça e, assim, a substância também devia existir quando o corpo nasceu. – A substância permanece sempre imutável. Por conseguinte, o nascimento, a vida e a morte são apenas diferentes estados da alma. Mas um estado *já pressupõe uma existência*. O início não é, pois, um estado, mas o nascimento é um estado da alma e, logo, não é um início da alma.

Visto que levamos em consideração o estado da alma no início da interação, devemos agora considerar a alma *antes* do início da conexão ou seu estado antes do nascimento e *depois* do término da conexão ou seu estado depois da morte. Há uma grande concordância entre o estado da alma antes do nascimento e depois da morte. Pois //, se a alma não tivesse viva antes da união com o corpo, não poderíamos inferir que ela viverá também depois da união com ele. Se ela, pois, tivesse nascido com o corpo[592], ela também poderia desaparecer com o corpo. Pois aquilo que ela deve ser depois da união, ela poderia ter sido, *precisamente a partir dos mesmos fundamentos*, antes da união. Mas não podemos inferir também // a partir do estado depois da morte, o

---

591. A posição de Kant aqui se enquadra, de algum modo, ao que Baumgarten chama, em seu compêndio, de "PREEXISTENCIONISTA [*PRAEEXISTENTIANUS*]" (Baumgarten, *Metaphysica*, § 770).

592. "Aqueles que sustentam que a existência da alma humana começa na concepção mesma, ou de algum modo depois, ou preferem sua origem a partir dos pais são chamados TRADUCIANOS; se admitem sua existência, primeiramente, a partir do nada são chamados INDUCIANOS (infusianos, coexistencionista)" (Baumgarten, *Metaphysica*, § 771).

qual provaremos, o estado da alma antes do nascimento, uma vez que, a partir das provas que vamos dar para a perduração da alma depois da morte, *parece resultar* o fato de que, *antes* da morte, estávamos na vida espiritual pura e que, por meio do nascimento, a alma entrou, por assim dizer, em um calabouço, em uma caverna, que a obstrui em sua vida espiritual[593]. Mas aqui se levanta a questão sobre se a alma tinha, em sua vida espiritual antes do nascimento, um uso integral de suas forças e faculdades; se todas possuíam os conhecimentos, as experiências do mundo, ou se elas os obtiveram primeiramente por meio do corpo. Respondemos: do fato de que a alma estava na vida espiritual pura antes do nascimento, ainda não se segue, em absoluto, que ela tinha, nessa vida espiritual, um tal uso integral de suas forças e faculdades e exatamente os mesmos conhecimentos do mundo (os quais ela obteve, pela primeira vez, depois do nascimento), mas se segue, ao contrário, que a alma estava em uma vida espiritual pura, que tinha uma força espiritual de vida e já possuía todas as capacidades e faculdades //, mas de tal modo que todas essas capacidades se desenvolveram pela primeira vez por meio do corpo e que ela obteve todos os conhecimentos que tem do mundo primeiramente por meio do corpo e teve de se preparar, por meio do corpo, para a perduração futura. *O estado da alma antes do nascimento foi, portanto, sem consciência do mundo e de si mesma.*

Sobre o estado da alma depois da morte[594]

Queremos considerar agora o estado da alma *depois* da morte. Temos de levantar aqui duas questões:

1) Se a alma *vai* viver e perdurar depois da morte e;

2) Se, de acordo com a sua natureza, ela deve viver e perdurar. Isto é, se ela é *imortal.*

Se a alma vive, ainda não se segue que ela deva viver, de acordo com a sua natureza, necessariamente, pois ela poderia, por certo,

---

593. Platão, *Fédon.*
594. Baumgarten, *Metaphysica*, § 782-791.

ser conservada viva por Deus por causa de alguns propósitos de recompensa ou de aperfeiçoamento. Mas se, nesse caso, ela viveu apenas de *maneira contingente*, poderia chegar o tempo no qual poderia deixar de viver. Se, no entanto, ela // é imortal *de acordo a sua natureza*, deve sempre perdurar de *modo necessário*. Por conseguinte, teremos de provar aqui não a vida *contingente* da alma (o fato de que ela viverá simplesmente já se segue de sua substancialidade, posto que toda substância perdura e também a substância dos corpos, pois quando a lenha é queimada apenas as partes são dissolvidas, mas a substância sempre permanece), mas que ela é *imortal. A imortalidade*[595] *é a necessidade natural de viver.* Provar isso leva em conta muito mais do que a mera vida contingente, algo que pode ser demonstrado com muitas provas retiradas da justiça, sabedoria e bondade etc. de Deus. Mas aquela prova que é retirada da natureza e do conceito da coisa mesma é sempre a única prova possível e esta é *transcendental.* Não podem ser dadas *a priori* muitas provas de uma coisa. As outras provas da imortalidade da alma, que temos ainda de costume, não são provas de sua imortalidade, mas provam apenas a *esperança* na vida futura[596]. A prova da imortalidade da alma que é retirada da natureza e do conceito baseia-se no fato de que a vida não é nada mais do que a faculdade de agir a partir do princípio *interno*, a partir da espontaneidade. Ora já se encontra no conceito universal de alma que ela é um sujeito que contém espontaneidade em si para determinar a si mesma a partir do princípio interno. Ela é a fonte da vida que anima o corpo. Ora, uma vez que toda matéria é inerte (este é, pois, o conceito de matéria que temos, posto que não a // conhecemos de outra maneira), então tudo o que pertence à vida não pode advir da matéria. As ações [*actus*]

285

235

---

595. "A alma humana preserva sua espiritualidade, liberdade e personalidade depois da morte (do corpo e do ser humano, tal como é experimentado nessa terra) [§. 781, 756]. Se a preservação de sua memória intelectual é chamada imortalidade, então nesse sentido a alma humana também é imortal [§. 781, 64]" (Baumgarten, *Metaphysica*, § 782).

596. Ao contrário, como Kant assevera em *Sonhos de um Visionário*, tendo em vista a incapacidade da razão de conceder a pretensa prova transcendental da imortalidade da alma, será justamente a moral que vai apoiar, antecipando a doutrina dos postulados, a esperança de uma vida futura: "Por isso, parece mais adequado à natureza humana e à pureza dos costumes fundar a espera do mundo futuro sobre os sentimentos de uma alma bem constituída do que, inversamente, fundar seu bom comportamento sobre a esperança do outro mundo" (AA II: 373).

de espontaneidade não podem provir do princípio externo, isto é, não podem ser causas externas da vida, pois caso contrário não haveria espontaneidade na vida. Isso já está no conceito de vida, visto que é uma faculdade de determinar as ações a partir do princípio *interno*. Portanto nenhum corpo pode ser causa da vida. Pois, uma vez que o corpo é matéria e toda a matéria é inerte, então o corpo não é um fundamento da vida, mas, pelo contrário, um obstáculo a ela, que resiste ao princípio da vida. O fundamento da vida deve, ao contrário, encontrar-se em outra substância, a saber, na alma, um fundamento que não se baseia, todavia, na ligação com o corpo, mas no princípio interno da espontaneidade da alma. Por conseguinte, nem o início da vida da alma nem a perduração de sua vida provirá do corpo. Portanto, embora // o corpo acabe, contudo ainda subsiste o princípio da vida, que executou as ações da vida independente do corpo e, portanto, também agora, depois da separação do corpo, deve executar as mesmas ações da vida de forma desimpedida.

A vida no ser humano é de *dois tipos*: a vida animal e a espiritual. A animal é a vida do ser humano enquanto humano, e aqui o corpo é necessário para que o ser humano viva. A outra vida é a vida espiritual, na qual a alma deve continuar a executar as mesmas ações da vida independente do corpo //. O corpo é necessário à vida animal. Visto que a alma está em ligação com o corpo, ela age no corpo e o anima. Ora, se a máquina do corpo é destruída de modo que a alma não mais possa atuar nela, então a vida animal[597] é, decerto, suprimida, mas não a espiritual[598]. Poder-se-ia dizer, no entanto, que todas as ações da alma, como por exemplo, o pensar, o querer etc., acontecem mediante o corpo, algo que a experiência mostra, e, portanto, o corpo é a condição da vida da alma. Certamente, enquanto o espírito representar uma alma e o espírito se encontrar em interação com o corpo, as ações da alma

---

597. Lemos no compêndio: "[...] tão logo há algumas modificações harmônicas da alma e do corpo que são colocadas em uma interação mais próxima, um ANIMAL ESTÁ VIVO. A supressão de todas as ações harmônicas do corpo e da alma, estabelecidas em uma interação mais próxima, é A MORTE DO ANIMAL" (Baumgarten, *Metaphysica*, § 779).

598. "Nenhuma substância desse mundo [§. 354, 358] é aniquilada [§. 227, 228]. Logo quando o corpo, tal como os seres humanos possuem nessa terra, morre, a alma humana sobrevivente vive imortalmente [...]" (Baumgarten, *Metaphysica*, § 781).

também são dependentes do corpo, pois caso contrário não haveria nenhuma interação. Enquanto o animal vive, a alma é o princípio da vida, mas o corpo é o instrumento, o órganon, por meio do qual as ações animadas da alma são executadas no mundo. Se, portanto, consideramos duas substâncias na interação, certamente não pode ser de outro modo senão que uma substância é uma condição da outra. Por isso, por exemplo, a alma pode não ser capaz de pensar se o corpo está doente. Todos os conhecimentos sensíveis se baseiam no corpo, pois ele é o órganon dos sentidos. Enquanto o ser humano vive, a alma tem de poder expor suas representações sensíveis através do cérebro, como se desenhadas em um quadro.

Aqui se passa com uma alma que está encerrada no corpo o mesmo que com um ser humano que está preso a uma carruagem. Se este ser humano se move //, a carruagem deve se mover junto. 237 Mas ninguém sustentará que o movimento provém da carruagem. Da mesma maneira, as ações não provêm do corpo, mas da alma. Enquanto o ser humano está na carruagem, ela é a condição de seu movimento. Se ele se livra dela, poderá se mover mais facilmente e, portanto, ela era um obstáculo para o seu movimento. Mas, enquanto ele ainda está ligado a ela e quanto melhor é a condição do instrumento, mais fácil lhe é também o movimento //. Ora, uma vez que a alma está ligada ao corpo, a mudança 287 dos obstáculos é a promoção da vida, assim como o movimento é mais fácil quando as rodas estão lubrificadas, embora fosse ainda mais fácil depois da libertação da carruagem. Portanto, enquanto a alma está ligada ao corpo, uma boa constituição do corpo é também uma promoção da vida, embora a promoção da vida seria ainda melhor depois da libertação do corpo. Pois, visto que o corpo é uma matéria inanimada, ele é um obstáculo à vida. Mas, enquanto a alma está ligada ao corpo, ela deve suportar esse obstáculo e tentar se aliviar de todas as maneiras. Ora mas se o corpo é completamente suprimido, então a alma é libertada de seu obstáculo e agora ela começa a viver adequadamente pela primeira vez. Portanto a morte não é a supressão absoluta da vida, mas a libertação dos obstáculos de uma vida plena. Isto já está em qualquer entendimento e na natureza da coisa //. A consciência 238 do mero Eu prova que a vida não se encontra no corpo, mas em um princípio particular que é diferente do corpo e, com efeito, que este princípio também pode perdurar sem o corpo e que a sua vida não é diminuída dessa forma, mas aumentada. *Esta é a única prova que pode ser dada a priori* e retirada do conhecimento e da natureza da alma que discernimos *a priori*[599].

Ora podemos citar ainda uma prova a priori, mas a partir do conhecimento de outro ser.

Mas qual ser conhecemos *a priori*? Conhecemos, decerto, a existência de nossa alma a partir da experiência, mas discernimos *a priori* a sua natureza. Aquele ser que podemos conhecer *a priori* deve ser absolutamente necessário. Só por meio da experiência, posso conhecer seres contingentes dos quais eu nada saberia se eles não fossem dados. Mas daquilo que é necessário, tenho discernimento *a priori* de que deve ser absolutamente necessário. Esse ser absolutamente necessário é o ser divino. Ora se queremos inferir a imortalidade da alma a partir da necessidade desse ser divino, não somos capazes de conhecer tal coisa *a priori* a partir da natureza divina, pois assim sendo a alma deveria ser uma parte da natureza divina. Se não sou capaz, portanto, de conhecer a imortalidade a partir da natureza da essência da alma, o que me resta então? Resposta: *a liberdade*. Pois natureza e liberdade são tudo aquilo que // pode ser conhecido em um ser. //. Por conseguinte vamos inferir, a partir do conhecimento da vontade divina, a perduração necessária da alma. Esta é a prova moral ou (porque o conhecimento de Deus é acrescentado) a prova teológico-moral[600]. Ela baseia-se no fato de que todas as nossas ações se encontram sob regras práticas da obrigação. Essa regra prática é a lei moral santa. Discernimos essa lei *a priori*. Encontra-se na natureza das ações o fato de que elas devam ser assim e não de outra maneira,

---

599. De acordo com os pressupostos do criticismo, essa prova não pode ser assumida senão de maneira problemática.

600. Como se observa na *Crítica da Razão Pura*, "[e]ssa teologia moral tem a peculiar vantagem, em relação à especulativa, de conduzir inexoravelmente ao conceito de um ser originário *único, perfeitíssimo* e *racional*, para o qual a teologia especulativa, a partir de fundamentos objetivos, não consegue sequer *apontar*" (B 843). Ver também *Lições sobre a Doutrina Filosófica da Religião* (AA XXVIII: 1071-1121).

algo que discernimos *a priori*. Mas aqui isso depende principalmente das disposições, que elas sejam adequadas à lei santa, cujo motivo também é moral. Mas toda moralidade consiste no epítome [Inbegriff] da regra segundo a qual *nos tornamos dignos de ser felizes* se agimos de acordo com ela. Não se trata de uma instrução para ações através das quais nos *tornamos* felizes, mas apenas para ações através das quais nos tornamos *dignos* de felicidade[601]. Ela ensina unicamente as *condições* sob as quais é possível alcançar a felicidade. Tenho discernimento dessas condições, dessa lei, através da razão. Ora, mas não há nenhum caminho nesse mundo para alcançar a felicidade por meio dessas ações. Vemos que as ações, por meio das quais nos tornamos dignos da felicidade, não pode nos proporcionar a felicidade aqui. Quão frequentemente a honestidade não deve definhar? Pela sinceridade não se prospera na corte. Ora mas uma vez que tenho, afinal, discernimento da lei, mas por outro lado não tenho nenhuma promessa em absoluto, e não posso esperar em absoluto // que minhas ações, se são adequadas a essa lei, serão um dia recompensadas; se tenho discernimento de que me tornei digno da felicidade pelo fato de ter seguido essa lei, mas por outro lado não posso esperar, em absoluto, algum dia me tornar participante dessa felicidade, então todas as regras morais não têm nenhuma força[602]. Elas são deficientes, porque não podem proporcionar o que prometem. Parece ser melhor que alguém não se esforce, em absoluto, para viver

240

---

601. Antes de sua apresentação integral na *Crítica da Razão Prática* (AA, V: 124-132), já vemos esse argumento característico da teologia moral apresentado, pelo menos em alguma extensão, na *Crítica da Razão Pura* (B 836-839), nas *Lições sobre a Doutrina Filosófica da Religião* (AA, XVIII: 1071-1073) e, em meados de 1770, nas *Lições de Ética* (Ed. Menzer, 1924, p. 101-102/ Unesp, 2018, p.226-229).

602. É possível observar, nos escritos kantianos da década de 1770 até a *Crítica da Razão Prática*, a insistência kantiana de que a ideia de Deus e da imortalidade, enquanto condições de possibilidade do sumo bem, são móbeis da moralidade. Sobre isso, lemos na *Crítica da Razão Pura*: "Sem um Deus, portanto, e sem um mundo ainda invisível mas esperado por nós, as nobres ideias da moralidade podem até ser objetos de elogio e admiração, mas não móbiles do propósito e da execução, já que não preenchem todo o fim que é natural a cada ser racional e necessário àquela mesma razão pura que o determina a priori" (B 841). Nas *Lições de Ética*, do mesmo modo, encontramos: "Por isso deve existir um Ser que dê expressão e realidade à lei moral. Mas, nesse caso, esse Ser tem de ser santo, benevolente e justo. Sem tal representação a moral é uma ideia. A religião é aquilo que dá peso à moralidade. Ela deve ser o móbil da moral. Aqui reconhecemos que aquele que se comportou de modo a ser digno da felicidade, também pode esperar alcançá-la, porque existe um Ser que é capaz de fazê-lo feliz" (Ed. Menzer, 1924, p. 102/ Unesp, 2018, p. 228).

em adequação a essa lei, mas que busque promover sua própria felicidade no mundo tanto quanto é apenas possível. Desse modo, o trapaceiro mais prudente é o mais feliz, se ele sabe se tornar tão prudente ao ponto de não ser apanhado e aquele que se esforçou zelosamente para viver segundo a lei moral seria um verdadeiro tolo se deixasse de lado as vantagens no mundo e se agarrasse a coisas tais que a lei moral lhe promete, mas não pode cumprir.

289 // Ora aqui a teologia ou o conhecimento de Deus vem em nossa ajuda. Tenho discernimento de um ser absolutamente necessário que está em condições de me compartilhar aquela felicidade da qual me tornei digno pela observância da lei moral. Ora mas visto que vejo que de modo algum posso ser participante dessa felicidade da qual me tornei digno nesse mundo, mas com muita frequência devo sacrificar muito da minha felicidade temporal através da minha conduta moral e minha retidão, então deve

241 haver *um outro mundo* ou um *estado no qual* // *o bem-estar da criatura será adequado à sua conduta*[603]. Ora, se o ser humano assume um outro mundo, ele também deve estabelecer suas ações de acordo com ele. Caso contrário, ele age como um vilão. Mas, se ele *não* assume o outro mundo, ele agiria como um tolo se quisesse estabelecer suas ações em conformidade à lei que discerne pela razão[604]. Pois, nesse caso, o pior vilão seria o melhor e o mais

---

603. Embora Kant já tenha apresentado um esboço do argumento que posteriormente seria desenvolvido como o postulado moral da imortalidade da alma em *Sonhos de um Visionário* (AA II: 373), é interessante notar que o argumento exposto aqui nestas *Lições* está mais próximo da formulação madura da *Crítica da Razão Prática*, onde lemos: "A efetivação do sumo bem no mundo é o objeto necessário de uma vontade determinável pela lei moral. Mas nessa vontade, a *adequação completa* das intenções à lei moral é a condição suprema do sumo bem. Esta adequação tem de ser, portanto, tão possível quanto seu objeto, porque ela está contida no mesmo comando de promover este objeto. Mas a completa adequação da vontade com a lei moral é a *santidade*, uma perfeição da qual nenhum ser racional do mundo dos sentidos é capaz em nenhum momento de sua existência. Entretanto, como ela é todavia requerida como praticamente necessária, então ela só pode ser encontrada em um *progresso* que segue ao *infinito* em direção àquela completa adequação e é necessário, segundo princípios da razão prática pura, admitir uma tal progressão prática como o objeto real de nossa vontade" (AA V: 122).

604. Trata-se, decerto, de uma referência a Rousseau, para quem a moralidade seria irracional sem a pressuposição da existência de Deus. "[s]e a Divindade não existisse, apenas o mau raciocinaria e o bom não seria mais do que um insensato" (*Oeuvres Complètes*, 1856, p. 225).

sábio indivíduo, considerando que busca aqui apenas promover sua felicidade, uma vez que não pode, contudo, esperar nenhuma felicidade futura.

Essa prova moral é suficiente, em sentido prático, para se acreditar em um estado futuro. O ser humano, em quem ela deve fazer seu efeito, *já* tem de ter, *de antemão*, abraçado as disposições morais. Nesse caso, ele não precisa mais de uma prova tal; ele já não mais escuta as objeções que são feitas. Para ele, esta prova é totalmente suficiente. Ela é um móbil da virtude e aquele que quiser adotar o contrário, suprime todas as leis morais e móbeis da virtude[605] e, então, os princípios morais são apenas quimeras. Mas, de acordo com a especulação, com a precisão lógica e sua escala de medida, essa prova *não é suficiente*. Pois, pelo fato de que não vemos que o vício não é punido e a virtude recompensada nessa vida, *disso ainda não se segue, em absoluto, que haja outro mundo*. Pois não podemos saber, por certo, se os vícios e virtudes não são recompensados e punidos aqui. Por certo, cada um já pode // sentir sua punição aqui e mesmo que seus vícios e transgressões nos pareçam maior do que sua punição, certamente estas transgressões, que consideramos tão puníveis, podem ser, segundo a constituição de seu temperamento, tão humanas e pequenas quanto em um outro que comete transgressões menores, mas tem uma melhor constituição de temperamento e pode abster-se mais do vício. Por outro lado, se // não vemos o virtuoso tão feliz quanto merecia, talvez sua virtude fosse ainda bastante impura e talvez ele não merecesse, por conseguinte, uma felicidade tão grande. Além disso, poder-se-ia objetar: mesmo que assumíssemos que, por essa razão, há um futuro, de modo que cada um seja recompensado e punido[606], não é necessário, por este motivo,

---

605. Em paralelo às *Lições sobre a Doutrina Filosófica da Religião*: "Essa crença moral é um postulado prático por meio do qual aquele que o nega é conduzido *ad absurdem practicum*. *Absurdem logicum* significa absurdo nos juízos, enquanto *absurdum practicum* é quando se demonstra que aquele que nega esse ou aquele fato deveria ser um patife" (AA XXVIII: 1083).

606. Nota de Kant: "poder-se-ia aqui ainda muito bem perguntar: por que não aparecemos já aqui diante do juiz divino? Por que devemos primeiro morrer? Mas se se quiser entrar mais a fundo na questão, poder-se-ia perguntar também: por que o cavalo não tem seis patas e dois cifres?". Esta nota está disposta no corpo do texto na edição de Pölitz.

contudo, viver eternamente para ser recompensado ou punido. Quando cada um recebeu sua recompensa ou punição é o seu fim e sua vida está terminada, pois a relação das transgressões com a eternidade da pena é obviamente muito desproporcional e isso também vale precisamente para as recompensas. Portanto a vida já pode acabar quando tudo já foi recompensado e punido. Além disso, de modo algum algumas pessoas poderiam, simplesmente por causa de recompensas e // punições, aparecer diante do tribunal divino, posto que elas não puderam executar nem boas e nem más ações, como, por exemplo, as crianças pequenas que morreram prematuramente, os selvagens que não possuem em absoluto nenhum uso da razão e que não sabem nada de uma lei moral. Portanto, de acordo com essa prova, todas estas pessoas não poderiam assumir nenhuma fatura na vida futura e mesmo que as outras pessoas fossem transferidas para o estado futuro, elas só poderiam permanecer nele, contudo, enquanto duram suas recompensas e punições.

Por conseguinte, não é suficiente que se prove que a alma viverá depois da morte, mas deve também ser provado que ela deve viver *necessariamente* segundo a sua natureza, pois caso contrário, se tenho de morrer em algum momento ainda que tivesse de acontecer depois de muitas centenas de séculos, prefiro morrer logo do que ter de passar o tempo de forma prolongada com preocupações e assistindo à comédia. –

A partir dessa prova, portanto, também não pode ser apresentada nenhuma perduração necessária. Mas a prova anterior que é dada a partir da natureza da alma e do conceito de espírito prova que a alma, segundo a sua natureza espiritual, deve perdurar eternamente de modo necessário. Ora se a alma já é *imortal*, segundo a sua natureza, isto é válido para todos, tanto para crianças pequenas quanto selvagens, pois a natureza da alma é uma só. A prova moral é, no entanto, um *fundamento suficiente de crença*. Mas o que pode suscitar // essa crença? // O conhecimento de um ser que recompensará e punirá todas as ações segundo essa lei moral pura e santa. Aquele que acredita nisso vive moralmente. Mas o mero conceito não pode mover tal pessoa em direção a ela[607]. Por conseguinte, esta prova moral é suficiente, em sentido prático, para um homem honesto. Mas um patife não nega apenas a lei, mas também o seu Autor.

A terceira prova é a empírica que é derivada da psicologia. É tomada da natureza da alma, *na medida em que é emprestada da experiência*. Isto é, tentaremos ver se podemos derivar uma prova da experiência que temos da natureza da alma. – Observamos na experiência que as forças da alma aumentam tanto quanto as forças do corpo e diminuem tanto quanto as forças do corpo. Assim como o corpo diminui, a alma também diminui. Ora mas disso ainda não se segue, em absoluto, que se o corpo diminui e é completamente suprimido, a alma também é completamente suprimida com ele. O corpo é, decerto, a condição da vida animal e, por conseguinte, a vida animal decerto é suprimida, mas ainda não a vida como um todo. Essa prova empírica, no entanto, ainda não pode demonstrar, em absoluto, *a imortalidade* da alma. O fundamento universal pelo qual podemos demonstrar a perduração futura da alma sem o corpo a partir das observações e experiências do ânimo humano está no fato de que todas essas experiências e observações // *acontecem em ligação* com o corpo. Não podemos ter quaisquer experiências na vida senão em ligação com o corpo. Por conseguinte, essas experiências não podem provar o que poderíamos ser *sem o* corpo, pois elas aconteceram, por certo, *com* o corpo. Se o ser humano pudesse desencarnar [entkörpern], a experiência que ele poderia ter nessa situação poderia provar o que ele seria *sem* o corpo. Ora, mas visto que tal experiência não é possível, também não se pode mostrar, sem essa experiência, o que a alma será sem o corpo. Essa prova empírica tem, no entanto, uma utilidade *negativa*, posto que, a saber, não podemos dirigir nenhuma conclusão segura *contra* a vida da alma a partir da experiência, pois pelo fato de que o corpo é suprimido, por certo ainda

---

607. Kant refere-se à lei. Embora a posição de Kant, nesse contexto, seja ambígua, ele parece tentar mostrar nesse ponto que o conhecimento de Deus é um móbil para a moral, pois sem pressupor a existência de Deus agir moralmente é algo destituído de sentido. Contudo, a condição para que se tenha o direito de se acreditar em Deus, como origem da justiça distributiva, está justamente no cumprimento da lei.

não se segue, de tudo, que a alma também seja suprimida. – Portanto, nenhum oponente pode encontrar, *a partir da experiência*, um argumento que demonstraria a mortalidade da alma. A imortalidade da alma está, portanto, ao menos assegurada contra todas as objeções que são emprestadas da experiência.

292 // A quarta prova é a empírico-psicológica[608], mas a partir de fundamentos cosmológicos e esta é a prova analógica. Aqui a imortalidade da alma é inferida a partir da analogia com a natureza como um todo. – A analogia[609] é a proporção dos conceitos, na qual, a partir da relação de dois membros que conheço, extraio [herausbringe] a relação de um terceiro membro que conheço com um quarto membro que *não* conheço[610]. A prova em si mesma

246 é a seguinte: na // natureza como um todo não encontramos quaisquer forças, faculdade, instrumentos, pertencentes aos seres inanimados e aos animados que não visem uma certa *utilidade* ou *fim*. Mas encontramos na alma tais forças e faculdades que não têm nenhum fim determinado nessa vida e, portanto, essas faculdades devem (já que não há nada sem utilidade e fim na natureza) – se elas não têm nenhum fim e utilidade aqui – ter, contudo, uma utilidade *em algum lugar*. Então deve haver um estado no qual essas forças podem ser utilizadas. Portanto pode-se supor da alma que ela deve ser conservada em um mundo futuro no qual pode aplicar e usar todas essas forças. Se percorremos essa proposição de modo detalhado constatamos, por meio da experiência, que, no todo da natureza, todos os animais não têm quaisquer órgãos, quaisquer forças e faculdades em vão, mas que todas elas têm sua utilidade e fim determinado. Ora levanta-se a pergunta sobre se as forças da alma humana são constituídas de tal modo que estendem a sua utilidade apenas a esse mundo ou

---

608. Esta prova se desenvolve na esteira da prova fisicoteológica que consiste em "verificar se uma *determinada experiência* – uma, portanto, que envolve as coisas deste mundo presente, sua constituição e ordem – não poderia fornecer uma demonstração que pudesse ajudar-nos a atingir seguramente a convicção na existência de um ser supremo. A esta prova nós denominaríamos *físico-teológica*" (*KrV*, B 648).

609. Ver nota 645.

610. Seguimos Lehmann em substituir a expressão "zum Verhältnis des dritten Gliedes, das ich kenne, das Verhältnis des vierten Gliede" (Pölitz) por "das Verhältnis des dritten Gliedes, das ich kenne, zum vierten Gliede".

se há nela também capacidades e faculdades que não possuem, de tudo, qualquer utilidade e fim determinado aqui. Se investigamos isso, encontraremos confirmado o último caso. Podemos assumir apenas a faculdade de conhecimento da alma e vemos então que ela se estende muito além das necessidades dessa vida e do que as determinações nesse mundo exigem. Algumas ciências provam isso. A matemática mostra que nossa faculdade de conhecimento se estende muito além dos limites // de nossa destinação [Bes- 247 timmung] daqui. Possuímos um desejo de conhecer o que se passa com a estrutura inteira da criação. Fazemos observações com mui- to esforço. Nossa sede de conhecimento estende-se a cada ponto claro do céu, algo que a astronomia demonstra. Ora levanta-se a questão sobre se todos esses esforços, que consistem na satisfação de nossa sede de conhecimento, têm uma utilidade menor para nossa vida presente. É muito bem conhecido que todas as ciências, através das quais satisfazemos a nossa sede de conhecimento, não // têm apenas uma utilidade menor em nossa vida nesse mun- 293 do, posto que existem muitas nações que não sabem nada delas em absoluto, para as quais o sistema copernicano é totalmente indiferente e que estão bastante satisfeitas na ausência desse dis- cernimento. Pode-se sempre viver sem tais ciências. Por certo, o mais importante ponto da astronomia é justamente o que menos interessa. O calendário e a navegação poderiam ser, muito bem, o mais excelente uso que temos dela nesse mundo. Mas apenas se não tivéssemos nada mais a fazer aqui do que *apenas* viver é que poderíamos viver sem ela. Estas são também as consequências do luxo [Luxus] do entendimento, que não visam a essa vida. Pode- mos sempre viver sem o luxo que a navegação nos traz. O valor de nossa pessoa[611] não consiste em nos adornarmos com mercadorias e roupas de regiões estrangeiras do mundo. Tal coisa também não tem, portanto, um fim determinado nessa vida. Mas nossa sede de conhecimento estende-se para mais além. O ser humano investiga

---

611. Como Kant professa em suas *Lições de Ética*: "o valor da pessoa constitui o valor moral [...]. Mesmo que todas as agradabilidades [Annehmlichkeiten] da vida sejam sacrifi- cadas, a conservação da dignidade da humanidade compensa a perda disso tudo e obtém aprovação, uma vez que mesmo quando tudo foi perdido, ainda detemos esse valor interno" (Ed. Menzer, 1924, p. 151/ Unesp, 2018, p. 289). Ver também *Crítica da Faculdade de Julgar* § 83 nota (AA V: 434).

248 e pergunta // o que era antes do nascimento, o que ele se tornará depois da morte. Ele vai ainda mais longe e pergunta: De onde o mundo vem? Ele é infinito, contingente ou desde a eternidade? E ele tem uma causa? Como essa causa é constituída? Todos esses conhecimentos de modo algum me interessam nessa vida. Se eu existisse só para esse mundo unicamente, se eu estou e posso viver só aqui, que necessidade teria eu de saber de onde eu venho ou o mundo vem, quem é a causa desse mundo e como ele é constituído. Ora, visto que todas estas faculdades não podem existir em vão, elas devem ter sua utilidade em outro estado. Mesmo aqueles fins que podem ser os mais interessantes nessa vida, por exemplo, como pode ser feita uma boa cerveja etc. eles aparecem, em nossa consciência, como bastante inferiores. Em contrapartida, as investigações, que não têm aqui em absoluto nenhuma utilidade determinada, parecem ser o fim determinado e supremo. Portanto seria não só inútil, mas também absurdo elevar as nossas forças para além de nossa determinação, fim e utilidade. Por conseguinte deve nos ser reservada uma outra vida na qual isso tem seu fim e utilidade. Além disso, as ciências e as especulações exigem que uma parte da humanidade trabalhe menos de modo que a outra parte conserve mais tempo e ócio para a especulação e não necessite se preocupar com meios de subsistência e alimentação. Ora mas, se não houvesse outra destinação [Bestimmung][612], seria bastante inadequada essa desigualdade entre os seres humanos nessa vida. Por certo, o ser humano que se devota às ciências

249 e às especulações deixa de lado muitas vantagens dessa // vida.

294 Ele // encurta sua vida e enfraquece sua saúde. Portanto visto que as mesmas ciências de modo algum são adequadas para nossa destinação presente, deve ser esperada outra destinação na qual elas terão mais valor [Valeur]. Além disso, a brevidade da vida humana não é suficiente para se fazer *uso* de todas as ciências e conhecimentos que se adquiriram. A vida é curta demais para se cultivar completamente o talento de alguém. Quando alguém alcançou o nível máximo nas ciências e poderia fazer o melhor uso dela, então a pessoa morre. Se, por exemplo, um Newton tivesse

---

612. A tradução para a língua inglesa mantém "determinação" [determination]. O contexto demanda a adaptação.

vivido mais tempo, teria sozinho descoberto mais do que todos os seres humanos juntos teriam descoberto em mil anos. Mas, quando alcançou o nível máximo nas ciências, ele morre. Depois dele, chega alguém que, por sua vez, deve começar do ABC e quando, da mesma forma, tal pessoa chegou tão longe, também morre e acontece igualmente com a seguinte[613]. Por conseguinte, a brevidade da vida de modo algum tem uma proporção com o talento do entendimento humano. Ora, visto que nada na natureza é em vão, então isso deve ser elevado a uma outra vida. *As ciências são o luxo do entendimento que nos dá o sabor daquilo que seremos na vida futura.*

Por outro lado, se consideramos as forças da vontade, encontramos em nós um móbil para a moralidade e para a retidão. Se este móbil tivesse sido // feito para nós meramente nessa vida, então a natureza nos fez de tolos[614]. Tudo seria inútil se a alma não tivesse uma extensão mais ampla de sua destinação. Supondo que chegasse um outro ser, um espírito, em nossa Terra, e ele visse uma mulher grávida aberta, em cujo corpo haveria um outro ser; além disso, ele teria visto que este ser possui órgãos que, no entanto, não poderiam ser usados no estado em que ele se encontra, então este espírito teria de inferir necessariamente que este ser deve ser preservado para um outro estado em que poderá usar todos os seus órgãos. E nós mesmos inferimos da mesma maneira

250

---

613. O mesmo exemplo é encontrado em uma nota de um opúsculo de 1786, *Começo Conjectural da História Humana*: "Ora, a natureza tomou sua decisão em relação à duração da vida do homem abertamente a partir de um outro ponto de vista que não o da promoção das ciências. Pois, quando a cabeça bem afortunada está diante das grandes descobertas que sua habilidade e experiência permitiriam esperar, chega-lhe então a idade; ela se torna gasta e deve deixar que uma segunda geração (que começa novamente do ABC e tem de atravessar toda a distância já percorrida) acrescente mais um palmo no progresso da cultura" (AA VIII: 117). Lemos também na *Antropologia*: "o impulso para a ciência, como algo cujo o cultivo enobrece a humanidade, não guarda, no conjunto da espécie, proporção com a duração da vida. Quando o sábio avançou no cultivo [da ciência] até ampliar o campo da mesma, é levado pela morte e assumo o seu lugar um estudante do ABC [...]" (AA XII: 325-326). E ainda nas *Lições de Ética*: "Por que Newton deve morrer em uma época em que poderia ter feito o melhor uso de sua erudição e uma outra pessoa deve começar mais uma vez do ABC, atravessando todas as fases de aprendizado até chegar novamente naquele ponto? E quando então esta pessoa está preparada para aplicar esse conhecimento corretamente, se enfraquece e morre" (Ed. Menzer, 1924, p. 306/ Unesp, 2018, p. 489-490).

614. Para dar sentido à premissa, as traduções francesa e inglesa optaram por essa adaptação. Lemos, literalmente, "a natureza nos fez da melhor maneira possível" [*so hat uns die Natur zum Besten*].

quando vemos, por exemplo, uma lagarta e estamos conscientes de que ela já possui todos os órgãos que precisará posteriormente como borboleta: inferimos que ela se servirá deles depois de seu desenvolvimento. Do mesmo modo a alma do ser humano é equipada com faculdades de conhecimento e apetição, com impulsos e sentimento moral, os quais de modo algum têm uma destinação suficiente para essa vida. Ora visto que nada existe em vão, mas tudo // tem um fim, essas capacidades da alma também têm seu fim determinado. Ora uma vez que isso não se cumpre na vida presente, ela[615] deve ser conservada para uma vida futura.

A dificuldade que acompanha essa prova baseia-se na seguinte objeção: a procriação do ser humano é contingente. Depende sempre dos seres humanos o fato deles quererem ou não colocar-se na situação de gerar filhos; depende meramente de sua inclinação //, de seu capricho. Com frequência, crianças são geradas até mesmo de maneira ilícita, quando pessoas se relacionam com outras levados por paixão intensa. Portanto os seres humanos podem proliferar por procriação tão bem quanto os outros animais. Ora nenhuma criatura que é colocada no mundo, através do nascimento, mediante a decisão contingente de seus pais pode ser destinada a um fim supremo e a uma vida futura. É, decerto, verdade que se os seres humanos não tivessem de chegar à vida habitualmente de nenhum modo a não ser através do fim do nascimento animal, que é bastante contingente, esta não seria apenas uma objeção completa, mas até mesmo uma prova. Mas, por outro lado, vemos que a vida da alma não se baseia na contingência da procriação da vida animal, mas que ela já tinha uma duração *antes* da vida animal e, portanto, sua existência depende de uma destinação superior. *Com efeito, a vida animal é contingente, mas não a espiritual*[616]. A vida espiritual poderia perdurar e se realizar, contudo, mesmo que também estivesse unida com o corpo de modo contingente. Mesmo que os seres que não nasceram ou que não poderiam ter nascido não tenham tomado parte na vida humana,

---

615. Embora Kant use aqui a partícula neutra "es", o contexto nos diz que ele se refere ao substantivo feminino "sie" de "alma" [die Seele].

616. Baumgarten, *Metaphysica*, § 777-778; 781.

este espírito que teria então se desenvolvido, por certo, por meio do invólucro do corpo pode ser desenvolvido, contudo, de uma outra maneira. Mesmo que essa resposta à objeção ainda não prove completamente a coisa, ela é, contudo, útil na medida em que a objeção ao qual ela é contrária não é válida e //, dessa forma, estamos assegurados, em nossa crença, a assumir uma vida futura.

52

No que diz respeito à constituição do estado da alma além dos confins [Grenze] da vida, não poderemos dizer nada com confiabilidade, posto que os limites [Schranken] de nossa razão se estendem até os confins [Grenze], mas não os ultrapassam. – Por conseguinte, podem tomar lugar apenas conceitos que podem ser opostos às objeções que se pode fazer. Primeiramente levanta-se a questão sobre se a alma estará consciente de si mesma ou não em seu estado futuro //. – Se ela não estivesse consciente de si, esta seria a morte *espiritual* que já refutamos por meio dos conceitos anteriores. Mas se ela não é consciente se si, embora sua força vital ainda exista, este é o *sono espiritual* no qual a alma não sabe onde está e ainda não pode se transferir adequadamente ao outro mundo. Mas essa mesma deficiência da força vital e da consciência de modo algum pode ser provada, pois, uma vez que a alma mesma é a força vital, ela não pode ter nenhuma deficiência em relação a isso.

296

A *personalidade*, a coisa mais importante na alma depois da morte, e a identidade da personalidade da alma consistem, no entanto, no fato de que ela é consciente de si, que é uma pessoa e que é também consciente da identidade[617], pois caso contrário de modo algum o estado precedente seria conectado com o futuro. A personalidade pode ser tomada em *sentido prático* e *psicológico*. *Em sentido prático* se lhes são atribuídas ações livres //. *Em sentido psicológico* se ela é consciente de si mesma e da sua identidade. A consciência de si mesma e identidade da pessoa baseiam-se no sentido interno. Mas o sentido interno subsiste, afinal, mesmo sem o corpo, uma vez que o corpo não é um princípio da vida e, portanto, subsiste também a personalidade.

253

---

617. Baumgarten, *Metaphysica*, § 785.

Ora, mas se a alma é consciente de si mesma, levanta-se a questão: ela é consciente *como um espírito puro ou ligada com um corpo orgânico*? Não podemos dizer nada de confiável disso. Sobre isso, têm-se dois tipos de opiniões:

1) Pode-se pensar uma restituição da vida animal, que pode ser de tipo mundano ou extramundano. Segundo o tipo mundano, minha alma teria de assumir este ou outro corpo animal. Segundo o tipo extramundano, que seria uma transição a partir dessa para outra vida animal, a alma teria de assumir um corpo transfigurado[618]. Ou pode-se também pensar:

2) Uma vida espiritual totalmente pura, na qual a alma não vai ter, em absoluto, nenhum corpo.

Essa última opinião é mais adequada para a filosofia. Pois, se o corpo é um obstáculo da vida, mas a vida futura deve ser perfeita, então ela deve ser *completamente espiritual*. Ora, mas se assumimos uma vida espiritual plena, pode-se perguntar aqui // mais uma vez: onde é o paraíso? Onde é o inferno? E qual é nosso lugar futuramente determinado? // A separação da alma do corpo não é para ser colocada em uma mudança de lugar. A presença do espírito não pode ser explicada localmente [*localiter*]. Pois, se ela é explicada localmente, posso, quando o ser humano está morto, perguntar: a alma ainda reside quanto tempo no corpo? Ou ela o deixará imediatamente? Por conseguinte, ela está no quarto ou na casa? E quanto tempo provavelmente ela pode levar em sua jornada, seja para o paraíso ou para o inferno? Ou onde ela normalmente está? Mas todas essas perguntas desaparecem quando não se assume e se esclarece a presença do espírito localmente. Os lugares são apenas relações de coisas corpóreas, mas não de coisas espirituais. Por conseguinte, uma vez que não ocupa lugar algum, não é para se ver a alma no todo do mundo corpóreo. Ela não tem nenhum lugar determinado no mundo corpóreo, mas ela está no mundo espiritual. Ela encontra-se em ligação e na relação com outros espíritos. Ora, se estes espíritos são seres santos e de

---

618. Como lemos no manual, "[...] [o] começo de uma nova interação mais próxima com um novo corpo é chamada de PALINGÊNESES [*PALINGENESIA*]) (regeneração, metensomatose e mentepsicose, assumidas mais amplamente) [...]" (Baumgarten, *Metaphysica*, § 784).

bom pensamento [Wohldenkende] e a alma está em comunidade com eles, então ela está no *paraíso*. Mas se a comunidade de espíritos na qual ela se encontra é má, então a alma está no *inferno*. *O paraíso está, portanto, em todo lugar onde existe tal comunidade de seres espirituais santos*[619]. Mas ele não é lugar algum, porque não ocupa nenhum lugar no mundo, posto que a comunidade não é estabelecida no mundo corpóreo. Por conseguinte, o paraíso não será um espaço imensurável que ocupa o mundo corpóreo e que se mostra em cor azul, onde ter-se-ia de viajar pelo ar se se // quisesse chegar até lá. Em vez disso, o paraíso é o mundo espiritual e encontrar-se na relação e na comunidade com o mundo espiritual significa *estar no paraíso*. Por conseguinte, a alma não irá para o inferno se tiver sido malvada, mas ela apenas verá a si mesma na sociedade dos espíritos malignos e isso significa *estar no inferno.* –

Temos um conhecimento do mundo corpóreo por meio da intuição sensível, na medida em que ele nos aparece. Nossa consciência é adstringida à intuição animal. O mundo presente é a interação de todos os objetos na medida em que eles são intuídos pela intuição sensível presente. Mas se a alma se separa do corpo, ela não vai ter a mesma intuição sensível desse mundo. Ela não intuirá o mundo tal como ele aparece, mas tal como ele é. Por conseguinte, a separação da alma do corpo consiste *na mudança da intuição sensível para a intuição espiritual e este é o outro*

---

619. Kant assume essa ideia já em *Sonhos de um Visionário*. A imortalidade é pensada como a *continuação* do estado no qual o homem já se encontra em vida através da disposição de sua vontade. Kant parece retirar o modelo para essa hipótese do mundo espiritual de Swedenborg, uma vez que as regras do sistema espiritual colocam o homem de forma imediata, de acordo com suas disposições, no céu ou no inferno: "Com isso suceder-se-ia então que a alma do homem teria de tomar seu lugar entre as substâncias espirituais do universo já nesta vida e segundo o estado moral, assim como de acordo com as leis do movimento, as matérias do universo se colocam umas em relação às outras naquela ordem que é adequada a suas forças corporais. Quando então finalmente estivesse abolida na morte a comunidade da alma com o mundo corporal, a vida no outro mundo seria apenas uma continuação natural daquela conexão que ela já se encontrava com ele nesta vida e todas as consequências da moralidade aqui exercida seriam encontradas lá nos efeitos que um ser que se encontra em comunidade indissolúvel com o todo do mundo dos espíritos já causou ali antes, de acordo com leis pneumatológicas" (AA II: 336-337).

298 // *mundo*[620]. O outro mundo não é, com efeito, nenhum outro lugar, mas apenas uma outra intuição. O outro mundo permanece o mesmo em relação aos objetos. Ele é distinto não segundo as substâncias, mas é *intuído espiritualmente*. Aqueles que imaginam o outro mundo como se fosse um *lugar novo*, que é separado deste, e para o qual se deve ser antes de tudo transferido, caso se queira chegar lá, devem tomar então também a separação da alma local-

256 mente e explicar sua presença localmente //. Nesse caso, sua presença se basearia nas condições corpóreas, como no contato, na extensão no espaço etc. Mas, nesse caso, muitas questões também tomariam lugar e se cairia no materialismo. Mas, visto que a presença da alma é espiritual, a separação também não deve consistir na saída da alma do corpo e na ida para outro mundo, mas, visto que a alma tem uma intuição sensível do mundo corpóreo por meio do corpo, ela vai ter então, caso esteja livre da intuição sensível do corpo, uma intuição espiritual e este é o outro mundo. – Ao se chegar ao outro mundo, não se chega à comunidade com outras coisas, por exemplo, em outros planetas[621], pois com elas eu já estou em ligação aqui, embora apenas em uma ligação mais longínqua; em vez disso, permanecemos nesse mundo, tendo, no entanto, uma intuição espiritual de tudo. Portanto o outro mundo não é distinto segundo o seu lugar. O conceito de lugar de modo algum pode ser usado aqui. Por conseguinte, o estado de bem aventurança ou o céu e o estado de miséria ou o inferno, tudo o que o outro mundo inclui em si, tampouco deve ser procurado nesse mundo sensível. Mas, se fui íntegro aqui e depois da morte obtenho uma intuição espiritual de tudo e entro exatamente em comunidade com tais seres íntegros, então estou no paraíso. Mas,

257 se, de acordo com a minha conduta, obtenho uma intuição espiritual de tais seres, cuja vontade contradiz toda regra // da morali-

---

620. Essa mesma hipótese também é levantada na especulação kantiana de *Sonhos de um Visionário*: "a representação que a alma humana tem de si mesma como um espírito através de uma intuição imaterial, na medida em que se considera em relação a seres de natureza semelhante, é inteiramente distinta daquela representação em que sua consciência se representa a si mesma como um homem, através de uma imagem que tem sua origem na impressão de órgãos corporais, e que só é representada em relação a outras coisas materiais" (AA II: 337).

621. Esta é uma referência à especulação apresentada no apêndice da *História Natural Universal e Teoria do Céu* (AA I: 349-368).

dade, e se entro em tal comunidade, então estou no inferno. Essa opinião do outro mundo não pode, decerto, ser demonstrada, mas é uma hipótese necessária da razão.

O pensamento de *Swedenborg*[622] é aqui bastante sublime[623]. Ele diz que o mundo espiritual constitui um universo particular real. Este é o mundo inteligível [*mundus intelligibilis*] que deve ser distinguido desse mundo sensível [*mundo sensibili*] //. Ele diz que todas as naturezas espirituais se encontram em ligação umas com as outras, só que a comunidade e a ligação dos espíritos não estão vinculadas à condição dos corpos. Lá um espírito não estará longe ou perto do outro, mas está em uma ligação espiritual. Ora, enquanto espíritos, nossas almas encontram-se nessa ligação e comunidade umas com as outras e, decerto, já aqui nesse mundo, só que nós não nos vemos nessa comunidade, uma vez que temos ainda uma intuição sensível, mas, embora não nos vejamos nela, encontramo-nos nela contudo. Ora, se o obstáculo

299

---

622. Emanuel Swedenborg (1688-1772), cientista, inventor, teólogo, filósofo e místico sueco. Escreveu a *Arcana Celeste*, obra na qual tentar realizar, baseado em suas experiências como vidente de espíritos, uma nova interpretação das Sagradas Escrituras. Kant escreve o opúsculo de 1766, *Sonhos de um Visionário explicados pelos Sonhos da Metafísica*, como uma reação crítica tanto à vidência de espíritos supostamente revelada na *Arcana Celeste* quanto à metafísica dogmática. Ambas são analisadas em paralelo.

623. Embora Kant apresente uma opinião desfavorável sobre Swedenborg em *Sonhos de um Visionário*, ele acaba por revelar "outro tom" em ocasiões de sua vida particular. Quando questionado por *Fräulein* Charlotte Von Knobloch, em uma carta (AA X: 43-48), sobre a veracidade das histórias de Swedenborg, Kant responde que, mesmo que sua tendência como filósofo fosse o ceticismo, tais histórias tinham uma relevância maior enquanto evidência devido ao peso dos testemunhos. Muito se tem discutido sobre a influência de Swedenborg sobre Kant. Por um lado, essa influência é interpretada de maneira negativa dentro da literatura, especialmente, nos trabalhos de Allison Laywine (*Kant's Early Metaphysics and the Origins of the Critical Philosophy*, 1993) e Martin Schönfeld (*Philosophy of Young Kant*, 2000) que acreditam que o mundo espiritual de Swedenborg não só apresentou uma dura resposta à reflexão metafísica em geral, mas aos próprios sonhos filosóficos do jovem Kant. Contudo, por outro lado, existe também uma interpretação positiva da influência da *Arcana Coelestia* sobre o pensamento de Kant. A literatura desde o século XIX tem destacado que Kant parece ter incorporado muito das ideias de Swedenborg em sua própria metafísica. Na primeira tradução inglesa de *Sonhos*, Sewall (*Dreams of a Spirit-Seer*, 1900) seleciona e disponibiliza, em paralelo às posições de Kant, diversos extratos dos escritos de Swedenborg. Com isso, ele abriu espaço para a suposição de que muitas das ideias de Swedenborg influenciaram o desenvolvimento da filosofia transcendental. Dentre as interpretações mais recentes, é especialmente importante o trabalho de Gregory Johnson (From Swedenborg's Spiritual World to Kant's Kingdom of Ends. *Aries* v.9.1, 2009). Johnson argumenta que a imagem do mundo espiritual de Swedenborg exerceu uma maior influência no desenvolvimento da filosofia moral de Kant do que em sua filosofia especulativa.

da intuição espiritual é suprimido de uma vez, vemo-nos nessa comunidade espiritual e este é o outro mundo. Ora estas não são coisas diferentes, mas as mesmas as quais intuímos, no entanto, de maneira distinta. Ora, se um ser humano, cuja vontade é uma vontade bem intencionada que se devota a executar a regra da moralidade, foi íntegro no mundo, ele já está em comunidade com todas as almas íntegras e bem intencionadas nesse mundo, independente que elas estejam na Índia // ou nas Arábias, só que o ser humano ainda não se vê nessa comunidade até que esteja livre da intuição sensível. Do mesmo modo, o malvado também já está aqui em comunidade com todos os vilões que se repudiam reciprocamente, só que ele ainda não se vê nela. Mas, quando ele estiver livre da intuição sensível, então ele se tornará consciente disso. Por conseguinte, cada boa ação do virtuoso é um passo para a comunidade dos bem-aventurados, assim como cada má ação é um passo para a comunidade dos viciosos. Com efeito, o virtuoso não chega ao paraíso, mas ele já está nele aqui. Depois da morte, no entanto, ele se verá pela primeira vez nessa comunidade. Do mesmo modo, os maldosos não podem se ver no inferno, embora já estejam de fato nele. Mas, se são libertados do corpo, então eles veem pela primeira vez onde estão[624]. Que pensamento horrível para o vilão! Ele não deve temer a cada momento que lhes sejam abertos os olhos espirituais? E, tão logo estes se abrem, ele já está no inferno.

De modo algum tenho discernimento de como o corpo deve ser necessário a essa intuição espiritual. Por que a alma ainda deve estar cercada com esse pó, uma vez livre dele? Isto é tudo o que podemos dizer aqui para purificar o conceito da natureza espiritual da alma, de sua separação do corpo, do mundo futuro que consiste no céu e no inferno. –

// Para concluir a psicologia, deveria ainda ser tratado dos *espíritos em geral.* // Mas não podemos discernir, por meio da razão, nada mais *do que o fato de que tais espíritos são possíveis.*

Mas uma questão ainda resta: a alma que já se vê espiritualmente no outro mundo pode e aparecerá no mundo visível por

---

624. Ver o segundo capítulo de *Sonhos de um Visionário*, intitulado "Viagem extática de um entusiasta através do mundo dos espíritos" (AA II: 357-368).

meio de efeitos visíveis? Isso *não é possível*, pois só a matéria pode ser intuída sensivelmente e cair sob o sentido externo, mas não um espírito. Ou eu já não poderia *intuir aqui*, em alguma medida, a comunidade das almas separadas com minha alma que ainda não está separada, mas que, enquanto um espírito, já se encontra em comunidade com elas, como, por exemplo, Swedenborg quer? Isso é contraditório, pois nesse caso a intuição espiritual teria de se iniciar já nesse mundo[625]. Mas, visto que tenho ainda uma intuição sensível nesse mundo, *não posso ter, ao mesmo tempo, uma intuição espiritual*[626]. Não posso estar, ao mesmo tempo, nesse e também naquele mundo, pois, se tenho uma intuição sensível, estou nesse e, se tenho uma intuição espiritual, estou no outro mundo. Mas isso não pode acontecer ao mesmo tempo. Supondo, no entanto, que fosse possível que a alma pudesse aparecer mesmo nesse mundo ou que uma intuição espiritual desse tipo já fosse possível aqui, posto que não podemos provar, contudo, a impossibilidade disso, então aqui a máxima da razão saudável tem de ser contradita. A máxima da razão saudável é, no entanto, a seguinte: *de não permitir, mas rejeitar, todas // as experiências* 260 *e fenômenos tais que são constituídas de tal modo que se eu as assumo, eles tornam impossível o uso de minha razão e suprimem as condições sob as quais posso unicamente usar minha razão.* Se isso fosse assumido, suprimir-se-ia totalmente o uso de minha razão nesse mundo, *pois muitas ações poderiam acontecer na conta dos espíritos.* Entretanto isso não requer nenhuma consideração mais próxima, visto que já se vê pela experiência que, quando um malfeitor empurra a culpa de suas ações para um mau espírito que o deve ter induzido a elas, o juiz não pode

---

625. Essa dupla intuição é, de acordo com *Sonhos de um Visionário*, aquela à qual se arroga Swedenborg: "Embora a presença dos espíritos atinja apenas seu sentido interno [de Swedenborg], este suscita nele a aparência deles como fora dele e na verdade sob uma figura humana" (AA II: 362).

626. Em *Sonhos de um Visionário*, considerando a impossibilidade de uma dupla intuição dessa natureza, Kant supõe que as pretensas aparições de espírito experimentadas por Swendenborg poderiam ser resultado da desilusão dos sentidos: "Separo, portanto, em nosso autor a parestesia [*Wahnsinn*] da parafrenia [*Wahnwitz*] e deixo de lado aquilo que ele raciocina às avessas" (AA II: 361). Como Kant explica, o "próprio dessa doença consiste em que o homem confuso põe fora de si simples objetos de sua imaginação e os considera como coisas efetivamente presentes diante dele" (AA II: 346).

validar isso como uma desculpa. Pois, caso contrário, ele também não poderia, por certo, punir tal pessoa.

De maneira geral, devemos citar ainda *que não está em conformidade com nossa vocação, integralmente e em absoluto,* 301 *// preocuparmo-nos, em demasia, com o mundo futuro, mas temos de completar o círculo para o qual somos destinados aqui e esperar como será em relação ao mundo futuro*[627]. O ponto principal é o fato de que nos comportamos bem nesse posto, de maneira justa e moral, e tentamos nos tornar dignos da felicidade futura. De igual modo, seria absurdo se alguém ocupa as posições mais inferiores no ofício militar e se preocupa com a situação do coronel ou do general. Pois sempre há tempo para isso quando se chega lá.

261   // A providência nos selou o mundo futuro e nos deixou só uma pequena esperança, que é suficiente, de *nos movermos com o propósito de nos tornar dignos dele,* algo que não faríamos tão avidamente se já tivéssemos conhecido antecipadamente, com precisão, o outro mundo.

O ponto principal é sempre a moralidade: ela é o sagrado e o inviolável que devemos proteger e também o fundamento e o fim de todas as nossas especulações e investigações[628]. Toda especulação metafísica se remonta a ela. *Deus e o outro mundo* são as únicas metas de todas as nossas investigações filosóficas e se os conceitos de Deus e do outro mundo não estivessem ligados à moralidade, então não seriam nada úteis.

---

627. Parafraseando Voltaire, este também é o raciocínio com o qual Kant, apoiado em fundamentos práticos, conclui *Sonhos de um Visionário*: "o mais sensato é decerto *ter paciência até chegar lá*. Como, no entanto, nosso destino no mundo futuro supostamente pode depender muito do modo como ocupamos nosso posto no mundo presente, concluo com aquilo que *Voltaire* deixa seu honrado *Cândido* dizer a título de conclusão depois de tantas querelas escolásticas inúteis: *ocupemo-nos de nossa sorte, vamos ao jardim e trabalhemos!*" (AA II: 373).

628. Assim como na *Crítica da Razão Prática*, eis o primado da razão e do interesse prático sobre o especulativo (AA V: 119-121). Esta reorientação dos fins da razão fora desencadeada em meados da década de 1760, como as *Anotações às Observações sobre o Sentimento do Belo e do Sublime* nos confirma, através do contato com Rousseau (AA XX: 44).

4- A teologia racional

Conceitos introdutórios

Passamos agora àquele conhecimento da metafísica *que constitui seu fim e sua intenção última* e sobre o qual se baseia a necessidade da metafísica como um todo. O objeto de todas as nossas experiências e conceitos empíricos é este mundo. Nossos conhecimentos não se estendem além do que nos dirige a experiência. Mas, nesses conhecimentos, podemos chegar até o limite dessas experiências. *O limite deste mundo, do início [parte ante] e do fim [parte post], são Deus e o outro mundo. Deus é o limite a priori, e o mundo futuro o limite, a posteriori.* Se não houvesse estes limites, // então todas as especulações metafísicas seriam vãs *e não seriam da menor utilidade.* Todas as especulações da filosofia possuem sua relação com estes dois conceitos-limite. Portanto estes não seriam necessários se não // pudéssemos conhecer, dessa forma, aquilo que precede o mundo e aquilo que se segue dele. Tudo aquilo que é exterior ao mundo é a *causa do* mundo e a sua *consequência* de tal modo que ambos estão em próxima relação. *O mundo em geral* foi considerado na cosmologia; as *consequências* do mundo, na psicologia racional; e a *causa* do mundo deve ser considerada na teologia racional. O conhecimento de Deus é, portanto, a meta e a intenção final da metafísica. Poder-se-ia dizer, por certo, que a metafísica é uma ciência da razão pura na qual investigamos se estamos em condições de discernir uma causa do mundo. A partir desse conhecimento, podemos, posteriormente, extrair todas as consequencias práticas de nossa conduta[629]. Todos os nossos conhecimentos devem ser vistos em parte como meramente arbitrários, em partes como problemas necessários do entendimento e da razão. Os problemas arbitrários de nossa razão são estabelecidos pela sede de saber, enquanto alguns problemas são dados pela natureza do entendimento e estas questões são problemas naturais do entendimento puro e da razão pura.

---

629. De acordo com o manual de Baumgarten, "[a] teologia natural contém os princípios da filosofia prática primeira, da teleologia e da teologia revelada. Logo ela pertence [§. 2], com razão, à metafísica [§. 1]" (Baumgarten, *Metaphysica*, § 801).

O ser humano é inclinado por natureza a pensar algo que é distinto da natureza ou que deve ser uma causa dela. Poderia ser demonstrado pela experiência que esse é um problema natural da razão, posto que todos os povos sempre tiveram um conceito, por mais corrompido que fosse, de um ser originário.

264 Discernimos a contingência das coisas. Mas está // em conformidade com o entendimento pensar, em toda coisa contingente, uma causa. Ora, se o entendimento reúne todas as coisas contingentes que constituem o mundo, ele tem de pensar um ser que é distinto do mundo e a causa do mundo. A razão comum é totalmente contrária ao fato de que todos os acontecimentos deveriam acontecer sem um primeiro início. Deve haver uma causa primeira de tudo. Este é, portanto, um problema bastante natural da razão. Mas não é apenas um problema da razão especulativa, mas é também um problema natural da razão prática. Por meio de sua razão, o ser humano discerne uma lei santa de acordo com a qual deve estabelecer sua conduta. O ser humano vê os seus assuntos

303 e que eles são fundados. Ele deve, contudo, // colocar Um [Einen] acima da natureza, que determina todos os seus assuntos, de tal modo que pudesse ter algo seguro e determinado a partir do qual fazer para si uma regra para usar corretamente a sua razão. Portanto este também é um problema natural da razão prática e não é nenhum milagre que todos os povos assumam um Autor tal, que dirige tudo segundo regras. Ora, embora tanto a razão especulativa quanto a razão prática tenham uma necessidade de assumir uma ou mesmo diversas causas, os seres humanos tentam, contudo, resolver esses problemas naturais de muitas maneiras. Os conceitos que eles formaram para si do Autor supremo, por exemplo, em relação à unidade e à pluralidade desse Autor, foram bastante

265 diferentes. Mas em um aspecto eles tiveram, no fim das contas, // conceitos idênticos, a saber, que este ser não é meramente uma causa necessária da natureza, uma vez[630] que não *age* de acordo com a necessidade da natureza, mas de acordo com a *liberdade*. Pois, caso contrário, eles não poderiam satisfazer os problemas naturais do entendimento, porque, sem entendimento e vontade li-

---

630. Lehmann substitui "que" [welches] em Pölitz por "uma vez que; porque" [weil].

vre, não posso pensar nenhum[631] começo das coisas contingentes. *Tudo que nasce da necessidade da natureza e não da liberdade não é nenhum início. Se um início deve ser explicado, deve acontecer através da liberdade.* Para o primeiro início deve haver um ser que age por livre-arbítrio. Também não aconteceria nenhuma satisfação para o problema da razão prática, pois os assuntos dos seres humanos exigem uma causa primeira de modo que os seres humanos possam pensar uma regra determinada em relação ao seu fim, a felicidade. Mas eles não podem fazer isso senão pensando um ser que se comporta segundo fins e intenções. Um ser tal, no entanto, deve ter entendimento e vontade livre[632]. Por conseguinte, a causa primeira é *uma inteligência livre e racional.* Esta é uma consequência natural das necessidades da razão. Essa causa suprema do mundo, que é diferente do mundo e tem entendimento e vontade, é *Deus.*

O conceito de causa do mundo e de divindade é de dois tipos. Pois, se os seres humanos pensam uma causa do mundo de acordo com a necessidade da natureza, eles têm um ser originário, mas nenhuma // divindade[633]. Este último é o conceito de um ser que age de acordo com a liberdade. Apenas tal inteligência acima do mundo [*intelligentia supramundana*] é *Deus.* Ora se há diversos ou apenas um ser tal já é uma investigação mais refinada. Nossa razão deve se esforçar para chegar a uma unidade da causa. Pois, se ela deve pressupor necessariamente um // ser originário livre e dotado de entendimento, este ser originário deve ser um único, pois caso contrário não haveria nenhuma regra para a razão. E,

---

631. Lehmann também permuta "puro" [reinen] por "nenhum" [keinen].

632. Esse é o conceito teísta de Deus sobre o qual se funda a cosmologia. Como lemos nas *Lições sobre a Doutrina Filosófica da Religião*: "[a] cosmoteologia ensina-nos o conceito teísta de Deus. Ou seja, conhecemos Deus, nesse conceito, como a inteligência suprema, como Ser supremo que, por meio de entendimento e liberdade, é o autor de todas as coisas. Pelo conceito de Deus, o deísta entende meramente uma natureza eterna que atua de maneira cega, como a raiz das coisas, um Ser originário ou uma Causa primeira do mundo" (AA XXVIII: 1047).

633. Mais detalhadamente, Kant explica na *Crítica da Razão Pura* que "[a]quele que só admite uma teologia transcendental é denominado *deísta*; aquele que só admite uma teologia natural é denominado *teísta* [...]. O primeiro, portanto, representa-se sob tal conceito tão somente uma *causa do mundo* (permanecendo indefinido se ela o é por meio da necessidade de sua natureza ou por meio da liberdade), e o segundo, um *criador do mundo*" (B 656-660).

supondo que houvesse muitos de tais seres, nada seria determinado e não poderíamos saber se um não seria contrário ao outro; um poderia ter essas e o outro poderia ter aquelas propriedades. Mas, se Um tem todas, então se trata de algo determinado para a razão.

O conhecimento de Deus nunca foi algo mais do uma hipótese necessária da razão teórica e prática. Mas, mesmo que ele não tenha sido nada mais do que uma pressuposição necessária da razão, ele possui contudo, nesse caso, uma certeza prática ou um grau de aprovação [Beifallswürdigkeit] de tal modo que, ainda que ele não possa ser provado, aquele que quer usar sua razão e livre-arbítrio deve pressupô-lo necessariamente se não quiser agir como um tolo ou um vilão. Ora mas aquilo que é uma pressuposição necessária de nossa razão é igualmente como se fosse necessário. Portanto os fundamentos subjetivos da pressuposição necessária são precisamente tão importantes quanto os fundamentos objetivos da certeza. Uma hipótese tal, que é necessária, é // denominada *crença*[634]. Portanto, embora não possamos demonstrar a existência de Deus e do mundo futuro, temos contudo um fundamento subjetivo para assumir tal coisa, uma vez que é uma hipótese necessária da razão e aquele tal que a nega é conduzido a um absurdo lógico e prático[635] [*ad absurdum logicum et praticum*] no qual contradiz seu entendimento e seu arbítrio. A

---

634. A crença da razão é, segundo a filosofia crítico transcendental, o meio através do qual o sujeito racional é conduzido a uma comprovação objetiva, embora apenas em termos práticos, de uma sabedoria divina como criadora do mundo (AA, *MpVT*, VIII: 267). De acordo com os pressupostos da *Crítica da Razão Prática*, se uma carência da razão pura, em seu uso especulativo, é o que nos leva necessariamente a conjeturas e hipóteses, a mesma carência em sentido prático nos leva aos postulados, que são asserções que se apoiam não em uma opinião teórica sobre a natureza interna das coisas, mas que se baseiam nas condições de possibilidade do objeto da razão (AA V: 142) e, portanto, precisam ser pensadas como objetivas em sentido prático.

635. A distinção entre *absurdum logicum* e *practicum* é posto nos seguintes termos nas *Lições sobre a Doutrina Filosófica da Religião*: "Essa crença moral é um postulado prático por meio do qual aquele que o nega é conduzido *ad absurdem practicum*. *Absurdem logicum* significa absurdo nos juízos, enquanto *absurdum practicum* é quando se demonstra que aquele que nega esse ou aquele fato deveria ser um patife. E este é o caso com a crença moral. Esta crença moral não é como se minhas opiniões ocorressem apenas hipoteticamente [...]. Mas tais pressuposições que decorrem de dados absolutamente necessários, como na moral e na matemática, não são meras opiniões, mas exortações de uma crença consistente. Assim essa crença não é nenhum saber e salve-nos que não seja! Pois a sabedoria divina revela-se justamente *no fato de que não sabemos, mas temos de acreditar que Deus existe*" (AA XXVIII: 1083-1084).

firme crença meramente devido ao fato de que algo é uma condição necessária é algo bastante seguro e muito bem fundado subjetivamente de tal modo que algo que se baseia em fundamentos objetivos pode não ser melhor consolidado na alma do que isso.

A consistência dessa pressuposição é subjetivamente tão forte do que a primeira demonstração objetiva da matemática, embora ela não seja objetivamente tão forte. Se tenho uma firme convicção subjetiva, não lerei de modo algum as objeções que são feitas contra ela, a menos que seja por curiosidade, porque nada está em condições de me dissuadir dessa crença. Pois, embora eu não possa prová-la, trata-se, contudo, de uma pressuposição necessária da razão. Essa crença subjetiva é em mim precisamente tão firme – por certo provavelmente ainda mais firme – do que a demonstração matemática. Posso, pois, apostar tudo nessa crença. Mas, se // eu tivesse de apostar tudo em uma demonstração matemática, eu poderia, contudo, me decepcionar, pois poderia muito bem haver algo no qual o entendimento tivesse se equivocado. Tentaremos, entretanto, ver quão longe // podemos chegar nos fundamentos objetivos desse conhecimento sem assumir os fundamentos subjetivos e as necessidades naturais da pressuposição. E ainda que não possamos ir longe nisso, temos, contudo, nesse caso, os fundamentos subjetivos.

Classificação da teologia

Toda teologia é classificada:

1) Em teologia revelada [*theologiam revelatam*] e;

2) Em teologia racional [*theologiam rationalem*].

A teologia revelada baseia-se na comunicação [Bekanntmachung] que nos é dada pelo Ser supremo mesmo e, por isso, não nasceu da razão. Essa teologia revelada não é oposta à teologia racional e à teologia natural [*theologia naturalis*].

A teologia racional é o conhecimento de Deus através da razão.

Da necessidade da razão nasce uma teologia de três tipos.

A *primeira* necessidade da razão é a necessidade da razão *pura* segundo a qual devo pressupor um ser originário se quero usar minha razão pura. Esta é a teologia transcendental [*theologia transcendentalis*], que é um conhecimento de Deus pela razão pura[636]. – A *segunda* necessidade da razão é a necessidade da razão *empírica* // na qual, devido ao isso empírico da razão, devo pressupor um ser originário e dela nasce a teologia natural[637]. Por conseguinte, a teologia racional é teologia transcendental ou teologia natural. A primeira baseia-se em conceitos puros da razão, enquanto a segunda em conceitos empíricos da razão. Ambos os tipos de teologia são, no entanto, retirados de princípios especulativos da razão.

A *terceira* necessidade da razão é a necessidade *prática* e *moral* na qual devo assumir, de acordo com fundamentos morais e práticos da razão, um Ser supremo. Nisso baseia-se a *teologia moral*[638] (*theologia moralis*) ou a teologia que se // funda na moral onde os princípios da moral pressupõem um ser originário sem o qual o uso prático da razão seria impossível.

---

636. Eis a definição da *Crítica da Razão Pura*: "A teologia transcendental é ou aquela que pensa poder derivar de uma experiência em geral a existência do ser originário (sem determinar de maneira mais precisa o mundo a que ela pertence), e se denomina *cosmoteologia*, ou aquela que acredita conhecer a sua existência por meio de meros conceitos, sem o apoio da mínima experiência, e se denomina *ontoteologia*" (B 660). Ver também a primeira seção da primeira parte das *Lições sobre a Doutrina Filosófica da Religião* (AA XXVIII: 1012-1047).

637. No manual de Baumgarten, lemos: "A TEOLOGIA NATURAL é a ciência de Deus na medida em que Ele pode ser conhecido sem a fé" (Baumgarten, *Metaphysica*, § 800). Na *Crítica da Razão Pura*, "[a] *teologia natural* infere as propriedades e a existência de um criador do mundo a partir da constituição, da ordem e da unidade que são encontradas neste mundo em que dois tipos de causalidade, e de suas regras, têm de ser admitidos, a saber, natureza e liberdade. Por isso ela ascende deste mundo à inteligência suprema, entendendo esta ou como princípio de toda ordem e perfeição natural, ou de toda ordem e perfeição moral. No primeiro caso, ela se denomina *físico-teologia*; no último, *teologia moral*" (B 660). De acordo com a distinção kantiana nas *Lições sobre a Doutrina Filosófica da Religião*, "[a] primeira [a teologia transcendental] distingue-se da teologia natural porque, de acordo com a última, podemos representar Deus em comparação com nós mesmos ao estabelecermos como fundamento uma natureza a partir da qual retiramos atributos e os atribuímos a Deus. Na teologia natural nunca há, no entanto, a pureza dos conceitos que se encontra na transcendental, na qual os conceitos são retirados unicamente da razão pura" (AA XXVIII: 999).

638. Como vemos na *Crítica da Razão Pura*, Kant enquadra tanto a fisicoteologia quanto a teologia moral na teologia natural (B 660). Para a teologia moral, ver a segunda parte das *Lições sobre a Doutrina Filosófica da Religião* (AA XXVIII: 1071-1120).

A *teologia moral* é provavelmente a mais importante entre elas, pois nossa boa conduta é o assunto mais importante. Tudo se reporta à moral. – Mas, se colocamos de lado a moral e tomamos a teologia a partir de princípios da especulação, a teologia transcendental é a mais distinta entre elas, pois o conhecimento do ser originário a partir de conceitos da razão pura é o fundamento de todas as demais teologias[639]. É necessário que os conceitos puros, a partir dos quais podemos conhecer o Ser supremo, sejam pressupostos, pois não é possível ser diferente se queremos falar de um Ser que é completamente diferente do mundo. Mas não podemos // falar de um Ser tal através de conceitos que são retirados do mundo, mas devem ser conceitos puros da razão. Pois, uma vez que este Ser não pertence ao mundo, mas é causa do mundo, não se pode falar de um ser tal por meio de determinações da experiência, nem através de conhecimentos do mundo, mas através de conceitos transcendentais puros que são válidos em geral. Por meio dessas determinações e conhecimentos da experiência, posso conhecer apenas as coisas que estão no mundo, mas não o Ser que está acima do mundo. – Não posso representar Deus pelos sentidos tal como as coisas do mundo. Deus não é nenhum objeto dos sentidos externos. Tais representações de Deus são antropomórficas. Elas são bastante naturais e são representações nas quais os seres humanos facilmente caem, posto que não fazem nada mais do que engrandecer o ser humano e, por essa razão, eles assumem um Deus. Alguns filósofos acreditaram que não se podia formar para si um conceito puro de Deus antes que se conhecesse a revelação. É, decerto, verdade que alguns conceitos, como, por exemplo, o da santidade de Deus, obtiveram sua pureza perfeita por meio do evangelho, mas não é difícil representar Deus segundo os demais conceitos. Pois aqui se pode simplesmente au-

270

---

639. De acordo com as *Lições sobre a Doutrina Filosófica da Religião*, "[a] teologia transcendental deve, no entanto, ser propedêutica ou uma introdução para as outras [...]. Nesse caminho ela é de uma grande e excelente utilidade. Pois, nesse caso, pensamos Deus de um modo completamente puro e ela nos resguarda então de que, nas outras duas, introduza-se quaisquer tipos de antropomorfismo. Portanto ela tem a maior utilidade negativa em nos manter seguros de erro" (AA XXVIII: 1002). Ver também *Crítica da Razão Pura* (B 669). O conceito transcendental de Deus se mostra como a base da cosmologia, como vemos a partir da dependência da prova cosmológica da ontológica e do enquadramento da cosmologia dentro da teologia transcendental (B 636).

mentar as propriedades do ser humano e tirar o máximo delas, e então se tem completamente o conceito de Deus. Por exemplo, o ser humano é dotado de muitos conhecimentos. Ele sabe de muita coisa. Mas Deus é onisciente, pois Ele tem o conhecimento supremo. O ser humano vive um tempo breve, mas Deus é eterno. O ser humano tem poder, mas Deus é // onipotente. O ser humano está em um lugar, mas Deus está em todos. – Isto é, portanto, fácil. Mas há um conhecimento purificado de Deus por meio de conceitos puros // da razão que são expostos na teologia transcendental. A teologia transcendental fala, portanto, de um ser originário, ser necessário, do ser supremo, do Ser de todos os seres, os quais são todos conceitos puros do entendimento. Aqui não se levanta a questão sobre se este Ser possui entendimento e vontade livre. Estes já são conceitos que são retirados da experiência da alma e têm lugar na teologia natural. A teologia transcendental de modo algum nos ensina o conhecimento de Deus, mas apenas o conhecimento de um ser originário, e tampouco quaisquer determinações particulares que se relacionam com este mundo. Ora aquele que não assume nenhuma outra teologia do que apenas a teologia transcendental é um deísta, pois a teologia transcendental é só o conhecimento de um ser originário, mas não um conhecimento da divindade[640]. O conceito de Deus já significa um ser que possui entendimento e vontade livre. Mas a teologia transcendental é o fundamento da teologia natural e moral. Sua utilidade é, portanto, *negativa*, pois ela dá tais conceitos puros do conhecimento de Deus por meio dos quais são purificados os conceitos falsos e impuros e refutado o falso sofisma.

A teologia natural dá um conceito puro de Deus que é emprestado de princípios empíricos e uma prova de Deus empres-

---

640. Como lemos na *Crítica:* "[d]á-se o nome de *deísta* a quem só admite uma teologia transcendental [...]. O [deísta] reconhece que, de qualquer modo, podemos conhecer pela simples razão a existência de um ser primeiro, acerca do qual, porém, o nosso conceito é simplesmente transcendental, ou seja, o de um ser que possui toda a realidade, mas que não se pode determinar com mais precisão". Por outro lado, "[d]á-se o nome [...] de *teísta* a quem também admite uma teologia natural. [...] O [teísta] afirma que a razão é capaz de determinar de uma maneira mais precisa esse objeto, pela analogia com a natureza, ou seja, como um ser que contém em si, pelo entendimento e liberdade, a razão primeira de todas as outras coisas. O primeiro representa, por um tal objeto, apenas uma causa do *mundo* (ficando indeciso se o é pela necessidade da sua natureza ou pela sua liberdade); o segundo, um *autor do mundo*" (B 659). Ver também *Lições sobre a Doutrina Filosófica da Religião* (AA XXVIII: 1001).

tada igualmente de princípios empíricos. Mas quais // tipos de   272
princípios serão esses princípios empíricos? Uma vez que Deus
não é um objeto do sentido externo, então não podemos aplicar a
Ele quaisquer outros princípios da experiência senão *conceitos do
sentido interno*. Nós os pegamos emprestado da experiência de
nossa alma que concorda com os conceitos transcendentais do ser
originário e os elevamos[641]. Encontro em minha alma a faculdade
de conhecimento. Por conseguinte, atribuirei ao Ser originário o
entendimento supremo. Portanto a teologia natural vai considerar
o ser originário como a inteligência suprema e, então, eu posso
passar através de todas as faculdades da alma. Tudo corre bem
na teologia natural na medida em que ela concorda com conceitos transcendentais. Mas, se pego emprestados da humanidade
os predicados, corro o risco de cair no antropomorfismo que, na
teologia natural, é inevitável ou é, contudo, difícil de evitar. Então
conheço Deus por meio dos conceitos da analogia.

A teologia natural é de dois tipos: *a cosmoteologia* e a *fisicoteologia*. A cosmoteologia pega emprestados seus conceitos a partir dos princípios empíricos universais da existência da natureza
// em geral. – Eu existo, eu sou e, logo, existe também um mun-   308
do. A fisicoteologia pega emprestados seus conceitos empíricos a
partir de uma propriedade determinada, por exemplo, a partir da
ordem desse mundo. *A teologia mais atraente é a fisicoteologia*[642]
e a teologia moral. Da teologia moral será tratado em particular
depois. – Agora vamos para a primeira parte // da teologia racio-   273
nal. Esta é a teologia transcendental.

---

641. Na *Doutrina Filosófica da Religião*, em relação a esse procedimento, Kant explica
que "caso eu tenha encontrado uma realidade em um dos atributos das coisas que me são
dadas na experiência, tenho que atribuir essa realidade a Deus no mais alto grau, em sentido infinito. Chamamos isso de proceder *viam eminentiae*" (AA XXVIII: 1022). Ver também
Baumgarten, *Metaphysica*, § 826.

642. A admiração kantiana pela prova fisicoteológica é manifesta no conjunto de sua
obra, como vemos, por exemplo, nas *Reflexões sobre o Otimismo* (1753-1754), na *História
Natural Universal e Teoria do Céu* (1755) e em *O Único Argumento Possível para uma
Demonstração da Existência de Deus* (1763). Apesar dos limites da razão, Kant admite, na
Crítica da Razão Pura, que "[e]ssa prova merece sempre um tratamento cuidadoso. Ela é a
mais antiga, a mais clara e a mais conforme à razão humana comum. Ela dá vida ao estudo
da natureza, do mesmo modo como obtém desta a sua própria existência e, assim, recebe
uma força sempre renovada. Ela coloca fins e propósitos onde a nossa observação jamais os
teria descoberto, e estende os nossos conhecimentos da natureza através do fio condutor
de uma peculiar unidade, cujo princípio está fora da natureza" (B 651).

A) A teologia racional pura

a) A teologia transcendental

A teologia é a forma segundo a qual fazemos, em toda teologia, nossos conceitos do ser supremo adequados ao ser originário e tentamos purificar os conceitos de todas as outras teologias que não concordam com o conhecimento do ser originário. Por isso ela é totalmente indispensável e deve ser exposta de maneira particular. Pois está em conformidade com a filosofia expor, em particular, os conhecimentos que são heterogêneos e, portanto, separar os conhecimentos puros da razão dos empíricos. A teologia transcendental deve, portanto, ser considerada em primeiro lugar. A teologia transcendental *é um conhecimento do ser originário por meros conceitos da razão pura*. Nossa razão tem a necessidade de colocar algo como fundamento. Quando algo nos é dado, também podemos produzir alguma coisa a partir daí, mas não podemos produzir nada sem que algo seja dado, pois o pensamento não é produção, mas // reflexão. Refletir por meio da mera experiência significa perceber o fenômeno, mas *não* como são os objetos. Para conhecer os objetos, a razão tem de ter algo como fundamento. Portanto a razão precisa de um limite *a priori*. Deve haver um substrato [*substratum*]. Este conceito é o conceito-limite (*conceptus terminatus*).

Os conceitos da teologia transcendental são:

1) Um *ser originário* que não é dependente de nenhum outro, mas é um *ens originarium*, que é fundamento de outros seres;

2) Um ser *primeiro*, porque todos os seres dependem dele;

3) Um ser *supremo*, na medida em que é um fundamento de tudo e é maior do que os demais seres; //

4) Um ser *necessário* de todos os seres, na medida em que compreende em si todos os seres e, portanto, é um ser *onisuficiente*. Mas este é apenas um conceito ousado que só será provado a seguir[643].

---

643. Essa distinção é apresentada em termos um poucos diferentes na *Crítica da Razão Pura*: "Por isso o objeto do ideal da razão, que só se encontra nela, também pode ser denominado *ser originário* (*ens originarium*), e, na medida em que não tem nenhum acima

Ora vamos tentar verificar se nosso entendimento deve pressupor necessariamente um ser tal e sob qual condição pode unicamente pensar outros objetos. Posso pensar um ser tal arbitrariamente. Continuo na série de coisas subordinadas até chegar ao ser que compreende tudo em si. Ora mas se levanta a questão sobre se é necessário ao meu entendimento pressupor um ser tal // ou não. Se conheço esse ser *a priori*, devo conhecer a sua necessidade, porque aquilo que conheço *a priori* é necessário, uma vez que o contrário da coisa contradiz o conceito e porque, inversamente, a necessidade não pode ser discernida senão *a priori*. Pois daquilo que não tenho discernimento *a priori*, mas por meio da experiência, não posso por certo discernir que deve existir necessariamente, pois poderia certamente também não existir se a experiência não o tivesse ensinado e, portanto, é contingente[644]. Assim se conheço esse ser *a priori*, conheço a sua necessidade. E pelo fato de que é necessário, conheço *a priori*. Pois, se não fosse necessário, eu não poderia discerni-lo a *priori*. Por conseguinte, é preciso ser demonstrada a existência de um ser como um ser originário. Mas como eu chego à prova desse conceito, de que existe um ser necessário que é o substrato de todos os demais? Visto que não tenho aqui nenhuma outra fonte de conhecimento além de minha razão, posso demonstrar tal coisa apenas como uma pressuposição necessária de minha razão e de todo pensamento. A razão diz, portanto, que é uma pressuposição necessária um ser tal, que é a condição necessária da possibilidade de todo pensamento, cujo contrário é, ao mesmo tempo, a supressão total de todo pensamento[645]. É impossível assumir o contrário, porque nesse caso todo pensamento é suprimido. Ora mostramos que isto de fato se encontra na razão e, por essa razão, *nenhuma prova é apresentada aqui*, mas é desenvolvido aquilo que // é fundamento da razão e isto acontece da seguinte maneira.

---

dele, *ser supremo* (*ens summum*), e, na medida em que tudo está sob ele como condicionado, *ser de todos os seres* (*ens entium*)" (B 606-607). Ver também a *Doutrina Filosófica da Religião* (AA XXVIII: 1012-1013).

644. Como lemos no compêndio de Baumgarten: "Deus é um ser necessário [§. 823, 824]. Não há modos em um ser necessário [§. 111]. Logo em Deus não há modos ou acidentes predicáveis" (Baumgarten, *Metaphysica*, § 825).

645. Ver *Crítica da Razão Pura* (B 609-610).

310 Todas as coisas são consideradas na medida em que algo positivo está contido nelas. Todo negativo pode ser pensado na medida em que é dado o positivo oposto. Logo o negativo sempre // pressupõe algo positivo. Mas, visto que todas as negações pressupõem posições ou realidades, então todas as negações são limitações da realidade. Portanto o limitado deve ter o ilimitado como fundamento. Então podemos pensar as negações se pressupomos o todo da realidade. A possibilidade de todas as coisas pressupõe, por conseguinte, *um positivo infinito* ou a soma [Inbegriff] universal de todas as realidades e do substrato da realidade como um todo [*substrati summae realitatis*]. Ora, se é pressuposta a soma [*summa*] de todas as realidades, então todas as coisas possíveis com sua diversidade podem ser determinadas pela limitação[646] dessa realidade e, sem essa realidade suprema, a possibilidade de todas as coisas não é pensável[647]. Devo primeiramente ter todas as realidades a partir das quais posso assumir algumas e suprimir as outras, pois todos os seres possuem algumas realidades e lhes faltam outras. Portanto, com o propósito de determinar todas as coisas, é necessário pressupor o todo de realidade[648] [*omnitudinem realitatum*] a partir do qual posso determinar, em seguida, todas as coisas. É, portanto, uma pressuposição necessária de nosso entendimento assumir uma realidade suprema. Por conseguinte, a possibilidade de pensar todas as coisas tem como fundamento um

277 substrato que possui o todo da realidade. Mas aquele // ser que possui o todo da realidade é o *ens realissimum*. Por conseguinte, nossa razão tem como fundamento uma condição necessária de pressupor tal *ens realissimum*. A condição, cuja supressão anula

---

646. Um esclarecimento sobre esse ponto é apresentado na seção dedicada à "Ontologia" na *Doutrina Filosófica da Religião*: "se todos os conceitos negativos são derivados sempre de uma realidade pressuposta, com efeito, cada coisa, em sua determinação completa como *ens partim reale, partim negativum*, pressupõe um *ens realissimum* em vista, certamente, de suas próprias realidades e negações, uma vez que estas não são nada mais do que limitações da realidade suprema" (AA XXVIII: 1014). Mas Kant também discute essa questão na *Crítica da Razão Pura*: "Todas as verdadeiras negações são pois *limites*, somente, e não poderiam ser chamadas assim se não estivessem fundadas sobre o ilimitado (o todo)" (B 604).

647. Nesse ponto, permutamos, seguindo a sugestão de Lehmman, os termos "distinto" [deutlich] em Pölitz por pensável [denklich].

648. Baumgarten, *Metaphysica*, § 807.

o pensável[649] de toda possibilidade das coisas, deve ser necessária. Portanto também é necessário o conceito de *entis realissimi*.

Levanta-se a questão sobre se podemos pensar que não existe nada em absoluto. Isso parece ser possível, posto que se pode eliminar uma coisa depois da outra nos pensamentos. Mas não posso formar para mim essa representação de outra maneira senão designando as coisas que não devem existir. Ora, mas eu não poderia designar essas coisas se já não houvesse realidades por meio das quais elas são dadas. Pois, se nada existisse em absoluto, nada também seria dado e então também não poderia ser nomeado nada que não tivesse de existir. Com efeito, tampouco nada poderia ser pensado. Pois, se nada é dado, também não é possível pensar coisa alguma e, então, não é possível pensar que nada pode existir. Pois, se já sou capaz de pensar nisso, alguma coisa já tem de existir. Por conseguinte é impossível que nada exista, mas deve existir um *ens realissimum*[650].

Mas, se existem apenas um desse ser ou muitos, isso ainda não é, dessa forma, decidido. Nossa razão também // discerne necessariamente, entretanto, que deve haver apenas um ser tal de realidade suprema[651]. Pois, se houvessem muitos seres de realidade suprema, as realidades *estariam distribuídas entre eles* e // nenhum possuiria todas as realidades. Logo nenhum ser seria um ser originário[652]. Mas, para que exista um ser originário e *realissi-*

---

649. Assim como Lehmann, substituímos o termo "distinto" [Deutliche] encontrado em Pölitz por "pensável" [Denkliche].

650. O argumento teológico das possibilidades é rastreado desde as mais antigas reflexões kantianas de metafísica que foram provavelmente redigidas em 1753-1754 (AA XXVII: 229-239). Na década de 1750, este argumento pode ser verificado ainda na *História Natural Universal e Teoria do Céu* (AA I: 333-334) e, de um modo mais elaborado, na proposição VII da *Nova Elucidação sobre os Princípios do Conhecimento Metafísico* (AA I: 395-396). No entanto, ele vai ser apresentado em sua forma integral apenas em 1763, em *O Único Argumento Possível para uma Demonstração da Existência de Deus*: "Toda possibilidade pressupõe algo real, no qual e através do qual é dado tudo o que é pensável. Portanto existe uma realidade cuja supressão suprimiria toda possibilidade interna em geral. Porém aquilo cuja supressão ou negação erradica toda possibilidade é absolutamente necessário. Portanto algo existe de forma absolutamente-necessária" (AA II: 77-79).

651. Baumgarten, *Metaphysica* § 821.

652. À exigência da unidade segue a da simplicidade. Para Baumgarten § 847, "[a] simplicidade de Deus é mais uma vez óbvia: se Deus fosse composto, suas partes seriam substâncias colocadas umas foras das outras [§. 225, 282]. Dessas, uma única seria substância infinita [§. 846]. Logo, o resto finito [§. 77; 248]. Assim algumas imperfeições absolutamente necessárias seriam colocadas em Deus [...]". Da mesma forma, como Kant professa na

mum, sua existência não deve pressupor nenhum outro substrato e ele deve possuir todas as realidades juntas. Mas um ser tal só pode ser um ser único. Se existissem muitos seres, cada um desses seres não poderia ter todas as realidades, pois o todo existe apenas uma vez. As realidades teriam de ser distribuídas entre eles e cada um teria de pressupor, por sua vez, um substrato do todo da realidade. Logo o todo da realidade tem um Ser como fundamento. Todas as coisas estão contidas nesse todo e podem ser determinadas por meio de limitações dessa realidade. Em partes, isso se fundamenta na proposição: "não há nada que está no entendimento que não estivesse antes nos sentidos". Esta proposição mostra, contudo, pelo menos que tudo aquilo que experimentamos pelos sentidos deve ser realidade e que, nesse caso, também podemos refletir primeiramente sobre isso, pois o pensamento é, por certo, apenas uma reflexão sobre aquilo que é dado. Portanto a soma total de todas as realidades deve ser dada primeiramente para que se possa pensar algo. – Não pode ser dada nenhuma outra prova do ser, cujo conceito compreende o todo da realidade em si, senão que é apenas uma hipótese necessária.

Mas como conhecerei a necessidade absoluta desse ser por meio da razão? Posso inferir a necessidade a partir da contingência. Tudo aquilo que existe é necessário ou contingente. O contingente deve ter uma causa em um outro // contingente etc. Mas deve haver alguma coisa que contém uma causa de todo contingente e esta é necessária. Portanto, pode-se inferir aqui, a partir da contingência, a necessidade. O conceito da *necessidade absoluta* é, no entanto, apenas um problema do entendimento. Eu digo: deve haver um ser absolutamente necessário, mas eu não sou capaz de discernir *como*. *Wolff* disse então: "existe um mundo no qual[653] eu existo". Aquilo que existe deve ter uma causa, porque é contingente. Por conseguinte ele procede na série de coisas

---

Doutrina da Religião, "tão logo as realidades estão distribuídas (e essa distribuição teria de acontecer, se o *ens realissimum* fosse um *ens compositum*, entre as partes desse *compositum*), surgem as limitações. Pois onde a realidade é distribuída entre algumas partes, cada parte não é toda realidade e, consequentemente, há em cada uma das partes uma deficiência em relação à realidade que lhe falta" (AA XXVIII: 1037-1038).

653. Em Pölitz, lemos literalmente "existe um mundo ou eu existo" [*es existirt eine Welt oder ich existire*]. Certamente trata-se de um erro de transcrição.

subordinadas umas às outras até chegar à primeira e então diz: "existe um ser necessário"[654]. Ora, mas chega a grande dificuldade se pergunto: o que este ser deve ter como propriedades para que seja absolutamente necessário? Não posso conhecer e demonstrar estas propriedades de outra maneira senão até que tenha discernimento daquilo que pertence //, dessa forma, ao que é absolutamente necessário. Portanto tenho de discernir, primeiro, a necessidade absoluta para, depois, poder determinar as propriedades que deveria ter um ser absolutamente necessário. Mas o conceito do ser absolutamente necessário de modo algum pode ser discernido pela razão, embora eu possa demonstrá-lo como uma hipótese necessária. A possibilidade de um ser absolutamente necessário pode ser, decerto, conhecida, pois um ser que é necessário é derivadamente [derivative] ou originariamente [originaire] necessário. Mas esta é apenas uma análise do conceito que faço para mim mesmo. No entanto do fato de que um ser tal é possível ainda não se segue que deva ser necessário //. O fato de que o conceito da necessidade absoluta não pode ser discernido pela razão serve para criticar a prova wolffiana. O contrário de coisa alguma é em e por si mesmo impossível, mas a necessidade absoluta é aquilo cujo contrário é em e por si mesmo impossível. Visto, no entanto, que o contrário de qualquer coisa é possível segundo a nossa razão, logo não podemos discernir a necessidade absoluta segundo a nossa razão. Mas o contrário de uma coisa é impossível, quando contradiz então a coisa. Ora mas o contrário nunca contradiz a coisa mesma e, portanto, também é sempre possível. Pois se, por exemplo, coloco Deus com todas as suas realidades, o contrário é quando elimino Deus com todas as suas realidades. Mas, nesse caso, por certo, isso de modo algum se contradiz. Pois,

---

654. Antes de Wolff, Leibniz já havia se ocupado da prova cosmológica, como vemos na primeira parte de seus *Ensaios de Teodiceia*: *"Deus é a razão primeira de todas as coisas*: pois aquelas que são limitadas, como tudo aquilo que vemos e experimentamos, são contingentes e não têm nada nelas que torne a sua existência necessária [...]. Então, é preciso procurar a *razão da existência do mundo* [...]"* (§ 7). Ver também em *Princípios da Natureza e da Graça* (§ 7-9) e *Monadologia* (§ 37-42). Wolff endossa a prova *a contingentia mundi* nos § 928-946 da *Metafísica Alemã:* "Aqui demonstro, a partir da natureza do contingente, que deve haver um ser necessário e autossuficiente. Pois o contingente não tem o fundamento de sua realidade [Wirklichkeit] em si, mas fora de si, e, portanto, em uma causa necessária. Ora mas uma vez que tudo deve ter sua razão suficiente, então isso não pode prosseguir infinitamente [...]". Ver Também *Theologia Naturalis* (§ 24-69).

se coloco tudo e o seu contrário e elimino tudo, nada mais resta que deveria se contradizer. Por conseguinte, o contrário da coisa mesma nunca se contradiz, embora os predicados das coisas possam se contradizer. Pois, se coloco a coisa com todos os seus predicados e suprimo alguns destes predicados, uma contradição pode muito bem surgir, mas não se suprimo a coisa com todos os seus predicados, pois nesse caso nada mais resta que poderia se contradizer. Se digo "Deus não é onipotente", deixo ficar o sujeito Deus e suprimo seu predicado. Então surge certamente uma contradição. Mas, se suprimo sujeito e predicado // e digo "não há nenhum Deus onipotente", há então uma contradição? Se simplesmente afirmo e simplesmente nego, não surge, em ambos os casos, nenhuma contradição[655]. *Wolff* acreditou ter discernido a necessidade absoluta. Ele assumiu o conceito arbitrariamente e concebeu para si todas as // realidades. Mas ele inferiu a existência como uma entre todas as realidades e disse "aquele ser que tem todas as realidades deve também ter necessariamente a existência"[656]. Então não há certamente nenhuma contradição e dificuldade: ora mas posso, por certo, eliminar este ser, por sua vez, com todas as suas realidades. Mas ele diz: "se penso um ser que tem todas as realidades e a existência também é uma realidade, então tal ser que tem todas as realidades deve ter também a existência, pois caso contrário ele não teria todas as realidades. Logo ele deve existir necessariamente". Desse modo, obtém-se como que, por assim dizer, por mágica, a existência de um ser absolutamente necessário, não se sabe como. Mas, quando uma coisa tão importante é resolvida de maneira tão simples e breve, há também, com certeza, um erro nela que ainda não foi pensado. –

A existência não é um predicado. Do ponto de vista lógico, a existência é certamente um predicado. Mas, do ponto de vista lógico,

---

655. Trata-se do mesmo exemplo que seria apresentado, em outros termos, na *Crítica da Razão Pura*: "Se em um juízo idêntico suprimo o predicado e mantenho o sujeito, resulta uma contradição e é por isso que digo que esse predicado convém necessariamente ao sujeito. Mas se suprimir o sujeito, juntamente com o predicado, não surge nenhuma contradição; porque não há *mais nada* com que possa haver contradição. Pôr um triângulo e suprimir os seus três ângulos é contraditório; mas anular o triângulo, juntamente com os seus três ângulos, não é contraditório. O mesmo se passa com o conceito de um Ser absolutamente necessário" (B 622-623). Ver também as *Lições sobre a Doutrina Filosófica da Religião* (AA XXVIII: 1031-1032).

656. Wolff, *Theologia Naturalis* II, § 21; Baumgarten, *Metaphysica* § 823.

posso fazer de tudo um predicado e indicá-lo como nota [Merkmal] do outro. Então levanta-se a questão sobre se a existência é um predicado que pode ser acrescentado aos demais predicados do sujeito. A existência *é uma // posição*[657] e não um predicado, pois aquilo que existe tem predicados. A existência é existência lógica ou real. Ora, se digo "Deus é onipotente", "onipotente" é um predicado e a cópula [copula] *"é"* é apenas uma existência ló- gica. Ora mas posso predicar a existência real de Deus, pois o ser é uma posição da coisa com todos os seus predicados. Se enumerei todas as realidades e predicados de uma coisa, posso pensar todos estes predicados. Ora, mas não se segue que tal coisa, cujo predi- cado pensei, tenha de existir, apenas que se ela realmente existe, pode então ter todos estes predicados. – O conceito de realidade suprema *não contém*, portanto, *a existência em si, uma vez que a existência não é uma realidade.* Esta é a *prova cartesiana* que *Wolff* e outros assumiram e é a única prova transcendental que se teve até aqui. – Ora, mas o que podemos dizer da necessidade absoluta da existência?: que não podemos discerni-la objetivamen- te pela razão, mas que devemos apenas pressupô-la como uma hipótese necessária de nossa razão. Mas algo em vista de nossa razão deve ser assumido como se tivéssemos igualmente discer- nido pela razão e demonstrado objetivamente. Pois aquilo que é uma hipótese necessária do uso da razão sem a qual eu não posso fazer uso da minha razão em absoluto, é algo que, em // relação a nós mesmos, é como // se tivéssemos precisamente discernido em si mesmo pela razão.

282

314
283

---

657. Kant já havia se posicionado criticamente, desde suas reflexões mais iniciais, diante do argumento ontológico cartesiano, que também é assumido por Wolff. A grave confusão conceitual ao qual a prova cartesiana incorre já é noticiada em 1755, na *Nova Dilucidatio*, onde Kant denuncia um uso equivocado da razão lógica. Já é indicado nesse ponto que a prova a partir do conceito permanece em nível meramente ideal, sendo incapaz de de- monstrar qualquer existência (AA I: 394). Essa crítica é retomada alguns anos depois, em o *Único Argumento Possível para uma Demonstração da Existência de Deus*, como um pressuposto essencial para o fundamento da prova [Beweisgrund]. O fato é que, de maneira decisiva, Kant já se mostra lúcido, nesse ponto, de que a existência não é um predicado por direito próprio, mas tão somente a cópula em um juízo. "Ela apenas posiciona algo em relação a uma coisa, podendo ser pensada, dessa forma, apenas como relação" (AA II: 72-73). Esse ponto é retomado e desenvolvido na *Crítica da Razão Pura*: "*Ser* não é, evidentemente, um predicado real, isto é, um conceito de algo que possa acrescentar-se ao conceito de uma coisa; é apenas a posição de uma coisa ou de certas determinações em si mesmas. No uso lógico é simplesmente a cópula de um juízo" (A 598; B 626).

Esta seria a prova transcendental de um ser originário e de sua necessidade absoluta, que é subjetivamente suficiente, mas não objetivamente, posto que não podemos ir mais longe no campo da experiência e de nosso pensamento. Essa prova transcendental já constitui em si a teologia transcendental, pois os demais conceitos transcendentais do ser necessário são apenas derivados dela como *consequências* e lhes são aplicados. Mas para que o assunto inteiro seja esgotado devem ser citadas ainda as demais provas, como a *cosmológica*, a *físicoteológica* e a *moral*, de modo que todas as quatro provas possam ser abarcadas; e então não se *acredita*, como *Sulzer*[658], que ainda haveria alguém que pudesse conceber uma demonstração correta e genuína da existência de Deus. Mas, visto que determinamos a *fonte* e os *limites* da razão, sabemos que ninguém, sob o sol, pode ir mais longe e ninguém nunca encontrará uma demonstração, pois de onde tal pessoa deseja supostamente retirá-la ou de qual fonte extraí-la?

Agora vamos para as provas da teologia *natural* e, então, é para se observar:

1) A prova *cosmológica*[659]. Esta é retirada da experiência em geral. Mas a experiência em geral é: existe algo. Tudo o que existe, no entanto, deve ser necessário ou contingente //. Se é contingente, deve ter uma outra causa. Se esta causa também é contingente, então ela deve ter, por sua vez, uma causa como fundamento. Ora, se retrocedo na série das causas e efeitos, tenho de chegar a uma causa *primeira* que não tem mais nenhuma causa como fundamento, pois caso contrário ela também seria contingente e não seria nenhuma causa primeira. Logo essa causa primeira deve ser um ser necessário. Portanto, porque algo existe,

---

658. Johann Georg Sulzer (1720- 1779), filósofo wolffiano suíço, esteta e professor de matemática. Traduziu o tratado de David Hume *Uma Investigação sobre os Princípios da Moral* para o alemão em 1755. Levando em conta a mesma questão das *Lições*, Kant o menciona na *Crítica da Razão Pura*: "Eu não sou, com efeito, da opinião que homens excelentes e reflexivos (p. ex. Sulzer) tantas vezes expressaram, à medida que sentiam a fraqueza das provas até aqui adotadas: a de que ainda se poderia esperar encontrar, algum dia, demonstrações evidentes das duas proposições cardinais de nossa razão pura: 'há um Deus', 'há uma vida futura'" (B 770).

659. Ver *Crítica da Razão Pura* (B 631- 642) e também a segunda seção da primeira parte da *Doutrina Filosófica da Religião* (AA XXVIII: 1047-1062).

deve existir um ser necessário. Esta é a prova cosmológica que *Wolff* sustentou. Agora se segue:

2) A prova transcendental[660], que é a prova *cartesiana*, que *Wolff* também assumiu. Ora, mas se, de acordo com a prova *wolffiana*, tal ser existe, o que este ser necessário deve ter como propriedades de modo que possa ser um // ser absolutamente necessário? Aqui *Wolff*, sem que tenha notado, retoma a prova transcendental que comentamos brevemente antes[661]. De antemão, temos de observar uma coisa a partir da ontologia. *Wolff* e outros não discerniram corretamente o conceito da necessidade absoluta e acreditaram que a necessidade absoluta seria a necessidade interna [*interne*]. Mas não é dessa forma. O que é internamente necessário não é, por esta razão, absolutamente necessário. – O que é absolutamente necessário também é, certamente, internamente necessário. Eles sustentaram a necessidade lógica // das relações dos predicados como uma necessidade real das coisas. Por exemplo, é necessário que um triângulo tenha três lados. Certamente, se eu penso um triângulo, tenho de pensar necessariamente três lados, mas o triângulo não é, contudo, necessário. É absolutamente [*absolut*] necessário o que é absolutamente [*schlechthin*] necessário em todos os sentidos. Mas, se colocamos como fundamento um ser como um substrato de toda perfeição, então, uma vez que ele se encontra como fundamento em todos os sentidos, ele também deve ser necessário em todos os sentidos. Mas como *Wolff* se conduziu para determinar as propriedades do ser necessário? Ele disse: "um ser que é necessário e tem todas

---

660. *Crítica da Razão Pura* (B 621-631) e também a primeira seção da primeira parte da *Doutrina Filosófica da Religião* (AA XXVIII: 1013-1061).

661. Kant sustenta aqui a mesma posição da *Crítica da Razão Pura* de que a prova cosmológica baseia-se na prova ontológica: "Portanto, na chamada prova cosmológica, só a prova ontológica a partir de puros conceitos contém propriamente toda a força demonstrativa e a suposta experiência é totalmente inútil, servindo talvez somente para nos conduzir ao conceito de necessidade absoluta, mas não para nos mostrar essa necessidade em qualquer coisa determinada. Com efeito, sendo esta a nossa intenção, temos de abandonar toda a experiência e procurar entre conceitos puros qual deles contém as condições da possibilidade de um ser absolutamente necessário. Mas, deste modo, basta compreender-se a possibilidade de tal ser, para logo se demonstrar a sua existência; o mesmo é dizer que entre todo o possível há um ser que tem implícita a necessidade absoluta, isto é, que este ser existe de modo absolutamente necessário" (B 636-5). Ver também *Lições sobre a Doutrina Filosófica da Religião* (AA XXVIII: 1030-1031).

as perfeições também deve ser absolutamente necessário, pois os seres imperfeitos são contingentes". Ora, se ele pudesse provar isso, não teria precisado de nenhuma prova cosmológica, pois poderia demonstrar um ser tal a partir de conceitos. Ele começa da experiência e alcança uma causa primeira necessária de todas as coisas contingentes. Ora para produzir as propriedades de um ser tal, que deve ser necessário, ele regressa de novo à prova transcendental de Descartes. A prova cosmológica pode, decerto, me demonstrar um ser primeiro necessário na medida em que é uma causa do mundo, mas eu não posso inferir, a partir do mundo, todas as realidades desse ser, mas apenas quantas realidades são necessárias para a causa do mundo //. A experiência me ensina a conhecer, portanto, algumas realidades, mas não todas.

286

A prova cosmológica, que infere a partir da existência de coisas contingentes a existência de um causa necessária, está em conformidade com a razão natural. E ela também é a prova que sempre é utilizada pelos antigos e que eles chamaram de uma prova retirada do primeiro motor[662] [*primo motore*]. A saber, todo corpo move-se de maneira contingente. // Ele deve ter um causa que o move. Se se retrocede nas causas do movimento, deve se chegar a um primeiro motor que é diferente da natureza dos corpos. O primeiro motor é, no entanto, um ser livre. O primeiro movimento deve nascer do princípio interno do livre-arbítrio. Portanto o mundo não prova apenas uma causa primeira, mas uma causa que atua nele segundo liberdade. Este predicado da liberdade é emprestado da psicologia, mas pode-se pensar também uma liberdade transcendental, como espontaneidade absoluta de agir a partir do princípio interno. Uma causa suprema com liberdade é, no entanto, não apenas uma causa, mas também *um Autor*. Portanto, pela prova cosmológica, podemos inferir, partindo do contingente ao

316

---

662. No mesmo sentido, lemos na *Crítica da Razão Pura* e, especificamente, na observação à tese da terceira antinomia: "A confirmação da necessidade da razão, de na série das causas naturais apelar a um primeiro começo a partir da liberdade, lança luz sobre a circunstância de que todos os filósofos da antiguidade (excetuada a escola epicurista) se viam forçados, para explicar os movimentos do mundo, a admitir um *primeiro motor*, i.e. uma causa livremente atuante que primeiro começava, por si mesma, essa série de estados. Pois eles não se arriscaram a tornar um primeiro começo compreensível a partir da mera natureza" (B 478). Ver também *Lições sobre a Doutrina Filosófica da Religião* (AA XXVIII: 1009).

necessário, uma causa por liberdade, pois sem liberdade não pode existir nenhuma causa suprema[663]. – Mas, se chegamos à liberdade, podemos derivar, a partir dela, todas as demais perfeições e propriedades na teologia natural. Podemos, portanto, // a partir da prova cosmológica, passar para a teologia racional.

1) A terceira prova da teologia natural é a prova *fisicoteológica*[664]. Esta é retirada de determinada experiência desse mundo, na qual se inferem, a partir da observação do mundo, de suas determinações e propriedades, as propriedades da causa. O conceito transcendental de liberdade pode ser derivado e percebido já a partir da contingência. Agora procuramos nesse mundo a pista de um ser que age livremente. Percebemos as determinações, os fins do mundo, e vemos que é encontrada uma escolha neles e que, portanto, existe um ser que age livremente. – Além disso, a partir da ordem do mundo, vemos que esta liberdade está ligada com a sabedoria. A partir da provisão do mundo, vemos que esta liberdade está ligada com a bondade. Continuamos com a imensidão espantosa da estrutura do universo e vemos que esta liberdade está ligada com imensurável poder. Esta prova é a mais adequada ao entendimento do ser humano. Ela cultiva a nossa razão na experiência. Aprendemos, dessa forma, a conhecer o mundo mais de perto. Essa prova tem em si a particularidade de que ela não apenas demonstra um Autor, mas permite vê-lo também como um sábio e útil Autor em suas obras. *Essa prova // deveria // ser exposta, no ensino infantil, a todo ser humano, mesmo ao mais simples. Também nos púlpitos, ela pode ser bastante conveniente. Mas, para a especulação e para a capacidade investigativa, ela não é suficiente.* Não posso saber, afinal, se existem muitos ou poucos de tais seres e mesmo que eu esteja consciente de uma unidade da Terra, encontro-me, contudo, apenas em uma parte muito pequena e completamente insignificante do mundo e nada me é conhecido do resto do grande plano da criação. Vejo aqui, decerto, um grande e espantoso poder, mas *ainda nenhuma oni-*

---

663. Em Pölitz lemos apenas "causa", o que parece ser uma omissão.

664. Ver *Crítica da Razão Pura* (B 648-658) e também a terceira seção da primeira parte da *Doutrina Filosófica da Religião* (AA XXVIII: 1065-1082).

potência[665]. Que o mundo nos aparece de maneira tão espantosamente grande pode muito bem vir do fato de que somos demasiadamente pequenos, assim como um pequeno verme considera uma pequena panela de água um oceano. Portanto, a partir dessa prova, podemos acreditar apenas que existe um ser tal.

Essas três provas, a transcendental, a cosmológica e a fisicoteológica, são provas dos princípios teóricos da razão, onde a existência de Deus é assumida como uma pressuposição necessária em nosso uso *teórico* da razão. Ora há 4) ainda um tipo de prova na qual a existência de Deus é vista como uma pressuposição necessária do uso *prático* da razão e esta é a prova *moral*. Temos uma necessidade de pressupor necessariamente, segundo o uso prático da razão, a existência de Deus //. Essa prova moral baseia-se nos seguintes princípios: as regras da moralidade são autossuficientes, certas e apodíticas, posto que compreendem em si uma necessidade e têm a mesma evidência de outros conhecimentos da razão. Elas podem ser discernidas totalmente a *priori*. Elas são independentes de toda experiência e de todas as consequências da utilidade e do dano e são válidas em e por si mesmas. A mentira não é um vício porque carrega utilidade ou dano, mas porque é em si mesmo infame mentir. Ela contradiz os fundamentos supremos da razão e os fins da moralidade. As regras dos costumes não são derivadas da vontade de um ser[666],

---

665. Sobre este ponto, Kant comenta na *Crítica da Razão Pura*: "os predicados de um poder e de uma excelência *muito grandes*, espantosos, incomensuráveis, não nos dão nenhum conceito determinado e não nos dizem absolutamente nada sobre o que a coisa seja em si mesma, mas são meras representações relacionais do objeto que o observador (do mundo) compara consigo mesmo e com sua capacidade de compreensão [...]" (B 655-656). Nas *Lições sobre a Doutrina Filosófica da Religião*, lemos: "eu jamais posso derivar um conceito integral desse tipo da experiência, pois a perfeição suprema nunca pode me ser concedida em uma experiência possível. Assim, por exemplo, eu ainda não sou capaz de provar antecipadamente a onipotência de Deus mesmo assumindo milhões de sóis em um espaço incomensurável" (AA XXVIII: 1008).

666. Trata-se de um argumento contra o voluntarismo teológico que Kant assume, na esteira de Leibniz e de seus discípulos, desde a gênese de seu pensamento: "Deus não é o autor da lei moral mediante a sua vontade, mas a vontade (divina) é a lei moral, a saber, o protótipo da vontade perfeitíssima" (AA, Refl. 7092, XIX: 247). No mesmo sentido, lemos na *Crítica da Razão Pura*: "Nós estudaremos a liberdade, sob a unidade conforme a fins, segundo princípios da razão, e só acreditaremos ser conforme a vontade divina na medida em que tomemos por divina a lei moral, que a razão nos ensina a partir da natureza das próprias ações morais". Para comentários, consultar Cunha, *Wolff e Kant sobre obrigação e lei natural* (Trans/Form/Ação, vol. 38, n. 3, 2015); *A Gênese da Ética de Kant* (LiberArs, 2017) e Schneewind, *A Invenção da Autonomia* (Unisinos, 2001).

mas elas existem em e por si. Ora, ao assumirmos as leis morais, elas não nos dizem nada além de que nossas ações são boas em si ou más em si. Ora, mas falta nas leis morais uma concordância com a felicidade; falta o *móbil* pelo qual devo executar a lei moral. // Se eu me comporto em conformidade com as leis morais e me tornei digno da felicidade, deveria alcançar também a posse dessa felicidade. Mas isso não acontece. Falta esse móbil às leis morais. Elas não carregam consigo nenhuma promessa desse tipo. Mas sem tal móbil elas são apenas fundamentos da judicação, mas não da execução[667]. Elas são objetivas, mas não praticamente subjetivas. – Tenho um discernimento suficiente da condição sob a qual um ser que age livremente pode ser digno da felicidade //, mas não estou consciente de que um ser que tenha se comportado de modo a ser digno de felicidade seja também *realmente*, sob essa condição, *participante dela*. Mas, se não se pode esperar isso, então as leis dos costumes não têm também nenhuma força movente, pois nenhuma criatura pode ser indiferente em relação à questão da felicidade; isto está em conformidade com a natureza de toda criatura. Portanto, as leis morais são, decerto, corretas em relação à judicação, mas em relação à execução, do ponto de vista prático, são vazias. Elas têm, decerto, segundo o entendimento, uma força movente do comprazimento e desprazimento, mas não têm uma força impulsiva se não se encontram em conexão com a felicidade. – Entretanto, ninguém pode afirmar, no fim das contas, ser digno da felicidade *sem* as leis morais. Isto não é possível e ninguém tentará afirmá-lo. As leis morais são, pois, apodíticas e irresistíveis. Ninguém pode afirmar, através da razão, ser capaz de ser feliz sem as leis morais, pois assim sendo, pelo fato de afirmar isso, ele mesmo não se torna digno. Ora, visto que não é possível, sem as leis morais, alcançar a felicidade, ou seja, as leis morais não prometem uma felicidade tal, então nenhuma decisão moral pode

---

667. Eis a problemática sobre a motivação moral com a qual Kant está profundamente envolvido na década de 1770. Kant discute sobre este tópico, em especial, na seção das *Lições de Ética* intitulada "Do Princípio Supremo da Moralidade": "Se a questão é o que é ou não moralmente bom, então esse é o princípio de judicação segundo o qual julgo a bondade da ação. Mas se a questão é o que me move a viver conforme essa lei, então esse é o princípio do móbil. A equidade da ação é o fundamento objetivo, mas ainda não o fundamento subjetivo" (Ed. Menzer, 1924, p. 44/Unesp, 2008, p. 149). Para comentários, consultar Cunha, *A Gênese da Ética de Kant* (LiberArs, 2017).

acontecer sem a promessa de se tornar realmente participante da felicidade da qual se tornou *digno* através da lei. Mas, se alguém espera ser feliz *sem* o cumprimento das leis morais, ele cai // em um absurdo moral [*absurdum morale*]. Em contrapartida, se ele tem, por sua vez, uma vontade imutável de viver em conformidade com a lei moral, ele escapa, decerto, do absurdo moral, mas cai em um absurdo pragmático [*absurdum pragmaticum*] posto que não é participante da felicidade da qual se tornou digno. Deve haver, por conseguinte, uma promessa de se tornar realmente participante da felicidade ao se ter tornado digno dela. Mas, visto que, no todo da natureza, tais promessas não são percebidas e que // de modo algum podemos nos tornar, segundo a ordem da natureza, participantes da felicidade da qual nos tornamos dignos através da lei moral, já que a moralidade consiste nas disposições, mas, em vista da felicidade segundo a proporção com minha moralidade [Sittlichkeit], a natureza não concorda com a moralidade [Moralität], *então tem de ser assumido um governante universal do mundo cuja vontade é uma vontade moral e que pode compartilhar, sob a condição das leis morais, a felicidade e que está em condições de concordar a boa conduta com o bem-estar*[668]. Ninguém está em condições de encontrar outra maneira de poder concordar a moralidade com a felicidade senão pressupondo um tal governante santo do mundo. Uma vez que criatura alguma pode renunciar à sua própria felicidade, sem essa pressuposição não é possível que um ser humano possa compreender uma proposição imutável de se tornar digno da felicidade por meio da moralidade //. Mas, se, *sem* essa pressuposição, ele tentasse se tornar digno de felicidade, ele teria então de renunciar a sua própria felicidade. Portanto deve ser pressuposto um ser supremo e santo que governa o mundo, o qual compartilhará a felicidade para cada um segundo a sua conduta. Mas isso não pode ser organizado de

---

668. Eis uma formulação inicial do postulado prático da existência de Deus que seria apresentado em sua forma integral na *Crítica da Razão Prática* da seguinte forma: "Portanto, o sumo bem só é possível no mundo na medida em que é admitida uma causa suprema da natureza, que tem uma causalidade conforme à intenção moral. [...] a causa suprema da natureza, na medida em que ela tem de ser pressuposta para o sumo bem, é um ser que, mediante o entendimento e a vontade, é a causa (por conseguinte o autor) da natureza, isto é, **Deus**" (AA V: 125). Ver também *Crítica da Razão Pura* (B 838-839).

outra maneira senão através de um entendimento universal e de uma vontade que está em conformidade com a lei moral. Por conseguinte, podemos cumprir, com segurança, a lei moral e esperar a felicidade.

A existência de Deus não pode ser provada diretamente, mas *apenas indiretamente. Não posso demonstrá-la a outra pessoa. Mas, se ela quiser provar o contrário, posso conduzi-la a um absurdo lógico [ad absurdum logicum] e prático*[669] [*et praticum*]. A prova apagógica[670] que conduz ao absurdo lógico é retirada da pressuposição necessária do uso teórico da razão. Devemos pressupor um Autor sábio do mundo se queremos explicar a ordem da natureza. Sem um Autor racional, tudo isto permanece inexplicável. Então são muitas as proposições que devem ser pressupostas como uma hipótese necessária se temos de explicar alguma coisa, tal como, por exemplo, o curso da terra ao redor do sol. Mas essa pressuposição não é absolutamente necessária, mas necessária apenas em sentido comparativo. Não sou capaz de explicar o fato tão bem partindo de nenhuma outra hipótese além dessa. // Explicar tal coisa de outra maneira // seria, decerto, possível, mas, para explicar a ordem da natureza, assumir um Autor é uma hipótese absolutamente necessária. A outra prova apagógica que conduz ao absurdo prático é retirada da pressuposição necessária do uso prático da razão e não conduz apenas ao absurdo pragmático segundo a regra da prudência, mas também ao absurdo moral segundo a regra da moralidade. *Se não assumo um Deus, eu agi, no primeiro caso, segundo princípios, como um insensato e agi, no segundo caso, segundos princípios, como um patife*. Se você assume as leis morais e age retamente, então você se prende a uma prescrição que não lhe pode proporcionar nenhuma felicidade e a virtude é apenas uma quimera. Logo você cai em um absurdo pragmático e age como um tolo. Se você diz "bem, eu não assumo quaisquer leis morais. Quero buscar minha felicidade aqui da me-

320
293

---

669. Ver nota 583.

670. Na *Crítica da Razão Pura*, Kant esclarece que a prova "apagógica, [...] embora possa proporcionar a verdade, não pode produzir a compreensibilidade da verdade em relação à sua concatenação com os fundamentos de sua possibilidade. Assim, esta última é mais um auxílio de emergência que um procedimento capaz de satisfazer todos os propósitos da razão" (B 817-818).

lhor maneira possível e, caso eu só sobreviva aqui nesse mundo, não tenho nada mais a temer", você age, nesse caso, como um vilão [Bösewicht] e cai em um absurdo moral. – Por conseguinte a prova moral penetra na fonte mais íntima da atividade e é a mais perfeita e excelente em relação ao prático. *Deus torna-se aqui um objeto de crença* e ninguém pode arrancar tal coisa de mim. Todas as objeções especulativas não são nada frutíferas aqui, pois estou firmemente convicto de tal coisa. Embora não se possa *provar* que existe um // Deus que pune e recompensa, *ninguém pode, contudo, também provar o contrário disso* e esta pressuposição necessária já é um fundamento suficiente para se assumir um Deus. Não apenas nos convenceremos da existência do Ser mais santo pela prova moral, mas também nos *tornamos melhores* por meio dela. Ela não é apenas conduzida por fundamentos práticos, mas expressa também mesmo um efeito prático. *Essa prova deve ser muito recomendada e introduzida no ensino da juventude, pois a moralidade é o aspecto mais excelso e importante de todos. A prova fisicoteológica pode ser ligada com essa prova, pois ela é muito atraente e completa o trabalho como um todo.* –

Com o propósito de passar sistematicamente pelo conhecimento das *propriedades* desse Ser, temos ainda de adiantar o seguinte. Pode-se classificar todo conhecimento de Deus: em conhecimentos *da // teologia erudita*[671] [Gottesgelehrtheit] e em conhecimentos *por meio de conceitos comuns do entendimento.* A segunda incluída aqui é a *teologia popular.* A teologia popular baseia-se em fontes que qualquer entendimento comum discerne. Essa teologia pode ter dois tipos de perfeição: *a lógica* e *a prática.* Se ela tem a perfeição prática, tem então todas as perfeições que são procuradas. As perfeições lógicas podem ser negativas ou positivas. Seriam positivas se // descobriram novos conhecimentos;

---

671. Na tradução francesa, lemos "teologia acadêmica" [*théologie savante*]. Nas *Lições sobre a Doutrina Filosófica da Religião,* Kant ressalta que tal erudição não se acontece na teologia natural, mas só na revelada: "Há erudição na religião revelada, pois ela tem necessidade de ser estudada. Mas na religião natural não há nenhum lugar para a erudição. [...] Erudição é a totalidade dos conhecimentos que podem ser aprendidos. O teólogo ou o erudito em Deus precisa ter verdadeira erudição, uma vez que precisa interpretar a Bíblia e isto depende do conhecimento de línguas e de tudo o mais que pode ser aprendido" (AA XXVIII: 997-998).

são negativas se unicamente previnem erros. A perfeição lógica, portanto, se voltará simplesmente não para descobrir propriedades especiais, mas, sobretudo, para prevenir os erros e este é o propósito da teologia especulativa[672]. Ela não pode descobrir nada além do que sabe o entendimento comum e do que é conhecido pelo uso prático. Mas, por esta razão, ela deve ser impelida tão longe quanto possível para impedir os erros. Ora visto que é vão querer evitar a sutileza [Vernünfteln], posto que o ser humano está sempre inclinado a ela, e que, portanto, a razão, se não julga corretamente, pode julgar de maneira falsa, então a perfeição lógica da teologia serve para impedir a falsa sutileza. Ela não tem intenções de descobrir novos segredos de Deus, mas de prevenir que a fé em Deus em nós seja abalada. Ela serve, portanto, de baluarte da religião. É muito difícil redigir sobre a teologia popular, pois os conhecimentos só se tornam simples quando são trazidos ao nível mais elevado. Quando se quer redigir sobre teologia popular, deve-se dar uma volta longe para saber onde se inicia a compreensão [Verstand]. Por conseguinte é muito difícil projetar um catecismo ou uma instrução na religião e, decerto, uma tal que deva ser e seja adequada à compreensão das crianças; e ainda mais difícil é ligá-la com a moral. A teologia popular é, portanto, muito importante, posto que // o mundo inteiro quer e deve ter um conhecimento de Deus.

296

Já que temos de pressupor as provas da existência de Deus ou de um Ser supremo em toda teologia, queremos determinar de maneira mais próxima as *propriedades*[673] desse Ser de acordo com toda teologia. E, na teologia transcendental, foi decerto demonstrada, contra os ateus [*contra atheistas*], a existência de um ser originário. Mas o ser originário ainda não é Deus. Na teologia

---

672. Esta é a função negativa da teologia transcendental que visa, ao prevenir os erros em relação ao conceito de Deus, resguardar o lugar para a moral e para a religião. Nesse sentido, lemos na *Doutrina da Religião*: "Em nosso esforço de apresentar o conceito de Deus, nos resguardaremos de erros e contradições do ponto de vista especulativo, tendo que manter as rédeas de nossa razão nesse campo com o propósito de nos assegurar frente aos ataques dos inimigos da teologia. Mas, no ponto de vista moral, teremos, antes de tudo, de impedir erros tais que possam ter influência em nossa moralidade" (AA XXVIII: 999).

673. Kant discute mais detalhadamente as propriedades transcendentais de Deus em referência ao manual de Baumgarten na seção dedicada à ontoteologia das *Lições sobre a Doutrina Filosófica de Deus* (AA XXVIII: 1013-1047).

natural, foi demonstrada, contra os deístas [*contra deistas*], a existência de uma inteligência suprema. O conhecimento de // Deus da teologia natural é o conhecimento de um ser que é o Autor do mundo através de entendimento e razão e segundo o livre-arbítrio e este é o teísmo. Portanto aquele que assume a teologia natural é um teísta, enquanto que aquele que a nega é um deísta. Na teologia moral, foi demonstrada, contra os pagãos [*contra ethnicos*], a existência de um Ser supremo. Aquele que assume um conhecimento de Deus sem uma santidade moral não pode se chamar mais adequadamente senão pagão e sua doutrina paganismo, uma vez que em seu conhecimento de Deus não há quaisquer princípios morais da santidade. Por conseguinte, as provas da teologia transcendental são contra os ateus, da teologia natural contra os deístas e da teologia moral contra os pagãos.

O ateísmo é de dois tipos: o *dogmático* e o *cético*. O dogmático prova que não existe nenhum Deus. O cético não o nega absolutamente //, também não assume o contrário, mas o considera apenas como um problema[674]. Os fundamentos contra o ateísmo dogmático e cético devem ser distinguidos. Pois, uma vez que o primeiro é dogmático, ele deve provar que não existe nenhum Deus. Mas ele não pode[675]. Pois, se ele quer provar que algo não existe, deve mostrar que é impossível. Mas de onde ele quer retirar essa prova? A existência de Deus é, portanto, assegurada contra o ateísmo dogmático. Com o ateísmo cético já é mais difícil, uma vez que é ensinado dogmaticamente que existe um Deus. Mas uma prova dogmática é uma prova especulativa segundo suficiên-

---

674. Em paralelo à *Doutrina Filosófica da Religião*: "O *ateísmo* (falta de Deus [Ohngötterei] e negação de Deus [Gottesverläugnung]) é classificado em *cético* e *dogmático*. O *primeiro* contesta apenas as provas da existência de um Deus, em especial a sua certeza apodítica, mas não a existência de Deus mesma. [...] É totalmente diferente com o ateu dogmático que nega expressamente a existência de um Deus e, em geral, declara que Sua existência é impossível" (AA XXVIII: 1010). Nas *Lições de Ética*, como um comentário ao § 105 da *Ethica* de Baumgarten, Kant classifica o ateísmo da seguinte maneira: "[e]ntre os erros da teologia contamos primeiramente o ateísmo, que é de dois tipos: a ausência de referência e a negação de Deus. O primeiro é aquele no qual não se sabe nada de Deus. Mas a negação de Deus é aquele erro no qual se declara dogmaticamente que Ele não existe" (ed. Menzer, 1924, p. 107/ Unesp, 2008, p. 235).

675. Sobre este ponto, Kant assevera mais explicitamente na *Doutrina Filosófica da Religião*: "se o ateu dogmático nega que exista um Deus, ele assume para si, justamente por isso, a obrigação de provar a impossibilidade de Deus" (AA XXVIII: 1023-1024).

cia lógica. Não podemos, no entanto, dar uma prova completa desse tipo porque a *razão* não tem fontes suficientes para provar isso *a priori* e, pela *experiência*, não podemos demonstrar aquilo que queremos ter, a saber, um conceito determinado de todas as propriedades de um ser tal. Mas, ao cético, posso provar apenas que a questão sobre se existe ou não um Deus não pode ser tratada problematicamente, mas categoricamente. Tenho de saber *com certeza* se existe um ou não. Portanto não posso tratar dessa prova problematicamente, pois assim sendo eu não sei como tenho de me comportar. Em outras ciências, como, por exemplo, na física, muita coisa pode ser tratada como um problema, pois nenhum assunto que tem influência no prático depende delas. Mas, quando diz respeito a assuntos práticos, tais coisas não podem ser tratadas como um problema. O ateu cético não deve // admitir nenhum Deus ou deve admitir // um. No primeiro caso, eu o conduzo, através de um silogismo cornudo[676] [*sillogismum cornutum*], de acordo com a prova moral, ao absurdo prático moral ou pragmático [*vel morale vel pragmaticum*]. Dessa forma a teologia também é assegurada contra o ateísmo cético.

O conceito da teologia transcendental que já provamos é o conceito de um ser originário [*entis originarii*]. Desse conceito decorrem primeiramente as duas propriedades principais: a necessidade absoluta e a onissuficiência [*omnisufficientia*] que consiste no todo de realidade [*omnitudine realitatum*]. A necessidade absoluta é uma necessidade em todos os sentidos, sem uma condição restritiva. Do fato de que existe um ser originário se segue que ele deve ser absolutamente necessário. Um ser originário é um substrato necessário de toda possibilidade. Mas, se é um substrato de toda possibilidade, tem de ser absolutamente necessário, pois caso contrário não seria um ser originário. No que consiste a necessidade absoluta já foi mostrado anteriormente. Ela não pode ser discernida através do princípio de contradição, mas é pressuposta como uma condição universal da possibilidade. Dessa necessidade absoluta decorre que o ser necessário deve ser uma substância necessária, portanto, decorre a substancialidade. Uma

---

676. Na lógica, trata-se do método do dilema, cujo o termo latino se remete ao fato de que os animais com chifres possuem geralmente dois.

vez que ele é o substrato primeiro de todas as coisas, é por isso uma substância[677], pois todo real é acidente ou substância. Ora, se o ser real [*ens reale*] é a primeira condição da possibilidade, // ele deve ser uma substância, pois um acidente não é necessário, mas existe por inerência [*inhaerendo*]. Mas, visto que este ser real é uma condição necessária de toda possibilidade[678], ele deve ser uma substância originária e necessária [*substantia originaria et necessária*]. – Da necessidade absoluta decorre, por sua vez, a imutabilidade[679]. Uma vez que sua própria existência e a possibilidade de todas as coisas pressupõem sua existência [Dasein], nenhum outro tipo de existência [Existenz] é possível, isto é, o ser necessário não pode existir de muitas maneiras. Além disso, dela se segue a impassibilidade. O ser necessário não pode ser afetado por nada externo. A afecção [*affectio*] é uma determinação a partir de outro. Mas esta se adéqua a um ser que é passivo. A receptividade ou a possibilidade de se tornar afetado existe apenas em seres contingentes. Além disso, da necessidade decorre a independência. O ser originário é independente em relação a sua existência e em relação a sua determinação. Aquilo que contém em si o fundamento da possibilidade de todas as coisas não pode ter sua existência a partir de outro, pois assim sendo ele não seria um fundamento de toda possibilidade das coisas. Portanto ele deve ser independente.

// Em que se baseia então o fato de que o ser originário é uma condição necessária de toda possibilidade das coisas? O ser absolutamente necessário não é necessário na medida em que ele mesmo se encontra sob a condição da necessidade, mas na medida em que ele mesmo é a condição necessária universal de toda possibilidade. Da mesma forma que espaço e tempo são em si, segundo conceitos sensíveis e cosmológicos //, absolutamente necessários, porque são as condições sob as quais as coisas podem existir, o ser necessário também é absolutamente necessário porque ele mesmo é a condição de toda possibilidade.

---

677. Baumgarten, *Metaphysica*, § 836-838.

678. Baumgarten, *Metaphysica*, § 833-835

679. Baumgarten, *Metaphysica*, § 839.

A segunda propriedade principal é a *onissuficiência*[680], que consiste aqui no todo de realidade. Ouvimos na ontologia que toda coisa é determinada completamente [*omnimode*], mas em parte por realidades [*partim ad realia*], em parte por negações [*partim ad negativa*]. Mas o ser originário é completamente determinado por realidades[681]. Ora todas as realidades podem ser determinadas nele ou ele pode determinar todas as realidades. Podemos pensá--lo ou na medida em que é determinado ou na medida em que é determinante. Mas, uma vez que não podemos conhecer qualquer realidade de outra maneira senão pelos sentidos, estas *não* podem ser determinadas em Deus. Portanto não podemos pensá-Lo de outra maneira senão na medida em que é *determinante*, não como *determinatum*, mas como *determinans*. Ele contém em si tudo que é necessário para ser um fundamento de tudo. E esta é a onissuficiência que devemos pensar. Mas, se imaginamos que tudo Nele é determinado, caímos no antropomorfismo[682]. No lugar dessa onissuficiência, os seres humanos colocaram conceitos matemáticos[683] como a *infinitude* e o *incomensurabilidade* de Deus. Mas esses conceitos estão *muito abaixo* do conceito de onissuficiência, pois a incomensurabilidade é apenas uma grandeza relativa à nossa capacidade de discerni-la. Significa uma grandeza do tipo que // ultrapassa, em proporção, a medida de todo número, posto que, por meio da repetição da medida, nunca se pode chegar ao fim. A infinitude pressupõe a homogeneidade que é uma grandeza, cuja medida é a menor parte, mas que de modo algum pode ser determinada pela medida. Mas, mesmo que eu aumente a humanidade até o infinito, nunca alcanço o grau da divindade, posto que ela não é um ser homogeneo, mas heterogênco. Nor-

---

680. Baumgarten, *Metaphysica*, § 807.

681. Baumgarten, *Metaphysica*, § 808-809.

682. Baumgarten distingue dois tipos de antropomorfismo: "[...] O ANTROPOMORFISMO GROSSEIRO é o erro que atribui uma figura a Deus, isto é, uma figura humana. O ANTRO-POMORFISMO SUTIL é aquele erro que atribui a Deus imperfeições de coisas finitas, isto é, as imperfeições humanas" (Baumgarten, *Metaphysica*, § 848).

683. Esta crítica também é apresentada nas *Lições sobre a Doutrina Filosófica da Religião*: "[...] se denomino o entendimento divino como infinito, tenho de assumir meu entendimento como medida para a unidade e então admito que o entendimento divino é maior do que tudo o que sou capaz de pensar do entendimento. Mas isso não me auxilia minimamente a ser capaz de dizer, de maneira determinada, *quão grande* o entendimento divino é. Daí se vê, portanto, que, em meu conhecimento de Deus, não dou dessa forma nem um passo a mais ao aplicar o conceito de um infinito matemático a Ele" (AA XXVIII: 1018).

malmente, infinitude significa um ser *sem limitações*, mas isso é um conceito negativo, enquanto que o conceito de onissuficiência é um conceito positivo. O conceito de infinitude toca // mais a nossa sensibilidade, decerto, e traz consigo uma intuição de nossa incapacidade de conceber a grandeza, mas ele não significa nada mais do que a onissuficiência. – Da onissuficiência e do todo de realidade se segue a *unidade*[684], o fato de que há um único ser, pois o ser que é onissuficiente [*omnisufficiens*], o qual tem todas as realidades, só pode ser único, pois não são possíveis diversos seres que tenham todas as realidades, porque o todo é dado apenas uma vez. Pois, se existissem diversos *entia realissima*, um ser teria as realidades que o outro não tem e, por sua vez, vice e versa. Faltaria a cada um, portanto, algumas realidades e nenhum seria um *ens realissimum*. Por conseguinte, deve existir um único *ens realissimum*. Segundo a *simplicidade*[685], o ser necessário é simples, pois um ser composto [*ens compositum*] não tem uma maior necessidade do que tem as partes das quais consiste. Se esse ser fosse necessário, as partes também teriam // de ser necessárias. Logo existiria tantos seres necessários [*ente necessaria*] quanto partes no composto [*composito*]. Mas isso contradiz a unidade. Também podemos ver isso a partir do fato de que as partes no composto se encontram em interação e, portanto, uma parte determina a outra e depende dela. Mas um ser originário é independente e, portanto, não é composto. – O ser originário também é *imaterial*[686]. Tudo que é material é uma determinação por meio da qual a coisa é um fenômeno de nossos sentidos e por meio da qual está presente no espaço. Mas, visto que o ser originário é um ser extramundano, algo que logo demonstraremos, então não é um objeto da intuição no espaço e, portanto, é imaterial. O ser originário é um ser extramundano. Isso não significa que o ser originário tem um lugar que é fora desse mundo, mas que ele não pertence ao mundo como todo. O ser originário não está em interação com coisa alguma, embora esteja em conexão [*in nexu*]

---

684. Baumgarten, *Metaphysica*, § 821.

685. Segundo a definição do compêndio: "Toda substância é uma mônada [§. 234]. Deus é uma substância [§. 830]. Logo Ele é uma mônada e um ser simples [§. 230]. Quando a suma simplicidade de Deus é colocada, é negado, de fato, que Ele seja, em qualquer sentido, um composto de partes fora de partes [§. 224]" (Baumgarten, *Metaphysica*, § 838).

686. Baumgarten, *Metaphysica*, § 840-842.

com todas as coisas, uma vez que é o fundamento originário de todas as coisas. Se ele estivesse em interação, seria determinado por outro e seria dependente, mas, pelo que foi dito antes, isso não é possível. Ora, se é um ser extramundano, sua existência não é determinada no espaço e, portanto, não é nenhum objeto da intuição. Com efeito, é imaterial[687]. Enquanto um ser extramundano, esse ser não está nem no espaço nem no tempo. Na ontologia foi citado que espaço e tempo são formas sensíveis. Por conseguinte, elas não podem ser quaisquer condições do ser originário. // Se ele estivesse no espaço, seria um ser mundano [*ens mundanum*], pois o espaço é a possibilidade da interação e, portanto, ele estaria determinado e seria dependente. Se ele estivesse no tempo, uma parte de sua existência // teria sido percorrida, enquanto que uma parte do tempo ainda não e um momento do tempo seria sua existência. Portanto, se estivesse no espaço e no tempo estaria presente localmente em cada coisa. Mas uma onipresença no espaço é uma contradição. Pois, se ele está em um lugar, está fora de outro lugar. Se, no entanto, ele também estivesse simultaneamente em outros lugares, estaria fora de si mesmo, mas isso também é uma contradição. Por conseguinte, como um ser extramundano, Deus não está nem no espaço nem no tempo. Uma vez que ele contém tudo em si, então sua existência, considerada como grandeza, é uma *duração na eternidade* e sua presença uma *onipresença* na medida em que não é tomada localmente, mas virtualmente. A eternidade não é uma existência no tempo todo e a onipresença não é uma existência no espaço todo. Isto é uma contradição na medida em que a coisa é considerada por meio de conceitos intelectuais. Não é, portanto, adequado considerar Deus por meio de conceitos sensíveis que são retirados do mundo. Através de nossas investigações, muitas objeções em relação à eternidade e à onipresença são derrubadas e as questões "*quando* Deus começou, *como* e *onde* Ele estava?" desaparecem todas igualmente. Esta é também a verdadeira utilidade da teologia transcendental: impedir os erros que querem se infiltrar, mas não // descobrir algo novo. Quanto mais longe vai a teologia transcendental mais longe

---

687. Em Deus não há coisas simultâneas colocadas mutuamente fora uma das outras, quaisquer partes [§. 840,] e assim nenhum espaço [§. 239]. Logo Deus não é extenso nem preenche o espaço no sentido em que é dito que coisas extensas preenchem [§. 241]." (Baumgarten, *Metaphysica*, § 843).

se estende o *deísmo*. Portanto aquele que admite unicamente a teologia transcendental é um deísta. Queremos ir agora parta o teísmo e para a teologia natural.

b) A teologia natural (ou fisicoteologia)

O conceito da teologia natural é aquele em que *o ser originário é uma causa da natureza*. Mas aqui a causalidade não pode ser designada através de predicados transcendentais, mas através de predicados da natureza. Na teologia natural, os predicados são emprestados do universal de nossos conceitos empíricos. Mas, visto que a causa da natureza não é um objeto do sentido externo, não podemos também retirar quaisquer conceitos empíricos universais dos objetos dos sentidos externos, mas nossos conceitos empíricos universais externos são emprestados do universal de nosso sentido *interno* e são expressos por meio de conceitos tais que se encontram na psicologia racional. A teologia natural tem de considerar como objeto // o ser originário como uma causa da natureza. O conceito principal da causalidade em relação à natureza é a liberdade. Uma vez que o ser originário é uma causa da natureza, a natureza é para ser considerada, em relação ao ser originário, como contingente, pois ela é derivada da causa e //, portanto, é contingente. O ser originário é, por conseguinte, uma causa da natureza enquanto um ser contingente. A causalidade (determinação da causa) da causa suprema é, no entanto, sempre por liberdade. A causa *primeira* do contingente nunca pode ser de outra maneira senão por liberdade. Se uma série de coisas deve começar, o primeiro início da série não pode acontecer de outra maneira senão por liberdade, pois tudo que acontece pode acontecer segundo a necessidade da natureza ou por liberdade, mas o que acontece segundo a necessidade da natureza de um ser é precisamente tão necessário quanto o próprio ser[688]. Logo, através

---

688. Na *Doutrina da Religião*, Kant explica que, se "Deus não pode decidir diferente do que decide", consequentemente, "ele não age livremente, mas segundo a necessidade de Sua natureza [...]". Por conseguinte, "[o] fatalismo predica de Deus uma necessidade cega que contradiz o conceito de uma inteligência suprema". Mas, para Kant, o fatalismo é um erro pelo fato de que não *"diferencia a necessidade cega da natureza da necessidade física e prática"*, pois, se Deus "não pode decidir nada diferente do que decide", trata-se "de liberdade verdadeira, posto que Ele não decide nada diferente do que está de acordo com Seu entendimento supremo" (AA XXVIII: 1068).

da necessidade da natureza, não pode acontecer nenhum início de uma nova ação, mas, se um ser quer começar a agir, isso deve acontecer por liberdade. A origem primeira e o primeiro início nunca podem ser pensados de outra maneira senão por liberdade e um ser que é uma causa de tudo que é contingente é um ser de acordo com a liberdade. O conceito de liberdade é, portanto, o primeiro predicado do ser originário na medida em que ele é uma causa do mundo. – Ora estamos tão longe na teologia natural que provamos que o ser originário do mundo deve ser um ser que age livremente. Mas, uma vez que a liberdade pressupõe o entendimento, então o conceito completo do ser originário é o conceito de uma inteligência suprema e tal ser é unicamente *Deus*. Portanto o conceito de Deus toma lugar, em primeira instância, na teologia natural. *Um ser que é uma causa do mundo segundo liberdade e entendimento é* // *Deus*. O conceito da inteligência suprema pode ser derivado de fundamentos transcendentais. Pois, uma vez que o ser originário é o substrato da possibilidade de todas as coisas, então a possibilidade de toda ordem e toda perfeição deve se encontrar Nele. Mas isso não é possível sem o entendimento, pois uma concordância contingente da ordem e perfeição não pode acontecer sem o entendimento.

a) Se consideramos o ser originário como a inteligência suprema, temos de direcionar nossos conceitos primeiramente ao seu *entendimento*[689], à sua *faculdade de conhecimento*[690]. No entendimento, encontramos tanto algo positivo quanto negativo. // O aspecto positivo do entendimento supremo é que ele é totalmente independente de todos os objetos[691]. Pois, uma vez que o ser origi-

---

689. Baumgarten discute "O Entendimento de Deus" na seção 2 da "Teologia Natural" de sua *Metaphysica* § 863-889.

690. Baumgarten admite um entendimento em Deus baseado em um raciocínio que nos alude à prova ontológica que parte do conceito de *ens realissimum*: "O conhecimento distinto é uma realidade [§. 531]. Em Deus estão todas as realidades [§. 807]. Logo Deus conhece de maneira distinta. Logo tem um entendimento e é uma substância intelectual [§. 830], um espírito [§. 402]" (Baumgarten, *Metaphysica*, § 863).

691. Essa hipótese se apresenta como uma forte crítica a Baumgarten, que parece não empreender qualquer distinção qualitativa entre o entendimento humano e o divino: " Em Deus estão todas as realidades máximas [§. 812]. Quanto mais coisas são conhecidas de maneira distinta, mais distinto é o conhecimento [§. 634]. Logo o conhecimento sumamente distinto será o conhecimento distinto de todas as coisas [§. 161]. Ora, o conhecimento distinto de todas as coisas é possível [§. 632]. Logo existe, em Deus, o conhecimento distinto de todas as coisas e ele é sumamente distinto" (Baumgarten, *Metaphysica*, § 864). No

nário mesmo é independente de todas as coisas, seu entendimento dos objetos do conhecimento também deve ser independente. Mas nosso conhecimento depende dos objetos. – Se os objetos existissem *por meio* do nosso conhecimento, nosso conhecimento também seria independente dos objetos. Ora mas nossos conhecimentos existem primeiramente por meio dos objetos e, portanto, dependem de objetos. Mas, visto que todos os objetos existem através do entendimento do ser originário, então ele conhece todos os objetos na medida em que conhece a si mesmo. Pois, uma vez que ele conhece em si mesmo a causalidade, o princípio e a fonte de toda possibilidade das // coisas, ele conhece todas as coisas na medida em que conhece a si mesmo. Portanto seu entendimento é totalmente independente dos objetos do conhecimento[692] –

O aspecto negativo do entendimento supremo é que ele não é sensitivo, nem do ponto de vista formal [*formaliter*] e nem do ponto de vista material [*materialiter*]. Se os dados dos objetos do conhecimento pudessem, com sua presença, afetar seu entendimento, seu entendimento seria sensitivo, mas suas determinações não são efeitos da presença das coisas e, portanto, seu entendimento não é materialmente sensitivo. Mas, uma vez que a forma das representações sensitivas surge por meio da confusão, mas o entendimento supremo [*intellectus originarius*] é um entendimento da ordem, então seu entendimento também não é formalmente sensitivo. A originalidade do entendimento originário [*intelectus originarii*] é que ele conhece todas as partes a partir do todo e não o todo a partir das partes, pois ele conhece tudo e determina *limitando* todas as coisas. Os conhecimentos do entendimento originário não são conceitos, mas *ideias*. Os conceitos são representações universais discursivas e notas universais das coisas. Para todos os conceitos é exigida abstração, mas isso é uma deficiência. Limitamos, portanto, nossas representações e, dessa forma, obtemos conceitos e representações claras. Mas, vis-

---

parágrafo seguinte, lemos: "O entendimento de Deus é supremo. [...] É supremo porque representa as notas mais diversas e mais claras das diversas e mais elevadas coisas dentro dos mais fortes e diversos pensamentos associados [...]" (Baumgarten, *Metaphysica*, § 865).

692. No original, lemos objetos dos "conhecimentos". Optamos pela adaptação assim como em outros casos.

to que o entendimento originário é ilimitado, ele não pode se basear em limitação e abstração. Considerando que o entendimento humano conhece uma coisa por meio de notas universais que ele traz sob conceitos e conhece mediante uma regra //, então o entendimento humano é discursivo, enquanto o entendimento originário [*intellectus originarius*] é intuitivo[693]. Ele não conhece por conceitos [*per conceptus*], mas por intuição [*per intuitus*]. Pois, uma vez que o entendimento originário não está vinculado a limites, enquanto que // o conhecimento discursivo é uma limitação, então o conhecimento divino é um conhecimento *imediato*. O entendimento originário é, portanto, intuitivo.

Podemos realmente considerar o entendimento divino como o princípio da possibilidade das coisas e dizer que Seu entendimento é o fundamento de todas as coisas? – Sim, segundo a *matéria*. – A possibilidade das coisas, segundo a forma, baseia-se nos conceitos das coisas de acordo com o princípio de contradição, mas a possibilidade das coisas, segundo a matéria, baseia-se em um ser que é o substrato de toda possibilidade[694].

O ser divino é o fundamento de toda possibilidade das coisas. Na medida em que Deus conhece a Si mesmo pelo entendimento,

---

693. Em oposição à perspectiva escolástica de Baumgarten, o entendimento divino é compreendido como qualitativamente distinto do humano. Como Kant esclarece nas *Lições sobre a Doutrina Filosófica da Religião*, "[n]o que diz respeito ao *entendimento* de Deus, temos de pensá-lo como intuitivo, já que ele é oposto ao nosso entendimento discursivo, que, a saber, não é capaz de formar o conceito das coisas a não ser a partir de marcas universais. Isto é uma limitação que, no entanto, tenho de deixar de fora da realidade do entendimento caso queira aplica-la a Deus. O entendimento de Deus não será, portanto, uma faculdade de pensar, mas de intuir" (AA XXVIII: 1017). E ele complementa: "Pois o fato de que nosso entendimento não pode inferir de outro modo do que do universal para o particular é uma limitação que de modo algum podemos atribuir a um Ser realíssimo. Ao contrário, tal Ser deve intuir todas as coisas imediatamente pelo entendimento e conhecer tudo de uma vez. Não podemos, decerto, formar qualquer conceito de um entendimento intuitivo desse tipo porque não podemos intuir de outra maneira senão pelos sentidos" (AA XXVIII: 1051). Ver também *Crítica da Faculdade de Julgar* § 77 (AA V: 406).

694. Em *O Único argumento Possível para uma Demonstração da Existência de Deus*, ao apresentar o fundamento da prova, Kant enfatiza que a possibilidade pressupõe a relação entre o elemento real e o lógico. Ou seja, para que algo seja possível precisa ser pensável e não contraditório. A *possibilidade* descansa, por conseguinte, na relação existente entre o elemento material e o formal, isto é, respectivamente nos dados pensáveis e a não contradição lógica da coisa. Assim, "um triângulo, que tem um ângulo reto, é em si mesmo possível. Tanto o triângulo quanto o ângulo reto são os dados ou o elemento material nesta coisa possível; no entanto, a concordância de um com outro, de acordo com a lei da contradição, são o elemento formal da possibilidade" (AA II: 77).

Ele conhece por meio do entendimento o fundamento de toda possibilidade e, nessa medida, podemos dizer que Seu entendimento é o fundamento e o princípio da possibilidade de todas as coisas. Ora, uma vez que o entendimento de Deus é o fundamento de toda possibilidade, há em Deus *arquétipos, ideias*. –

Chegamos agora às *ideias*. A ideia é um conhecimento *que é ele mesmo o fundamento da possibilidade de seu objeto*. Os conhecimentos divinos contêm o fundamento da possibilidade de todas as coisas. A intuição [*intuitus*] divina contém ideias segundo as quais somos nós mesmos possíveis. O conhecimento divino é // conhecimento arquétipo [*cognitio divina est cognitio archetypa*] e suas ideias são arquétipos das coisas. Também denominamos os conhecimentos do entendimento humano de arquétipos comparativos, ideias, que são aqueles conhecimentos de nosso entendimento que servem para julgar as coisas. Todos os nossos conhecimentos segundo a perfeição nunca são empíricos, mas são uma ideia que se tem em si mesma, um arquétipo na mente, e trata-se de um *ideal* de acordo com o qual julgamos tudo[695]. Quando se julga algo, julga-se a coisa sempre segundo ideal que se tem disso em mente. Por exemplo, um pintor tem sempre uma ideia em mente como o fundamento segundo o qual pinta, embora ele nunca alcance a ideia mesma. – O conhecimento de Deus é possível de que maneira?

O conhecimento de Deus é considerado:

1) como Deus conhece a si mesmo e;

2) como uma criatura O conhece.

O conhecimento da criatura é diferente *não apenas segundo o grau, mas também segundo o tipo*, segundo o modo como ela conhece a si mesmo. Uma criatura conhece Deus por analogia, segundo as // representações que lhe são dadas pela natureza e

---

695. Com estas palavras, Kant se remete ao § 9 de sua *Dissertação* de 1770: "Ora, em qualquer gênero daquilo cuja quantidade é variável, o *máximo* é medida comum e princípio do conhecer. O *máximo de perfeição* é em nosso tempo denominado ideal, para Platão, ideia (como a sua ideia de república), e é princípio de tudo o que está contido sob a noção geral de alguma perfeição, na medida em que se estima que os graus menores não podem ser determinados senão por limitação do máximo" (AA II: 396). Não obstante, afastado de qualquer dogmatismo, tanto aqui quanto na *Crítica da Razão Pura*, as ideias e o ideal assumem uma função estritamente regulativa.

que são abstraídas dela. Estes conceitos que são abstraídos dos sentidos não expressam nada mais do que o fenômeno. Mas Deus é um objeto do entendimento e, portanto, nenhuma criatura pode conhecer absolutamente as propriedades de Deus segundo os conceitos que são extraídos dos sentidos, mas apenas a relação que Deus tem com o mundo como uma causa. Deus conhece a si mesmo ao // intuir a si mesmo, mas a criatura não tem nenhuma intuição do que apenas a desse mundo. Por conseguinte, não pode intuir Deus de nenhum modo, mas O conhece unicamente através da relação que Ele tem com o mundo. Mas, a partir disso, não podemos conhecer Deus *como Ele é*, mas como ele se relaciona com o mundo, como um fundamento, e isso se chama conhecer Deus por analogia. – Normalmente, analogia quer dizer o mesmo do que semelhança. Mas não existe, em absoluto, nenhuma semelhança entre Deus e o mundo[696]. Como, no entanto, conhecemos Deus por analogia a partir do mundo? A analogia é uma proporção entre quatro membros, três dos quais são conhecidos e o quarto é desconhecido. Por exemplo, o modo como se comporta a em relação a b, comporta-se c em relação a x ou ao desconhecido de que não temos conhecimento, mas que se comporta como as três coisas conhecidas[697]. Nenhum ser humano pode compreender

310

---

696. Assim como nas *Lições sobre a Doutrina Filosófica da Religião* (AA XXVIII: 1023), Kant parece se posicionar criticamente frente ao procedimento analógico de Baumgarten. No compêndio, Baumgarten afirma: "Se discernimos algo EM UM SER NECESSÁRIO que é parcialmente idêntico e parcialmente diferente daquelas coisas representadas em um ser contingente e, todavia, não entendemos as diferenças [*discrimina*] suficientemente e nem encontramos um nome particular para tal coisa, entao a chamamos de um ANÁLOGO DAQUILO QUE observamos EM UM SER CONTINGENTE. Tal coisa é ATRIBUÍDA A DEUS POR ANALOGIA por EMINÊNCIA (excelência), se as realidades em seu conceito parecem prevalecer ou POR REDUÇÃO (pelo caminho da negação), se as negações parecem prevalecer" (Baumgarten, *Metaphysica*, § 826).

697. Na *Doutrina Filosófica da Religião*, contudo, o procedimento é descrito de outra forma: "Se, no entanto, tomamos por analogia a similaridade perfeita da relação – em suma, precisamente o que os matemáticos entendem por proporção, ou seja, não algo em vista da coisa, mas das relações – então podemos nos dar por satisfeitos de uma vez por todas e formar um conceito de Deus tal e de seus predicados suficiente para nós de modo a não precisarmos de mais nada. Mas aqui não assumiremos obviamente quaisquer relações de grandeza (uma vez que isso diz respeito à matemática), mas uma relação de causa e efeito ou, melhor ainda, do fundamento com sua consequência e, portanto, poderemos argumentar efetivamente de maneira totalmente filosófica" (AA XXVIII: 1023). Kant também descreve esse procedimento analógico no § 58 dos *Prolegômenos a toda Metafísica Futura*, onde explica que se trata de "uma semelhança perfeita de duas relações entre coisas inteiramente dessemelhantes". Então: "Assim, existe uma analogia entre a relação

o que é o entendimento divino. Então partimos de nosso próprio entendimento, que não é intuitivo, mas discursivo. Discernimos, no entanto, que um entendimento perfeito deve ser *intuitivo*. Mas não podemos compreender *como* esse entendimento intui, *pois não temos nenhuma outra intuição além daquela por meio dos sentidos*. Ora, entre o entendimento de Deus e o nosso, não há, todavia, qualquer semelhança. Mesmo através de uma ampliação infinita dos graus, nosso entendimento não pode se igualar ao entendimento de Deus e, portanto, não podemos conhecer o entendimento divino de nenhuma outra maneira senão por analogia. Por conseguinte dizemos: *o modo como os objetos dos sentidos se comportam em relação ao // que chamamos em nós de entendimento, assim se comportam, em Deus, todos os objetos possíveis em relação ao aspecto desconhecido, que ignoramos em absoluto*, e que não se constitui como o nosso entendimento, mas de uma maneira totalmente diferente. Desta maneira desaparecem muitas dificuldades em relação às propriedades que atribuímos a Deus e que são retiradas do mundo. Elas podem ser todas válidas, mas apenas por analogia e, nesse caso, não caímos no antropomorfismo. O absoluto pode ser desconhecido, mas a relação pode muito bem ser conhecida. Portanto não conhecemos Deus de maneira absoluta, mas em relação aos // efeitos e, *nesse caso, conhecemos o suficiente em Deus*. Não precisamos conhecer nada mais. Se conhecemos Deus por analogia, tomamos os predicados e dados a partir da natureza. Mas, então, temos de separar por redução [*per reductionem*] toda imperfeição e todos os conceitos que não se adéquam a Deus e que não concordam com os conceitos transcendentais do ser originário, enquanto que elevamos por eminência [*per eminentiam*] todas as propriedades reais que sejam condizentes com o ser originário. Todo conhecimento de Deus em relação aos objetos é um conhecimento dos objetos

---

jurídica de ações humanas e a relação mecânica de forças motrizes: nada posso fazer contra a outrem sem lhe dar um direito de, nas mesmas condições, fazer o mesmo contra mim; igualmente, nenhum corpo pode agir sobre outro com a sua força motriz sem que, deste modo, o outro reaja sobre ele na mesma medida. Aqui, o direito e a força motriz são coisas inteiramente dessemelhantes, mas existe na sua relação uma completa semelhança. Por meio de uma tal analogia, posso, pois, dar um conceito de relação entre coisas que me são totalmente desconhecidas" (AA IV: 357-358). Trecho dos *Prolegômenos* traduzido por Artur Morão (Lisboa: Edições 70, 2008).

reais ou dos possíveis. O conhecimento dos objetos *possíveis* é um conhecimento *necessário*. Pois, uma vez que Deus conhece a si mesmo, Ele conhece em si todo o possível e, portanto, o conhece necessariamente. Mas o conhecimento de algo *real* é contingente, posto que seria possível que o objeto também não // existisse. 312 Ora, uma vez que os objetos existem na realidade através do livre arbítrio de Deus, então o conhecimento das coisas reais do mundo que se baseiam no livre-arbítrio é um conhecimento *contingente* ou *livre*[698]. Deus conhece todas as coisas *possíveis* na medida *em que é consciente de Si mesmo*. Ele conhece todas as coisas *reais* na medida em que é consciente de *Seu decreto*. O conhecimento de Deus em relação aos objetos reais é classificado em conhecimento dos objetos presentes e em conhecimento em relação aos objetos futuros (presciência[699] [*praescientia*]). Os conhecimentos dos seres humanos têm fontes *diferentes* em relação ao passado, presente e futuro, mas tal distinção de modo algum é encontrada em relação a Deus. Pois, em relação a Deus, nada é passado, presente e futuro, posto que não existe nenhum tempo em relação a Ele. Apenas em relação a elas mesmas, as coisas estão em tal distinção de tempo, mas não em relação a Deus, pois Deus não está no tempo. Portanto o tempo também não é para Ele a condição da intuição das coisas, assim como em nós. Visto que o conhecimento divino não se baseia na condição do tempo, aqui também desaparecem todas as dificuldades em vista da relação de Deus com o futuro e o passado, pois em Deus o passado, o presente e o futuro são a mesma coisa. A dificuldade se encontrará, portanto, não no fato de *como Deus* conhece o *futuro*, posto que Ele o conhece assim como o presente, mas a // dificuldade consistirá em *como* 313

---

698. Trata-se do que Baumgarten chama de *scientia visionis* ou *liberam:* "Deus conhece [§. 873] todas as determinações do que é real 1) nesse mundo. Isto é a CIÊNCIA LIVRE [...]" (*Metaphysica* § 875). Portanto, "[o] conhecimento livre de Deus é uma de suas perfeições. E uma vez que é absolutamente necessário que o conhecimento livre de Deus seja o mais verdadeiro, convém a Deus que este mundo exista em e por si mesmo de maneira contingente. Por isso é absolutamente necessário que o conhecimento livre de Deus seja necessário apenas de maneira contingente [...]" (*Metaphysica* § 881). Ver *Lições sobre a Doutrina Filosófica da Religião* (AA XXVIII: 1056).

699. Em referência a Baumgarten, para quem "[a] ciência livre (da visão) [...] é conhecimento α) de coisas passadas por meio da RECORDAÇÃO DIVINA), β) de coisas presentes por meio da CIÊNCIA DA VISÃO γ) de coisas futuras por meio da PRESCIÊNCIA" (*Metaphysica* § 875).

Deus conhece o *presente*. Isso parece fácil de discernir, posto que o ser humano também // conhece o presente. Mas levanta-se a questão: como o ser humano conhece o presente? Por meio dos sentidos. Deus conhece, no entanto, o presente por meio de Seu entendimento da mesma forma que o passado e o futuro. Através de seu entendimento, contudo, o ser humano conhece pouco tanto o presente quanto o passado e o futuro, mas conhece o presente na medida em que é afetado pela presença das coisas. Mas Deus conhece e é igualmente consciente do passado, do presente e do futuro da mesma maneira: de nenhum outro modo senão pelo fato de que é consciente de seu decreto através do qual pôde tornar real um mundo tal. Todos os objetos, independente se são passados ou futuros, podem existir na realidade unicamente por meio do decreto de Deus e, posto que Deus é consciente desse decreto, é também consciente de todos os objetos. Aqui parece que uma dificuldade se encontra no fato de como Deus pode conhecer *as ações livres futuras*. É, decerto, sempre uma dificuldade saber como Deus conhece as ações livres dos seres humanos. Mas essa dificuldade não está apenas nas ações futuras, mas também, certamente, nas ações livres presentes, pois Deus conhece as ações livres presentes não tal como o ser humano que a vê, mas Ele as conhece *pelo fato* de que é consciente de Si mesmo como o fundamento da possibilidade de todas // as coisas. – *Dessa forma*, Ele conhece todas as ações livres, tanto presentes quanto futuras. A dificuldade não se encontra, portanto, no fato de como Deus vê as ações livres futuras, mas em como ele conhece as ações livres em geral, algo que não concorda totalmente e em absoluto com a liberdade do ser humano. Pois se todas as ações livres têm seu fundamento no decreto de Deus, por meio do qual Deus é consciente delas, então elas são determinadas pelo decreto de Deus e, portanto, dependem de um princípio e não são livres. Mas a dificuldade da liberdade do ser humano baseia-se não na presciência de Deus, mas no fato de que não somos capazes de discernir como uma criatura que tem seu fundamento em outro ser deve ser livre para agir, a partir do princípio interno, independente de uma causa necessitante externa[700] [*a causa externa necessi-*

---

700. Eis a questão fundamental levantada pela terceira antinomia crítica, para a qual Kant precisa encontrar uma resposta com o propósito de abrir espaço para a moralidade.

tante]. – Uma vez que a liberdade é uma força fundamental, não podemos discerni-la, já que seus fundamentos determinantes se encontram no decreto de Deus. Mas, pelo fato de que não podemos resolver a dificuldade, não se segue que devemos deixar de lado a liberdade[701]. Pois todas as proposições práticas pressupõem tal liberdade. Pelo fato de que não podemos discerni-la não se segue que a liberdade é impossível //. Não devemos sustentar os limites de nossa razão como os limites das coisas mesmas.

A sabedoria de Deus[702] é o conhecimento daquilo que é absolutamente bom em todos os sentidos. Mas algo é bom em todos os sentidos se é derivado do conhecimento do todo. O ser humano não é sábio, porque não conhece o que é bom em todos os sentidos. O ser humano não pode perceber a sabedoria de Deus em nenhuma criatura. O ser humano teria de conhecer a criatura em todos os sentidos para os quais ela seria boa se quisesse perceber a sabedoria de Deus. Mas o ser humano não é capaz disso empiricamente, mas unicamente por meio de uma ideia universal. A ciência da aplicação dos meios para aquilo que é bom em todos os sentidos é a *prudência* e pertence à sabedoria de Deus. Mas é inadequado dizer de Deus "Ele é prudente", pois isso se aplica apenas ao ser humano. O ser humano dispõe de três meios de conhecimento: *habilidade, prudência e sabedoria*[703]. A *habilidade* é o conhecimento dos meios para um fim qualquer. A *prudência* é um conhecimento do uso dos meios em vista dos fins que nunca estão completamente em nosso poder. A habilidade é aplicada a coisas [*Sachen*], enquanto a prudência a pessoas. A *sabedoria* é, no ser humano, apenas uma ideia que não pode ser alcançada. Mas ele pode fazer aquilo que pertence à sabedoria. Ele é capaz

---

701. Acerca da incompreensibilidade teórica da liberdade, ver nota 506.

702. Na *Doutrina Filosófica da Religião*, Kant define a *sabedoria* como a "perfeição do conhecimento na derivação de todo fim a partir do sistema de todos os fins" (AA XXVIII: 1057). De um modo geral, ele não está, nesse ponto, em desacordo com Baumgarten, para quem a "SABEDORIA EM GERAL é o discernimento [*perspicientia*] de uma conexão final. SABEDORIA EM PARTICULAR é o discernimento de fins e PRUDÊNCIA é o discernimento dos meios [...]" (*Metaphysica* § 882).

703. Trata-se da distinção da necessidade moral que está desde o ensaio de 1764, *Investigação sobre a Evidência dos Princípios da Teologia Natural e da Moral*, nas bases dos imperativos das ações (AA II: 298). Essa distinção é apresentada, em termos muito próximos, nas *Lições sobre a Doutrina Filosófica da Religião* (AA XXVIII: 1056-1057).

de discernir um pequeno grau da sabedoria. Então, por exemplo, a moralidade pertence à sabedoria. Ela é também a verdadeira sabedoria. Mas os seres humanos têm necessariamente a prudência, uma vez que os fins principais são direcionados uns aos outros. Então se diz, por exemplo, que este é um comerciante prudente porque seu fim é dirigido a outras pessoas, mas não se diz que um relojoeiro prudente, mas um relojoeiro hábil. Ora, uma vez que o ser originário tem tudo em seu poder e o mundo como um todo existe através dele, // então não posso usar nele o predicado da prudência. Deve-se, portanto, tomar bastante cuidado quando se quer louvar a grandeza do ser originário de modo a não assumir predicados que o diminuam.

b) A *segunda* propriedade do ser originário como uma inteligência suprema é o conceito *de vontade livre*[704].

Primeiramente, deve ser demonstrado que o ser originário tem uma vontade. O ser originário, como a causa do mundo, pode existir apenas por livre-arbítrio, pois a causa primeira do contingente só pode existir por livre-arbítrio. Se a causa do contingente não é uma causa por livre-arbítrio, ela também não é a causa primeira, mas uma // causa derivada. A causa primeira que dá início aqui deve começar sempre por liberdade. Portanto a causalidade do mundo se baseia na espontaneidade das ações. O ser originário deve agir a partir de um princípio interno. Isso só pode acontecer por liberdade. Portanto, o ser originário é uma causa do mundo *por liberdade*. Esse livre-arbítrio é um arbítrio intelectual e não sensível. Ele seria sensível se fosse determinado por impulsos sensíveis. Mas esse arbítrio não se adéqua ao ser originário. O arbítrio divino é um arbítrio do entendimento que é independente de todos os objetos. Por conseguinte, não poderão ser apropriados a Deus quaisquer impulsos e inclinações, posto que sua vontade não depende de objeto algum, uma vez que todos os objetos existem apenas por meio de Sua vontade. Podemos muito bem discernir por analogia que Deus // tem um entendimento e uma vonta-

---

704. Ver Seção III da Teologia Natural na *Metaphysica* de Baumgarten "A Vontade de Deus", § 890-925. Ver os comentários de Kant nas *Lições sobre a Doutrina Filosófica da Religião* (AA XXVIII: 1059-1062).

de, uma vez que temos um entendimento e uma vontade. Mas não podemos discernir como são constituídos esse entendimento e essa vontade. Ser humano algum pode formar para si um conceito da vontade divina, pois não é possível que um ser humano possa desejar ou querer alguma coisa sem que sua satisfação da realização efetiva daquilo que deseja seja efetivada. Todo desejo e querer no ser humano é *uma carência* [Berdürfen], pois, se lhe fosse indiferente, ele poderia então não querê-lo. O ser humano não tem, portanto, nenhum outro conceito de vontade do que aquele cuja satisfação depende dos objetos. A vontade divina é, no entanto, uma tal que não depende em absoluto dos objetos[705]. O ser humano de modo algum pode imaginar uma vontade desse tipo. De modo algum se pode compreender a força movente dessa vontade, porque objeto algum atua nessa vontade. Ora mas pode, por ventura, existir em Deus um motivo e, dessa forma, Deus é movido à ação, como, por exemplo, quando Ele criou o mundo? Deus conhece a Si mesmo e tem em Si, como o fundamento de tudo, o comprazimento supremo. Ora, visto que Ele tem um comprazimento supremo em Si mesmo, como uma causa infinita fecunda de todos os efeitos, então Ele tem, dessa forma, um comprazimento em tudo do qual é o fundamento. Pensamos, portanto, a vontade de Deus por analogia, posto que eliminamos pelo caminho da redução [*per viam reductionis*] a dependência de nossa vontade de todos os objetos.

Isso concerniu à independência da vontade de Deus. // Agora queremos considerar *a liberdade divina* em geral. A espontaneidade absoluta decorre não apenas da independência, mas também da onissuficiência. A vontade divina não é necessitada por estímulos [*per stimulos*] //, nem determinada por uma causa externa. Ela tem em si um princípio interno suficiente para agir de acordo

318

335

---

705. Como Kant explica na *Doutrina da Religião*: "em um ser que é independente e, portanto, autossuficiente, o fundamento de sua vontade e o desejo de que exista coisas fora dele, encontra-se precisamente no fato de que ele reconhece em si a capacidade para tornar efetivamente reais as coisas fora dele. Vemos assim, pois, que, de acordo com a razão, mesmo em um Ser autossuficiente pode ter lugar, contudo, uma faculdade de apetição e vontade de modo que é, por certo, impossível pensar um ser que possui um autocontentamento supremo, ligado a um entendimento superior, sem que fosse pensado nele, ao mesmo tempo, uma causalidade em relação aos objetos de suas representações" (AA XXVIII: 1062).

com seu agrado [Belieben] supremo e esta é a liberdade divina[706]. A necessidade absoluta de sua natureza e de seu ser não torna suas ações absolutamente necessárias. A necessidade absoluta de seu ser é totalmente diferente da determinação da ação de acordo com seu livre-arbítrio. A vontade divina é a faculdade de agir de acordo com seu agrado supremo. Mas seu agrado é o comprazimento supremo no bem e, portanto, sua vontade é intelectual.

A vontade divina é livre. Essa proposição é válida contra o fatalismo[707] [*contra fatalismum*]. Os antigos sustentaram um destino [*fatum*] no qual Deus tem de agir segundo a necessidade da natureza. O destino necessitou os deuses, e os deuses, o mundo. – Classifica-se a vontade divina em antecedente [*antecedentem*] e consequente [*consequentem*]. – Subjetivamente, a vontade em Deus não é antecedente e nem consequente. O ser humano tem, decerto, uma vontade provisória, que é subjetivamente *antecedens*, a partir da qual se segue então a consequente, mas isso não existe em Deus. – Objetivamente, no entanto, podemos assumir, no fim das contas, uma vontade antecedente e consequente em Deus. A vontade divina vai do universal ao particular. A vontade particular é a determinação na universal. A vontade universal é, no entanto,

319 // a vontade antecedente [*voluntas antecedens*] e a particular é a vontade consequente[708] [*voluntas consequens*]. Deus quer, segundo a sua vontade universal, a felicidade do mundo como um todo. Segundo sua vontade particular, Ele a compartilha apenas àqueles que se tornaram *dignos* de felicidade. O ser humano determina aqui, portanto, ele mesmo a vontade particular de Deus,

---

706. Em paralelo ao compêndio de Baumgarten: "Uma vez que Deus se determina ao agir por meio do agrado [*lubitu*] [§. 893, 712], e, de fato, por meio de um agrado distinto [§. 893], Ele tem liberdade [§. 719] e, além disso, uma liberdade suprema [§. 812], isto é, Ele realiza as maiores e mais diversas ações através de um agrado sumamente distinto [§. 725]" (Baumgarten, *Metaphysica* § 898).

707. "O FATALISMO" é "a doutrina que nega a liberdade divina" e "é um erro" (Baumgarten, *Metaphysica* § 898).

708. "A VONTADE DE DEUS na medida em que deseja os objetos da ciência livre ou as coisas reais do universo é, redutivamente, chamada CONSEQUENTE; e na medida em que se dirige ao universal e as coisas reais de outro universo é, redutivamente, chamada de ANTECEDENTE" (Baumgarten, *Metaphysica* § 899). Leibniz faz uma discussão introdutória sobre isso nos § 23-25 da primeira parte da *Teodiceia*. Ver os comentários de Kant nas *Lições sobre a Doutrina Filosófica da Religião* (AA XXVIII: 1068-1069).

quando se comporta em conformidade com as condições sob as quais pode ser participante dela.

c) Segundo a analogia, podemos atribuir a Deus ainda a *terceira* faculdade, a saber, a do *prazer* e *desprazer*, do *comprazimento* ou *desprazimento*. A concordância do comprazimento com o sujeito é o *deleite* e a concordância do desprazimento com o sujeito é a *dor*. O ser humano não pode ter nenhum comprazimento sem estar satisfeito e nenhum desprazimento sem estar insatisfeito. Seu comprazimento e desprazimento dependem, portanto, das coisas. Ora como o comprazimento e o desprazimento divino não estão ligados com satisfação e insatisfação, uma vez que Deus não depende dos objetos, não podemos empregar isso em Deus.

// Se demonstramos desprazimento em relação a alguma coisa, tentamos evitá-la, mas por insatisfação. Deus também a evita, mas a partir de um outro fundamento que não podemos discernir. Ora, visto que, do ponto de vista do efeito, isso tem o mesmo significado e a mesma relação com as coisas do que o nosso desprazimento, então podemos // chamar, em Deus, também de desprazimento aquilo que tem precisamente a mesma relação com as coisas, embora não tenhamos discernimento do caráter absoluto disso; mas também não precisamos. No mundo mesmo, não sabemos de muita coisa de maneira absoluta. Por exemplo, o que é o aspecto absoluto do corpo? Da mesma maneira: uma vez que, em nós, a misericórdia consiste em sermos afetados pelo objeto e movidos por meio disso a diminuir o mal [Uebel], essa misericórdia, todavia, de modo algum tem lugar em Deus, porque Ele não é afetado por nenhum objeto. Mas uma vez que há também, em Deus, um fundamento para diminuir o mal das criaturas que, decerto, não conhecemos, mas que tem a mesma relação com o mal que nossa misericórdia, então também denominamos isso de misericórdia em Deus. O comprazimento originário em Deus é a aquiescência em Si mesmo[709] [*acquiescentia in semet ipso*]. Deus

336

320

---

709. Segundo o tratado escolástico de Baumgarten: "[u]ma vez que Deus intui em si mesmo, de maneira completamente distinta, tanto aquilo que é bom, melhor e aquilo que é sumamente santo [§. 866, 828], Ele deriva o mais puro prazer de si mesmo [§. 661]. Isto é a aquiescência de Deus em si mesmo [*acquiescentia in se ipso*] [...]" (Baumgarten, *Metaphysica* §892).

tem comprazimento em tudo na medida em que tem, enquanto fundamento de tudo, um comprazimento em Si[710]. Chamamos, no entanto, o estado de comprazimento supremo em si, a partir de princípios internos e do autocontentamento, de *bem aventurança* (*beatitudo*). A satisfação com o estado a partir de causas contingentes se chama *bem-estar* (*prosperitas*). Mas o ser humano nunca tem um comprazimento completo. – A bem-aventurança é o comprazimento supremo e o autocontetamento supremo que são independentes de tudo que é contingente. Aquele que não é bem-aventurado, ainda precisa de alguma coisa ou ainda tem algo a temer. Portanto os seres humanos não podem ser bem-aventurados a não ser unicamente na medida em que estão em comunidade com Deus.

321   // **c) A teologia moral**

A terceira parte da teologia racional é a teologia moral. O conceito de teologia transcendental era o conceito de Deus como um ser originário. O conceito da teologia natural era o conceito de Deus como uma causa perfeita da natureza e uma inteligência suprema. Ora o conceito de teologia moral é o conceito de Deus como 337   *um sumo bem* [*sumi boni*] e *um ser mais santo*. // Deus, como sumo bem, é o conceito da teologia moral. As perfeições como, por exemplo, força, entendimento etc. ainda não são bens [Bonitäten]. Em virtude dessas faculdades, o ser humano ainda não é bom, mas isso depende de como ele *aplica* todas essas perfeições. Trata-se de perfeições e faculdades para todos os fins, mas ainda não da bondade mesma. – A bondade é a intenção do verdadeiro fim. A boa disposição que visa ao verdadeiro fim é a bondade.

Ora o que é o sumo bem? *É a união da felicidade suprema com o grau supremo de capacidade para ser digno dessa felicidade.* Se deve haver um sumo bem, então a felicidade e a

---

710. *Na Doutrina da Religião*, lemos: "O comprazimento de um ser consigo mesmo, como um fundamento possível da produção das coisas, determina a causalidade. Podemos expressá-lo em outras palavras dessa forma: em Deus, a causa de Sua vontade de que haja coisas fora Dele consiste precisamente em Seu autocontetamento supremo na medida em que Ele é consciente de Si mesmo como um Ser onissuficiente" (AA XXVIII: 1061).

sua dignidade devem estar ligadas. Ora em que consiste essa *dig-nidade*? Na concordância prática de nossas ações com *a ideia* da felicidade universal. Se nos comportamos de tal modo que, se todos se comportassem da mesma maneira, surgiria a maior // felicidade, então nos comportamos de modo tal que somos dignos da felicidade. A felicidade de uma criatura pode acontecer somente na medida em que suas ações são extraídas da ideia da felicidade universal e concorda com a felicidade universal[711]. A vontade divina é do tipo que concorda com a ideia da felicidade universal. Por conseguinte ela compartilha a cada um a felicidade na medida em que suas ações concordam com esta e na medida em que se tornou digno dela. Ora, se a conduta concorda com a ideia da felicidade universal, a conduta também concorda com a vontade divina suprema. A boa conduta é, portanto, a condição da felicidade universal e apenas é digno de felicidade aquele cuja conduta concorda com a ideia de felicidade universal. Uma vez que Deus quer a felicidade universal, a conduta de um ser huma-no tal também concorda com a vontade divina. Este é o aspecto supremo e o fundamento de toda moralidade. Deus é o princípio supremo de toda felicidade desse tipo, de acordo com a dignidade da pessoa. O fato de que tal ser existe já é provado, decerto, não dogmaticamente a partir do princípio moral, mas demonstrado como uma hipótese necessária de nossas ações práticas segundo leis da moralidade, pois a teologia moral mostra que se deve pres-supor, segundo princípios morais, um ser tal. – Teoricamente isso pode ser demonstrado da seguinte maneira: um // ser que //

---

711. Na década de 1770, no desenvolvimento de sua doutrina do sumo bem, Kant assume, como vemos aqui, um conceito universal de felicidade. Segundo as *Reflexões de Filosofia Moral* da década de 1770, uma vez que a ideia de um sistema não pode ser orientada por fins subjetivos, a moralidade deve fornecer um princípio formal *a priori* para a universali-zação e sistematização da felicidade: "Nenhuma satisfação completa pode ser encontrada nos sentidos; nem mesmo se deixa determinar com certeza e universalidade aquilo que está de acordo com as necessidades dos mesmos. Eles sempre aumentam suas exigências e permanecem insatisfeitos sem poder dizer o que lhes satisfaz. É assegurada ainda menos a posse desses prazeres devido à mutabilidade da alegria, à contingência das circunstâncias favoráveis e à brevidade da vida. Mas a intenção, instruída pela razão para que se sirva bem e de maneira coordenada de todos os materiais para se sentir agradável, é certa *a priori*, deixando-se conhecer por completo e pertencendo a nós mesmos" (AA Refl. 7202 XIX: 276-278). Dentre outras, ver Refl. 7199 (AA XIX: 272-273). Para comentário, Guyer, *Kant on Freedom, Law and Happiness*. (Cambridge University Press, 2000), e Cunha, *A Gênese da Ética de Kant* (LiberArs, 2017).

é o fundamento da natureza, pode existir apenas por liberdade, algo que foi demonstrado na teologia natural. Mas o ser que age segundo o arbítrio e a liberdade mais perfeita, deve ter um fim universal que é dirigido a cada uma das partes na medida em que concorda com o todo. Portanto o livre-arbítrio mais perfeito deve ter um fim universal que concorda com o todo. Ora mas isto é a bondade dos seres racionais quando suas ações concordam com o fim universal. E uma vez que o sumo bem está em Deus, posto que Ele tem um fim universal, então Ele também compartilha a cada um a felicidade segundo a proporção, na medida em que suas ações concordam com o fim universal.

Ora mas como conhecemos Deus na teologia moral? A teologia moral é aquela que é derivada de princípios morais. Mas, se assumimos a teologia moral como derivada da vontade de Deus, toda teologia moral baseia-se nos seguintes fundamentos:

Conhecemos Deus:

1) Como um legislador santo;

2) Como um governante bondoso;

3) Como um juiz justo.

Deus como legislador é santo, como governante é bondoso e como juiz é justo[712]. Estes três conceitos são diferentes um do outro. Eles não são idênticos, embora estejam conectados. A vontade divina é santa, porque ela concorda totalmente com a lei moral.

324   // Deus como governante e provedor é bondoso[713]. A provisão e o governo concordam com o *fim* do Ser supremo. Mas sua legislação determina a *condição* sob a qual unicamente se procede em conformidade ao fim. O legislador nunca pode, portanto, ser bondoso, pois, assim sendo, ele torna a lei indulgente na medida em que a estabelece em conformidade com a comodidade [Gemä-

---

712. Kant discute, mais detalhadamente, os atributos morais de Deus nas *Lições sobre a Doutrina Filosófica da Religião* (AA XXVIII: 1073: 1079). Ver também o ensaio *Sobre o Fracasso de todas as Tentativas Filosóficas na Teodiceia* (AA XVIII: 253-272).

713. Segundo o compêndio de Baumgarten, "BONDADE (benevolência [*benignitas*]) é a determinação da vontade para fazer o bem ao outro [...]. Deus deseja conferir benefícios aos outros. Logo Ele é sumamente bondoso [...]" (Baumgarten, *Metaphysica* § 903-904).

chlichkeit] do sujeito. Mas a lei deve ser santa e pura. Ela deve ter o rigor supremo e não se preocupar em relação a que medida o ser humano é capaz de executá-la. Esse rigor é remediado de outra maneira. A bondade do Ser supremo diz respeito unicamente a sua provisão. Mas essa pode ser de dois tipos: em relação ao *físico* e em relação ao *moral*. Deus pode muito bem ser bondoso em relação a nossas ações morais, mas não para absolvê-las da lei, mas de modo a nos apoiar // em relação a elas e compensar em nossas ações aquilo que lhes falta em vista da perfeição *completa* da lei moral.

Deus como governante é *justo*[714]. Isso significa que ele compartilha a felicidade de acordo com a conduta da criatura. A justiça é, portanto, um bem que é restringido através da santidade e da condição da lei santa. O juiz não é bondoso, pois um juiz bondoso é uma contradição[715]. Ele deve julgar segundo a lei e não pode ter nenhuma indulgência. O juiz também não pode ser santo, pois a santidade contém a lei. Este é o conceito completo da teologia moral.

// A religião natural não contém, portanto, nada mais do que uma *crença em um legislador santo, um governante bondoso e um juiz justo*. Mas para que essa crença seja prática e para que nos tornemos também participantes do sumo bem por meio da crença de que existe um sumo bem e, portanto, para que haja um sumo bem *para nós!*, então é necessário que liguemos, por isso, as propriedades que dão toda eficácia [*efficaciam*] às propriedades fundamentais do sumo bem e tornam esse sumo bem prático do ponto de vista subjetivo. Portanto, se Deus é um governante bondoso, Ele deve ser *onipotente*, pois caso contrário não po-

---

714. Segundo a *Metaphysica* de Baumgarten: "A bondade proporcional em direção a pessoas ou espíritos é a justiça [...]. Deus é sumamente [§. 812] justo [§. 904]. Quando dizemos que Deus é sumamente justo, veneramos a Sua suma bondade [§. 904] que é sumamente proporcional [§. 894] e a mais preparada para conferir o maior número de benefícios às pessoas de acordo com o mais distinto, infalível e maior conhecimento vivo dos graus de perfeição ou imperfeição em cada espírito" (Baumgarten, *Metaphysica* § 906).

715. Em paralelo às *Lições de Ética*: "Levanta-se a pergunta se podemos esperar, a partir da bondade de Deus, por meio de nossos pedidos intensos e súplicas, o perdão de todos os vícios? Não! Não se pode imaginar um juiz benevolente. Isto é uma contradição. Um juiz tem de ser justo" (Ed. Menzer, 1924, p. 133/Unesp, 2008, p. 266-267). E segundo as *Lições sobre a Doutrina Filosófica da Religião*: "não é possível pensar em um juiz *que perdoa*! Ao contrário, ele deve considerar estritamente toda conduta de acordo com as leis da santidade e compartilhará com cada um apenas a medida da felicidade que é proporcional à sua dignidade" (AA XXVIII: 1087).

deria nos conceder o que nos faltou. Ele deve ser, além disso, *onipresente*, pois caso contrário ele não poderia ajudar a todos. Para ser um juiz justo, Ele deve ser *onisciente*. Ele deve nos ser intimamente presente. Deve ser um escrutinador de corações[716] [*scrutor cordum*] de modo a poder recompensar cada um segundo sua conduta. Da imparcialidade[717], longanimidade[718], equidade[719] e veracidade[720] de Deus etc. é inapropriado falar.

B) Teologia racional aplicada

326   Agora nos voltamos para a segunda parte da teologia racional, a saber, para a *teologia aplicada* // e *consideramos o modo de relação de Deus com o mundo*[721]. Esta pode ser elaborada em três seções. A primeira trata da *Criação*. A segunda da *conservação* e do *governo* e a terceira do *fim do mundo* ou da destinação e da consumação última do mundo.

340   ### // a) Da Criação[722]

Aqui levantamos primeiramente a questão: o mundo tem um início e como um início é possível? Se temos de definir o conceito

---

716. "Aquele que é poderoso no conhecimento sumamente distinto da alma humana é um ESCRUTINADOR DE CORAÇÕES [*SCRUTATOR CORDIUM*]. Logo Deus é um escrutinador de coração [§. 740]" (Baumgarten, *Metaphysica* § 869).

717. "A IMPARCIALIDADE [*IMPARTIALITAS*] é uma aversão para decidir a partir de estímulos aparentes. Em Deus, de fato, nem estímulos e muito menos aparências são possíveis [...]. Ele é sumamente imparcial" (Baumgarten, *Metaphysica* § 917). Ver *Lições sobre a Doutrina Filosófica da Religião* (AA XXVIII: 1087-1088).

718. "A LONGANIMIDADE [*LONGANIMITAS*] (a paciência do juiz) é a justiça que não pune a menos que veja a melhor ocasião. Deus conhece infalivelmente a melhor oportunidade para todas as punições [§. 889, 879]" (Baumgarten, *Metaphysica* § 916). Ver *Lições sobre a Doutrina Filosófica da Religião* (AA XXVIII: 1087).

719. "A EQUIDADE é a justiça imparcial. Deus, o sumamente Justo e Imparcial, é sumamente equitativo" (*Metaphysica* § 918). Ver a *Doutrina Filosófica da Religião* (AA XXVIII: 1088).

720. "A VERACIDADE [*VERACITAS*] é a sinceridade no discurso. Uma vez que a sabedoria divina julga ser melhor significar a mente divina através do discurso, Deus é sumamente veraz [§. 919]" (Baumgarten, *Metaphysica* § 920).

721. Em referência ao capítulo 2 da teologia natural da *Metaphysica* de Baumgarten: "As Operações de Deus".

722. Em referência à seção 1 do Capítulo 2, intitulada "A Criação do Mundo" § 926-941.

de início intelectualmente, o início é a dependência de algo contingente de uma causa que não é um efeito de outra [*causatum alterius*]. Na ontologia, definimos o início da seguinte maneira: o *início* é a existência de uma coisa da qual sucede toda a duração e o *término* de uma coisa é aquilo que precede toda duração. Mas uma vez que aqui o consequente e o antecedente são conceitos do tempo, os quais fundamentam essa explicação, eles não são adequados para um conceito puro do entendimento. Portanto, se quero definir por meio de conceitos intelectuais, o conceito de tempo não deve entrar. Segundo conceitos do entendimento, uma série é uma quantidade de coisas subordinadas a partir da qual uma é um fundamento da consequente. Mas a série se eleva de um fundamento que não continua a depender de nenhum fundamento como uma consequência. O estado do mundo que na série das coisas, de fundamentos e consequências, // de causas e efeitos, não tem nenhum outro antes de si é o *início*. É para se distinguir o início do mundo de seu Autor, pois, o mundo pode ter um Autor sem ter um início, isto é, poderia ser que não houvesse no mundo nenhum primeiro estado. Em geral, discernimos bem que o mundo deve ter um Autor, mas não somos capazes de representar o início por meio da razão. Alguns dizem que o mundo existiu por todo tempo. Isto também é verdade, pois se ele tivesse sido constituído apenas dez anos atrás, os dez anos seriam o tempo todo e o mundo teria existido sempre nesse tempo todo. Mas, então, o mundo é sempiterno[723] [*sempiternus*] e não eterno [*aeternus*]. Pois, se o mundo todo não existisse, também não haveria nenhum tempo, porque fora do mundo não há tempo algum. Mas aqui surge a questão sobre se o mundo tem um início, se o tempo em que o mundo existiu é temporalmente mensurável, ou sobre se ele não tem início e o tempo é infinitamente imensurável de modo que, portanto, a duração do mundo seja maior do que todo tempo. Respondemos: o mundo *deve* ter um início, pois é impossível representar, de acordo com a razão, uma série infinita do tempo *a parte ante*. Mas, por outro lado, é igualmente difícil discernir

327

---

723. Para designar o estado definitivo e perene da história consumada dos seres espirituais pessoais são usados em lugar de *aeternus*, também os termos *sempiternis* ou *perpetuus* (*Dicionário de Teologia*, São Paulo, Loyola, 1970, v. II. p. 122-123).

como esse início é possível, pois a causa primeira, a despeito de que possa agir quando quiser, tem de, contudo, *começar* a agir. De modo algum, portanto, podemos representar um primeiro início. Mas, visto que também não podemos pensar nenhum mundo sem início //, vemos que, *em ambos os casos, // faltam ao nosso entendimento as condições sob as quais ele é unicamente capaz de discernir tal coisa*. Se imaginamos que o Autor não começou a agir, então o mundo seria desde a eternidade um efeito Dele. Mas se Ele começou a agir, a causa pela qual Deus começou a agir teria sido determinada por algo. Não podemos, portanto, dizer nada de determinado e ambos os lados, não constituem nada de positivo, mas procedemos negativamente[724] e dizemos: "*o mundo tem uma causa e também não precisamos de mais para a teologia racional* e para a religião natural". Se alguém quisesse dizer "se o mundo não tem nenhum início, também não tem nenhuma causa", podemos aqui disputar de maneira negativa. O tempo é o conceito de duração. Se os objetos estão ligados às condições sensíveis, o tempo é a condição de sua duração e, portanto, todas as coisas no mundo estão no tempo. Mas não é possível pensar um início do mundo segundo a sensibilidade, pois o mundo é o objeto da sensibilidade, enquanto o tempo é a condição da sensibilidade e, portanto, o tempo está no mundo. Ora não sou capaz de representar nenhum outro tempo fora do mundo no qual fosse colocado o início do mundo. Não se pode, portanto, colocar o início do mundo em nenhum tempo. Por isso, se pergunto "por que o mundo não foi criado antes?", quero pensar dessa forma um tempo antes do tempo, em cujo ponto o início do mundo é colocado. Mas isso é impossível, pois antes do mundo não há nenhum // tempo. O tempo existe apenas através do mundo e no mundo. Portanto a pergunta "por que o mundo não foi criado alguns milhares de anos antes?" é absurda e quer apenas, quando muito, dizer "por que eu não nasci alguns milhares de anos mais tarde?", pois, se quero situar o início do mundo em um tempo mais inicial, esses alguns milhares de anos estariam então antes de mim. Em geral,

---

724. Eis uma referência à questão levantada pela primeira antinomia crítica: "Tese: O mundo tem um começo no tempo e está encerrado em limites também no que diz respeito ao espaço [...]. Antítese: O mundo não tem começo nem limites no espaço, mas é infinito tanto em relação ao tempo como em relação ao espaço" (*KrV,* B 454-455).

não podemos separar nossos conceitos *do espaço e do tempo*, seja onde for que começamos. Se imagino que o *espaço* do mundo é limitado e que lá onde está o término do espaço do mundo se ergue um espaço *vazio*, posso sempre perguntar "por que Deus colocou o mundo justamente nesse ponto do espaço vazio e não além?". Se, por minha vez, digo "o espaço todo é preenchido ao infinito", então eu não seria capaz de representar nenhum todo no mundo. Da mesma forma é com o *tempo*. Posso imaginar também um tempo vazio do qual depende um tempo preenchido. Ora posso perguntar: "por que o tempo preenchido não // está colocado mais no interior do tempo vazio?". Se assumo, de novo, que todo tempo está preenchido e nenhum tempo antes do mundo é possível, tenho uma série infinita que não posso conhecer completamente. Mas, quando imaginamos que *fora* do mundo não há espaço e tempo algum, vemos que essas dificuldades nunca serão levantadas, pois nossos conceitos estão ligados ao espaço e ao tempo. Portanto, visto que não podemos discernir nem o início do mundo nem a possibilidade do início, vemos, contudo, ao fim e ao cabo, que // resta o conceito da causalidade divina do mundo ou que o mundo tem um *Autor*.

Podemos representar Deus, como causalidade do mundo, de duas maneiras. Deus é o Autor do mundo *ou* por meio da necessidade de Sua natureza *ou* por liberdade. Podemos pensar dois sistemas segundo a causalidade de Sua natureza:

1) O sistema de inerência [*systema inhaerentiae*], no qual o mundo é um todo de determinações da divindade. Este é o *espinosismo*, ou;

2) O sistema de emanação[725] [*systema emanationis*], no qual o mundo é, decerto, um efeito de Deus, mas segundo a necessi-

---

725. Baumgarten define e explicita os problemas do sistema de emanação no § 927 de sua *Metaphysica*: "A CRIAÇÃO POR EMANAÇÃO seria a realização do universo a partir da essência de Deus. Nesse modo de criação: 1) o mundo não teria sido criado a partir do nada [§. 926], uma vez que ser necessário é de fato a essência de Deus [§. 109, 816], o que vai contra o [§. 926]. 2); ou a essência de Deus, por inteiro ou parte dela, poderia ser mutável no universo [§. 370], o que vai contra o [§. 839]; 3) uma parte de Deus seria posicionada fora de Deus [§. 388] e Deus seria um composto [§. 225], o que vai contra o [§. 838]. Em muitos aspectos é claro que a criação por emanação é impossível [§. 7]" (*Metaphysica* § 927).

dade de Sua natureza e, portanto, é precisamente tão eterno e necessário quanto Deus.

Não podemos, no entanto, assumir Deus como causa do mundo *senão por liberdade*, pois apenas por liberdade se pode começar a agir. Este é o sistema da criação [*systema creationis*] ou da livre produção [*productionis liberae*], no qual Deus é uma causa do mundo ou uma causa livre [*causa libera*]. Como o Autor do mundo, Deus pode ser um Autor[726] das *formas* ou um Autor da *matéria*. Isto é, no primeiro caso, se a matéria e as substâncias já existissem desde a eternidade e Deus apenas tivesse as ordenado, nesse caso Ele seria um Autor das formas ou um arquiteto. Mas se Ele produziu as substâncias e a matéria mesma, então Ele é um Autor da matéria ou Criador[727] [*creator*]. Uma vez que a criação das substâncias não é um composto // de outras substâncias (pois se assim fosse não seria nenhuma criação), as substâncias devem ser criadas do nada. Como coisas contingentes, elas devem ter um Criador. Se elas fossem necessárias, também poderia não existir um arquiteto do mundo e, nesse caso, o mundo seria absolutamente necessário. – Tudo que está no mundo é criatura[728]. O mundo é um todo e as partes são dependentes. Com efeito, elas também são contingentes. Se elas fossem necessárias, o mundo não poderia constituir um todo, pois seres necessários // nunca constituem um todo. Um todo só é possível por meio de uma interação na qual um determina o outro. Mas o que é necessário não pode ser determinado por outro. Portanto as partes do mundo são contingentes e, com efeito, seres criados ou criaturas.

---

726. "Um AUTOR é a causa de uma ação livre e tanto a ação quanto o que é causado [*causata*] são efeitos ou ATOS [*FACTA*] do autor. Ora Deus criou o mundo de maneira totalmente livre [§. 932]. Logo Deus é o Autor da Criação e deste mundo [...]" (Baumgarten, *Metaphysica* § 940).

727. "[...] Realizar algo a partir do nada é CRIAR. Logo Deus é o Criador desse universo" (Baumgarten, *Metaphysica* § 927).

728. "Todas as mônadas desse universo são seres finitos [§. 396] e assim todas são seres a partir de outro [§. 308]. Elas todas não podem ser realizadas [*actuari*] senão a partir do nada [§. 229, 236]. Logo todas as mônadas desse universo são criadas [§. 926]. Um ser que não pode existir senão por criação é uma CRIATURA. Logo todas as mônadas desse universo são criaturas e, certamente, criaturas de Deus [§. 381, 854]. Qualquer coisa que seja substancial nesse universo é uma criatura de Deus [§. 396]" (Baumgarten, *Metaphysica* § 940).

Essa palavra criatura, embora signifique todas as partes do mundo, é contudo entendida, no uso comum da linguagem, como os seres corpóreos viventes. A razão disso pode ser muito bem o fato de que não vemos a mão do Criador nas coisas inanimadas tão visivelmente quanto nos seres animados.

Ora, visto que Deus é o Criador do mundo, então Ele é um ser extramundano, pois a substância criadora deve ser um ser extramundano. Coisa alguma do mundo, nenhum ser contingente, tem uma força criadora, pois todas as coisas no mundo constituem juntas um todo e se encontram juntas em interação. Por conseguinte, a determinação de uma depende da determinação da outra. Ora mas, se um desses seres // tivesse uma força criadora, o criador se tornaria determinado externamente por outro ser. Ora como o Criador não depende de nenhum ser além de si mesmo, mas dependeria, nesse caso, de algo externo, e depender de si mesmo e também de algo externo é uma contradição, então o Criador deve ser um ser extramundano. – Além disso, o criador de uma substância é, ao mesmo tempo, o criador *de todas* e a criação [*creatio*] é, portanto, universal [*universalis*]. Pois não é possível imaginar um criador de uma substância e outro de outra substância, porque nesse caso o criador, como um ser necessário, não se encontraria em interação consigo mesmo, nem as criaturas se encontrariam em interação umas com as outras segundo seus efeitos. Mas as coisas que se encontram em interação *só* podem se encontrar desse modo *pelo fato de que existem através de Um*.

A Criação é *uma unidade,* isto é, não há uma Criação continua sucessiva à outra, mas todas as substâncias são criadas *de uma só vez*[729]. A sucessão é, decerto, uma condição da determinação das coisas no mundo mesmo. Mas ela não pode ser uma condição da existência do mundo como uma substância e, portanto, nenhuma condição da ação divina. O tempo, com todas as sucessões, não pertence à condição da Criação, enquanto uma ação divina, e, portanto, Deus não pode ter criado *pouco a pouco*. Por conseguinte, a Criação é uma unidade. Este é o fundamento objetivo dessa proposição. Mas, para o fundamento subjetivo, temos de assumir

---

729. Baumgarten, *Metaphysica* § 929.

344 333 como uma // hipótese necessária // que a Criação é uma unidade. Se quisermos admitir que muita coisa é criada pouco a pouco, não teríamos nenhum fundamento determinado para explicar os fenômenos. Se os dados mesmos não são determinados, tudo é indeterminado. Os dados são, no entanto, as substâncias. Ora se as substâncias se formassem sempre, de maneira sucessiva, pouco a pouco, todo uso da razão seria suprimido.

Esse fundamento é válido também para a *direção de Deus* no curso da natureza, de acordo com o qual devemos aceitar uma regra determinada e fixa para poder explicar os fenômenos na natureza. Assumindo a direção *extraordinária*, não teríamos nenhuma regra segundo a qual poderíamos julgar a natureza [Art] dos acontecimentos. Todos esses fundamentos são, contudo, apenas hipóteses sem as quais eu não posso fazer uso da minha razão em sentido prático. Eles não provam objetivamente, no entanto, que é impossível de outra maneira. Mas aquilo que é um fundamento pelo qual o uso da razão não é suprimido, já é um fundamento mais importante, *pois o uso da razão não é nossa curiosidade* [Vorwitz], *mas nosso dever e, por certo, o fim da Criação mesma. Não é, portanto, nenhuma humildade, mas sim presunção suprimir o uso da razão.* Mas também é presunção e temeridade ir além dos limites de nossa razão e atribuir algo *imediatamente* a Deus, embora inicialmente sempre *pareça ser uma atitude hu-*
334 *milde*, quando se atribui // tudo imediatamente a Deus. A razão disso é porque é uma vocação [Beruf] de nossa razão pesquisar as causas do mundo segundo regras e ordem. Ora, se abandonamos esse conceito e empurramos tudo para a vontade de Deus, agimos de forma presunçosa. *Não podemos nos dispensar do uso da razão, porque então frustramos o fim da Criação. – Se não somos capazes de julgar mais além, é melhor nos silenciarmos. Esta é a verdadeira humildade.*

O todo da criação ou o todo do mundo criado é, em relação à vontade de Deus, o sumo bem criado. Por conseguinte ocorre aqui a proposição do melhor dos mundos possíveis[730] [*mundo optimo*]. *Assim como Deus é um sumo bem originário* [*summum*

---

730. Baumgarten, *Metaphysica* § 934-935.

bonum originarium], *o mundo é o sumo bem derivado*[731] [*derivativum*]. – Aquela vontade que pressupõe um mundo melhor onde é possível uma vontade melhor não é a melhor das vontades. Ora, se uma vontade melhor de produzir alguma coisa fosse possível, então teria sido possível também à vontade divina, na onipotência divina, realizar tal coisa de uma maneira ainda melhor. Logo a // vontade divina, por meio da qual este mundo foi possível, não teria sido a melhor. Ora mas em Deus não é possível uma vontade melhor, porque Sua vontade é *a melhor*. *Logo também não é possível nenhum outro mundo melhor e, com efeito, este é o melhor dos mundos possíveis*[732].

A reflexão sobre o bem e o mal [böse] é a seguinte: que ambos foram incluídos no todo com o propósito da beleza e da perfeição e *que o mal se // introduz meramente nas partes, mas concorda com o todo, pois o todo é determinado através de uma ideia*, isto é, na medida em que o todo é considerado segundo os fundamentos originários da possibilidade, uma ideia do todo deve preceder e as partes são determinadas no todo. – O primeiro fundamento da possibilidade do todo é uma ideia, uma unidade, a partir da qual as partes são determináveis. O mundo é apenas um todo, que está em conformidade com a ideia, no qual as partes são incompletas, mas pertencem à perfeição do todo. – Portanto o mal está, decerto, nas partes, mas não no todo[733]. A proposição do otimismo

---

731 Essa é a mesma distinção do sumo bem apresentada no capítulo da *Crítica da Razão Prática* dedicado à dialética: "Por conseguinte, o postulado da possibilidade do *sumo bem derivado* (do melhor mundo) é ao mesmo tempo o postulado da efetividade de um *sumo bem originário*, a saber, da existência de Deus" (AA V: 125).

732. Em sua defesa do otimismo, Baumgarten professa: "Deus decidiu a criação deste mundo [§. 933] em sua vontade sumamente proporcional [§. 894]. Assim Ele decidiu a existência desse mundo de acordo com o reconhecimento do grau de bondade nele [§. 926]. Ele não decidiu a existência de um outro mundo em sua vontade sumamente proporcional [§. 379]. Logo Deus não reconheceu tanta bondade na existência de um outro mundo quanto na existência deste mundo [§. 70]. Ora o conhecimento de Deus é sumamente distinto e maximamente infalível [§. 879]. Logo, a existência deste mundo preferido, que foi escolhido entre todo o resto [§. 697] é a melhor existência de um mundo que pode haver [§. 187]" (Baumgarten, *Metaphysica* § 934).

733. Kant aceita aparentemente, nesse ponto, assim como em seu ensaio de 1759 intitulado *Ensaio de Algumas Considerações sobre o Otimismo*, a resposta de Leibniz para o problema da teodiceia que também foi assumida pela escolástica alemã. É interessante notar, contudo, que nas *Lições sobre a Doutrina Filosófica da Religião* esta resposta (AA XXVIII: 1077-1079) vai ser associada com algumas de suas premissas sobre a filosofia da história.

serve, por isso, para desatar o nó na investigação do mal, quando não se pode solucioná-lo. Pois quando se entra em uma disputa [*disputirt*] sobre uma dada lei, por que ela é assim e não de outra maneira, e alguém diz sobre aquilo que se deve discutir que as coisas são como são, nesse caso toda investigação chega ao fim. Poder-se-ia perguntar da mesma maneira: por que Deus não criou um mundo *melhor*? E com essas questões se poderia ir até o infinito. Mas, por meio do otimismo, se põem de lado de uma vez todas essas questões. *Poder-se-ia inferir muitos bens a partir do mal, mas nos complicamos no fim das contas e as questões não chegam a um fim. Da resolução de uma surge outra que é ainda mais complicada.* Por isso, é preferível abreviar e dizer "uma vez que o mundo tem um Autor perfeito que // é o sumo bem originário, o mundo é, no todo, o sumo bem criado e os males [Uebel] são encontrados apenas nas partes. Assim como uma parte é por si imperfeita em um animal, mas não o todo, também se aplica aqui da mesma maneira que, quando se assume tudo em conexão, a dificuldade nas partes desaparece.

Visto que Deus é o Criador e Autor do mundo, *Ele pode ser visto como o autor das ações livres dos seres humanos?* Se Deus tivesse de determinar as ações livres dos seres humanos, Ele seria o autor delas[734]. Mas, como a liberdade é uma capacidade de agir a partir do princípio interno através de uma causa externa // e como uma criatura tem esse poder de determinar a si mesma independente de todas as necessitações, então Deus *não* é o autor das ações livres dos seres humanos. – Ora certamente não é compreensível que Deus, como um Autor da criatura, não devesse ter determinado suas ações. Mas o conceito de liberdade desata

---

734. Eis a questão que, devido às críticas de Crusius, Kant precisa encarar de frente na *Nova Dilucidatio* de 1755. Uma das acusações mais sérias feitas em direção ao princípio da razão suficiente remonta a Crusius, que aponta, com uma notável força de argumentação, o fato de que tal princípio "traz de volta a imutável necessidade de todas as coisas e a fatalidade estoica" (AA I: 399), ameaçando a liberdade. Em uma hipótese na qual remontamos na cadeia de acontecimentos até chegar "ao começo do mundo que revela imediatamente Deus como autor", "segundo uma lei sempre imutável" (AA I: 399), a liberdade humana parece *inconcebível*. Ao mesmo tempo, Deus parece diretamente *responsável* pela *existência do mal*. Quando um pecado é cometido, com efeito, isso resulta que "a série encadeada das coisas estabelecidas por Deus não pode admitir algo diferente" (AA I: 399). Para comentário, Schönfeld, *Philosophy of Young Kant* (Oxford University Press, 2000), e Cunha, *A Gênese da Ética de Kant* (LiberArs, 2017).

aqui do mesmo modo o nó. Se não se assume a liberdade, todas as proposições práticas são tolices. Ora, visto que Deus não é o autor das ações livres dos seres humanos, Ele também não é o autor do mal. Partindo desse fundamento, Deus também não é o autor do bem na medida em que este nasce da vontade livre das criaturas, pois um mundo não pode subsistir sem seres racionais, que são o fim do mundo[735]. Mas estes seres racionais *devem* ter liberdade. // Pois, se seres racionais finitos têm liberdade, nesse caso o mal moral também é possível. Por outro lado, no entanto, o bem pode acontecer por liberdade assim como a dignidade de ser feliz. Se Deus fosse o autor do bem na medida em que este nasce a partir da liberdade dos seres humanos, não poderia acontecer nenhuma imputação das boas ações e, com efeito, também nenhuma recompensa. Pois aquilo que o outro faz, não pode me ser imputado.[736] – Mas dizemos afinal: *Deus é o autor do bem? Uma vez que o bem é realidade, enquanto o mal é apenas limitação da realidade[737], e Deus é o fundamento universal de toda realidade, então Ele também é o autor do bem.*

237

---

735. Como Kant admite na *Crítica da Faculdade de Julgar*, o homem carrega o valor interno do mundo, trazendo algo mais à criação, devido ao seu valor moral (AA VI: 6: 443). Ele deve ser concebido, portanto, como fim da criação enquanto ser moral (AA VI: 444).

736. A imputação das ações segundo a liberdade é um pressuposto fundamental para a justiça divina no horizonte da teodiceia. Por definição, na *Doutrina do Direito*: "*Imputação* (*imputatio*) em sentido moral é o *juízo* por meio do qual alguém é considerado como autor (*causa libera*) de uma ação, que, pois, chama-se *feito* (*factum*) e está sob leis" (AA VI: 227). Nas *Reflexões de Filosofia Moral*: "uma ação é imputável (junto com o efeito) na medida em que pode ser concebida como surgindo do livre-arbítrio" (AA, Refl. 7131, XIX: 254)

737. Nesse ponto, talvez pelo rigor didático de seguir o manual, Kant mostra-se em referência à tese escolástica de que o mal consiste em negação ou privação. De acordo com Baumgarten, "[s]e quando uma coisa é colocada, a imperfeição também é colocada, então trata-se do mal [§ 142]. Assim negações são um mal. Quando estas são negações em um sentido estrito, são mal metafísico, de modo que quando tal coisa é colocada, uma imperfeição absolutamente necessária é colocada [§ 142]. Ou se eles são privações, trata-se do mal contingente (o mal físico em amplo sentido), que quando é colocada, a imperfeição que é em si mesma contingente é colocada" (*Metaphysica* § 144). Contudo, em 1763, no *Ensaio para Introduzir o Conceito de Grandezas Negativas dentro da Filosofia*, Kant já parece ter abandonado a perspectiva leibniziana antes defendida em seu *Ensaio sobre Algumas Considerações sobre o Otimismo* (1759), compreendendo o vício não como uma ausência de bondade ou de perfeição, mas como um *meritum negativo*, algo que, de fato, representa uma realidade efetiva (AA II: 182). Para comentário, consultar Cunha, *A Gênese da Ética de Kant* (LiberArs, 2017).

b) Da conservação e do governo do mundo[738]

Se Deus é considerado exterior ao mundo, Ele é, em relação ao mundo, um Criador. Mas, se Ele é considerado na medida em que tem uma influência no mundo, Ele é o *Conservador* do mundo. –

Uma vez que o mundo é um todo contingente de substâncias, a perduração das coisas contingentes, tal como seu início, deve ter precisamente uma causa. Por conseguinte Deus é não apenas um Criador [*Creator*], mas também Conservador [*Conservator*]. *Não há diferença alguma entre criação e conservação em Deus, mas no mundo.* A criação é o início da causalidade. Por conseguinte, a conservação não é // uma criação contínua, pois a criação é o *início* da existência de uma substância e, nesse caso, a conservação seria um início contínuo. Nesse caso, o mundo deveria sempre ser suprimido e criado novamente. Mas isso é uma contradição. Aqueles que sustentam, dessa forma, que a conservação do mundo é uma // criação contínua compreenderam, em relação a isso, apenas que *pertence* à conservação *exatamente a mesma coisa* que à criação[739]. À conservação é necessária uma presença. Logo toma lugar aqui o conceito de *onipresença* de Deus. A onipresença de Deus, em relação às coisas do mundo, não é uma existência que está vinculada à condição do tempo e do espaço, mas Deus está presente por toda parte e em todo tempo, embora nem no espaço e nem no tempo. Deus não é presente às coisas do mundo de tal modo que teria uma interação com o mundo, o que é o sistema da *alma do mundo* que os antigos acreditaram. Ele não pode existir dessa forma, no entanto, uma vez que um ser extramundano não pode ser parte do mundo [*pars mundi*], mas Deus é presente no mundo pelo fato de que é a causa, o fundamento das coisas. E, uma vez que Ele é a causa da substancialidade das coisas, Ele também é presente intimamente a elas. Deus não é externamente, mas intimamente presente; *sua presença não é local, mas virtual.* A

---

738. Em referência à seção III do capítulo II da *Teologia Natural* da *Metaphysica* "Providência" § 950-975.

739. Trata-se de uma crítica ao § 951 do manual de Baumgarten: "A conservação é a influência contínua de Deus [§. 950, 895] e é real [§. 212], pois nada finito pode levar a efeito sua própria existência [§. 308]. A criação é a mesma coisa [§. 926]. Dessa forma não é errado chamar a conservação de criação continuada" (Baumgarten, *Metaphysica* § 951).

presença local é quando se é presente às coisas por meio das condições externas do tempo e do espaço. Mas, uma vez que Deus não está vinculado à condição das determinações externas //, então sua presença é virtual, isto é, Ele atua em todas as coisas que estão situadas em lugares, mas Ele mesmo não está em lugar algum. Ele é onipresente pelo fato de que atua em tudo. Ora, uma vez que Deus atua em todas as coisas, as coisas do mundo constituem um todo e se encontram juntas em relação porque todas existem através de Um e têm como fundamento uma causa comum, *pois vivemos, movimentamos e existimos Nele*. Pelo fato de que todas as coisas existem através de Um, elas constituem uma *unidade*. Se esta unidade é representada sensivelmente, trata-se do espaço. O espaço é, portanto, um fenômeno da onipresença divina[740], embora não um órganon, como acreditaram alguns que o tomaram mais do ponto de vista matemático do que do metafísico.

Se este espaço é representado pelo entendimento, trata-se da onipotência de Deus. Em relação aos acontecimentos naturais, Deus é Autor [*Auctor*], mas não em relação às ações livres dos seres humanos. Aqui Ele é apenas uma causa concorrente[741], pois as ações livres não seriam livres se fossem determinadas por uma causa. Deus não concorre em relação à natureza, mas é uma causa solitária, enquanto que Deus concorre em relação às ações da criatura, porque a insuficiência da criatura necessita de uma cooperação. Pois todas as criaturas livres, por mais livres que sejam, // não podem produzir nada, contudo, *senão por meio de limitação*, tanto em relação à natureza e às ações físicas quanto também em relação às ações morais[742].

---

740. Kant analisa essa premissa criticamente na *Doutrina Filosófica da Religião*: "Newton disse, em algum lugar, que o espaço é o *sensorium* da onipresença divina. Ora, pode-se pensar decerto tal *sensorium* no ser humano, onde se instala a sede da alma e concorrem todas as expressões sensíveis, mas isto seria também simultaneamente o órgão da alma, de onde ela distribuiria suas forças e efeitos para todo corpo. No entanto, tal representação da onipresença divina é extremamente inadequada, pois dessa forma Deus seria considerado como a *alma do mundo*, enquanto o espaço Seu *sensorium*. Mas isso contradiz o conceito da independência de Deus" (AA XXVIII: 1108).

741. Em Pölitz, lemos "causa congruente" [congruirende Ursache].

742. Kant parece seguir aqui, de algum modo, a posição de Baumgarten: "Deus concorre mediatamente, como causa eficiente, para todas as ações das substâncias finitas [§. 314, 320]" (*Metaphysica* § 954). Tratar-se-ia, nesse caso, da "CONCORRÊNCIA FÍSICA DE DEUS", ou seja, da "conservação de todas as forças do universo em sua própria atividade" que

340 // A *providência*[743] é a causalidade da *ordem* da natureza. O *governo*[744] é a causalidade do *curso* da natureza. A providência é para ser colocada *no início*, porque no início do mundo deveria ser estabelecida a ordem da natureza. Mas o governo é para ser colocado na *continuação* [Fortdauer] do mundo, porque o curso do mundo é governado na continuação. *A providência relaciona-se com o governo assim como a criação se relaciona com a conservação*. A concorrência de Deus a todo acontecimento particular do mundo é a *direção*[745] de Deus. A *direção ordinária* é a subordinação dos acontecimentos singulares e ações particulares, que se encontram sob a ordem da natureza, aos fins divinos universais. A *direção extraordinária* é a determinação de acontecimentos particulares específicos que não se encontram sob a ordem da natureza e que pertencem aos fins divinos universais. Essa classificação da direção em ordinária e extraordinária é bastante natural e totalmente conforme a natureza das coisas. Portanto na medida em que Deus concorre para uma ação particular, por meio da qual é feita uma exceção na regra e na ordem, trata-se de uma direção extraordinária. Com uma direção extraordinária é para se admitir sempre um *milagre*. Mesmo que esse milagre possa parecer bem pequeno aos nossos olhos, trata-se, contudo, ainda de um milagre. Deus pode mover um vento de maneira extraordinária ou deslocar o mundo corpóreo inteiro de seu percurso. Em

---

"se estende para todas as ações das substâncias" (*Metaphysica* § 958). Mas Baumgarten acredita também que "Deus [...] concorre moralmente para algumas ações nesse universo" (*Metaphysica* § 960). Kant vai assumir uma posição crítica em relação a esse último ponto de vista na *Doutrina Filosófica da Religião*: "Mas se é verdade que nossa vontade pode decidir algo independente de todas as causas naturais, de modo algum é possível conceber como Deus concorre para nossas ações sem prejuízo de nossa liberdade e como Ele poderia concorrer em nós mesmos como uma concausa [Mitursache] de nossa vontade. Pois, nesse caso, não seríamos *eo ipso* os autores de nossas ações, ao menos não completamente" (AA XXVIII: 1106).

743. Segundo o Manual de Baumgarten, "a PROVIDÊNCIA DE DEUS é a ação pela qual Deus concede os maiores bens a muitas criaturas tanto quanto Sua bondade suprema é capaz [...] e ao produzir as melhores leis para o Seu Estado [*civitatique*] [§. 973, 974], Deus exerce a providência [§. 903-920] por meio de causas impulsivas em direção à beatitude [*beatitatem*]" (*Metaphysica* § 975).

744. "O GOVERNO é a ação pela qual muitos meios são sucessivamente realizados em direção a alguns fins ulteriores [...]" (Baumgarten, *Metaphysica* § 963).

745. "[...] Quando Deus, ao governar, [...] 2) subordina para Seus próprios fins a ação de uma criatura que ela não realizou para estes fins, chama-se DIREÇÃO EM SENTIDO ESTRITO [*DIRIGERE STRICTIUS*]" (Baumgarten, *Metaphysica* § 963).

relação a Deus, tudo isso é a mesma coisa. // Devemos ver aqui 341
unicamente se algo que Deus dirige está em conformidade com
a ordem da natureza ou não. Se não está em conformidade com a
ordem da natureza, trata-se sempre de um milagre, independente
se é grande ou pequeno. Portanto assumir uma direção extraordinária significa sustentar milagres. Tudo no mundo se encontra
sob a direção divina ordinária e extraordinária. Todos os acontecimentos encontram-se no decreto eterno[746], independente que
aconteçam ou não. E, *se* acontecem, acontecem segundo a direção
divina. Se, no entanto, se diz "um acontecimento *ocorre*", então o
acontecimento está em conformidade com o fim divino. *Todos os*
acontecimentos são momentos do decreto divino eterno.

Nem todo bem que concorda com os fins é ele mesmo um fim,
mas muitas vezes apenas um *meio do fim*. Por exemplo, o ar // 349
tem muitas consequências boas que concordam com o fim, mas
elas mesmas não são quaisquer fins. O fim da neve não é o de
andar nela com trenós e o fim de nosso nariz não é o de apoiar
os óculos. – *As consequências devem ser determinadas a partir*
da ideia do todo. É, por conseguinte, presunção conceber, em
acontecimentos e ações particulares, algo como fim de Deus, por
exemplo, já atribuir imediatamente a Deus uma boa sorte na lote-
ria ou empurrar um infortúnio para a direção divina. *É, portanto,*
presunção determinar em todo caso particular à qual direção
divina algo // *pertence, mesmo no caso de que a coisa sirva* 342
para o louvor a Deus, pois os fins e as intenções divinas nos per-
manecem sempre ocultos. Em contrapartida, estamos determinados a investigar os fins de Deus na universalidade da natureza.
O menor dos vermes nos encoraja a essa pesquisa. A providência
divina em relação às ações livres dos seres humanos pode ser um
decreto absoluto [*decretum absolutum*] ou condicionado[747] [*con-*
ditionatum]. O decreto *incondicionado* em relação à felicidade
[Glücks] ou à infelicidade [Unglücks], à bem-aventurança e à desaventurança do ser humano, é aquele que é aqui composto para
tornar o ser humano positivamente feliz ou infeliz. *Uma vontade*

---

746. Em referência à seção IV do Capítulo II da *Teologia Natural* da *Metaphysica* intitulada "Decretos Divinos" § 976-981.

747. Baumgarten, *Metaphysica* § 980.

incondicional desse tipo é em si absurda. Pois apenas aquilo que é absolutamente bom em si pode acontecer *incondicionalmente.* Ora mas a felicidade e a infelicidade, a bem-aventurança e desaventurança, não *são absolutamente boas, mas o são de maneira condicionada.* O ser humano só pode ser aventurado [selig] e desaventurado sob certas condições. Portanto o decreto incondicionado de Deus em relação à bem-aventurança e desaventurança é absurdo[748]. Não se deve acreditar, mesmo que os confessores de alguns partidos religiosos ainda mantenham tais proposições, que estes são os seus autores ou são a razão pela qual as coisas ainda continuam assim, pois não se pode abolir tão facilmente algo que foi introduzido na religião. Todas as religiões que estiveram vinculadas a um certo entusiasmo sustentaram tal predestinação. Da mesma maneira não é para se admitir também o decreto incondicionado em relação às ações livres // dos seres humanos, pois assim sendo a proposição de todas as ações práticas é suprimida.

c) Do fim último do mundo

O fim último da Criação divina é o *sumo bem.* Os dois elementos do sumo bem são *a felicidade e a dignidade de ser feliz.* Apenas os seres racionais são unicamente capazes desses fins, pois só eles podem ser bons *em si mesmos.* Eles constituem *o fim do mundo.* O restante é *apenas um meio* dos seres racionais

---

748. Como Baumgarten, Kant está, nesse ponto, criticando a doutrina da predestinação. Segundo Baumgarten, "nenhum dos decretos de Deus em vista de seres contingentes é absoluto, todos são hipotéticos [§. 979]. O ABSOLUTISMO TEOLÓGICO é a doutrina que coloca que o decreto de Deus em vista de seres contingentes é absoluto e é um erro [§. 515]" (Baumgarten, *Metaphysica* § 980). Lemos ainda em Baumgarten: "Um decreto em vista da felicidade eterna de algum espírito é a PREDESTINAÇÃO em sentido estrito. Em sentido AMPLO é um decreto sobre o futuro. O decreto em vista da infelicidade eterna de algum espírito é a REPROVAÇÃO [*REPROBATIO*]. Ambos são hipotéticos [§. 980]. O PREDESTINACIONISMO, ou o absolutismo em conceber a predestinação em sentido estrito, é um erro [§. 515]" (Baumgarten, *Metaphysica* § 981). Kant também reprova a doutrina da predestinação na *Doutrina Filosófica da Religião*: "A doutrina da *predestinação*, na medida em que é objeto de reprovação por uma parte dos homens, pressupõe uma ordem *imoral* da natureza. Pois se afirma, com isso, que as circunstâncias da vida de tais homens já estariam ordenadas e conectadas de tal modo que eles não poderiam mais do que se tornar indignos da bem-aventurança. Pois assim esses desafortunados já teriam de ser, segundo a ordem da natureza, *sacrifícios à miséria.* Mas como isso pode ser compatível com o conceito de um criador e governante do mundo benévolo, sábio e santo?" (AA XXVIII: 1116).

na medida em que ele visa a este fim. Ora, uma vez que todos os decretos de Deus são *condicionados*, a condição dessa felicidade é a *moralidade ou a dignidade de ser feliz. Por conseguinte um ser racional obterá a medida da felicidade da qual se tornar digno e este é o fim de Deus.* De nossa parte, devemos tentar nos tornar dignos dessa felicidade por meio de nossa boa conduta e então podemos também esperar, de modo confiante, nos tornar participantes de tal felicidade.

COLEÇÃO PENSAMENTO HUMANO

- *A caminho da linguagem,* Martin Heidegger
- *A Cidade de Deus (Parte I; Livros I a X),* Santo Agostinho
- *A Cidade de Deus (Parte II; Livros XI a XXIII),* Santo Agostinho
- *As obras do amor,* Søren Aabye Kierkegaard
- *Confissões,* Santo Agostinho
- *Crítica da razão pura,* Immanuel Kant
- *Da reviravolta dos valores,* Max Scheler
- *Enéada II – A organização do cosmo,* Plotino
- *Ensaios e conferências,* Martin Heidegger
- *Fenomenologia da vida religiosa,* Martin Heidegger
- *Fenomenologia do espírito,* Georg Wilhelm Friedrich Hegel
- *Hermenêutica: arte e técnica da interpretação,* Friedrich D.E. Schleiermacher
- *Investigações filosóficas,* Ludwig Wittgenstein
- *Parmênides,* Martin Heidegger
- *Ser e tempo,* Martin Heidegger
- *Ser e verdade,* Martin Heidegger
- *Verdade e método: traços fundamentais de uma hermenêutica filosófica (Volume I),* Hans-Georg Gadamer
- *Verdade e método: complementos e índice (Volume II),* Hans-Georg Gadamer
- *O conceito de angústia,* Søren Aabye Kierkegaard
- *Pós-escrito às migalhas filosóficas (Volume I),* Søren Aabye Kierkegaard
- *Metafísica dos costumes,* Immanuel Kant
- *Do eterno no homem,* Max Scheler
- *Pós-escrito às migalhas filosóficas (Volume II),* Søren Aabye Kierkegaard
- *Crítica da faculdade de julgar,* Immanuel Kant
- *Ciência da Lógica – 1. A Doutrina do Ser,* Georg Wilhelm Friedrich Hegel
- *Ciência da Lógica – 2. A Doutrina da Essência,* Georg Wilhelm Friedrich Hegel
- *Crítica da razão prática,* Immanuel Kant
- *Ciência da Lógica – 3. A Doutrina do Conceito,* Georg Wilhelm Friedrich Hegel
- *Lições sobre a Doutrina Filosófica da Religião,* Immanuel Kant
- *Leviatã,* Thomas Hobbes
- *À paz perpétua – Um projeto filosófico,* Immanuel Kant
- *Fundamentos de toda a doutrina da Ciência,* Johann Gottlieb Fichte
- *O conflito das faculdades,* Immanuel Kant
- *Conhecimento objetivo – Uma abordagem evolutiva,* Karl R. Popper
- *Sobre o livre-arbítrio,* Santo Agostinho

CULTURAL

Administração
Antropologia
Biografias
Comunicação
Dinâmicas e Jogos
Ecologia e Meio Ambiente
Educação e Pedagogia
Filosofia
História
Letras e Literatura
Obras de referência
Política
Psicologia
Saúde e Nutrição
Serviço Social e Trabalho
Sociologia

CATEQUÉTICO PASTORAL

Catequese
  Geral
  Crisma
  Primeira Eucaristia

  Pastoral
    Geral
    Sacramental
    Familiar
    Social
    Ensino Religioso Escolar

TEOLÓGICO ESPIRITUAL

Biografias
Devocionários
Espiritualidade e Mística
Espiritualidade Mariana
Franciscanismo
Autoconhecimento
Liturgia
Obras de referência
Sagrada Escritura e Livros Apócrifos

Teologia
  Bíblica
  Histórica
  Prática
  Sistemática

REVISTAS

Concilium
Estudos Bíblicos
Grande Sinal
REB (Revista Eclesiástica Brasileira)

VOZES NOBILIS

Uma linha editorial especial, com importantes autores, alto valor agregado e qualidade superior.

VOZES DE BOLSO

Obras clássicas de Ciências Humanas em formato de bolso.

PRODUTOS SAZONAIS

Folhinha do Sagrado Coração de Jesus
Calendário de mesa do Sagrado Coração de Jesus
Almanaque Santo Antônio
Agendinha
Diário Vozes
Meditações para o dia a dia
Encontro diário com Deus
Guia Litúrgico

CADASTRE-SE
www.vozes.com.br

EDITORA VOZES LTDA.
Rua Frei Luís, 100 – Centro – Cep 25689-900 – Petrópolis, RJ
Tel.: (24) 2233-9000 – Fax: (24) 2231-4676 – E-mail: vendas@vozes.com.br

UNIDADES NO BRASIL: Belo Horizonte, MG – Brasília, DF – Campinas, SP – Cuiabá, MT
Curitiba, PR – Fortaleza, CE – Juiz de Fora, MG – Petrópolis, RJ – Recife, PE – São Paulo, SP